全国普通高等学校人文社会科学重点研究基地
北京师范大学史学理论与史学史研究中心　主办
中文社会科学引文索引（CSSCI）来源集刊

史学理论与史学史学刊

JOURNAL OF HISTORICAL THEORY AND HISTORIOGRAPHY

2022年下卷（总第27卷）

杨共乐　主编

社会科学文献出版社
SOCIAL SCIENCES ACADEMIC PRESS (CHINA)

《史学理论与史学史学刊》编委会

卷 首 语

杨共乐

呈现在各位读者面前的，是《史学理论与史学史学刊》2022年下卷，总第27卷。

本卷设立"区域国别与世界历史研究（笔谈）""中国古代史学研究""中国近现代史学研究""历史文献学研究""外国史学研究""现代史学家研究""书刊春秋"七个栏目，刊发论文和评论二十七篇，另有两篇附录，即《北京师范大学史学理论与史学史研究中心大事记（2021年9月~2022年8月）》《史学理论与史学史论著要目（2021年9月~2022年8月）》。

在"区域国别学"一级学科呼之欲出的背景下，2022年7月9日上午，北京师范大学珠海校区人文与社会科学高等研究院史学研究中心、北京师范大学历史学院世界史党支部共同主办了"区域国别与世界历史研究"学术研讨会。会后，本刊编辑部组织了同名笔谈，刊发于沛、钱乘旦、瞿林东、陈奉林、胡莉、贾珺所作《区域国别学研究与世界史学者的社会担当》《关于区域国别研究的几个问题》《从历史、现实和未来看区域国别史和世界史研究的战略意义》《区域国别研究与学科体系构建》《区域国别学视野下的世界史研究》《军事环境史与区域国别研究》六篇文章。"区域国别学"作为一门交叉学科，在2021年被列入国家《学位授予和人才培养学科目录（征求意见稿）》，无论是对学科、学术、话语三大体系建设，还是对中国特色哲学社会科学的建设，都具有较大的促进作用。这组文章就学科建设、学术研究相关理论问题进行探讨，希望这组文章能够引起学界对区域国别学的关注，促进区域国别与世界历史研究的发展。

"中国古代史学研究"栏目刊发四篇文章，多是关于史书的研究。中国古代史学名著是今天历史教育所需运用的重要资源。周倩总结分析了《尚书》所载殷周君主追慕先公先王功绩以资政，回顾前代亡国事迹以自省，逐渐形成"以史为鉴"自觉意识的历史教育思想，并指出今日的我们也可通过研读《尚书》，学习和涵养"疏通知远"的历史思维。牛子晗着眼于正史《循吏传》传名变化反映出的史家对不同时代优秀官吏之认识，认为地方官吏的评价标准由注重教化转变为注重能力，揭示了汉代以后地方官吏的工具化倾向。宣扬的《〈帝王略论〉史论特点再认识》从虞世南以揭示皇朝兴衰之理为唐初统治者所鉴戒的目的来撰写《帝王略论》的角度，总结出其书重人事远天意、把握"时"宜、重视皇朝衰亡之"渐"，强调对帝王进行后天教化等历史思想。伏煦以《史通》自注与六朝时期的自注相比较，认为《史通》的自注与刘知幾本人的注释观念高度一致，即以自注作为正文（骈体文）的补充手段和评论的引证手段，以异体言事，扩展正文内容的同时又避免了行文的繁冗琐碎。

"中国近现代史学研究"栏目刊文六篇，问题多元，视野较为广阔。周励恒基于中日史学交流的视角考察中日近代疑古思潮之异同，指出日本与中国的疑古思想虽有共同的理论来源，但缘起各不相同，不存在承袭关系：中国的"古史辨"始于疑古，终于考信，具有建设性，而日本的疑古思潮因政治压力无法深入考辨本国史，对中国史的考辨则有抹杀和贬低中国文化之嫌。刘澍

的《近代国人对阿富汗民族国家建构史书写之比较研究（1919~
1949）》从国民性、外交、世俗化改革、改革失败的原因四个方
面比较了 1919~1949 年中国持不同立场和角度的著作对阿富汗民
族国家建构史的认知差异，但知识界欲借此探求中国革命胜利和
向现代化国家转型的根本出发点则是一致的。陈娇娇的《启蒙与
救亡之间：梁漱溟与常乃惪的文化观述论》分析了梁漱溟与常乃
惪三种文化观的异同，即新儒家思想与生物史观、线性文化观与
多元文化论、乡村建设和国家主义，并认为他们所思考的问题和
提出的方案在多年以后依然具有借鉴意义。王兴的《民国时期考
古学的发展与中国历史撰述中的"古史"建构》从民国考古学
发展脉络的视角，考察当时的中国"古史"撰述，旨在分析和阐
明时人对考古学的认知、史前考古成果对"史前史"撰述的
"渗透"、殷墟考古成果对商史撰述的促进等问题。任虎考察了
《辩证唯物主义与历史唯物主义》的成书过程、所出现的各种中
文译本及其在中国的传播，论述了此书在中共党建方面以及新中
国成立后产生的作用和影响。崔幸的《试论侯外庐对乾嘉汉学研
究的贡献》对侯外庐以马克思主义理论为指导梳理总结清代学术
史做了考察，认为侯外庐在研究视角、学术观点、方法与理论范
式上独树一帜，在清代学术史研究领域中开辟出马克思主义史学
的新天地。

"历史文献学"栏目刊发两篇文章。李峰、刘嘉诚的《〈资
治通鉴〉载汉元帝时期史事辨析》对《资治通鉴》所载汉元帝
在位时期的四则史事发生的时间进行考释，辨析《资治通鉴》记
载的疏误之处。王霞的《史家档案史料观念的近代确立——从明
清内阁大库档案谈起》追溯了古代档案史料的观念，并以明清内
阁大库档案史料为中心，探究近代史家对档案史料的理解，构建
近代史料观的形成过程。

"外国史学研究"栏目刊发四篇文章。薛江、颜海英的《从抓打图像看古埃及新王国时期的王权观念》以古埃及表达王权最常见的图像——抓打场景为切入点,讨论新王国时期王权观念的转变及其原因。作者指出新王国时期写实主义的抓打图像,是帝国时代构建理想国王形象的成功案例。李小迟着意于研究罗马帝国早期文史作品中从不同角度讨论的元首统治合法性的问题,认为这一现象反映了从元首制向君主制嬗变,也为日后帝国政治重心东移和东西帝国政治传统的分裂奏响先声。邓默晗的《提奥多里特及其〈教会史〉研究述评》梳理和分析了教会史学早期发展阶段的代表史家提奥多里特的《教会史》的研究情况,指出以往学者主要关注书中记述的真实性和全书的写作意图,认为从社会深处挖掘《教会史》的撰述特征应该是未来研究的重要任务。陈安民的《西方史家关于史学功用的若干思考与辩难——基于"西方史学,中国眼光"的观察》从中国历史思维的视角考察西方史家关于史学功用的看法,包括探究西方史家思考史学功用研究的发展脉络、问题指向与观点,以及隐藏在背后的内在学理与时代关怀,展现了中西史家思维方式的异同。

"现代史学家研究"栏目刊文三篇,分别是对国内亚述学领域前辈林志纯、辽金史的开拓者陈述、著名中共党史专家胡华的研究。三位学者均是各自领域的大家,他们披荆斩棘,成就卓越,影响深远。研究他们的治学道路和治学方法,既是从史学家的维度对中国现代史学具体景象的展示,又能够为新时代历史学的创新提供资鉴。

"书刊春秋"栏目刊发对汪高鑫主编《中国经史关系通史》、朱露川著《中国古代史书叙事的风格》两书的评论。经史关系、史书的叙事问题,是近年来史学理论与中国史学史比较关注的论题,两书是本中心在这两个论题的最新成果。本栏目的书评文章，对它们作了介绍和平议，这对了解史学理论与史学史学科的研究动态甚有裨益。

2022 年 10 月，中共二十大胜利召开，社会主义现代化建设开始了新的征程。在新的历史条件下，历史学者如何出己所学为社会服务，依然是值得深思的问题。发掘和阐释古今中外优秀史学遗产，使之创造性转化、创新性发展，是史学工作者的艰巨任务。作为一个专业性刊物，本刊将继续为学术界同道提供坚实的平台，一方面发表知名学者高水平的研究成果，另一方面也热心提携学术新秀，倡导开辟新领域和学术创新，为我国史学理论与史学史学科的发展，做出新的更大的贡献。

目 录

· 历史文献学研究 ·

· 外国史学研究 ·

· 现代史学家研究 ·

· 书刊春秋 ·

·会议综述·

CONTENTS

Historical Philology

Foreign Historiography

Study on Modern Historians

区域国别与世界历史研究（笔谈）

2022 年 7 月 9 日上午，北京师范大学珠海校区人文与社会科学高等研究院史学研究中心、北京师范大学历史学院世界史党支部共同主办了"区域国别与世界历史研究"学术研讨会。会议是在区域国别学一级学科呼之欲出的背景下召开的。会后，《史学理论与史学史学刊》编辑部组织了此次笔谈，作者分别是中国历史研究院咨询委员会委员、中国社会科学院世界历史研究所于沛先生，中国历史研究院咨询委员会委员、北京大学区域与国别研究院院长钱乘旦先生，北京师范大学历史学院资深教授瞿林东先生，以及陈奉林教授、贾珺副教授和胡莉博士。编辑部希望笔谈可以引起更多学者的关注，促进相关研究的深入开展。

区域国别学研究与世界史学者的社会担当

中国社会学科院世界历史研究所　于　沛

1985 年，中国召开了第一次全国交叉学科研讨会，著名科学家钱学森、钱三强、钱伟长"三钱"教授与会，并在会上发表讲话，提出一个重要的判断，即 21 世纪将是一个交叉科学的时代。现在 30 多年过去了，他们的预言已经成为现实。今天我们举办这个会，不仅反映出科学的进步和诸多学科的发展，更可看到社会的进步和时代的发展。2021 年 11 月 7 日，国务院学位委员会印发的《交叉学科设置与管理办法（试行）》提出，学科交叉融合是当前科学技术发展的重大特征，是新学科产生的重要源泉，是培养复合型创新人才的有效途径，是经济社会发展的内在需求。我认为这个判断非常正确，而且非常深刻。这也是我们讨论区域国别学或区域国别史研究的指导思想。从交叉学科、跨学科到今天区域国别学的提出，与其说这是近年国家制定了诸多的重要的政策来推动这项工作，不如说这是时代的呼唤，是学科发展的要求。区域国别史研究，是当代中国世界历史研究新开拓的研究领域，是学科建设新的增长点，繁荣发展区域国别史研究，是摆在世界史学者面前的现实任务。

习近平总书记指出："加快构建中国特色哲学社会科学，归根结底是建构中国自主的知识体系。要以中国为观照、以时代为观照，立足中国实际，解决中国问题，不断推动中华优秀传统文化创造性转化、创新性发展，不断推进知识创新、理论创新、方法创新，使中国特色哲学社会科学真正屹立于世界学术之林。"① 这为我们加快构建中国特色世界历史学指明了方向。有助于我们如何在融合中国视野、世界视野、历史视野、当代视野和未来视野中，提升知识体

---

① 鞠鹏、谢环驰：《坚持党的领导传承红色基因扎根中国大地　走出一条建设中国特色世界一流大学新路》，《人民日报》2022 年 4 月 26 日。

系对"中国特色"的阐释能力。当前中国的区域国别学呼之欲出，在中国特色的世界历史理论体系构建中，区域国别史理论的构建具有重要的意义。

第二次世界大战后，国际史坛发生了深刻的变化，这是因为战后世界历史进入了一个新的发展阶段，世界政治格局和人类社会生活的深刻变革，不断提出新问题，需要人们从历史与现实的结合上作出回答。在这种情况下，传统史学已经显得捉襟见肘、无能为力，不得不借助其他相关学科的理论和方法。这样，就决定了战后西方史学发展的重要特征之一，是随着史学家历史视野的开拓，研究领域迅速扩大，传统史学同其他哲学社会科学各学科更加密切地结盟，在广泛采用新的史学方法的基础上，出现了一系列历史学新的分支学科，如社会史学、文化史学、人口史学、心智史学、心理史学、新经济史学、新政治史学、家庭史学、妇女史学、城市史学、口述史学、计量史学、比较史学等。

与二战后的情势相同，今天的世界又处在一个新的、深刻的历史转折之中；当代世界体系正在发生着深刻的调整和变革，以中国为代表的新兴市场国家和发展中国家，改变了近代以来世界历史的方向，世界向多极化发展。百年未有之大变局是世界之变、时代之变、历史之变。"大变局"是"历史合力"的产物，正改变着人类的现实和未来，进入 21 世纪后，世界多极化明显加速，这是不可逆转的世界历史发展大势。这就要求中国的哲学社会科学，中国的世界历史学要适应这样一种发展趋势。区域国别学或区域国别史的研究，正是在这样一个特定的背景下日渐走向前台。重视和倡导区域国别史，是中国世界史研究在新的历史条件下，获得大繁荣和大发展的一个重要契机。

对于区域国别史研究，其理论和方法论，以及具体的研究原则和研究对象，一个重要的特点是要运用不同学科之间的、高度聚合的且形成整体性的知识体系展开研究，这对中国的世界历史研究尤其重要。首先是深化学科融合问题。显而易见，区域国别史研究和历史学学科体系建设密切联系在一起。三年前，中国历史研究院成立，习近平总书记在致中国历史研究院成立贺信中强调，要"整合中国历史、世界历史、考古等方面研究力量，着力提高研究水平和创新能力，推动相关历史学科融合发展，总结历史经验，揭示历史规律，把握历史趋势，加快构建中国特色历史学科体系、学术体系、话语体系"。[①] 历史学与其他学科之间的界限，以及历史学

---

① 习近平：《贺信》，《人民日报》2019 年 1 月 4 日。

自身的学科框架从来就不是一成不变的。第二次世界大战结束后，历史学的界限变得越来越模糊了，这是历史学自身发展的客观规律使然。从这个意义上，区域国别史研究的兴起，也是古老的中国史学在新的历史与条件下合乎规律的产物。毋庸讳言，在历史研究的学术功能、社会功能迅速扩展的今天，历史研究不合时宜的条块分割，越来越成为制约历史研究科学水平、研究效率提高的瓶颈。以弥合学科鸿沟，学科融合为基本特征的区域国别史研究，为"按照立足中国、借鉴国外，挖掘历史、把握当代，关怀人类、面向未来的思路"，打通历史学学科藩篱，实现历史学横通与纵通，着力构建体现中国特色、中国风格、中国气派的历史科学，开辟了广阔的现实道路。

我最近撰写了《百年未有之大变局与世界历史进程》，刊载在《世界社会主义研究》2022年第4期。文章的主要内容：一是百年未有之大变局改变了世界历史的方向，世界历史走到了一个新的历史拐点，站在了新的十字路口；二是对百年未有之大变局的历史哲学思考，世界百年未有之大变局，从世界体系深刻的调整、变革和转折中体现出来，而这种深刻的"调整、变革和转折"则深植于世界历史进程中政治、经济、文化、科学技术和社会结构规律性的历史运动和演变中；三是世界历史迈入多极化的新阶段，继威斯特伐利亚体系、维也纳体系、凡尔赛-华盛顿体系、雅尔塔体系之后，世界历史在20世纪90年代后进入"后冷战时期"，迎接多极化时代的到来。多极化是世界各国政治、经济、军事等综合实力发展，从不均衡逐渐趋向相对均衡的必然结果。这是浩浩荡荡的时代潮流，是不可遏制的世界历史发展大势。

在讨论百年未有之大变局与世界历史进程时，我有意识地运用"不同学科之间高度聚合且形成整体性的知识体系"来回答这个问题。事实表明，单纯从以往世界历史学的视角、从传统的世界历史的命题出发，已经难以进行如此宏观的、大历史观的思考。事实表明，区域国别史的研究，不仅是时代的要求，也是学科发展的需要。

近读章开沅《走出中国近代史》，章先生说，为了更好地建设中国近代史这个学科，"中国近代史研究者必须走出中国近代史！""上下延伸是从时间上走出中国近代史，横向会通是从空间上走出中国近代史，而走出又都是为了回归中国近代史……只有把中国近代史置于更为绵长的多层次多向度的时间里和更为广阔的多层次多维度的空间里，我们的研究才有可能进入一个更高的境界"。笔者从中受益良多，以为这个问题不仅对中国近代史研究，而且对开展区域国别史研究都有重要的启迪意义。当世界史研究不仅从广阔的社会时空中去汲取营养，而且从多学科中去汲取营养时，这一研究就不仅会丰富区域国别学自主的知识体系，而且自身也一定会百尺竿头，进入崭新的发展境界。

关于区域国别研究的几个问题

北京大学区域与国别研究院 钱乘旦

关于区域国别史和区域国别学的问题，确确实实非常重要，也是迫切需要解决的问题。我打算从五个方面进行分析。

一 中国区域国别研究的问题所在

近几年，国内学术界热议区域国别研究，经过一段时间讨论后，目前的共识是，区域国别研究是我国亟待发展的一个领域，需要大力推进。但对于如何推进区域国别研究，让其达到更高水平，甚至占据国际学术界的领先地位，讨论尚未达成共识。

关于区域国别研究的性质，目前已无太大分歧，即对域外地区或国家做全方位的研究，是一个跨学科的研究领域，需要多学科参与。在中国，域外问题研究最早可追溯到 19 世纪末 20 世纪初，当时中国正处在国家危亡之际，了解一些外国的情况是情势所逼。新中国成立，尤其改革开放以后，我们需要了解更多的情况，因此外国问题研究取得更大进展，积累了不少成果。不过，各种研究都分散在高校或科研机构的各院系、部门，研究人员也分散在各个学科里，彼此缺少了解，各做各的，无法整合成对域外地区或国家完整的知识体系。并且，由于分布在各个学科，学者根据本学科的要求和各自的兴趣做研究，因此在地理分布上只涉及少数国家，对世界上多数国家、地区缺少认识，在内容上受学科限制，很难对一国或一地区做全面完整的研究。因此很多人认为中国没有区域国别研究，只有"涉外研究"，如外国历史、外国哲学、外国文学等，而且对外国资源、水文、司法或经济的研究少而又少。可见，中国的区域国别研究确实亟须改变。

二 区域国别研究的重要性

口头上承认它的重要性和心底里承认它的重要性是不同的，理论上承认它的重要性和感性地认识它的重要性更是不同的。从理论上说，随着中国走向世界，而且日益走到世界舞台中心，全面和真实地了解世界、了解每一个国家和地区，已是当务之急。然而能感性地认识到这一点并真正体会到它的急迫性的人其实并不多，尤其对书斋学者来说不是很容易。我接触过一些做实际工作的朋友，他们对问题的急迫性就有很深的感受。外经、外贸、外交、对外文化交流、国际体育、民间交往等各方面工作，经常碰到的不是技术问题，而是认识问题，是认知隔阂，也就是相互不了解。做具体工作的人往往解决不了这些问题，需要学术支持。这就突显了区域国别研究的重要性，且只有做到地理空间的全覆盖和认知范围的全覆盖，才能完成使命。而目前存在两个"未覆盖"：第一未能覆盖世界多数地区和国家，不仅据称是"不重要"的地区和国家未被覆盖，就连"重要"国家（比如欧美国家）也未被覆盖，事实上，所谓"重要"或"不重要"不在于它发达不发达、在不在欧美，而在于它对我们的工作是不是重要，以及它在世界问题中的位置是否重要；第二未能覆盖全部的知识领域，如气候、环境、地理、资源、水源、技术、人口、宗教、习俗、文化等。因此，大力推进区域国别研究不是理论上的需要，而是实际工作的需要，学术界应顺时而动、贡献力量。

三 区域国别学的重要性

"区域国别研究"与"区域国别学"是两个概念，虽然它们之间有密不可分的联系，但并不能画等号。在近两年的讨论中，人们对要不要推动区域国别研究基本取得共识，都认为区域国别研究非常重要，需要大力推进，但在如何推进区域国别研究方面至今仍有分歧。然而仔细想想，分歧并不在要不要发展区域国别研究，而在要不要设立"区域国别学"。

区域国别研究是一个"领域"，区域国别学是一个"学科"。我国的区域国别研究需要大力推进，原因是它不尽如人意。为什么不尽如人意？原因是上文说到的两个"未覆盖"。可是为什么做不到两个"全覆盖"？根本原因是缺乏人才。没有人才，就无法对很多地区（或国家）进行研究，也无法对很多知识领域予以认知。因此，发展和推动区域国别研究的关键是培养人，没有人，区域国别研究就不可能发展。

但问题是：为什么没有人才？为什么不能培养？这就涉及我国的人才培养体制了。我国高等教育的特殊之处在学科制，国外有学科，但没有学科制。学科制意味着一切人才培养都需要在特定的学科框架内进行，如果没有被官方认定的学科为依托，就不能培养学生，培养了也得不到承认。这意味着：没有学科就不能招生，招生了不能毕业，毕业了找不到工作。所以，我国人才培养是按全国通用的学科目录进行的，而区域国别研究在学科目录中尚无一席之地，因而就不能培养相关人才。

于是答案就很清楚了：发展我国区域国别研究的根本出路是培养人，培养人的唯一途径是设学科。教育部近期公布的新版学科目录（征求意见稿）在"交叉学科"门类下设"区域国别学"一级学科，就是想从根本上解决发展我国区域国别研究的紧迫问题。所以，"区域国别学"是一个学科，它和我国现行学科目录上已有的其他学科一样，是培养某一方面特定人才的，正如"物理学"培养物理研究人才，"区域国别学"培养区域国别研究人才。

总之，建设"区域国别学"是为了培养特定的人，培养特定人的目的是发展区域国别研究，发展区域国别研究以满足国家的迫切需要，同时也满足社会的迫切需要。

四　区域国别学人才培养的目标与要求

根据学科的本质要求，区域国别学的人才培养目标是"通才+专才"。"通才"指对一个国家或地区的所有知识都有基本的、常识的、广泛的了解，即所谓"某国通"。我们有没有英国通、美国通、法国通、德国通？有没有柬埔寨通、埃及通、委内瑞拉通、印度尼西亚通？如果没有，就需要培养。区域国别学把培养"通才"作为基本要求。

但仅做"通才"还不够，在"通才"的基础上，必须是"专才"。区域国别学培养的人，应该对某个国家或地区的某一领域有深入研究，是这个领域的专家。比如，一位经济学家，专门研究美国经济问题，其研究成果受经济学界广泛认可，但他与一般意义上的经济学家的区别在于：第一，研究对象集中于美国经济问题，所有研究都和美国经济相关，不是通常意义上的经济学家；第二，他同时是"美国通"，对美国的知识了解不限于经济学，因而对美国经济问题的研究有更广阔的视野，因而能得出更特殊的见解。可见，区域国别学的人才培养目标和要求非常高，一旦成为学科，必须把"通才+专才"的要求作为不可动摇的基本目标，而要达到这个目标，就必须投入巨大力量，其中包括资金投入，更重要的是理念投入和学术投入。总之，区域国别学的高要求意味着其不能靠自发的力量推进，必须由国家来推动，尽社会全力来推动。

五　区域国别研究与世界历史研究的关系

经过 20 世纪，尤其是第二次世界大战以后的充分发展，历史学已成为跨学科、跨专业、交叉的学术领域了，世界历史当然也是这样，所以世界历史作为一个学科，早已脱离 19 世纪传统或更早传统的历史学理念了。现在的世界历史本身就是一个高度交叉的、高度融合的知识体系，这个体系对于区域国别研究来说极为重要。作为多学科汇聚的知识体系，世界历史是区域国别研究的一个重要支撑，等同于区域国别研究的另一根支柱，即外语。这里说的外语绝不仅仅是英语，英语是通用外语，除此之外，区域国别研究还必须掌握对象国语言。世界史与外语是区域国别研究的两大支柱，把这两根支柱抓住了，区域国别学人才培养才具备基本条件，其"通才+专才"的培养目标才有实现的基础。

从历史、现实和未来看区域国别史和世界史研究的战略意义

北京师范大学历史学院　　瞿林东

听了几位学者的发言，很受教益。我是学习中国史和中国史学史的，所以就区域国别与世界史研究而言，确实缺少这方面的基本素养。今天的这个会，是很重要的，我打算从我学习中国史和中国史学史的角度，并结合当前国内国际形势讲一点粗浅的看法，讲得不对的地方，请大家批评。

我们讨论区域国别和世界史的研究，当然是在历史知识的基础上展开的，但也远远不能限于历史知识的基础上，要考虑更多，考虑到国家安全、考虑到国家的国际战略来讨论区域国别和世界史的研究。

从历史上看，中国学者对外国史的研究在鸦片战争以后受到了一定程度的重视，尤其是林则徐、魏源这一批人，包括黄遵宪、王韬、夏燮这些人。对于外国历史地理，对于某一个国家的历史地理，比如黄遵宪的《日本国志》，对当时开阔眼界起了非常重要的作用。而在中外关系上，夏燮的《中西纪事》反映出强烈的近代意识。这些学人的国家意识、疆域意识和民族意识等，都很突出。黄遵宪当时在日本目睹了明治维新的发展，一方面感到这个国家的发展如此之快，很是钦羡，另一方面感到某些忧虑，因为日本和中国一衣带水，日本强大起来以后有两种可能，一是成为中国很好的邻居，一是成为中国最大的威胁。1890 年《日本图志》面世，1894年即爆发甲午战争。可见当时他对日本的研究，从国际关系上得到了启发。晚清时候的一批外交官，像黄遵宪这样的外交人才和史学家不止一个。所以从鸦片战争以后，我们对本国历史的研究和边疆历史地理的研究，以及对外国历史地理的研究，都植根于那个时代救亡图存的需要。我们现在回过头来读他们当时的著作，有时候还是感到十分振奋的，有时候

甚至有一种拍案而起的感觉。这就是那个时代的脉搏，在他们的著作里面反映出来，在中国近代史学上是光辉的一页。这是对今人的一个启发——那时候的学者和那时候的外交官员，为什么会重视某一个国家的历史乃至某一个区域的历史，以至于中外关系的历史，这不是很值得思考吗?!

自魏源、王韬到黄遵宪的外国史地研究，从一个重要方面反映出19世纪后半叶中国史家爱国图存的时代精神，以及他们开阔视野、研究外国历史的自觉意识。《海国图志》作为当时的世界史著作，《法国志略》和《日本国志》作为当时的国别史著作，都达到了较高水平，是近代史学萌生过程中的代表性著作。它们在体裁、体例和详近略远的撰述思想上，继承了中国古代史学的优良传统，尽管时代不同了，这些著作对今天的区域国别与世界史研究和撰述，仍有借鉴的意义。

从现实来看，这几年我受到很大的教育。这个教育是什么呢？个别发达国家，在政治上霸道、不讲道义，帝国主义本性不会改变。我们应该有我们的对策，要加强有关问题的研究。如果全国有几十所大学，建立起若干个区域国别研究中心，比如东南亚、中东、拉美、南美、非洲和西欧研究中心等，培养出很好的专才和通才，能对某一个地区有比较充分的研究。那么在学术上有见解，提高一步说在国家的决策上能够提出咨询，这对于维护国家利益是有非常重要的战略意义的。从现实来看，这个问题确实很紧迫，我作为一个中国史的学习者和研究者，思想上历来是非常支持发展世界史学科的。当年世界史学科变成了历史学科的二级学科，个人是不赞成的。这是因为，改革开放，中国走向世界，世界也正在走向中国，世界史学科应该发展，不应当缩小为二级学科。我只能表明我是希望世界史学科能够得到发展。现在提出区域国别研究也好，区域国别学也好，我觉得这是使中国的世界史研究瞄准了一个比较具体的领域，从此可以深入下去，培养出专才、通才，对学术发展有利，对国家的战略决策也能够提供咨询。

从未来着眼，区域国别和世界史研究同样也非常重要。未来的世界走向是什么样子的？全球的战略是一个什么样的方针，人类的未来命运又如何？对于这些问题，中国现在已经从落后挨打的年代走向了独立自主的年代，进而开始走向世界中心的年代。有许多问题，中国要拿出方案，习近平总书记在联合国一次讲话当中提出了构建人类命运共同体的理念。构建人类命运共同体是治理全球的一个方案，要建立这样一个命运共同体，不研究区域和国别行吗？某个区域的国家和国家之间有相同的地方，也有很多不同，必须深入了解它们的历史、现状和发展的走势，才能为决策提供有益的咨询。至于钱乘旦先生讲到的一些很具体的问题，我是非常赞成的，那就是培养专才和通才。要培养出这样的专家，要做综合的研究，要进行分析，然后提出外交上的决策咨询。我想，这样我们的历史学，就真正成了这样一个学科——能更好地发挥它在国家治理、国家安全、国家战略方面的作用。

因此，在全国一些知名的高校，哪些是在区域国别史研究方面有一定的基础的，是不是在全国设立若干个区域国别研究中心，轰轰烈烈、踏踏实实地把区域国别研究搞起来，推动中国的世界史研究，以适应建设中国特色哲学社会科学的需要并实现国家战略发展的需要。这是我从1840年到新中国成立，再到当下中国特色社会主义新时代发展中认识到的一点心得，我想这是历史学适应历史形势、时代要求和发展之需的重要方面。讲得不对的地方，请大家批评。

区域国别研究与学科体系构建

2021 年我国把"区域国别学"作为一级学科列入国家学位授予目录（征求意见稿），这对我国学科体系建设无疑是极大的推动。按照学科建设的一般规律，区域国别学也应像其他学科那样，对自身学科概念、体系、定位、应用理论、重点领域、人才培养等有全面的规划与设计。无论从学科、学术、话语三大体系建设的角度，还是从国家崛起需要凝聚文化力量的角度，都应不失时机地推进中国的区域国别学学科体系建设，进行全面的理论构建与设计，重点在几个大方面发力。在进行学科构建之前，首先要明确概念，把一些相关问题讨论清楚，笼而统之或大而化之是学术研究之大忌。

必须指出，我国的区域国别研究在新中国成立后 70 多年的探索当中已经取得了巨大成就，研究的问题几乎都是中外关系、区域综合研究的重大问题，推出了一系列有影响的奠基性的著作，为学术发展与繁荣做出了贡献，具有里程碑意义。但令人遗憾的是，我国学界始终没有从学科体系建设的角度探讨区域国别学学科的构建问题，更没有进行整体性规划和顶层设计，至今还未完成区域国别学学科的构建任务。从今天中国与世界关系发生巨大变化，以及学术、学科体系建设的紧迫需要来看，事关学科建设的几个重大问题有必要认真思考，否则会制约区域国别学研究的发展。在我看来，这些重大问题包括五个方面。

一　概念内涵

区域国别学研究和探讨的是重大区域性和全球性问题，涉及内容极为广泛，有自己特定的研究对象、研究方法和体系，是集多学科于一体的高难度研究，其内涵比一般意义上的国际关系学、外交学丰富得多，有自己明确的研究范围。否则，区域国别研究就容易成为无所不包的大杂烩，失去它应有的魅力与价值。虽然我国提升区域国别学为交叉学科门类下的一级学科，但是由于提出的时间短，还没有来得及做细致的系统的构建工作。在一定意义上说，中国的对外关系与交流，打破了长期以来以意识形态为中心的世界观，代之以新的利益观和发展观。面对新的世界潮流和不断出现的诸多挑战，根据国家提出的"亲、诚、惠、容"的周边外交理念，推进与周边国家合作，也是我们的应有之义。根据既有的成果与经验，当务之急是把区域国别研究整合成概念内涵明确，体系严谨、内涵丰富的区域国别学学科。

二 学科定位

在明确了概念与内涵后，还有学科定位问题。如果学科定位不清，就容易造成研究方向不明，无法完成学科的构建任务。区域国别学既然是学科，就不仅需要严谨的逻辑、完整的体系，还要有相关的专业知识和分析模式，否则就不能构成一个学科。如果还像以前一样以具体问题为导向来研究区域问题，或者出现一个问题研究一个问题，是远远不够的。学科的进步，除了继承前人研究成果外，还要不断开辟新的研究领域，完成学术传承与再造。区域国别学科的构建也不例外。从学科建设的高度出发，把区域国别学作为一个独立的学科加以建设，不仅是因为这个课题与现实有直接的联系，更为重要的是不搞学科建设就无法进一步推进中国的区域国别研究纵深展开。长期以来，中国的学术传统重实践而轻虚理，强调学以致用，而忽略了对学理与理论的探讨。理论的不足，无疑是困扰学术发展的瓶颈。现在我们要做的是总结经验，吸收百家之长，努力建立有中国特色的区域国别学科、学术与话语体系，把中国的区域国别研究提高到世界先进者的行列。

三 学科体系

任何一个学科除了要有自己的一套理论、概念与分析模式外，还要有相对独立完整的体系，没有完整的体系就容易沦为一盘散沙。对于体系的重要性，我的一个基本看法是：不解决外交史编纂的体系问题，就容易把历史写成零碎材料的堆积，把历史看成杂乱无章的和令人眼花缭乱的发展过程，找不到历史发展的总规律与根本动力。就区域国别学科而言，它本身内容十分广泛，涉及的国家、地区、领域众多，需要多学科知识相互配合。长期以来，人们对体系的认识是不同的，至于区域国别学科建立何种体系，至今还没有人专门探讨过。从以前出版的著作来看，都或多或少地存在体系上的一些问题。有人写出了体系宏阔、包罗万象的著作，但未能把握区域国别学科的本质特征。所以我强调体系问题是区域国别学科构建中的大问题，也是人们力图解决而至今没有解决好的问题。对于如何建立这个学科的体系，不妨展开一些讨论，先把问题讨论清楚。因为体系问题涉及具体的历史与现实，没有内在联系的内容是不能构成严谨的学科体系的，顶多是材料的堆积，不能完成大变革时代学科体系构建的艰巨任务。

四　重点与核心问题

我之所以把它作为一个问题提出来，主要是针对以前的研究中存在的一些问题而发的。区域国别研究关注的对象甚广，面对的是不断变化的世界，内容相当复杂，对研究者本人的要求甚高，如果没有研究的重点和主要关注，就会给研究带来许多问题。区域国别研究要从重大问题上着手，不能被无关紧要的小事一叶障目，更不能被其带偏方向。总之，区域国别研究不能事无巨细，眉毛胡子一把抓。应该说，区域国别研究的对象是具体的、明确的，要解决好主要矛盾和次要矛盾，矛盾的主要方面和次要方面。我主张关注国家间、地区间重大的政治、经济、文化、科技、军事、移民、非传统安全甚至战争与和平等问题，这既是主线，也是重点与核心问题。与此同时，在关注区域内重大问题时适当关注一些小国的问题也是明智的。

五　理论构建

国际问题研究需要理论概括与总结。没有理论的研究算不上是科学研究。区域国别研究不是简单的叙事定性，也不是对人物的臧否好恶，而是对重大问题的阐释与理论抽象。对于研究本身来说，如果只有材料而没有理论的话，那只能算简单地搜罗排比材料，谈不上是真正的研究。任何一部好的著作，不仅要有材料、有观点，讲辞章义理，还要有一定的理论深度与高度。我们强调理论的作用，注意吸收中国既有的史学理论，以开放的胸怀吸收近年在国际史坛上出现的沃勒斯坦、弗兰克的世界体系理论，斯塔夫里阿诺斯、麦克尼尔的全球史理论，以及国际关系理论中的有益思想。对于西方的理论我们只能有选择地借鉴与吸收，不能削自己之足适西方之履。西方的理论是有很大短板的，尤其像解释中国与印度这样巨型的国家对外交往，没有哪一种理论解释是令人满意的。这就需要我们不断地去思考与创新理论。

以上五端说得不一定很全面，也不一定很准确，但是作为区域国别学学科构建过程中的一些学理探讨，是可以考虑的。区域国别研究要始终立足于全面、客观与准确，以中国人的视角观察世界，以世界的视角观察区域，现在已经形成对学科建设紧迫性与必要性的清醒认识。任何一个新学科的开辟与建立，都不是一帆风顺的，需要做长期的艰巨的摄取工作，或者需要几代人的共同努力。虽然这一课题提出得很晚，但是经过国内学者几十年的艰辛努力，组织力量完成区域国别学学科创建的主客观条件已经成熟。中国的区域国别学学科体系建设与推进必须立足于中国社会的历史与现实，从过去的经验中吸取继续向前迈进的精神力量。现在有条件对中国区域国别学学科的编纂体系、框架、重点与难点、基本理论等进行理论升华，完成创造性的转化工作。

区域国别学视野下的世界史研究

北京师范大学历史学院　胡　莉

学界对世界史学科的研究目的、对象、理论及方法有明确说明，对区域国别学没有定论，只有一些比较流行的看法。结合现有对世界史与区域国别学的认知，可以发现世界史与区域国别学的关系非常紧密。

一　世界史是区域国别学的基础学科

首先，二者的根本宗旨一致，都是应国家对外工作的需要产生，承担探索域外知识体系的学术任务。世界史是区域国别学的先声，于 2011 年被列入历史学门类下的一级学科，区域国别学在 2021 年被列入交叉学科门类下的一级学科。其次，二者的研究对象一致，即世界各民族、国家与地区。但在研究内容上，世界史研究的是其历史，区域国别学研究的是其所有方面。再次，在研究方法上，世界史用历史学的基本研究方法，区域国别学用包括历史学在内的多个学科的研究方法。由于世界史是所有涉外专业的基础学科，它便也是区域国别学这一包含全部涉外专业的交叉学科的基础学科。最后，世界史与区域国别学各有侧重、优势互补。世界史研究的一项重要任务是，探究人类从分散到密切联系的整体的历史演变规律，强调的是不同国家与地区之间的共同历史走向，凸显的是个性中的共性与整体。区域国别学旨在对各个地区和国家形成系统性的知识体系，凸显的是各个地区与国家的独特特征，偏重的是共性中的个性。

鉴于此，在区域国别学成为一级学科之际，世界史有必要积极融入区域国别学，从区域国别学的视野重新看待世界史研究。

二　世界史研究内容的再拓展

尽管世界史与区域国别学均将世界各国与地区作为自己的研究对象，但在研究内容上，前者远远小于后者。区域国别学视野下的世界史研究首先是研究内容的再拓展。

区域国别学研究的内容大体可分三个层次。一为世界所有地区与国家内部的一切，强调世界所有地区与国家而不只是大国与热点地区，还强调地区与国家内部的所有方面，如政治、经济、社会、文化、军事、地理、资源、环境等，而不只是政治、经济、社会、文化中最明显的部分，例如政治制度、经济政策、社会结构或者传统文化等。二为各个国家、地区组织、国际组织之间的关系，相当于广义的国际关系。三为各个国家、地区及组织与中国的关系，不仅是外交关系，还有各个国家、地区及组织内部的所有方面与中国内部的关系。

按此标准衡量，现有世界史研究还未完全对区域国别学涉及的所有方面的历史进行研究，世界史研究内容还需要再扩展。世界史一直在拓展自己的研究范畴，与历史学的发展是一致的。在20世纪上半叶，史学研究从传统的政治史与外交史拓展到社会史，从20世纪70年代开始，又拓展到文化史、医疗史、环境史等，现在需要拓展到区域国别学所涉全部领域的历史。

以英国史为例。在中国的国别史研究中，英国史的研究成果非常丰富，但从区域国别学的视角看，还有大片研究空白。且不说林业史、景观变迁、工程史等很少得到重视，社会史中也有一些较少被关注的问题，如少数族裔史。政治史、外交史中也有不少议题未被充分研究，如英国基层选举制度史、英国与诸如葡萄牙等许多国家的关系史等。若强调现在的英国是英格兰、苏格兰、威尔士和北爱尔兰组成的联合王国，那么英国史就有更多的议题需要被研究了。如英国中央与苏格兰地方的关系演变、北爱尔兰与苏格兰内部各个方面的历史等，这些都是过去以英格兰为中心的英国史研究所忽略的。因此，区域国别学视野下的英国史研究应是对整个不列颠地区所有方面的历史的研究。同样，区域国别学视野下的世界史研究应是对区域国别学所涉全部领域的历史的研究，其研究体量将远超过去的世界史研究。

三　世界史研究方法的再更新

随着研究内容的再拓展，区域国别学视野下的世界史的研究方法也会再更新。

其实，世界史的研究方法可以天然地服务于区域国别学。自 19 世纪后半叶历史学职业化以来，各国历史学采取了大体相同的研究方法，其核心是基于史料的收集、分析与解读，这也是世界史的基本研究方法。这意味着，只要有史料，只要有能力对它进行分析、解读，就可以做研究，而无论它是哪个领域的史料。既然如此，理论上说，世界史新扩增的研究内容也可以使用基于史料收集、分析与解读的方法。

在基于史料的研究方法之上，世界史也注重吸收其他学科的理论。纵观历史学发展历程可以发现，历史学在拓展其研究内容的同时，总是会更新它的研究方法，或者说，在更新研究方法的同时，总是会扩大研究内容。在传统政治史与外交史研究中，主要的研究方法是对史料进行"剪刀加糨糊"的处理，其代表是兰克史学，这种方法被认为接近于自然科学。20 世纪后半叶，历史学经历了社会科学化，研究方法显著更新，例如计量史学、年鉴学派、批判历史社会科学派以及马克思主义历史研究方法，相应地，社会史、经济史蓬勃发展。这些史学流派及理论方法也影响到我国世界史，其中阶级分析法、现代化理论的影响最为显著。

由此可见，区域国别学视野下的世界史也将再次更新它的研究方法。区域国别学鼓励各个学科参与，但它不是各个学科简单的叠加，而是交叉学科，会突破现有各学科边界，产生新的领域。这一理念在具体实践中有所差别，每个学科面临的情况不一样。就世界史而言，"交叉"应该至少有两个意思。第一个是"学科史"意义上的，比如某国建筑史、艺术史、医疗史，这些仍然属于历史学范畴，没有突破学科边界。第二个是真正的交叉学科意义上的，其研究成果既可以属于世界史，也可以属于另一个学科，但两者中总有一个主导学科。这样来看，区域国别学视野下世界史的研究方法会出现一种十分不同于过去的新方法，即立足历史学基本研究方法，在具体问题研究中借助其他学科的概念、理论与方法，研究成果总体属于历史学范畴，但也可以属于另一个学科。

四　世界史研究意义的再定位

面对研究内容的再拓展、研究方法的再更新，世界史研究者可能会问：世界史的确可以这样研究，但有何意义呢？毕竟不是每一个领域的历史都有研究价值。这就涉及区域国别学视野下世界史研究意义的再定位问题。

世界史的研究意义源于历史学自身的功用，既有学术意义，也有现实意义。世界史可能是历史学三个一级学科（世界史、中国史、考古学）中最看重、最强调研究意义的一个。这是因为，对于国内知识界来说，世界史看上去与中国的传统、文化、现实相距遥远，似乎没必要研究。在这种情况下，世界史如果不凸显自身的研究意义，它的重要性就很难被人们感知、了解与认可，其巨大的潜在研究价值也就不能充分发挥出来。

在世界史凸显自身研究意义方面，从中国世界史发展历程来看，它总是在依据中国的发展阶段与时代主题，动态定位自身的现实意义。在世界史最初发展阶段，"研究"意义在于"开眼看世界"，了解侵略中国的对象，以便中国有效应对之。紧接着，在中国向世界强国学习的过程中，世界史研究强调"借鉴意义"，这在中国现代化建设阶段最明显。目前，中国世界史研究的意义正在发生转变，从《世界历史》这份中国世界史研究的代表性期刊的变化中可见一斑。一方面，期刊栏目在2014年之后按照区域国别排布。这一点与高校世界史教研室设置变化一致，一些高校历史学系的教研室已经从世界古代史、近代史、现代史的设置转变到按照地区与国别史设置。另一方面，在2011年世界史成为历史学一级学科之际，期刊所刊大部分论文强调其研究意义在于，"有助于更好地理解"某一个历史现象、"能够为政策制定提供参考价值"、对中国的同类问题具有"借鉴意义"。到了2021年，期刊所刊大部分论文强调其研究意义在于"有助于更好地理解"某一个历史现象，相对较少强调借鉴意义，此外，文章暗含其他现实意义，但并未明确指出。这似乎说明世界史研究正在重新定位其现实意义。

这一再定位或许可以通过融入区域国别学来解决。区域国别学是中国发展到走向世界的新阶段的学术产物，它的研究意义不仅是探索新的知识领域，还在于全方位服务于中国政治、经济、社会、文化、军事等各界的对外工作的需要。因此，从区域国别学视角看，世界史的研究意义或许也应该强调全方位的服务意义。不过，需要说明的是，这种服务不只是向政府机构提供智库报告，而且是密切关注现实中所有涉外事务需求，立足扎实的史学研究，提供学术分析，从而凸显自身研究意义。

军事环境史与区域国别研究

北京师范大学历史学院　贾　珺

区域国别学是大国之学，也是大国的战略之学。我国设立区域国别学一级学科既是应对"世界百年未有之大变局"的需要，也是坚守人类共同价值，建设人类命运共同体的重大举措，更是坚持历史自觉的重要体现。区域国别研究的重要内容之一，是和平时期的军事建设和战争时期的军事活动，而军事环境史研究环境因素与人类军事活动间的相互影响，以及在此过程中体现的人类生产力发展和自然观变化，因此思考军事环境史与区域国别研究的关系可谓恰逢其时。

总体而言，军事环境史一方面可以扩展区域国别研究的视野，将全球视野、区域视野与地方视野统筹起来，另一方面可以充实区域国别研究的维度，既研究人类事务，也研究人类事务发生和发展所依托的舞台——生态环境，并深入思考人类与生态环境之间的互动关系，推动区域国别研究走向深入。

一　超越区域视野

"区域"一词见于中文典籍始自东汉。班固在《汉书·西域传》中谈及龙堆、葱岭等地时称"淮南、杜钦、扬雄之论，皆以为此天地所以界别区域，绝外内也"。① 英语中"region"（区域）源自拉丁语和法语，"王国""疆界"的原意渐被弃用，近代以来指"地表某种程度上被定义或与邻近地区有所区别的部分……特别是指世界上包括几个邻国的地区，其中

---

① （东汉）班固：《汉书》，中华书局，1962，第3929页；（清）孙诒让：《周礼正义》卷十七，中华书局，1987，第662页。

诸邻国的社会、经济或政治相互依赖"。① 可见"区域"一方面表示存在某种界线的空间，另一方面表示空间中的人类社会。若回溯"域"字的流变，可知其通"或"，《说文解字》中"或，邦也，从口从戈，以守一。一，地也"。② 即"区域"的第三个方面——空间需用武力保卫。

除空间属性外，"区域"也有历史属性。一方面，区域内民族和政治实体的变化构成了历史；另一方面，人们对区域的认知也有历史性。马克思和恩格斯在《德意志意识形态》中指出，"各民族的原始封闭状态由于日益完善的生产方式、交往以及因交往而自然形成的不同民族之间的分工消灭得越是彻底，历史也就越是成为世界历史"。

"区域"概念的空间与历史属性，反映了军事环境史与区域国别研究的契合点。全球、区域和地方，是环境史研究的三个层级。作为研究对象，三者有深刻的历史与现实联系，并与军事史研究中的战略、战役和战术三个层级大体匹配。作为研究视野，三者有不囿于对象本身的逻辑联系——从区域视野研究地方，从全球视野研究区域，不仅必要而且可能。从高层级视野审视低层级对象，可更宏观地理解低层级对象的运行方式，海军建设便是突出体现。海军建设周期长、投入资源多、技术更新快、战力形成慢，因此滨海大陆国家慎建海军，既因为自身需求没有岛国迫切，也因为受到国家战略、财政能力、资源状况、工业水平和人才储备等国内要素和区域政治态势、国际格局等外部因素的影响，区域视野存在局限。

美国独立战争中，法国、荷兰、西班牙海军参战，瑞典、丹麦和俄国的"武装中立同盟"也对英国海军有牵制。拿破仑战争期间，美国商船屡遭英法劫掠，美国海军由此重获拨款。1812 年战争中，美国海军接连在尚普兰湖和伊利湖等地获胜，除战术得当外，英国海军主力正忙于欧洲战事分身乏术也是不能忽视的原因。美国内战中，联邦配备蒸汽动力的低舷铁甲舰在夺取密西西比河控制权、争取战略主动的过程中发挥了重要作用。内战结束后美国海军再成鸡肋，这既和美国当时的财政状况相关，也和美英停止敌对、外部威胁降低有关。19 世纪 80 年代，美国成为资本主义强国，海军是其维护对拉美霸权、拓展亚太权力的支柱力量。二战后，美国

① "region, n." OED Online, Oxford University Press, March 2022, HYPERLINK "http：//www. oed. com/view/Entry/161281." http：//www. oed. com/view/Entry/161281（2022－05－20）.
② （东汉）许慎撰，（清）段玉裁注《说文解字注》，上海古籍出版社，1981，第 631 页。

海军取得霸主地位，成为执行美国国家战略的基石之一。

当代海军除护航商船、封锁海路、投送兵力等传统职能外，还是海基常规武器和核武器的投送平台，战略意义更加突出，建设和维护成本日益高昂。因此，建设符合国家战略需要、对假想敌具有优势、效费比又较为理想的海上力量，事关和平时期维护海上权益，战时掌握制海权和制空权，以及诸军兵种协调和可持续发展。只有超越区域视野，基于全球视野进行政治、经济、外交等多方面分析，才有可能为军事运筹部门提供更全面的指标和数据，做出正确判断，明确建设方向。

二　超越人类事务

区域国别研究的核心问题，毫无疑问是事关和平与发展的重大问题，突出地体现着现实关切。一战史研究的核心问题，即在于巴尔干火药桶何以形成，以及如何将欧洲的两大军事集团引入战争泥潭，使战火从巴尔干半岛烧至德国的东西两线，继而改变了欧洲乃至世界的政治格局。二战史研究的核心问题，同样在于解释战争策源地的形成，以及欧洲、北非、中国、太平洋诸战场的区域性与世界性影响。

但人类社会的存在，人类文明的进步，既是人类事务又不仅仅是人类事务，需要在传统的政治军事维度和国际政治、国际关系维度之外，将人类事务发生和发展所依托的舞台——生态环境——纳入进来。一战后装甲战理论在英苏德等国涌现，航空兵建设受到高度重视，在很大程度上是因为军事理论家对一战西线战场胶着状态感到恐惧和厌恶，希望通过装甲部队和航空兵在未来战争中跨越泥泞的战场、避免战线再次固化。

越南战争提供了另一种区域研究的样本。从战争性质来看，这是冷战时期的一场热战，有着深刻和复杂的世界背景；从战争区域来看，尽管战场在东南亚，但又有区域内外的诸多国家直接参与；从作战方式来看，战争双方都从各自的区域经验出发，对越南环境加以利用或破坏。以美军清除森林的行动为例，评估来自两个不同区域的国家的军事技术、战争伦理和自然观念在同一战场的效能和影响，可以深化人们对越战和美军作战方式的理解。

美国林务局的工程师在越南开展了舍伍德森林行动（Sherwood Forest Operation）和粉玫瑰行动（Pink Rose Operations），旨在引燃落叶制造火灾，但不断上升的热量引发暴雨浇灭了大火。由此可见，破坏异域森林成为美军削弱敌人战争潜力的手段；工程技术人员的主观愿望是用知识进行专业化的、对己方有利的景观塑造；基于美国经验的毁林措施从温带到亚热带之后遭遇水土不服，反映了生态条件与相关知识的区域性特点。

不难看出，战争、技术和环境三者之间并不存在决定性的应然关系，而是充满了未知与变数的实然关系，而战争对环境造成的影响，又远非人们的区域知识所能有效预见的。因此，区域国别研究纵使已经超越了区域视野，但仅探讨战争和技术仍然是不够的，在原有"人类事务"研究维度之外加入环境维度，在理论和实践上都是必要的。

三　思考三种关系

基于上文的分析，笔者认为在区域国别研究中，需要思考三种关系。

首先，应充分认识作为资源的环境同区域内外国际事务之间的关系。石油、煤炭等不可再生资源，橡胶、木材等林业资源，粮种、农田、淡水等事关粮食安全的农业资源，海洋生物渔业资源等，在冷战与后冷战时代要么成为大国的博弈工具，要么涉及区域内邻国之间的利益争端，牵一发而动全身，丝毫不容小觑。需要在区域国别研究的基础上，进行未雨绸缪的战略规划，采取应对有度、调整及时的措施。

其次，应全面理解作为战场的区域环境同军事活动之间的关系。当代战争的战场不仅存在于海、陆、空、天，还存在于电磁环境中，"区域"不再局限于与民族国家和政区有关的二维空间，而是拓展到了多维空间中。机械化战争形态正转向以智能化军队及其武器平台为主导的战争形态，关键武器和战法的时代差再次形成。这些巨变已超出冷战时期区域国别研究的范畴，不仅要研究区域内外的政治经济社会状况，也要分析战场环境的特点，力求在战时有效地适应和利用环境。

最后，应深刻关注作为家园的区域环境同人类命运之间的关系。1991年海湾战争以来的高技术战争使战时的平民伤亡大为减少，但对工业设施精确打击造成的次生灾害，以及贫铀武器等放射性材料的环境隐患，威胁着战后平民的健康和生命，伊拉克和塞尔维亚儿童白血病和畸形率的剧增便是实例。推动区域国别合作，增强各方互信，是降低战争风险的重要路径，建立在人类共同价值之上的区域国别研究，显然是实现这一路径的最有效的手段。

　　综上所述，中国的区域国别学立足和平发展，建设融人、国、环境和谐共生于一体的人类命运共同体；军事环境史显然是不可或缺的交叉对象，可以提供宽广的视野和多元的维度。二者交叉促进，无疑将有助于增强历史自觉，认识和解决人类共同的大问题，开创和建设共享共赢的新时代。

中国古代史学研究

论《尚书》的历史教育思想与价值[*]

周　倩

（扬州大学社会发展学院，江苏扬州　225002）

摘　要：《尚书》作为中华文化元典，不仅包含深刻的历史思想，还内蕴丰富的历史教育思想，其要有三：其一，殷周君主常常追慕先公先王的功绩，将他们奉为自己执政的榜样和目标；其二，他们还习惯通过回顾先代亡国之痛来反省今日行政之失误；其三，西周统治集团很早就形成了"我不可不鉴于有夏，亦不可不监于有殷"的自觉史鉴意识。《尚书》是中国古代先民学习和利用历史知识的典范，不仅能够帮助今人了解殷周统治者借鉴历史上正反两方面案例治理国家的具体情形，感受上古贤主勤政为民、衣宵食旰的精神品质，还能促进人们"疏通知远"历史思维的涵养，具有很高的历史教育价值。

关键词：《尚书》　历史教育　史学思想　价值

　　《尚书》作为中华元典"六经"之一，是中国上古政典的汇集。虽然《尚书》在传习过程中出现了版本、篇章、文字等多方面的变化，但是《汤誓》《盘庚》《牧誓》《大诰》《康诰》《酒诰》《梓材》《召诰》《洛诰》《多士》《多方》等篇章基本可以确定为殷周时期的作品。这些篇章不仅集中展示了殷商和周初统治者的治国理政的基本情形和基本理念，还从侧面反映了他们的历史思想，其中对于学习和利用历史知识，形成了一

---

　　* 本文系扬州大学教学改革研究课题"师范专业认证背景下的课程体系建设研究——基于 OBE 教学理念的探讨"（YZUJX2020—D2）、"扬州大学 2021 年'课程思政'教学示范课建设项目"阶段性成果。

系列历史教育思想，其要有三。

一　举先公先王之迹以资政

根据《尚书》记载，殷周君王常常追慕本族先公先王，将他们的光辉事迹视为执政的典范和榜样。如《盘庚》篇，全文的主体是商汤十世孙盘庚在迁都前后对臣民发表的三次讲话。商朝自商王仲丁以后，国势逐渐衰落。盘庚即位后，为了彻底改变混乱不定的局面决心迁都。他的计划是将都城从黄河之北迁到黄河之南，"复居成汤之故居"。然而这一举措并不顺利，殷民"乃五迁，无定处"，于是"咨胥皆怨，不欲徙"，①使得迁都复兴计划受到很大阻碍。在这种背景下，盘庚发表了对殷民的讲话，其中多次提及商族先祖放弃旧都的事例，以此劝说民众动身迁徙、建设新都。

按《盘庚》篇记载，盘庚在迁都前将民众召唤至面前，首先便说：

> 呜呼！古我前后，罔不惟民之承保。后胥戚鲜，以不浮于天时。殷降大虐，先王不怀厥攸作，视民利用迁。②

这段话的意思是说：哎呀，过去我们的先王没有一个不是顾全民众的，先王那样惠爱民众，所以能够顺应天时。每当老天降下灾祸，先王并不留恋亲手缔造的宗庙都邑，总是根据民众的利益进行迁徙。在这里，盘庚不仅告诉民众迁都早有旧例，还将先王迁都之举与顺天、保民结合起来，大大加强了迁都的合理性。接着，他由古及今，说道：

> 汝曷弗念我古后之闻？承汝俾汝惟喜康共，非汝有咎比于罚。予若吁怀兹新邑，亦惟汝故，以丕从厥志。③

这段话的意思是说：你们为什么不去想想先王的这种勤勉呢？我也是为了保护大家，让大家生活安好，并不是像惩罚罪犯那样对待你们！我之所以

---

① 《史记》卷3《殷本纪》，中华书局，1959，第102页。
② 《尚书·盘庚》。
③ 《尚书·盘庚》。

呼吁大家到新都去，也正是为了你们自己的利益，是为了满足大家的心愿。这样，盘庚借助先王迁都之事，解释了自己迁都的目的，最终获得了民众的理解和支持。

盘庚迁都后，又告诫众官员道：

> 古我先王将多于前功，适于山。用降我凶，德嘉绩于朕邦。
> 今我民用荡析离居，罔有定极，尔谓朕曷震动万民以迁？肆上帝将复我高祖之德，乱越我家。朕及笃敬，恭承民命，用永地于新邑。①

从前我们的先王要发扬前人的功业，迁到高地避免灾害，在都邑里遵循维系前代业绩。而今我的子民遭受洪水流荡肆虐之苦，简直没有尽头。你们反倒问我："为什么要惊动万民来迁都啊？"这是因为上天要恢复我们祖宗的基业，我虔诚地敬奉上天旨意来拯救人民，这样才能永远安居在这新的都邑。根据文中内容可见，有些殷商官员是对迁都存在疑问甚至表示不满的。盘庚又以先王迁往高地以避免灾祸的事例，再次讲明了迁都的必要性，有利于重新赢得贵族阶层的支持，稳定社会上层秩序，从而为迁都后的执政工作打好基础。

盘庚迁都后，有些民众不喜欢这个地方，社会又呈现动荡之势。盘庚再一次通过贵族晓谕民众，他说：

> 先王有服，恪谨天命，兹犹不常宁；不常厥邑，于今五邦。今不承于古，罔知天之断命，矧曰其克从先王之烈？若颠木之有由蘖，天其永我命于兹新邑，绍复先王之大业，底绥四方。②

盘庚表示，先王有老规矩，要谨遵天命，不敢贪图安逸。他们并不老是赖在一个地方，而是已经迁都五次了。我们现在如果不依照先王的成例，难保上天不会断绝我们的天命，怎么还能谈得上先王功业呢？就像倒断树木可以发出新的枝丫，老天要把我们迁移到新都，是要让我们长久地存续，复兴先王的伟大功业，把四方都安定下来。这里，盘庚再一次提到先王五次迁都之事，并指出"今不承于古"，可能导致"天之断命"的危险，讲

---

① 《尚书·盘庚》。
② 《尚书·盘庚》。

明了迁都的紧迫性，有利于安抚广大平民的情绪，稳定社会中下层秩序。总之，盘庚对民众发表的三次讲话虽背景不同，但不约而同地运用先王迁都之旧例，分别阐述了今日迁都的合理性、必要性和紧迫性，通过史鉴劝导告诫殷民，有效地化解了迁都前后的政治困境。

除了殷商君王，周初统治者也常常追思先王之迹以资政，这在"周初八诰"中有鲜明地体现。周武王死后，成王年幼，故以周公辅政。而彼时管叔、蔡叔勾结武庚发动叛乱，周公为稳定新占领的东方地区，决定联合诸侯东征平叛，《大诰》就是周公进行战前动员的语录。

周公作《大诰》，其主要目的不仅在于鼓舞将士们的士气，更要说明东征的合法性。为此，他首先摆出占卜结果，说成王用文王传下来的大宝龟来占卜，结果三个龟板都呈吉兆。但是这样还不够有说服力，仍有不少诸侯和官员迟疑，认为"不可征"，希望"王害不违卜"，① 即要求成王违背卜兆。周公便以周文王重视占卜的事为例，进一步说明依卜行事的合法性，他说：

> 天休于文王，兴我小邦周，文王惟卜用，克绥受兹命。今天其相民，矧亦惟卜用。呜呼！天明畏，弼我丕丕基。②

老天爷庇佑文王，使我们小小的周邦兴盛起来。文王就是因为懂得遵照占卜行事，才能继承天命。今天老天爷还会帮助我们，只要我们能依照占卜行事。这里，周公指出文王对卜辞的尊崇与周族兴盛的密切关系，为依卜东征提供了强有力的证据。他接着对诸侯和官员说："尔惟旧人，尔丕克远省，尔知宁王若勤哉！"③ 你们中有很多人是我先文王的旧臣，还能很好地遵循文王之道吗？你们知道文王有多勤于政事吗？在这里，周公又从诸侯、官员与文王的君臣关系出发，要求他们克服万难，谨遵文王旧例，完成文王未竟的事业。可见，周公运用文王之迹，晓之以理、动之以情，反复论证了东征的必要性，统一了众多不同的意见。

周初统治者追思的对象不仅有本族先王，还有殷商贤王。彼时，周武王少弟康叔被封为卫君，居于殷商旧地。周公担心他年幼，在册封时对他

---

① 《尚书·大诰》。
② 《尚书·大诰》。
③ 《尚书·大诰》。

进行了一番教导，其诰辞形成《康诰》。周公要求康叔到了殷地，一定要"求殷之贤人君子长者"，其中说道：

> 惟乃丕显考文王，克明德慎罚，不敢侮鳏寡，庸庸祗祗，威威显民。用肇造我区夏，越我一二邦，以修我西土，惟时怙冒闻于上帝，帝休，天乃大命文王殪戎殷，诞受厥命越厥邦厥民，惟时叙，乃寡兄勖。肆汝小子封在兹东土。
>
> 王曰：呜呼！封，汝念哉！今民将在！祗遹乃文考，绍闻衣德言。往敷求于殷先哲王，用保乂民；汝丕远惟商耇成人，宅心知训；别求闻由古先哲王，用康保民。弘于天若德，裕乃身不废在王命！[①]

周公对康叔说，你的父亲文王能明德慎罚，因此得到天命，灭掉强大的殷商，缔造华夏。你之所以能够到殷地管理其人民和土地，都是承继文王的事业。殷地的百姓多么痛苦！你应该敬重遵循父亲文王的德政，还要继承殷人的好文化。这次要广泛寻求殷商先王的治国之道，用来安定统治，使得人民安乐。他又说：

> 封！爽惟民迪吉康，我时其惟殷先哲王德，用康乂民作求。矧今民罔迪，不适；不迪，则罔政在厥邦。[②]

在百姓境遇好时，我们尚且要学习殷商圣王治民之方，何况现在百姓境遇不好，简直是无所依附，这个国家还有什么政治可言呢？周公如是说，言下之意是强调在当今困境之下，效仿殷商圣王对巩固殷商旧地统治秩序的重要性。可见，《康诰》不仅称颂文王之功，还多次提及殷商先王治国理政的伟大功绩，其目的就是要提醒康叔承继殷商古圣王的治国之道，以安定殷遗民。

二　思亡国之痛以自省

周初统治者不仅重视追思、学习和运用古代圣王治国平天下的卓越功

---

① 《尚书·康诰》。
② 《尚书·康诰》。

绩和成功经验，还常常思考前朝亡国之史，以此为警诫。如《召诰》篇中，作者就通过召公之口向成王描述了殷商灭亡时的惨状：

> 天既遐终大邦殷之命，兹殷多先哲王在天，越厥后王后民，兹服厥命。厥终，智藏瘝在。夫知保抱携持厥妇子，以哀吁天，徂厥亡，出执。①

召公说，上天以前曾想长久地延续大邦殷的天命，许多殷商先王的神灵都在天上。等到了他们的后裔那里，一开始还能遵服天命，可是最终所有贤人都隐藏起来，是多么大的痛苦啊！那是父母怀抱了孩子，丈夫搀扶了妻妾，哀号着呼告苍天，诅咒纣王灭亡，是多么痛苦不安啊！召公作为商亡的亲历者，讲这段历史的目的是要成王引以为鉴，清楚认识到不施德政的严重后果。于是，他直接点明主题："呜呼！天亦哀于四方民，其眷命用懋。王其疾敬德！"②哎呀！老天怜惜四方百姓，所以顾视天下寻找一个勤勉有德行的人予以天命。我王一定要敬守德行啊！

"周初八诰"在鉴亡国之事时，除了直抒胸臆，还常常将亡国之君与兴国之君并举，在对比之中凸显亡国之因，更具警示之意。上文说到，武王少弟康叔被封至殷商旧地，周公担心康叔年轻，会耽于饮酒而误国，故"告以纣所以亡者，以淫于酒。酒之失，妇人是用，故纣之乱自此始"，③其诰辞形成了《酒诰》。《酒诰》开篇，周公就讲了文王禁酒之事，说道：

> 乃穆考文王，肇国在西土。厥诰毖庶邦、庶士越少正御事朝夕曰："祀兹酒。惟天降命，肇我民，惟元祀。天降威，我民用大乱丧德，亦罔非酒惟行；越小大邦用丧，亦罔非酒惟辜。"
> 文王诰教小子有正有事：无彝酒；越庶国，饮惟祀，德将无醉。惟曰：我民迪小子惟土物爱，厥心臧。聪听祖考之彝训，越小大德。④

昔日文王在岐山时候，就早晚告诫诸侯、官吏和宫内办事人员："禁止喝酒啊！上天降我天命，自改元之日起，百姓该过新生活了。天命威严，我

---

① 《尚书·召诰》。
② 《尚书·召诰》。
③ 《史记》卷37《卫康叔世家》，中华书局，1959，第1590页。
④ 《尚书·酒诰》。

们的百姓大乱而丧失德行，无非喝酒造成的过错；而大大小小国家的丧亡，也无非喝酒造成的恶果。"可见在周族兴起之时，部族首领已经明确知晓过度饮酒会导致个人德行的丧失和国家政权的灭亡。而这一结论的得出一定建立在前代教训的基础之上。接着，文王又具体谈了饮酒的原则：即不许经常喝酒，当和国君聚会时，按礼虽然不得不喝，须以德自持，不能喝得大醉。周公认为，"我西土棐徂邦君御事小子，尚克用文王教，不腆于酒，故我至于今，克受殷之命。"[1] 正是因为我们西土的年轻人早早接受文王的教令，不贪图喝酒，所以现在才能够继承殷的天命。

那么，殷商君王从一开始就沉溺于饮酒吗？事实并非如此，周公又说：

> 封！我闻惟曰：在昔殷先哲王，迪畏天显小民，经德秉哲。自成汤咸至于帝乙，成王畏相。惟御事厥棐有恭，不敢自暇自逸，矧曰其敢崇饮。越在外服，侯甸男卫邦伯，越在内服百僚庶尹惟亚惟服宗工，越百姓里居，罔敢湎于酒，不惟不敢亦不暇。惟助成王德显越尹人祇辟。[2]

周公指出，殷商先代圣王，因为惧怕上天和人民的力量，而长久地保持他们的德行和才智。从成汤至帝乙，达成王业仍旧能严肃自省。那时候，宫里管事的臣子就是休假没有工作的时候，也不敢趁着闲暇寻欢作乐，何况放肆喝酒呢！那时候，地方的侯、甸、男、卫各国君，朝廷中的官僚首长，管理王族的宗工，以至于氏族长官，一概不敢酗酒。不敢，也没有空。他们只是帮助商王成就大业、治理百姓和谨守法度。

可见，正是因为周文王和殷商先王明令禁酒，国家才能不断走向兴盛；相反，殷商的衰亡也与末代君主耽于饮酒密切相关。因此周王话锋一转，说道：

> 我闻亦惟曰：在今后嗣王酣身厥命，罔显于民祇，保越怨不易。诞惟厥纵，淫泆于非彝，用燕丧威仪，民罔不衋伤心。惟荒腆于酒，不惟自息乃逸。厥心疾很，不克畏死。辜在商邑越殷国灭无罹。弗惟

---

① 《尚书·酒诰》。

② 《尚书·酒诰》。

德馨香祀，登闻于天；诞惟民怨，庶群自酒，腥闻在上。故天降丧于
殷，罔爱于殷，惟逸。天非虐，惟民自速辜。①

周公表示：我又听说，殷商的末代君王喜欢用威权压迫百姓，没有什么行
为可以使百姓欢喜，只能得到不可改变的怨恨。他们又放纵淫乐，在享乐
中逐渐丧失了威仪，百姓没有不伤心痛惜的。然而，他们还是贪酒，无休
无止地享乐。他们的心凶狠，又不怕死。他们在商都作恶多端，至商灭亡
的时候还不知道忧虑。他们根本没有德行可以上闻于天，只有百姓的怨恨
和百官酗酒的臭味升上天空。所以，老天才把丧亡之祸降于他们，不再留有
一丝眷爱，这就是他们过度淫逸的结局。周公通过论述商朝"先哲王"和
"后嗣王"的统治，使两者形成了鲜明的对比，先哲王从成汤到帝乙都"迪
畏天显小民，经德秉哲"，② 各个勤于政事，不自我安逸享乐，上行下效，官
员们也都尽心辅佐国君，不敢沉湎于饮酒。相较之下，后嗣王纣却"酗身厥
命，罔显于民祗"，饮酒享乐，淫乱游乐不止，结果便是"降丧于殷，罔爱
于殷"。③ 以"先哲王"之兴和"后嗣王"之亡进行对比论述，总结出殷商
兴亡的原因并以此作为经验教训，体现了周代浓厚的"殷鉴"色彩。

与《酒诰》篇类似的还有《无逸》篇。周公为教诫成王勤勉治国、不
要贪图安逸，作《无逸》篇。周公开篇便直奔主题，说道：

呜呼！君子所其无逸！先知稼穑之艰难，乃逸，则知小人之依。④

这话的意思是说：哎呀！君主一开始就不能够贪图安逸啊！如果他事先了
解了耕种收获的艰难，再去享受安逸的生活，才能够明白百姓们的疾苦。
在这里，周公将"无逸"视为君主最重要的行为规范，且将"知小人之
依"作为君主勤政的主要目标。为了进一步印证这一观点，周公接下来讲
述了殷周先王的执政事迹：

呜呼！我闻曰：昔在殷王中宗，严恭寅畏，天命自度，治民祗
惧，不敢荒宁。肆中宗之享国七十有五年。其在高宗，时旧劳于外，

---

① 《尚书·酒诰》。
② 《尚书·酒诰》。
③ 《尚书·酒诰》。
④ 《尚书·无逸》。

爰暨小人；作其即位，乃或亮阴，三年不言。其惟不言，言乃雍；不敢荒宁，嘉靖殷邦，至于小大，无时或怨。肆高宗之享国五十有九年。其在祖甲，弗义惟王，旧为小人。作其即位，爰知小人之依，能保惠于庶民，不敢侮鳏寡。肆祖甲之享国，三十有三年。

　　……呜呼！厥亦惟我周太王、王季，克自抑畏。文王卑服，即康功田功；徽柔懿恭，怀保小民，惠鲜鳏寡；自朝至于日中、昃，弗遑暇食，用咸和万民。文王弗敢盘于游田，以庶邦惟正之供。文王受命惟中身，厥享国五十年。[1]

周公指出，殷商中宗祖乙严肃恭敬，一直恪守天命，治理国家小心谨慎，从不敢怠慢。高宗武丁早年在民间吃了不少苦，即位后沉默不言，三年不论政事，而是深入民间体察民情。他不敢荒废国事，使国家太平、百姓无怨。商王祖甲本来没有打算称王，在民间生活。他登上王位后，很明白小民疾苦，不敢轻慢孤苦无依的人。而周族的太王、王季谦恭戒惧，而文王秉承两位先王的德行，亲自管理道路修理和农业生产两件大事；他心怀仁爱、关心小民、勤勉执政，常常从早上忙到晚上都没空吃饭，更不沉湎于游乐狩猎。在这里，周公不仅为成王历数了这些先公先王勤政的例子，还特别说明了他们的在位时间：中宗在位七十五年、高宗在位五十九年、祖甲在位三十三年、文王在位五十年，可见这些先公先王的执政时间都非常长。相反，之后的君主没能继承先王勤政的传统，在位时间都很短：

　　自时厥后立王，生则逸。生则逸，弗知稼穑之艰难，弗闻小人之劳，惟耽乐之从。自时厥后，亦罔或克寿。或十年，或七八年，或五六年，或四三年。[2]

以后的君王生于安逸，他们不了解农业生产的艰难，不知道百姓的劳苦，只是寻欢作乐，因此，没有一个能长久在位，或者十年，或者七八年，或者五六年，或者三四年。周公通过正反两方面的例子，说明了国君的作为与享国时间的关系，只有"无逸"才能长享国祚。

---

① 《尚书·无逸》。
② 《尚书·无逸》。

三　"我不可不监于有夏，亦不可不监于有殷"

周初统治者不仅善于借鉴历史上正反两方面的案例来服务现实的政治统治，还在对历史的回顾反思中逐渐形成了"以史为鉴"的自觉意识。《史记·卫康叔世家》就记载："以武庚殷余民封康叔为卫君，居河、淇间故商墟。周公旦惧康叔齿少，乃申告康叔曰：必求殷之贤人君子长者，问其先殷所以兴所以亡，而务爱民。"① 周公要求康叔到殷地后，一定要向殷地的"贤人君子长者"了解殷商兴衰之因，可见他将"以史为鉴"作为治理国家的基本策略。在"周初八诰"之中，周公也反复强调史鉴的必要性。如《康诰》篇中，他在向康叔传授治国之道时就说道：

封！予惟不可不监。②

如《无逸》篇，周公在讲述了殷商中宗、高宗、祖甲和周文王虚心纳谏、谨于德行的例子之后，感叹道：

呜呼！嗣王其监于兹。③

再如《君奭》篇，周公分别以成汤、文王和纣王时期为例，从正反两方面为召公阐述了辅臣对国家的重要性，然后总结道：

呜呼！君，肆其监于兹！④

周公再三告诫君主重臣，一定要以历史上的成败得失为鉴，可见他对于历史的认识不仅停留在运用层面，而且将史鉴内化为一种自觉的思维方式。

周公的史鉴思维在《召诰》中体现得更为鲜明。召，指的是召公奭。周公平定武庚叛乱后，打算让召公奭营造洛邑，以管理殷民、加强统治。成王同意这个建议，于是周公、召公赞美了成王的决定，进而勉励他敬重

---

① 《史记》卷37《卫康叔世家》，中华书局，1959，第1590页。
② 《尚书·康诰》。
③ 《尚书·无逸》。
④ 《尚书·君奭》。

贤人、施行德化，延续文武二王的伟大事业。这些言辞形成了《召诰》。据《召诰》记载，周公在新都洛邑动工前发表演说，其中充分体现了他对于历史的借鉴和思考。

一则，他通过回顾历史表达了自己对"小邦周"继承天命的隐忧：

　　呜呼！皇天上帝改厥元子，兹大国殷之命，惟王受命。无疆惟休，亦无疆惟恤。呜呼！曷其奈何弗敬？[①]

周公认为，天更换了天子，让周族的王继承了大邦殷商的天命，这固然是大大的好事，但也是无穷的忧患啊！我们怎么能不敬慎警惕呢！他为何要忧惧警惕，以至二发"呜呼"之感慨呢？这正是他观察殷商灭亡的历史的结果。大邦殷商曾获天命，却最终失去天命，最终"智藏瘝在。夫知保抱携持厥妇子，以哀吁天，徂厥亡，出执"，[②] 这一历史教训难道还不足以让人们惊心自省吗？因此周虽得天命，仍不能高枕无忧。可见，周公对时局的清醒认识正是在史鉴思维的基础上形成的。

二则，周公通过史鉴思维总结了一些历史发展的规律性认识。他说道：

　　相古先民有夏，天迪从子保，面稽天若；今时既坠厥命。今相有殷，天迪格保，面稽天若；今时既坠厥命。[③]

古代先民夏人建立了夏国，因为顺从天命而受到老天的庇护；可到后来他们违背天道，结果失去天命。再看看殷商，他们本来也是受天保佑的，后来违背天命，所以会丧失天命。可见，周公通过观察历史，总结出夏商二朝兴衰的共同点，即是否顺从天命。那么，夏商二朝最终丧失天命的原因又是什么呢？周公又说道：

　　我不敢知曰，有夏服天命，惟有历年；我不敢知曰，不其延。惟不敬厥德，乃早坠厥命。我不敢知曰，有殷受天命，惟有历年；我不敢知曰，不其延。惟不敬厥德，乃早坠厥命。[④]

---

① 《尚书·召诰》。
② 《尚书·召诰》。
③ 《尚书·召诰》。
④ 《尚书·召诰》。

这段话的意思是说：我不敢说夏享有天命的时间有多长，我也不敢说不长久，只知道他们不敬德才早早丢掉天命，我不敢说殷商享有天命的时间有多长，我也不敢说不长久，只知道他们不敬德才早早丢掉天命。这里，周公又通过对夏商历史的观察得出"天命无常，惟德是敬"的结论。

三则，周公强调史鉴思维的重要性。为了让新建的周王朝永保天命，即"祈天永命"，年轻的君主就必须敬德。那么君主该如何敬德，又该如何防止失德？周公认为，以夏商历史为鉴是有效的方法，因此他明确说道：

> 我不可不监于有夏，亦不可不监于有殷。①

这里的"不可不"，说明了以夏商为鉴的必要性和紧迫性。"今王嗣受厥命，我亦惟兹二国命，嗣若功。"② 现在我王既然继承天命，我们也该思考夏商兴衰之因，这样才能继承他们的功业。

四 结语

通过对《尚书》中代表性篇章的研读分析，我们总结了《尚书》的三大史学思想，这些思想的现代教育意义无疑是十分深刻的。一方面，人们可以借此了解殷周统治者借鉴正反两方面历史案例来治理国家的具体情形，感悟和学习中国上古圣贤君主勤政为民、衣宵食旰的精神品质。另一方面，彼之思想可以内化为我之思维。《礼记·经解》曾说："疏通知远，《书》教也。"在《礼记》作者看来，"疏通知远"是《尚书》的核心教旨。这里的"疏通"即观察并贯通过往历史，"知远"即预见社会的发展方向和趋势。殷商和周初的杰出君王深谙历史对现在和未来的重要意义，善于回顾历史、思考历史，并将历史经验教训运用于政治统治和国家治理之中，这从本质上说就是"疏通知远"历史思维的具体体现。故今天的学生和广大民众阅读《尚书》，也可以由此学习和涵养"疏通知远"的历史思维。可见，中国古代史学名著的丰富思想遗产不仅可以帮助人们追慕、感悟历史，还有助于锤炼和塑造人们的历史思维。

中国古代史学昌盛，史籍浩如烟海，其中一部分编纂优良、思想精微

---

① 《尚书·召诰》。
② 《尚书·召诰》。

者扬名古今，成为广泛流传的史学名著。它们不仅具有史学研究价值，还具有较高的历史教育价值。人们通过研读、分析和阐释中国古代史学名著，不仅能够丰富中国古代史知识储备，还能体悟史书内蕴的史学思想，进而提高自身历史素养和历史思维能力。因此，中国古代史学名著是今天开展历史教育工作可堪运用的重要资源。

正史《循吏传》传名变化
及循、良、能义释

牛子晗

（北京师范大学珠海校区法治发展研究中心，
广东珠海 519087）

摘　要： 19部正史设有《循吏传》，传名先后有变化，或曰
"循吏"，或曰"良吏""良政""能吏"。传名改变反映了史家对
不同时代优秀官吏的认识。循本义为顺。司马迁以奉法循理的官
吏为循吏，记述先秦优秀官吏。《汉书》沿袭《史记》中"循"
之含义，规定循吏为教化地方的"二千石"官吏，为后世史书所
遵循。历朝有治乱之别，乱世中，循吏难寻，史书改"循吏"为
"良吏""良政""能吏"。良即美好，良吏即能尽责办事的好官。
能即胜任，能吏即有能力、胜任本职工作的官吏。"良吏"与
"能吏"消解了对官吏"仁德""化治"的要求，反映了汉代以
后，地方官吏逐渐工具化的倾向。

关键词：《循吏传》　循吏　良吏　能吏

正史《循吏传》（或称《循吏列传》）是研究古代吏治的重要史料。
二十四史有十九部史书设有《循吏传》，然传名稍异。其中，《史记》
《汉书》《后汉书》《北齐书》《南史》《北史》《隋书》《新唐书》《宋
史》《金史》《明史》称《循吏列传》；《晋书》《宋书》《魏书》《梁书》
《旧唐书》《元史》称《良吏列传》（或称《良吏传》）；《南齐书》称
《良政列传》（或称《良政传》）；《辽史》称《能吏列传》（或称《能
吏传》）。清人赵翼认为史书改"循吏"为"良吏""良政""能吏"，

"不过稍易其名",① 于内容无涉。其实不然。从正史的《循吏传》《良吏传》《能吏传》序论及记事内容看,取用什么样的传名,反映了史家对于其所撰写的某一朝代历史的认识,以及对该时期吏治情况的判断。"循吏""良吏""良政""能吏"都是记载优秀官吏政绩的类传,名不同,义亦有差异。笔者反复研读各传,由其序论、传人、治事辨析史家为何以循、良、能类分古代优秀官吏,并就循、良、能之含义尝试做些解释,借以观察历史本体、史家认识与历史书写的关系。

《循吏传》编撰始于《史记》,并置于类传之首,后世正史多仿效。司马迁将"循吏"定义为"奉法循理之吏"。② 唐司马贞索引按:循吏"谓本法循理之吏也"。③《史记·循吏列传序》曰:"奉职循理,亦可以为治,何必威严哉。"④ "奉职"亦即奉法。职即责任,吏应依法履责。职责、法如有涵盖不到的地方,则可循理而为。奉职、奉法与循理,理为根本,职、法、理统一。这是司马迁对先秦以来优秀吏治的总结,并在此基础上引出"循吏"概念。

司马迁对"循吏"的定义仅是"奉法循理",但对"奉法循理"没有做进一步的解释。然《史记》有《酷吏传》与《循吏传》相对,可以把两个相对的事物进行比较,理解司马迁"循吏"定义。《史记·酷吏列传序》曰:"孔子曰:'导之以政,齐之以刑,民免而无耻。导之以德,齐之以礼,有耻且格。'老氏称:'上德不德,是以有德;下德不失德,是以无德。法令滋章,盗贼多有。'太史公曰:信哉是言也!法令者治之具,而非制治清浊之源也。昔天下之网尝密矣,然奸伪萌起,其极也,上下相遁,至于不振。当是之时,吏治若救火扬沸,非武健严酷,恶能胜其任而愉快乎!言道德者,溺其职矣。故曰'听讼,吾犹人也,必也使无讼乎'。'下士闻道大笑之'。非虚言也。"⑤ 酷吏借政刑施治,循吏靠德礼行政。德不行,世乱盗贼多,法网越密,犯罪的人越多。酷吏苛暴,以恶制恶,能治一时而不能治万世。司马迁向往春秋以来的宽仁政治,并不赞成汉武帝时期的酷吏行为,故列《循吏列传》于类传之首。诚如清人方苞所云:

---

① (清)赵翼著,王树民校正《廿二史札记校正》卷一《各史例目异同》,中华书局,2001,第6页。

② 《史记》卷一百三十《太史公自序》,中华书局,1982,第3317页。

③ 《史记》卷一百一十九《循吏列传》,第3099页。

④ 《史记》卷一百一十九《循吏列传》,第3099页。

⑤ 《史记》卷一百二十二《酷吏列传》,第3131页。

"史公盖欲传酷吏而先列古循吏以为标准。"①

《汉书》沿袭《史记》设《循吏传》。颜师古注曰："循，顺也。上顺公法，下顺人情也。"② 顺公法，顺人情，顺理亦即顺应自然与社会治理的规律，颇能符合《史记》《汉书》所云"循吏"之本义。《汉书》定义的循吏与《史记》所言循吏在根本上是一致的，完全吸收了"奉法循理"应有之义，并在此基础上对"循吏"做了明确规范。《史记》记循吏有国相、朝官；《汉书》之循吏则限定为地方官，即"二千石"郡国守相。这一点被以后的史书所沿承，并将传主进一步扩充至县令长。《汉书·循吏传序》曰："（汉宣帝）常称曰：'庶民所以安其田里而亡叹息愁恨之心者，政平讼理也。与我共此者，其唯良二千石乎！'以为太守，吏民之本也。数变易则下不安，民知其将久，不可欺罔，乃服从其教化。故二千石有治理效，辄以玺书勉厉，增秩赐金，或爵至关内侯，公卿缺则选诸所表以次用之。"③ 故《汉书·循吏列传》所记主要为传主任地方官时的政绩，如文翁治蜀、龚遂治渤海、召信臣治南阳等。

"循"本义为顺、沿。《说文解字》曰："循，行顺也。"④ 行顺亦即顺行。引申为依、遵循、次序等义。又通"巡"，义为巡视。《尔雅·释诂》曰："循，自也，率循也。"⑤ 《礼记·射义》："卿大夫以循法为节。"⑥ 《史记·循吏列传序》云："奉职循理。"⑦ 即持法、理而顺行。司马迁使用"循吏"定义，保留了"循"之本义，内涵具体明确。《史记·循吏列传》的撰写也基本上遵从了"循"的本义，并将循吏塑造为法与理的化身。循吏以表率垂范世人，"不教而民从其化"。⑧ 用榜样的力量，化治地方社会，"何必威严"。⑨ 这不仅体现了司马迁黄老无为而治的思想，⑩ 也包含了儒家德与礼的主张。班固撰《汉书·循吏列传》，所记循吏均为具有"谨身帅先"修养，行政"居以廉平，不至于严"，并最终使"民从

---

① （清）方苞：《方苞集》下册，上海古籍出版社，2008，第860页。
② 《汉书》卷八十九《循吏列传》，中华书局，1962，第3623页。
③ 《汉书》卷八十九《循吏列传》，第3624页。
④ （汉）许慎撰，（清）段玉裁注《说文解字注》，上海古籍出版社，1988，第76页。
⑤ 《十三经注疏》下册，《尔雅注疏》卷一《释诂第一》，中华书局，1980，第2569页。
⑥ 《十三经注疏》下册，《礼记正义》卷六十三《射义》，中华书局，1980，第1687页。
⑦ 《史记》卷一百一十九《循吏列传》，第3099页。
⑧ 《史记》卷一百一十九《循吏列传》，第3099页。
⑨ 《史记》卷一百一十九《循吏列传》，第3099页。
⑩ 余英时：《士与中国文化》，上海人民出版社，1987，第154页。

化"之官吏。① 他们践行儒家民本思想，被班固塑造为"儒吏"形象。这些儒吏兼具"吏"与"师"的双重身份，即在奉行朝廷法令维护社会秩序的同时，宣导教化，建立以儒教传统为代表的文化秩序。② 从汉初"无为而治"到文景时期的"教化之治"；从武帝时的"民用凋敝，奸宄不禁"到宣帝时期富民教化、政平讼理。③ 循吏在汉朝向儒家治国的转变中起到了重要作用。后世史书中的《循吏传》基本上沿用《汉书》定义、标准，甚至仿效《汉书》的书写方法，记录历代优秀吏治，形成了较为系统的文献材料。

到了魏晋南北朝时期，正史纂修或将《循吏传》改为《良吏传》。"良吏"一词曾见于西汉《盐铁论·申韩》。桓宽转述儒家贤良文学曰："法能刑人而不能使人廉，能杀人而不能使人仁。所贵良医者，贵其审消息而退邪气也，非贵其下针石而钻肌肤也。所贵良吏者，贵其绝恶于未萌，使之不为，非贵其拘之囹圄而刑杀之也。今之所谓良吏者，文察则以祸其民，强力则以厉其下，不本法之所由生，而专己之残心，文诛假法以陷不辜，累无罪，以子及父，以弟及兄，一人有罪，州里惊骇，十家奔亡，若痈疽之相浍，色淫之相连，一节动而百枝摇。"④ 真正的良吏能消除人们的恶念，防患于未然，而非使用严法苛政祸害百姓，这与"循吏"任教而不任罚的含义相仿。然汉代法家却把严酷之吏称为良吏，可见汉代良吏称谓已出现混乱。

班固有时混用"良吏"与"循吏"。《汉书·叙传》云："谁毁谁誉，誉其有试。泯泯群黎，化成良吏。淑人君子，时同功异。没世遗爱，民有余思。述《循吏传》第五十九。"⑤ 颜师古注云："黎，众也。言群众无知，从吏之化而成俗也。"⑥ 又《汉书·循吏列传序》云："是故汉世良吏，于是为盛，称中兴焉。若赵广汉、韩延寿、尹翁归、严延年、张敞之属，皆称其位，然任刑罚，或抵罪诛。王成、黄霸、朱邑、龚遂、郑弘、召信臣等，所居民富，所去见思，生有荣号，死见奉祀，此廪廪庶几德让君子之遗风矣。"⑦ 在《汉书》中，"良吏"泛指称职官吏，其中既包括

---

① 《汉书》卷八十九《循吏列传》，第3623页。

② 余英时：《士与中国文化》，上海人民出版社，1987，第160页。

③ 《汉书》卷八十九《循吏列传》，第3623~3624页。

④ 《诸子集成》第七册《盐铁论》申韩篇第五十六，中华书局，1986年据世界书局重印本，第58页。

⑤ 《汉书》卷一百下《叙传下》，第4266页。

⑥ 《汉书》卷一百下《叙传下》，第4266页。

⑦ 《汉书》卷八十九《循吏列传》，第3624页。

"称其位"但"任刑罚"的官吏，也包括富民教化型循吏。《汉书·循吏列传》所传六人皆以富民教化著称，符合循吏的标准，而将称职"任刑罚"的良吏列入酷吏、半酷吏，另立传记，在实际编撰层面将循吏与良吏分开。

最早设《良吏传》者为沈约《宋书》。其更名原因，传末"史臣曰"有所论述："夫善政之于民，犹良工之于埴也，用功寡而成器多。汉世户口殷盛，刑务简阔，郡县治民，无所横扰，劝赏威刑，事多专断，尺一诏书，希经邦邑，龚、黄之化，易以有成。降及晚代，情伪繁起，民减昔时，务多前世，立绩垂风，艰易百倍。若以上古之化，治此世之民，今吏之良，抚前代之俗，则武城弦歌，将有未暇；淮阳卧治，如或可勉。未必今才陋古，盖化有淳薄也。"① 时世不同，社会与民风各异，治世易成"龚、黄之化"，② 乱世难出循吏政绩，故改名"良吏传"，记述南朝宋吏治事迹。南朝宋时，南北战争惨烈，皇室父子、叔侄、兄弟相互残杀，政治不稳，州郡官员变动大而且乱，影响地方治理。故沈约在《宋书·良吏列传序》中云："莅民之官，迁变岁属，灶不得黔，席未暇暖，蒲、密之化，事未易阶。岂徒吏不及古，民伪于昔，盖由为上所扰，致治莫从。"③ 世之治乱导致地方官治民行为有所不同，官吏身处乱世，迁转频繁，遇大事又不得擅自裁断，难以取得政绩，更无法成为"化治"的循吏。

萧子显撰《南齐书》又将《良吏传》改为《良政传》。他说："魏晋为吏，稍与汉乖，苛猛之风虽衰，而仁爱之情亦减。局以峻法，限以常条，以必世之仁未及宣理，而期月之望已求治术。先公后私，在己未易；割民奉国，于物非难；期之救过，所利苟免。且目见可欲，嗜好方流，贪以败官，取与违义，吏之不臧，罔非由此。摘奸辩伪，诚俟异识，垂名著绩，唯有廉平。今世之治民，未有出于此也。"④ 萧子显总结了魏晋以来吏治的变化，礼教仁政衰歇，"垂名著绩，唯有廉平"。故设《良政传》，记录吏治事迹。

《宋书·良吏列传》《南齐书·良政列传》所记事迹者多非地方吏治的突出政绩。或是官吏的一些军功，如杜慧度"除使持节、督交州诸军事、

① 《宋书》卷九十二《良吏列传》，中华书局，1974，第2272页。
② 指《汉书·循吏列传》中所记颍川太守黄霸和渤海太守龚遂。见《汉书》卷八十九《循吏列传》，第3627~3635、3637~3641页。
③ 《宋书》卷九十二《良吏列传》，第2261页。
④ 《南齐书》卷五十三《良政列传》，中华书局，1972，第922~923页。

广武将军、交州刺史"。① 沈约用 308 字记述了杜慧度大破卢循，南讨林邑的战功，但是对其政绩的描述仅 57 字，且内容空泛。或是渲染官吏的清廉。如王镇之"在官清洁，妻子无以自给"；② 陆徽"身亡之日，家无余财"；③ 江秉之"以简约见称。所得禄秩，悉散之亲故，妻子常饥寒"。④ 甚至将酷政事迹入传。如《南齐书·良政传》记孔琇之任吴县县令，"有小儿年十岁，偷刈邻家稻一束，琇之付狱治罪。或谏之，琇之曰：'十岁便能为盗，长大何所不为？'县中皆震肃"。⑤ 少年犯罪，而且是初犯，不施教而任刑罚，本非良政，实为酷政。

　　沈约并未定义良吏，他在序中明确说，将"风迹粗著"的良吏政绩撰成《良吏传》。⑥ 良吏似乎仅是称职的官吏。关于良字本义，应与水中之梁有关，⑦ 引申义为善、优秀、贤、直等。《谥法解》："温良好乐曰良。"⑧《礼记·月令》："陶器必良。"⑨《孟子》："天下之良工也。"⑩《广韵》："贤也。"⑪《尚书·益稷》："元首明哉，股肱良哉。"⑫《论语》："夫子温良恭俭让以得之。"朱注："良，易直也。"⑬ 良即美好。良吏即好官，良政即善政，含义较为宽泛。《良吏传》《良政传》所记多为能尽责办事的官吏。品格多强调"清廉""明察""公平"等，而未言及"明理"。"良吏"更像普通的地方执法者，通过勤政、廉政得到百姓和皇帝的称赞，已不具备汉代"循吏"那样推动社会经济与文化发展的力量。

　　唐修正史，虽有循吏之名，但无循吏之实。如李延寿《南史·循吏传》中《甄法崇传》仅记有一段"疑神见鬼"的故事，并无实际政绩；

① 《宋书》卷九十二《良吏列传》，第 2264～2265 页。
② 《宋书》卷九十二《良吏列传》，第 2263 页。
③ 《宋书》卷九十二《良吏列传》，第 2268 页。
④ 《宋书》卷九十二《良吏列传》，第 2270 页。
⑤ 《南齐书》卷五十三《良政列传》，第 922 页。
⑥ 《宋书》卷九十二《良吏列传》，第 2261 页。
⑦ 李学勤主编《字源》中册，天津古籍出版社，2012，第 479 页。
⑧ 《谥法解》原出《逸周书》卷六。唐张守节撰《史记正义》，整理《谥法解》，附于《史记》之后。见中华书局校点本《史记》第十册《史记正义》，第 30 页。
⑨ 《十三经注疏》下册，《礼记正义》卷十七《月令》，中华书局，1980，第 1383 页。
⑩ 《诸子集成》第一册，《孟子正义》卷六《滕文公章句下》，中华书局，1986 年据世界书局重印本，第 242 页。
⑪ 宗福邦、陈世铙、于婷主编《古音汇纂》，商务印书馆，2019，第 1806 页。
⑫ 《十三经注疏》上册，《尚书正义》卷五《益稷》，中华书局，1980，第 144 页。
⑬ 《诸子集成》第一册，《论语正义》卷一《学而第一》，中华书局，1986 年据世界书局重印本，第 14 页。

《王洪范传》反而记载其受贿；郭祖深上书可称刚直，但不符合循吏的标准。①

五代后晋修《旧唐书》，循良并称。《旧唐书·良吏传序》曰："自武德已还，历年三百，其间岳牧，不乏循良。今录其政术有闻，为之立传，所冀表吏师而儆不恪也。"②

元修《辽史》推崇《汉书·循吏列传》和《旧唐书·良吏传》，曰："汉以玺书赐二千石，唐疏刺史、县令于屏，以示奖率，故二史有循吏、良吏之传。"③ 史官认为辽不及汉、唐，《辽史》无法比拟《汉书》《旧唐书》，故改名《能吏传》。"能吏"一词曾见于《汉书》。《汉书·刑法志》云："故俗之能吏，公以杀盗为威，专杀者胜任，奉法者不治，乱名伤制，不可胜条。是以罔密而奸不塞，刑蕃而民愈嫚。必世而未仁，百年而不胜残，诚以礼乐阙而刑不正也。"④ 此处"能吏"与"俗吏"同，指"任杀"之吏。又《汉书·张敞传》记萧望之以张敞为能吏，能"任治烦乱"，但是"材轻"，不适合做太子的师傅。⑤ 张敞是言出法随、雷厉风行、执法严格的官吏，有政绩但重赏罚、轻教化，与同时期的龚遂、黄霸等儒家循吏不同。《汉书·王嘉传》更是明确将"能吏"与"儒者"相区分："儒者公孙光、满昌及能吏萧咸、薛修等，皆故二千石有名称。"⑥ 这几条史料表明，班固认为"能吏"与"循吏"不同，能吏强于吏事，颇有政绩。但是，"能吏"为"吏"而不为"师"。他们虽然勤政，对处理盗贼等各种日常行政司法事务颇为熟练，但并非儒家文化的代表，不会用儒家君子的礼仪道德标准要求自己，也不推崇"化治"，其行为或近于酷吏。《三国志·魏书·梁习传》曰豫州刺史王思"亦能吏，然苛碎无大体"。⑦ 能吏无法像文翁、龚遂、黄霸、任延等循吏那样谨身帅先、革风除弊，并最终达到"化治"的效果。

《辽史》借鉴了《汉书》中的"能吏"概念，设《能吏传》，并于"传序"云："是以治民、理财、决狱、弭盗，各有其人。考其德政，虽未

① 参见（清）王鸣盛撰《十七史商榷》，黄署辉点校，上海古籍出版社，2013，第842页。
② 《旧唐书》卷一百八十五上《良吏列传上》，中华书局，1975，第4782页。
③ 《辽史》卷一百五《能吏列传》，中华书局，1974，第1459页。
④ 《汉书》卷二十三《刑法志》，第1112页。
⑤ 《汉书》卷七十六《赵尹韩张两王传》，第3226页。
⑥ 《汉书》卷八十六《何武王嘉师丹传》，第3492页。
⑦ 《三国志》卷十五《刘司马梁张温贾传》，中华书局，1982，第470页。

足以与诸循、良之列，抑亦可谓能吏矣。"①《辽史》编撰者用《汉书》"循吏"的标准衡量辽代官吏，认识到辽代官吏虽长于吏事，但不具备"德让君子之风"，无法"移风易俗"。

《辽史·能吏传》多记载地方官所执行的具体行政事务。如大公鼎"奏罢完堤役以息民，拒公主假贷以守法，单骑行郡，化盗为良"。② 马人望任松山县令时请求上司减少当地徭役。他任警巡使时，"京城狱讼填委，人望处决，无一冤者。会检括户口，未两旬而毕"。又改任上京副留守，逮捕了大盗赵钟哥。③ 杨遵勖"一目五行俱下，剖决如流，敷奏详敏"。④这些事例皆不出"治民、理财、决狱、弭盗"之范围。但是，与《汉书》记载相比，传布教令、力行教化、富民养民的政绩则未见。

"能"字本义指熊。《说文》："熊属……能兽坚中，故称贤能；而彊壮，称能杰也。凡能之属皆从能……贤能、能杰之义行而本义几废矣。"⑤"能"字可引申为有能力、有才能、胜任、善长等。⑥《尚书·大禹谟》曰："汝惟不矜，天下莫与汝争能。"⑦ 能吏即有能力、胜任本职工作的官吏。与"良吏"相比，"能吏"一词更进一步消解了对官吏"仁德""化治"的要求，转而强调完成既定本职工作的能力。孟子曰："莫如贵德而尊士，贤者在位，能者在职。"⑧ 以地方官为能吏，彰显其与儒者、贤者的区别，只要完成"治民、理财、决狱、弭盗"等分内事务即为好官吏，不再强调导德齐礼、移风易俗。地方官逐渐工具化。

正史描写循吏形象始于《史记》，成型于《汉书》，并被后世史书继承。他们基于《汉书》标准，认为所记官吏与汉循吏之间存在不同程度的差别，故将传名变更为《良吏传》《良政传》或《能吏传》。汉代以后，地方官吏逐渐从"吏师"向技术官僚转型，对好的地方官的判断标准也从"导德齐礼"转变为"平叛""治民""理财""决狱"等具体治理政绩。

① 《辽史》卷一百五《能吏列传》，第1459页。

② 《辽史》卷一百五《能吏列传》，第1465页。

③ 《辽史》卷一百五《能吏列传》，第1461～1463页。

④ 《辽史》卷一百五《能吏列传》，第1464页。

⑤ （汉）许慎撰，（清）段玉裁注《说文解字注》，上海古籍出版社，1988年第二版，第479页。

⑥ 见李学勤主编《字源》下册，天津古籍出版社，第885页。

⑦ 《十三经注疏》上册，《尚书正义》卷四《大禹谟》，中华书局，1980，第136页。

⑧ 《诸子集成》第一册，《孟子正义》卷七《公孙丑章句上》，中华书局，1986年据世界书局重印本，第1122页。

在记载内容上，呈现重吏事、轻德化的倾向，叙事内容颇为琐碎且杂驳不一。然而，从各篇传序和传末"史臣曰"或"论曰"中可以看出，作为文儒的史官在记录地方吏治时，依然坚守着汉代循吏的形象。当时代变迁而"循吏"难寻时，他们将"良吏""能吏"入传，维护了《汉书》以来正史类传《循吏列传》编撰的完整性，并保留了历代吏治与地方社会治理的历史。

《帝王略论》史论特点再认识

宣 扬

（北京师范大学历史学院，北京 100875）

摘 要： 虞世南所撰《帝王略论》，是以帝王为中心，述论三皇五帝至隋代兴亡史事的历史评论著作。《帝王略论》史论蕴含着丰富的历史思想，主要表现为：重新解释"祯祥妖孽"的内涵，主张存天意而远之，通过探讨人事把握历史发展趋向和兴亡之理；重视客观环境对历史人物建立功业的影响，肯定历史人物对于"时"把握的主动性；指出皇朝衰亡，由来者渐，统治者应遏渐防萌以"慎其始"；从人性和外部环境等角度分析帝王昏乱的根源，并强调对帝王进行后天教化的重要性。《帝王略论》对上述问题的论述反映了作者的政治见解和历史认识水平，在唐初史论中占有重要地位。

关键词： 虞世南 《帝王略论》 史论 历史思想

虞世南（558~638），唐初名臣、史学家，唐高祖武德中被引为秦府参军，不久授弘文馆学士，预议朝政。秦王李世民重其博识，常相与"商略古今"。[①] 虞世南在文学馆从事著述，他粗述三皇至隋代治乱之迹，讨论"古先帝王为政得失"，[②] 合而撰成《帝王略论》五卷。[③]

---

① 刘昫等：《旧唐书》卷72《虞世南传》，中华书局，1975，第2566页。
② 刘昫等：《旧唐书》卷72《虞世南传》，第2566页。按：王应麟《玉海》引《中兴书目》："贞观间，太子中舍人世南承诏撰。起太昊，讫于隋。凡帝王事迹皆略纪载，假公子答问以考订云。"然据《旧唐书》本传，虞世南任太子中舍人在李世民称帝前，则《帝王略论》之撰述"盖在秦府时"。参见王重民《敦煌古籍叙录》，商务印书馆，1958，第95页。
③ 《帝王略论》原书久佚。敦煌本残卷存部分书序、卷一全文和卷二过半佚文；东洋文库本存进表、书序和卷一、卷二、卷四全文；马总《通历》和赵蕤《长短经》 （转下页注）

《帝王略论》史论致力于探究历代帝王统治的"兴丧之理",从而使"明者可为轨范,昏者足为鉴戒"。① 学者已论述《帝王略论》在提出帝王评价标准、总结人君成败得失、融合儒释道三教学说等方面的成就,并指出虞世南自觉运用比较方法评论历史,如不同朝代兴亡之故的探究、不同帝王得失对比等。② 本文拟对《帝王略论》史论特点做进一步探讨。

一 "天意人事,相参而成"

历代王朝和皇朝"或年世长远,或危亡诛灭",③ 其盛衰兴亡究竟是天命攸归还是人事所致?这是《帝王略论》史论关注的一个重要问题。

虞世南究竟怎样认识"天"?结合《北堂书钞》对天的解释来看,虞世南意在说明天是由"水土之气"④ 自然积聚而成的客观存在,它"如弹丸","若覆盆","出地而西,入地而东",⑤ 有一定的形态和运行规律。虞世南对天做了物质的解释,同时也认为"天喜,天怒,天动威,天疾威",⑥

（接上页注③）征引《帝王略论》的评论数十条,多为残卷所无。合而观之,《帝王略论》现存内容,计有进表、书序、卷一、卷二、卷四全文,卷三、卷五之史论（卷三三国帝王史论可能不全,因该部分保存于《长短经》,而赵蕤征引史论多删改原文）。参见瞿林东《〈帝王略论〉——唐初史论的杰作》,《唐代史学论稿》,北京师范大学出版社,1989,第 126~131 页。现有《帝王略论》整理本仅录史论而不及事略,且未充分利用日藏本。日本学者以金泽文库本为底本校订《帝王略论》,已在期刊上发表《帝王略论》校注稿三篇。参见会田大辅「〈帝王略论〉卷一校注稿」,『明大アジア史論集』第 20 号,2016,第 152~131 页;会田大辅「〈帝王略论〉卷二校注稿」,『明大アジア史論集』第 21 号,2017,第 142~117 页;会田大辅「〈帝王略论〉卷四校注稿」,『國士舘東洋史學』第 7、8、9 合并号,2016,第 17~52 页。其中〈帝王略论〉卷四校注稿未能查阅,本文论及《帝王略论》卷四内容皆征引胡洪军辑注《虞世南诗文集》。

① 陈尚君辑校《全唐文补编·又再补》卷一《〈帝王略论〉序》,中华书局,2005,第 2225 页。按:日本东洋文库所藏《帝王略论》残卷的进表和书序,原本连为一篇,后收入《全唐文补编》,分别为《进〈帝王略论〉表》《〈帝王略论〉序》。《全唐文补编》进表、书序皆有脱漏,金程宇据日藏本原件补钞脱文,胡洪军合而编入其辑注的《虞世南诗文集》。

② 瞿林东:《〈帝王略论〉——唐初史论的杰作》,《唐代史学论稿》,第 131~141 页;瞿林东:《说〈帝王略论〉的历史比较方法》,《史学月刊》1987 年第 3 期。

③ 陈尚君辑校《全唐文补编·又再补》卷一《〈帝王略论〉序》,第 2225 页。

④ 虞世南:《北堂书钞》卷 149《天部一》,光绪十四年南海孔氏三十有三万卷堂景宋刻本,第 1 页 a。

⑤ 虞世南:《北堂书钞》卷 149《天部一》,第 2 页 a、第 3 页 b。

⑥ 虞世南:《北堂书钞》卷 149《天部一》,第 5 页 b、第 6 页 a。

保留了天有喜怒哀乐之情的说法。还应注意的是，虞世南承认神鬼的存在，相信人之"至诚"可以"感神"。① 虞世南对天和神鬼的认识，有助于我们深入理解其天人观念。

首先，虞世南重新解释了"祯祥妖孽"的内涵。他在《帝王略论》序文中写道：

> （君长）为善则天降之福，祯祥至焉；为恶则天报之祸，妖孽生焉。犹响之应声，影之随形，此必然之理也。所谓祯祥者，非止黄龙丹凤，甘露醴泉，如周获磻溪之兆，殷感傅岩之梦，是其祥也。所谓妖孽者，非必鬼哭山鸣，日斗星贯，如周之褒姒，曹之孙强，是其孽也。由是观之，天意人事，相参而成。②

这段表述看似在论证灾祥报应的"必然之理"，实则不然。虞世南将"祯祥妖孽"分为两类。一是各种反常的自然变化，如星辰变异、气候差殊、神鬼异象等。《帝王略论》事略部分对此多有记载，如殷汤时"有白狼衔钩入于朝，及黄鱼黑玉之瑞"，帝纣时"六月雨雪，又雨血，又雨石，两日见，鬼哭，山鸣"。③ 不过自然灾祥在书中都是顺带提及，与事略所载帝王事迹几乎没有关联。二是具有一定影响力的人事变化，如昏君当道、贤臣主政等。这类人事变化直接影响皇朝兴亡和社会变迁，是《帝王略论》叙述和评判的重点。如虞世南认为周宣帝行事荒诞、祸国殃民，因而是"周之妖孽"。④

概言之，"祯祥妖孽"本指反常的自然现象。⑤ 虞世南则扩充其内涵，使其兼指自然现象和人事变化。他又把前者放到一边，存而不论，却将探究人事变化置于历史评论和政治活动的核心地位。这样一来，"祯祥妖孽"

---

① 虞世南撰，胡洪军、胡遐辑注《虞世南诗文集》卷3《劝学篇》，浙江古籍出版社，2012，第72页。

② 陈尚君辑校《全唐文补编·又再补》卷一《〈帝王略论〉序》，第2225页。

③ 会田大辅：「〈帝王略論〉卷一校注稿」，『明大アジア史論集』第20号，2016，第141、139页。

④ 虞世南撰，胡洪军、胡遐辑注《虞世南诗文集》卷4《帝王略论》，第204页。

⑤ 如汉成帝下诏说："君道得，则草木昆虫咸得其所；人君不德，谪见天地，灾异娄发，以告不治。"晋代郭璞亦藉天变灾异劝谏晋元帝"施沛然之恩，谐玄同之化"。参见班固《汉书》卷10《成帝纪》，中华书局，1962，第307页；房玄龄等《晋书》卷72《郭璞传》，中华书局，1974，第1904页。

的内核就被巧妙地转化了。虞世南将其天人观总结为"天意人事，相参而成"，其实质是存天意而远之，主要致力于对人事的探讨，以把握历史发展趋向和兴亡之理。

其次，虞世南重人事的思想在《帝王略论》中多有反映，且大致表现在以下几个方面。

其一，肯定历代帝王和朝臣在历史发展过程中的作用。虞世南将历代帝王政治活动和历史发展结合起来进行述评，如论桀纣暴虐无道，失去民心，终致杀身亡国；写汉武帝罢黜百家，兴建太学，开疆拓土，其确立的制度规摹影响深远；称赞魏孝文帝推行汉化改革，使"衣冠号令，华夏通风"，① 加速了北方民族融合的历史进程。虞世南还强调人臣对帝王统治的重要性，如表彰周公辅佐成王"救率土之命，存宗周之祀"② 的赫赫功业；叹惜北魏孝庄帝虽有中兴之志，却无才智出众的"羽翼心膂"辅佐，以致"夷灭之祸"。③

其二，认为人在一定条件下可以影响具体政治形势和历史走向。虞世南以为晋惠帝时若有"命世英雄"④ 整顿朝纲，晋朝的衰败局面是可以补救的。其后，谢安就在晋秦强弱悬殊的形势下居中调度，"克夷外难"，⑤ 使晋室得以存续。

其三，指出人主遭际和皇朝兴亡都由人事决定。虞世南将宋文帝遭遇"弑逆之祸"的原因概括为"沉吟于废立之际，沦溺于嬖宠之间"，作者在此否定了善恶报应的命定论。⑥ 陈朝之亡，咎在人事。虞世南论南北政权形势指出：

> 江左之地，国小兵弱，自吴、晋以来，历年数百，止以人和地险，用以自固。陈末时，隋文新有天下，励精而治，习兵讲武，常有吞并之心。校其强弱，信不侔矣。若使明主贤臣，修德抚众，加礼于邻敌，仅可保全四境。况至德之末，任用群小，军旅废绝，江淮虽固，而不足守。欲求不灭，其可得乎？⑦

---

① 虞世南撰，胡洪军、胡遐辑注《虞世南诗文集》卷 4《帝王略论》，第 193 页。
② 会田大辅：「〈帝王略論〉卷一校注稿」，『明大アジア史論集』第 20 号，2016，第 134 页。
③ 虞世南撰，胡洪军、胡遐辑注《虞世南诗文集》卷 4《帝王略论》，第 195 页。
④ 虞世南撰，胡洪军、胡遐辑注《虞世南诗文集》卷 4《帝王略论》，第 169 页。
⑤ 虞世南撰，胡洪军、胡遐辑注《虞世南诗文集》卷 4《帝王略论》，第 174 页。
⑥ 虞世南撰，胡洪军、胡遐辑注《虞世南诗文集》卷 4《帝王略论》，第 177~178 页。
⑦ 虞世南撰，胡洪军、胡遐辑注《虞世南诗文集》卷 4《帝王略论》，第 188~189 页。

这段话有两层含义。一是道出了江左政权"国小兵弱"却能长期延续的根本原因，即政权内部之团结、地理形势之险要。南北政权实力强弱之分显见，故南朝在君明臣贤、社会稳定之时，亦仅可"保全四境"。二是具体分析陈朝末年南北双方的社会状况：隋朝新君"习兵讲武"，励精图治，国势蒸蒸日上；陈朝后主却骄奢淫逸，荒废军政，使国家呈江河日下之势，如此鲜明的对比，正说明陈朝灭亡是人事所致的必然趋势。

最后，虞世南并未彻底否定天意的作用。他解释齐明帝"爰自藩枝"①竟能登上皇位的原因，说道：

> 《左传》云："天生季氏，以贰鲁侯。"时命所钟，为日久矣。高、武诸子，跗萼相辉，皆处藩扞，并分茅社。宗枝磐石，非无秀令。明帝猜忌之心，虑在身后，诛惭吞噬，兰艾同焚。委重东昏，冀延七百。与夫宋之孝武，异代同规。岂知"亡秦者胡"，非曰人事。宝卷之字，冥数已彰。斯盖假手扫除，以为后代镕范者也。②

虞世南将齐明帝萧鸾身登大位归因于天命。作者借《左传》中的典故说明"物生有两，皆有陪贰"的道理，③并将"物皆有贰"这一抽象的哲学命题解释为普遍的社会现象，由此得出后见之论：萧齐之于萧梁，如鲁侯之于季氏。其思路大致为：物皆有贰，故萧梁必兴，萧梁兴起必藉外部情势之变化，故天命明帝南面以为萧梁政权"扫除"（上天知明帝之性必有诛杀宗室、自绝磐石的行为），"以为后代镕范"。其实，齐明帝能否登位和应否登位并非同一问题。齐梁之际的政局变动过程应是：明帝自绝磐石、"委重东昏"——萧衍得"时"——出现"物有陪贰"之现象——梁代齐政。

应当指出，虞世南认为齐明帝和宋孝武帝的性格、政治举措"异代同

---

① 虞世南撰，胡洪军、胡遐辑注《虞世南诗文集》卷4《帝王略论》，第180页。
② 虞世南撰，胡洪军、胡遐辑注《虞世南诗文集》卷4《帝王略论》，第180页。
③ 晋史官史墨说："物生有两，有三，有五，有陪贰。故天有三辰，地有五行，体有左右，各有妃耦，王有公，诸侯有卿，皆有贰也。天生季氏，以贰鲁侯，为日久矣。……社稷无常奉，君臣无常位，自古以然。"参见孔颖达《春秋左传正义》卷53《昭公三十二年》，《十三经注疏（清嘉庆刊本）》，中华书局，2009，第4621页。

规"，实已道出萧齐政权衰亡乃人事所致的事实。① 书中引史溥梦神人预言的异事证南陈之亡是"冥数已定"，"期运"使然，② 同时又论述了陈朝灭亡的人事因素。因此，虞世南"夫期运虽天所授，而功业必由人而成"③的重人事倾向是很明显的。

二　把握"时"宜与帝王功业

《帝王略论》经常用"时""机""势"这类概念评价历代帝王的功过是非，作者在这里提出了问题：人应如何利用主客观条件，以充分发挥其在社会中的作用。

第一，《帝王略论》重视客观环境对历史人物建立功业的影响和作用。作者指出，在不同的历史形势下，帝王功业的性质和大小往往会有一定差距。《帝王略论》评论周平王东迁洛阳、"存本国之祀"的功德可与太王兴周相媲美，然而平王面临王室衰微、内忧外患的政治形势，最终未能完成"布纲治纪"的中兴之业。④ 作者认为汉武帝能"内兴礼乐，外开边境"的一个重要原因是，武帝即位之初"承六世之业，海内殷富"的社会状况，为武帝的文治武功提供了坚实的物质基础。⑤《帝王略论》对人臣在不同条件下的遭际也有论述，如云伊尹、傅说都是命世大贤，"德参辰象"，可是他们的功业不同，这是二人"遭遇异时"的缘故。⑥ 此处异"时"是指成汤和武丁面临的政治形势不同，二人的佐命之臣自然会有各自的时代使命。

《帝王略论》还纵向比较某一类帝王统治时期所面临形势的异同，以明其功业难易与政治能力之优劣。作者历数夏、殷、周、汉的中兴之君，并评论道：

> 凡此诸帝，皆能兴复先绪，光启王业。其名则同，其实则异。何

---

① 虞世南论宋孝武帝说："诛戮贤良，断剪枝叶，内无平、勃之相，外阙晋、郑之亲，以斯大宝，委之昏稚。故使齐氏乘衅，宰制天下，未周岁稔，遂移龟玉。……鼎祚倾渝，非不幸也。"参见虞世南撰，胡洪军、胡遐辑注《虞世南诗文集》卷4《帝王略论》，第178页。
② 虞世南撰，胡洪军、胡遐辑注《虞世南诗文集》卷4《帝王略论》，第189页。
③ 房玄龄等：《晋书》卷34《羊祜传》，第1018页。
④ 会田大辅：「〈帝王略论〉卷一校注稿」，『明大アジア史論集』第20号，2016，第132页。
⑤ 会田大辅：「〈帝王略论〉卷二校注稿」，『明大アジア史論集』第21号，2017，第129页。
⑥ 会田大辅：「〈帝王略论〉卷一校注稿」，『明大アジア史論集』第20号，2016，第139页。

者？殷代数代王，或因天变而修德，或值政衰而自勉。中智行之，如
或可。至周宣资邵公之力，汉宣倚博陆之强，有内主焉，非为难也。
光武之世，藉思汉之民，诛残贼之莽，取乱侮亡，为功业易。至如少
康，夏氏之灭已二代矣。羿及寒浞，蔑然遗体，身存母孕，母氏逃
亡，生于他国。不及过庭之训，曾无强近之亲，遭离祸难，庇身非
所，而能踦驱丧乱之间，遂成配天之业。中兴之君，斯为称首。①

历代中兴之君皆有"兴复先绪，光启王业"之功业，但他们所倚赖的
客观条件不一致，故其成就功业的难易程度不尽相同。中兴之君或因政治
衰败而自省修德，或资贤臣之力以成功。光武帝统一天下凭借有利的社会
因素，即新莽无道，民众"思汉"。少康身处险境，势单力孤，故其为功
业最难。对于不同朝代功德相类的帝王，虞世南具体考察他们的经历和功
业，进而分析其得以成就功业的客观环境因素，由此对有关帝王做出较合
理的评价。换言之，不同的时势造就了不同的杰出人物。上述历史评论显
示出虞世南历史比较视野之宏阔。

第二，虞世南进一步指出历史人物应主动把握时机，待"时"而发。
周文王屈道适殷，周武王兴兵灭纣，二人都在追求济世庇民的政治理想，
为何"殊途如斯之远"？儒家学者多归因于文王有圣德，故能谨守臣道，
无意伐商。② 虞世南则提出不同的认识③：

夫机者，动之微也，非圣人弗能见也。于时历数虽改，殷众尚
强。纣刚猛暴虐，饰非距谏，岂文王所能动乎？及文王既没，武王为
主，周公佐之，太公为将，犹且还师孟津，曰"纣未可伐"。故知圣
人见机而作，动必万全。不凝滞于物以失机也。于时纣恶未稔，三仁
尚存。文王屈道事之，盖时宜也。龙蛇之蛰，此其义乎？故《左传》
曰："文王率殷之叛国以事纣，唯知时也。"④

① 会田大辅：「〈帝王略论〉卷一校注稿」，『明大アジア史論集』第21号，2017，第121页。
② 如包咸注《论语》云："殷纣淫乱，文王为西伯而有圣德，天下归周者三分有二，而犹以
服事殷，故谓之至德。"参见何晏《论语注疏》卷8《泰伯》，《十三经注疏（清嘉庆刊
本）》，中华书局，2009，第5403页。
③ 《吕氏春秋》说："圣人之于事，似缓而急，似迟而速，以待时。王季历困而死，文王苦
之，有不忘羑里之丑，时未可也。"只是这类观点在古代并非主流。参见许维遹《吕氏春
秋集释》卷14《孝行览》，中华书局，2009，第321~322页。
④ 会田大辅：「〈帝王略论〉卷一校注稿」，『明大アジア史論集』第20号，2016，第137页。

虞世南不拘泥于文王"三分天下有其二"[①] 的陈说。他认为文王时"殷众尚强",贤人犹存,周人势力不如殷人,而且文王、武王皆有翦商之意。然则文王事殷及武王"还师孟津",不过是审时度势之计。所谓文、武"殊途",亦只是前后赓续的同一事业的不同阶段。文王明面屈道事殷,暗中扩展势力,行翦商之业,待殷、周此消彼长之势成,则"时宜"矣。文中所说的"机"是指事物发展瞬间出现的征兆。文、武两代人一直在待"时"见"机",最终武王把握住殷纣尽失人心、军力未备的有利时机,一举灭商。虞世南在此道出了历史人物对于"时"把握的主动性。

第三,虞世南认为帝王应根据客观形势制定、调整相应的统治方针,做到适"时"治国。周宣王即位时面对周室陵夷、民不聊生的社会局面,能适时地任用贤能,使社会安定昌盛、教化大行。虞世南在此提出了"疲民易为仁"[②] 的历史见解。就是说,在社会动乱的情况下,百姓生活困苦不堪,他们"想逢宽政,如农夫之望岁焉",[③] 这正是帝王顺从民心、成就德业的大好时机。虞世南还举汉灵帝作为反面例子,批评其没有意识到国势衰败下"黎庶倾耳,咸冀中兴"的社会思潮,反而"袭彼覆车,毒逾前辈",终致"倾覆宗社"。[④] 这里,作者再次强调了国家"承疲民之后,易为善政"[⑤] 的观点。虞世南的再三致意是有现实背景的。唐初承隋之弊,社会动荡,民生凋敝,唐朝统治者曾谨慎考虑应采取怎样的统治政策。联想到魏徵也和唐太宗进行过大乱之后易行教化的讨论,[⑥] 可以说,唐初君臣在"疲民易为仁"这一历史见解和政治实践上基本达成了一致。

帝王根据现实形势制定治国方略,这就需要帝王本人有一定的历史见识和治国才能。《帝王略论》评论齐后主和周宣帝优劣,将比较对象从个人扩展到两个政权的整体实力。北齐"世宅中土",经济上有鱼盐交通之利,军事上握"燕弧、冀马之劲,渔阳、上谷之兵"。因此,北齐的"国富兵强"是北周所不及的。面对这样的有利形势,统治者应该怎样做呢?虞世南认为,统治者若才能平庸,就应"守而勿失,镇之以静",从而"保全四境,式固宗祧";统治者若有过人的才略,就可以"跨彼边疆,震

① 何晏:《论语注疏》卷8《泰伯》,《十三经注疏(清嘉庆刊本)》,第5402页。
② 会田大辅:「〈帝王略论〉卷一校注稿」,『明大アジア史論集』第20号,2016,第133页。
③ 会田大辅:「〈帝王略论〉卷一校注稿」,『明大アジア史論集』第20号,2016,第134页。
④ 会田大辅:「〈帝王略论〉卷一校注稿」,『明大アジア史論集』第21号,2017,第118页。
⑤ 会田大辅:「〈帝王略论〉卷一校注稿」,『明大アジア史論集』第21号,2017,第118页。
⑥ 吴兢撰,谢保成集校《贞观政要集校》卷1《政体》,中华书局,2009,第36页。

荡宇内"，成就王霸之业。然而北齐屡出"骄淫昏暴"之君，空有"信臣精卒"而不能用，以致亡于北周。① 虞世南通过对北周、北齐形势的比较，指出了帝王才能、适"时"治国和国家统治方针之间的密切关系。

三　重视皇朝衰亡之"渐"

《帝王略论》讨论历代兴亡，指出皇朝衰亡往往有一个长期演变的过程，以提醒唐初统治者防微杜渐，这深刻反映了作者的忧患意识。虞世南论东汉历史，指出：

> 桓帝赫然奋怒，诛灭梁冀，有刚断之节焉。然阉人擅命，党锢事起，邪佞比周，排陷忠直。非乎乱阶，始于桓帝。②

东汉皇朝是一个国祚较长的朝代，它曾出现数十年的治世局面。③ 然而这样强盛的皇朝为何会走向灭亡呢？虞世南将东汉衰亡的原因追溯到汉桓帝身上。在回顾东汉历史进程的基础上，他认为，桓帝时期是东汉衰亡的重要转折点。值得注意的是，从桓帝诛灭梁氏至东汉灭亡，其间尚有六十多年的时间。虞世南肯定桓帝诛除权臣之果断，亦指出桓帝在此之后不思革除弊政，反令宦官操纵朝政，致使统治集团内部矛盾急剧激化、社会危机日益严重。灵帝即位后变本加厉，"诛锄豪俊，任用刑余，肆行凡鄙，聚敛无度"，④ 东汉的颓势已经难以挽回了。所谓"乱阶"，并非直接导致社会动乱的某些事件，它在长时段的历史过程中逐渐积累、显现和爆发，是促使社会危机加剧的政治、经济等多方面因素的集合。当然，在这里，导致社会动乱的具体事件往往也是不同矛盾长期酝酿并爆发的产物。

基于上述认识，虞世南甚至将东汉衰乱的根源上推到西汉元帝时期，指出：

---

① 上述引文参见虞世南撰，胡洪军、胡遐辑注《虞世南诗文集》卷 4《帝王略论》，第 198~199 页。
② 会田大辅：「〈帝王略论〉卷一校注稿」，『明大アジア史論集』第 21 号，2017，第 118 页。
③ 《帝王略论》把光武帝和明章统治时期描绘成主明臣贤的盛世。自章帝"已下八世至桓帝"，外戚宦官相继把持朝政，但这一时期并未发生大的动乱，大体上仍是守文承平的时代。参见会田大辅「〈帝王略论〉卷二校注稿」，『明大アジア史論集』第 21 号，2017，第 121~118 页。
④ 会田大辅：「〈帝王略论〉卷一校注稿」，『明大アジア史論集』第 21 号，2017，第 118 页。

若夫岷江初发，其源可以滥觞。及其远也，方舟然后能济。元帝之时，始任弘恭、石显，暨于桓、灵，加以单超、张让。既戮彝伦，遂倾宗国，其所由来者渐矣。①

虞世南不仅否定汉元帝为"守文之良主"②的观点，还认为元帝重用宦官的行为败坏君臣伦常，而这一做法被后代帝王效仿，致使汉朝政治局面持续恶化，遂成积重难返之势。然则东汉宦官酿祸，紊乱朝纲，审其萌蘖，实始于元帝。由于皇朝衰亡的过程是长期的，在最初会有微小的、不易察觉的几兆，统治者应当具有见微知著的能力，及时察觉到可能导致皇朝衰败的苗头并加以遏止，以达到防微杜渐的效果。《周易》论述春秋时期礼崩乐坏的原因时就说道："非一朝一夕之故，其所由来者渐矣，由辩之不早辩也。"③ 这与《帝王略论》遏渐防萌以"慎其始"④ 的看法是一致的，由此也可以看出中国古代史家对统治者善始慎终的重视。

揆诸史实，东汉中期以降，国政陵夷、民生困敝的情形已愈益显著。虞世南将元帝和桓灵二帝重用宦官的联系视为因果关系的看法并不全面。但是他认识上的可贵之处，正在于其能纵向考察历史兴衰之所以然，并试图抽绎总结出历史演进中若隐若现的、能潜移默化地推动社会发展趋向的深层次原因。这样的历史见识使虞世南十分重视典章制度的变革和社会风俗的整顿。如《帝王略论》盛赞汉武帝创立出可以垂之后世的"制度宪章"，⑤ 同时又批评晋武帝骄奢淫逸、怠于政事，败坏了社会风气，致使"四海鼎沸，衣冠殄灭"。⑥

相较于衰象丛生的时代，盛世之下潜伏的危机显得隐蔽，且其一旦爆发，往往会造成更为严重的社会动荡局面。《帝王略论》正是以这样的角度分析隋朝兴亡勃忽的原因：

隋文因外戚之重，值周室之衰，负图作宰，遂膺宝命。留心政治，务从恩泽。故能抚绥新旧，缉宁遐迩，文武之制，皆有可观。及

---

① 会田大辅：「〈帝王略论〉卷一校注稿」，『明大アジア史論集』第21号，2017，第124页。
② 会田大辅：「〈帝王略论〉卷一校注稿」，『明大アジア史論集』第21号，2017，第124页。
③ 孔颖达：《周易正义》卷1《坤》，《十三经注疏（清嘉庆刊本）》，中华书局，2009，第33页。
④ 会田大辅：「〈帝王略论〉卷一校注稿」，『明大アジア史論集』第21号，2017，第124页。
⑤ 会田大辅：「〈帝王略论〉卷一校注稿」，『明大アジア史論集』第21号，2017，第129页。
⑥ 虞世南撰，胡洪军、胡遐辑注《虞世南诗文集》卷4《帝王略论》，第168页。

克定江淮，一同书轨，率土黎庶，企仰太平。自金陵绝灭，王心奢汰。虽威加四海，而情堕万机。荆璧填于内府，吴姬满于椒掖。仁寿雕饰，事埒倾宫。万姓力殚，中人产竭。加以猜忌心起，巫蛊事兴，戮爱子之妃，离上相之母。纲纪已紊，礼教斯亡。牝鸡晨响，皇枝剪绝。废黜不辜，树立非所。功臣良佐，剪灭无遗。季年之失，多于晋武。卜世不永，岂天亡乎！①

　　隋何以亡？唐如何避免重蹈亡隋覆辙？这是唐初史家和政治家最为关注的政治话题。虞世南并未直接批判隋炀帝的暴虐无道，而是将论述视角转移到隋文帝统治下的盛世。隋文帝统治时期，经济繁荣，文化昌盛，俨然一幅国泰民安的盛世图景，然而危机也在这时逐渐显现：隋文帝以为国家永世无虞，遂渐生骄奢之情，起猜忌之心，以至民生凋敝，朝政日坏。其"季年之失"已为隋朝衰亡种下了祸根。联系到文帝晚年苛察烦酷、营作无涯、诛戮功臣、立子不善等做法，虞世南的评述大体上符合历史事实。

　　虞世南历仕隋文帝、隋炀帝二朝，亲身经历了隋朝的兴盛和衰亡，因而他对隋代帝王功过得失的评价格外深刻。可以看出，虞世南认为盛世中通常隐藏着"衰怠之源""乱亡之兆"，②在帝王主观意志的推动下，这些衰败之象可能导致社会动荡甚至国家衰亡。《帝王略论》成书离隋亡不过数年，虞世南实际上是在借隋讽唐，提醒唐初统治者应以隋亡为戒，时刻保持见盛观衰、防微杜渐的意识和能力，以做到善始慎终。唐太宗向来敬服虞世南的博识，誉之为"当代名臣，人伦准的"。③后来唐太宗撰《隋高祖论》，④述论隋高祖从"留心万姓"到"奢泰日滋""猜忌无端"，以致

---

①　虞世南撰，胡洪军、胡遐辑注《虞世南诗文集》卷4《帝王略论》，第205页。
②　魏徵等：《隋书》卷2《高祖下》，中华书局，1973，第56页。
③　刘昫等：《旧唐书》卷72《虞世南传》，第2570页。
④　唐太宗《隋高祖论》："夫帝王受命，非因众人所举，既乘便之取不同，优劣之势各异。或雄图内断，英谋外决，海纳山容，如覆如载，磊磊落落，真帝王者也。只如文皇，起自布衣，临驭四海，欺孤儿以致天下，夺寡妇而登神器。复留心万姓，务从俭约。自金陵灭后，奢泰日滋，起仁寿于五柞，移新都于灞岸。合浦珠玑，填于帑藏；江南姬媛，纳于椒掖。仁寿之役，万姓力殚；雕琢之功，中民竭产。从渭至灞，宁不为劳；移故就新，理多其弊。心随地广，意逐时骄，猜忌无端，触途多讳。文母夷戮，儿母被诛，牝鸡晨鸣，皇枝剪绝。废长立少，付托失人，功臣良将，诛夷备尽。享年不永，岂非天乎？"参见徐坚《初学记》卷9《帝王部》，中华书局，2004，第216~217页。

身死国亡的历史教训。此文无论是语句表述还是所论观点，都和虞世南所作史论差相仿佛。可见虞世南的历史见解对唐太宗乃至唐初政治都有相当的影响。

四 论人性与后天教化

从人性和外部环境等角度指出帝王昏乱的根源，并强调对帝王进行后天教化的重要性，这是《帝王略论》史论的一大特点。

人性指人生来固有的禀性，性发于外则为情。虞世南是这样回答有关人性问题的：

> 公子曰："观桀、纣二王，亦同禀五常之性，并有过人之才，何为昏乱以至于此？"
>
> 先生曰："人生而有嗜欲之性，愚智所同也。耳悦铿锵之音，目玩靡曼之色，口甘滋腴之味，身安逸乐之娱，此物之常情也。……唯上圣生知，非因染习。自中智以降，皆为情之所引。"[1]
>
> 夫木之性直，匠者揉以为轮；金之性刚，工人治以成器。岂天性哉？盖人事也。惟上智与下愚特禀异气，中庸之才皆由训习。[2]

唐太宗对人皆禀五常之性却常有昏乱之君的事实感到困惑。虞世南首先指出，人性有善有恶，后者表现为追求耳目口鼻等感官之欲。可见他并不赞同人性是"天生之质，正而不邪"[3] 的观点。虞世南认为，人有所谓上智下愚之分，并非由于本性不同，而是上圣认识到"常情"的缺点，故能固守善性。自中智以下则"皆为情之所引"，难以克制内心的欲望。不过，虞世南未视胡亥之流为无法教诲的下愚之人[4]，上智也只适用于传说中的少数圣贤，然则现实中的帝王大多是可以后天训习的"中庸之才"。

在虞世南看来，帝王囿于所处的环境条件，极易受后天染习而肆其贪欲。他以桀、纣为例，分析了令帝王"昏乱以至于此"的多方面原因。从

---

① 会田大辅：「〈帝王略论〉卷一校注稿」，『明大アジア史論集』第 20 号，2016，第 139~138 页。

② 虞世南撰，胡洪军、胡遐辑注《虞世南诗文集》卷 4《帝王略论》，第 182 页。

③ 孔颖达：《周易正义》卷 1《乾》，《十三经注疏（清嘉庆刊本）》，第 29 页。

④ 虞世南撰，胡洪军、胡遐辑注《虞世南诗文集》卷 4《帝王略论》，第 182 页。

时代背景来看：桀、纣二人都"承平继业"，故而逐渐习惯富贵华丽的生活。从政治环境来看：二人即位前缺少师傅的严厉教导，即位后"富有区中，制御万物"，拥有至高无上的权力，身边又有"阿谀谄媚"的小人顺其志，因而自以为是，一意孤行。这些因素导致他们缺乏应有的政治见识："不知稼穑之艰难，罔识前代之成败"，却以为本朝的统治能永远维持下去。他们骄奢淫逸，暴虐无道，丝毫不知"以百姓为心"。① 这样的昏乱之君怎能不导致国家灭亡呢？虞世南说的是桀、纣，实际上上述限制性条件不同程度上适用于历代绝大多数帝王。虞世南经历隋亡唐兴的历史变局，亲眼看到了陈、隋二朝因帝王昏庸无道而相继衰亡的惨痛教训，这使他对帝王有昏明之别的根源的分析深刻而有力。

针对产生昏乱之君的内外因素，虞世南提出了使帝王免于昏乱、保持贤明的方法，即帝王应接受良好的后天教化，以提升其政治才能和道德修养。上述分析充分说明这是可能的，也是必要的。他写道：

是故圣人制礼作乐以防之，设师保以训之，使人以名教自节，而趋仁义之道。②

"制礼作乐"，即制定一整套伦理规范和典章制度，其核心是别尊卑贵贱、明君臣之义。"设师保"是指置官教导、辅弼帝王。经过各种礼制和教育手段的规范和约束，帝王才能时刻节制嗜欲之情，趋向仁义之道。在诸多举措中，虞世南最重视的是"选左右弼教之"。③ 他论宋齐二代废主时，详引贾谊之言：

故以孩提有识，三公、三少固明仁、孝、礼、义以导习之，逐去邪人，不使见其恶行。选天下端士孝悌博闻、有道术者以翊卫之，使与太子居处，故太子生乃见正事，闻正言，行正道，左右前后皆正人也。夫习与正人居，不能无正，犹生长齐地，不能不齐言；习与不正人居，犹生长楚地，不能不楚语。秦使赵高傅胡亥，教之讼狱，所习者无非斩、劓、刖足、夷人之三族也。故胡亥今日即位，明日射人，

① 上述引文参见会田大辅「〈帝王略论〉卷一校注稿」，『明大アジア史論集』第20号，2016，第138页。
② 会田大辅：「〈帝王略论〉卷一校注稿」，『明大アジア史論集』第20号，2016，第138页。
③ 虞世南撰，胡洪军、胡遐辑注《虞世南诗文集》卷4《帝王略论》，第182页。

忠谏者谓之诽谤，深计者谓之妖言。视杀人如刈草菅然。岂胡亥之性恶哉？彼其所以导之者非其理故也。①

贾谊《新书·保傅》篇阐述帝王在初生、少长、成人、即位后各阶段，都要有相应的辅弼之臣言传身教，"是殷周之所以长有道也"。② 虞世南则专取其中有关帝王年少时期应受教育的记载：帝王身边的师友都是有德行的"正人"，他们导之以仁孝礼义之理，使帝王从小就"见正事，闻正言，行正道"。帝王所学内容，既有治国安邦之道，也包括个人品性的修养。作者又借"赵高傅胡亥"的历史教训指出，德行不正的辅弼之臣会蒙蔽帝王的心智，使其昏庸无道，最后走向灭亡的道路。正所谓"孩提有识"，既然帝王同禀五常之性和嗜欲之性，那么越早提供合适的环境引导帝王，其受到的教化效果就越好。因为自幼养成的习性就像人的天性一样牢固，难以移易。所以虞世南认为，选择理想的辅弼之臣教导帝王是最重要最急迫的事。③

概括地说，虞世南强调后天教化对帝王道德修养和政治才能的影响，而帝王之昏明关乎整个国家的治乱兴衰。作者对帝王昏乱的问题追根溯源，提出了针对性的建议与措施，这对其后唐太宗选贤任能、虚心纳谏和重视对太子的教育④等政治举措当有积极影响。

五 结语

作为亲历隋唐变局的史家和政治家，虞世南是抱着总结历代兴亡之理、以为唐初统治者之借鉴的心态来撰写《帝王略论》的。在评论历史时，虞世南自觉运用历史比较方法，探究天意与人事的关系，讨论历代帝

---

① 虞世南撰，胡洪军、胡遏辑注《虞世南诗文集》卷4《帝王略论》，第182页。
② 贾谊撰，阎振益、钟夏校注《新书校注》卷5《保傅》，中华书局，2000，第183~186页。
③ 虞世南撰，胡洪军、胡遏辑注《虞世南诗文集》卷4《帝王略论》，第182页。
④ 贞观八年，唐太宗对侍臣说："上智之人，自无所染，但中智之人无恒，从教而变。况太子师保，古难其选。成王幼小，周、召为保傅。左右皆贤，日闻雅训，足以长仁益德，使为圣君。秦之胡亥，用赵高作傅，教以刑法，及其嗣位，诛功臣，杀亲族，酷暴不已，旋踵而亡。故知人之善恶，诚由近习。朕今为太子、诸王精选师傅，令其式瞻礼度，有所裨益。公等可访正直忠信者，各举三两人。"唐太宗帝王教育的观点和虞世南的相关论述应是一脉相承的。参见吴兢撰，谢保成集校《贞观政要集校》卷4《论尊师傅》，第202~203页。

王得失与后天教化、皇朝兴衰由来之渐等重要历史问题，力求反映以人事为发展线索的历史进程。《帝王略论》史论也存在一定的局限，如没有彻底否定天命，过于突出帝王个人对历史发展的影响，作者对一些重要历史事件和人物的看法还可以继续讨论。① 总的来说，《帝王略论》史论是那个时代历史理论研究的代表性著作之一。

---

① 如关于中兴之君为功业难易的问题，虞世南认为少康"踦驱丧乱之间"，为功业难。也有学者持不同观点，如司马彪比较少康和光武帝说："昔羿、寒浞篡夏数十年，少康生，为仍牧正，能修德复夏，厥勋大矣，然尚有虞思及靡、有鬲内外之助。至于光武，承王莽之篡，起自匹庶，一民尺土，靡有凭焉。发迹于昆阳，以数千屠百万，非胆智之至，孰能堪之？讨贼平乱，克复汉业，号称中兴，虽初兴者，无以加之矣。中国既定，柔远以德，爱慎人命，下及至贱，武功既备，抗文德，修经术，勋绩宏矣。"参见周天游《八家后汉书辑注》，上海古籍出版社，2020，第 297 页。

《史通》的自注与刘知幾的史注观[*]

——兼与六朝自注比较

伏　煦

（山东大学文艺美学研究中心，山东济南　250100）

　　摘　要：作为较早附有作者自注的学术著作之一，《史通》自注的注释方式及其特色值得关注。一方面，《史通》自注作为正文骈体文的一种补充手段，详述正文受体制所限而无法完整引述的史传文本；另一方面，在正文仅仅描述现象或做出结论之时，将相关的例证置于自注，作为引证手段。前者是《补注》篇中"委曲叙事存于细书"的体现，而后者则避免正文"毕载则言有所妨"。在形式上，《史通》自注与六朝赋的自注皆以"异体"而"言事"，而在扩展正文内容方面，则与《洛阳伽蓝记》自注相似，但又避免了六朝自注烦冗琐碎的弊端。刘知幾在理论和实践两方面吸取了前代的经验与教训，《史通》自注与刘氏本人的注释观念高度一致，亦体现了刘知幾拓展骈体正文与学术规范的意识。

　　关键词：《史通》　刘知幾　自注

　　自注是一种特殊的注释形式，今见于谢灵运《山居赋》、张渊《观象赋》和颜之推《观我生赋》，以及杨衒之《洛阳伽蓝记》；《史通》亦是现存较早附有作者自注的学术著作之一，然而尚未得到学术界的

---

　　* 本文系国家社科基金后期资助项目"子集兴替：中古学术著述方式的转型"（21FZWB074）阶段性成果。

特别关注。① 本文尝试从《史通》的文体形式与刘知幾本人的史注观念出发，并将其与六朝自注进行比较，从而理解《史通》自注产生的合理性及其独特价值。

一　"委曲叙事存于细书"：作为引述文本补充的自注

刘知幾的自注在清代学者浦起龙的《史通通释》中以"原注"的形式标明。② 检全书可知，刘氏自注今存一百四十五条，内篇三十六篇共五十五条，外篇十三篇则有九十条，全书平均每篇仅有不到三条自注，从数量上看，注释密度不高。《史通》引述的是历史文本，而非历史事件本身，刘知幾重视的是历史文本如何被书写出来的，以及书写所反映的政治秩序与历史解释，文本背后历史真相固然是极为重要的参照，却并非最根本的因素。从《史通》引证的历史文本来看，自注无疑在相当程度上辅助了正文的引述，甚至直接为读者呈现了正文难以直接呈现的原始文本，《书志》篇引述《汉书·五行志》是一个极为典型的例子：

> 若乃采前文而改易其说，谓王札子之作乱，在彼成年；原注：《春秋》成公元年二月，无冰。董仲舒以为其时王札子杀召伯、毛伯。案今《春秋经》，札子杀毛伯事在宣十五年，非成公时。夏征舒之构逆，当夫昭代；原注：《春秋》昭九年，陈灾。董仲舒以为楚严王为陈讨夏征舒，因灭陈，陈之臣子毒恨，故致火灾。案楚严王之灭陈，在宣十一年，如昭公九年所灭者，乃楚灵王时。且庄王卒，恭王立；恭王卒，康王立；康王卒，夹敖立；夹敖卒，灵王立。相去凡五世。③

---

① 笔者所见，仅许冠三与乔治忠二位先生在讨论《史通》编纂问题之时，曾提及《史通》自注。许先生将《史通》的自注密度和文章长短精粗等作为推断其书诸篇成书次序的形式依据，"'原注愈多者，撰成之年份愈早；反之，则愈晚。其次，文章愈长者，则愈有可能为早年之作；反之，撰于晚年之机会较多。'"可见，自注较多有文章本身不成熟的可能性。见氏撰《刘知幾的实录史学》之"八　余论：《史通》之牴牾及其他"（香港中文大学出版社，1983，第 210 页）。乔先生《〈史通〉编纂问题辩正》一文指出，"《史通》正文采用骈文形式，在追求文章的对偶和声律及句式整齐之际，很难完整表达语意和叙述史事，这就有必要借助于散文体的自注加以补充和解释。"文载张舜徽主编《中国历史文献研究》第 1 集，华中师范大学出版社，1986，第 169~170 页。
② 蔡焯《史通通释举例》云："原注者，刘自注也。"（唐）刘知幾著，（清）浦起龙通释《史通通释》，上海古籍出版社，2009，第 3 页。
③ 《史通通释》卷三，第 59 页。

　　无疑，这段引文涉及的两例极不完整，仅有人事而毫不涉及灾异，刘知幾或许出于反对董仲舒和刘向父子等人以政治动乱解释灾异的原因，在正文中省略了灾异现象及"天人感应"的历史解释模式。但是，正文的简略不仅没有呈现所要引证的历史文本，甚至在一定程度上带来了歧义——不了解《汉书·五行志》的读者，或许会将"王札子之作乱，在彼成年"的意思误解为"王札子在鲁成公年间作乱"，言下之意则是否定其事发生于鲁宣公十五年（公元前 594 年）；"当夫昭代"则因"当"有应验之意，或许不至于产生如此的误读，然而也因为省略"陈灾"及董仲舒的解释，使读者不明所以。

　　就《史通》全书自注与正文的关系而言，《书志》篇的情况较为特殊，刘氏对《汉书·五行志》的引述确乎语焉不详，与其将这种情况归结为刘氏否定西汉学者天人感应之说，不如说维持骈文本身在形式上的平衡并非易事。类似的例子在《浮词》篇中亦有所体现：

　　　　盖古之记事也，或先张经本，或后传终言，分布虽疏，错综逾密。今之记事也则不然。或隔卷异篇，遽相矛盾；或连行接句，顿成乖角。是以《齐史》之论魏收，良直邪曲，三说各异；原注：李百药《齐书序》论魏收云：若使子孙有灵，窃恐未抱高论。至《收传》论又云：足以入相如之室，游尼父之门。但志存实录，好抵阴私。于《尔朱畅传》又云：收受畅财贿，故为荣传多灭其恶。是谓三说各异。《周书》之评太祖，宽仁好杀，二理不同。原注：令狐德棻《周书·元伟传》称文帝不害诸元，则云："太祖天纵宽仁，性罕猜忌。"于《本纪论》又云："诸宫制胜，阖城掎戮；茹茹归命，尽种诛夷。虽事出权道，而用乖于德教。"是谓二理不同。①

　　刘知幾指出的是中古史书书写的一种现象，即在不同纪传中对同一历史人物不同甚至相反的评价，正文以魏收与宇文泰为例，而《北齐书》涉及的评价有三处，《周书》则有两处。考虑到《北齐书》的残佚情况，《齐书序》与《魏收传》论今已不存，自注所引《北齐书》前两则事例不见于今本。浦起龙指出了所谓《尔朱畅传》记载的贿赂事，实为"畅双名文畅，受金语在其弟文略传，文亦不同"。② 今本《北齐书·外戚传·尔朱文略传》云："文略尝大遗魏收金，请为其父作佳传，收论尔朱荣比韦、

---

① 《史通通释》卷六，147~148 页。浦起龙的按语说明："本注句复字脱，多不成语，今据《周书》改正。"
② 《史通通释》卷六，第 148 页。

彭、伊、霍，盖由是也。"① 此事亦见《北齐书·魏收传》："收以高氏出自尔朱，且纳荣子金，故灭其恶而增其善，论云：'若修德义之风，则韦、彭、伊、霍夫何足数。'"②《北史·魏收传》则多出"尔朱荣于魏为贼"③的议论。从今本的情况看，刘氏自注似乎更接近《北齐书·魏收传》的原文（"灭其恶"），其引用很可能凭借大体印象而为之。若无此自注提示"三说各异"，读者与后世的注家，恐怕要遍寻《北齐书》以印证，即使其书并未残佚，亦不为易事。《周书·文帝纪》与《周书·元伟传》今存，浦起龙据此补齐传写错乱的自注，④《本纪论》仅存"归命"以下文字，篇目亦遗失，尽管翻检必然从《文帝纪》开始，但若没有一开始从论赞部分着手，恐怕亦要费一番功夫。若此段论述刘氏不以自注的方式加以说明，而仅述《北齐书》论魏收而三说各异，与《周书》评太祖则二理不同的结论，在缺少具体论据的情况下，这些结论就没有足够的说服力，"三说"与"二理"或被视作虚数而非实指。

《浮词》篇此例的正文更像是根据自注援引的原始材料归纳的结论，外篇《汉书五行志错误》论及有灾异而无应事的情况，亦是如此：

> 又案斯志之作也，本欲明吉凶，释休咎，惩恶劝善，以戒将来。至如春秋已还，汉代而往，其间日蚀、地震、石陨、山崩、雨雹、雨鱼、大旱、大水、犬豕为祸，桃李冬花，多直叙其灾，而不言其应。⑤

正文实际上列举了日食等灾异的情况，而自注中则详细归纳了"不言其应"的详细数字，或者直接列举"不言其应"的灾异本身支撑正文的论述：

---

① （唐）李百药撰《北齐书》卷四十八，中华书局，1972，第 667 页。《北史·尔朱荣传》附《尔朱文略传》文字大致相同，"尔朱荣"作"荣"，（唐）李延寿撰《北史》卷四十八，中华书局，1974，第 1764 页。

② 《北齐书》卷三十七，第 488 页。

③ 《北史》卷五十六，第 2031 页。

④ 根据《文渊阁四库全书》的《史通》钞本，原缺《元伟传》"性罕猜忌"四字，及《文帝纪》论"渚宫制胜，阖城孥戮；茹茹"十字，"归命"前有"世故如"三字，稍有错乱。但仍然提示了两篇的部分原文。《景印文渊阁四库全书》第六八五册，台湾商务印书馆，1986，第 47 页。

⑤ 《史通通释》卷十九，第 518 页。

　　载《春秋》时日蚀三十六，而二不言其应。汉时日蚀五十三，而
四十不言其应。并下下。

　　又惠帝二年、武帝征和二年、宣帝本始四年、元帝永光三年、绥
和二年，皆地震。下上。

　　陨石。下下。凡十一。总不言其应。

　　又高后二年，武都山崩。下上。

　　成帝河平二年，楚国雨雹，大如斧，蜚鸟死。中下。

　　成帝鸿嘉四年，雨鱼于信都。中下。

　　孝景之时，大旱者二。中上。

　　昭、成二代，大雨水三。中上。

　　河平元年，长安有如人状，被甲持兵弩，击之，皆狗也。中上。

　　又鸿嘉中，狗与彘交。中上。

　　惠帝五年十月，桃李华，枣实。中下。皆不言其应也。①

　　"下下"指的是《汉书·五行志》下卷之下，"下上""中上""中上"
等同此例。笔者将十一事分段引用，便于与正文对应。浦起龙《史通通
释》指出日蚀、陨石、大旱等四处与今本《汉书·五行志》稍异，② 然就
整体情况而言，并不影响整体结论。以自注中穷举《五行志》汉代不书应
事的具体例证，涉及卷中与卷下各自上下篇四篇共六十六事，其中日蚀、
陨石因数量太多又非常集中，不便详列，而其他诸事则或简如"昭、成二
代"，或繁如"惠帝二年、武帝征和二年"等，明确指代了《汉书·五行
志》原文中所指之事，便于读者核查。"成帝河平二年，楚国雨雹"、"鸿
嘉中，狗与彘交"与"惠帝五年十月，桃李华，枣实"等较短的记述，则
几乎是直接引用。此条注释基本符合现代学术规范的引用要求，可见刘知
幾绝非停留在阅读印象与感受，他有意识地收集并整理相关的例证，并用
自注这种相对独立于正文的方式加以展现。

---

① 《史通通释》卷十九，第518页。其事分别见于《汉书》卷二十七下之下，第1479~1506
　　页；卷二十七下之上，第1454~1455页；卷二十七下之下，第1520~1522页；卷二十七
　　下之上，第1457页；卷二十七中之下，第1428页；卷二十七中之下，第1431页；卷二
　　十七中之上，第1392~1393页；卷二十七中之上，第1364页；卷二十七中之上，第1399
　　页；；卷二十七中之上，第1399页；卷二十七中之下，第1412页。
② 分别为《春秋》时日蚀共三十七次，每次皆言其应；汉时日蚀共五十四次；陨石，原作
　　"十四"，据《汉书》改；记大旱而不言其应事者有二，一为景帝中三年，一为成帝永始
　　三年、四年，当作"景、成二代"。《史通通释》卷十九，第535页。

由此可见，《史通》自注在补充引述的史书文本之时，不仅顾及作为骈文的正文所需，而且避免了正文因为过度引述而烦冗枝蔓，《史通·补注》提及某些史传注释曾有这样的评论：

> 既而史传小书，人物杂记，若挚虞之《三辅决录》，陈寿之《季汉辅臣》，周处之《阳羡风土》，常璩之《华阳士女》，文言美辞列于章句，委曲叙事存于细书。此之注释，异夫儒士者也。①

浦起龙引《三国志·蜀书·杨戏传》："戏以延熙四年著《季汉辅臣赞》，其所颂述，今多载于《蜀书》……其戏之所赞而今不作传者，余皆注疏本末于其辞下。"② 可知陈寿不仅引录了杨戏的《季汉辅臣赞》，而且为其中没有在《蜀书》里立传的辅臣做了注疏。挚虞注东汉赵岐《三辅决录》，亦非自注。浦起龙指出周、常二书无考，或许二书与陈寿注杨赞和挚虞注赵作的情况不同，皆有自注。四书的共同特点则是以注释（"细书"）的方式保存"委曲叙事"，配合正文的"文言美辞"，不同于传统儒家经典以章句训诂为主的注疏形式。

刘知幾本人对文字本身可能受到文体的局限深有体会，正如他在《称谓》篇所批评的"意好奇而辄为，文逐韵而便作"，"班述之叙圣卿也，而曰董公惟亮"，根据刘氏自注，《汉书·哀帝纪》述曰"宛娈董公，惟亮天功"。③ 被刘氏目为"淫乱之臣"的董贤，之所以获得班氏"董公"的尊称，实属"逐韵而便作"的需要，为此牺牲书法义例，乃"用舍之道，其例无恒"。④《史通》虽然不是史传，但刘知幾选择以自注的形式拓展了主导文体的容量，避免某些形式上的枝节破坏了骈文偶句的平衡感，堪称维护形式整齐与内容完整两方面的折中之法。

二　"毕载则言有所妨"：作为引证方式的自注

从积极的一面看，自注可以作为正文的一种补充形式，两者之间相对独立，正所谓"文言美辞列于章句，委曲叙事存于细书"是也。尽管如

---

① 《史通通释》卷五，第122页。
② （晋）陈寿撰，（宋）裴松之注《三国志》卷四十五，中华书局，1982，第1079页。
③ 《史通通释》卷四，第102页。
④ 《史通通释》卷四，第102页。

此，刘知幾在《补注》篇中对史注亦不乏批评之辞：

> 亦有躬为史臣，手自刊补，虽志存该博，而才阙伦叙，除烦则意有所容，毕载则言有所妨，遂乃定彼榛楛，列为子注。若萧大圜《淮离海乱志》，羊衒之《洛阳伽蓝记》，宋孝王《关东风俗传》，王劭《齐志》之类是也。①

刘知幾承认自注在客观上有存录更多史料的作用，"列为子注"② 的做法是作者组织材料不力的表现。前述自注对正文的补充意义，仅就注释补充正文中的例证而言。《史通》自注亦可作为一种引证方式，佐证正文所述的现象。与"委曲叙事存于细书"有所不同的是，作为引证方式的自注与正文并不存在唯一的对应关系，两者的本质区别即在于此。将例证置于自注，实际上是作者对于正文的"让步"，所谓"毕载则言有所妨"，正是从消极的一面来看待自注。

《言语》篇谓："然自咸、洛不守，龟鼎南迁，江左为礼乐之乡，金陵实图书之府，故其俗犹能语存规检，言喜风流，颠沛造次，不忘经籍。而史臣修饰，无所费功。"③ 从整体上描述东晋南渡之后在礼乐文明方面留存华夏正朔，但此后若完全不以任何形式举例的话，这段描述近乎泛论。《言语》篇的主旨在于彰显"随时"之义，批评魏晋以下史书记载人物口语，偏好模仿与继承六经或《史》《汉》，"后来作者，通无远识，记其当世口语，罕能从实而书，方复追效昔人，示其稽古"。④ 对于文化水平较高的江左南朝诸代而言，谈吐间引经据典当非难事，刘知幾自注列举两例以证"不忘经籍"：

> 若《梁史》载高祖在围中，见萧正德而谓之曰："咄其泣矣，何

---

① 《史通通释》卷五，第 122 页。
② 从今存的《洛阳伽蓝记》来看，《补注》篇所谓"子注"，实际上亦是作者杨衒之的"自注"。关于"子注"和"自注"的区别与联系，参见赵宏祥《自注与子注——兼论六朝赋的自注》（《文学遗产》2016 年第 2 期），赵宏祥认为子注是佛经翻译产生不同的子本，与正文母本的关系是同本异译，与刘知幾所谓"手自刊补"的"子注"不同，但子注采用小字夹于大字正文母本中的体式，对史书的自注产生了较为重要的影响。引注：杨衒之，《史通》作羊衒之。
③ 《史通通释》卷六，第 140 页。
④ 《史通通释》卷六，第 139~140 页。

嗟及矣。"湘东王闻世子方等见杀，谓其次子方规曰："不有其废，君何以兴？"皆其类也。①

　　前一事见于《南史·梁宗室传上·萧正德传》："正德入问讯，拜且泣。武帝曰：'愍其泣矣，何嗟及矣。'正德知为贼所卖，深自咎悔"，② 武帝所对，出自《诗经·王风·中谷有蓷》第三章"中谷有蓷，暵其湿矣。有女仳离，啜其泣矣。啜其泣矣，何嗟及矣"。③ 小序以为："《中谷有蓷》，闵周也。夫妇日以衰薄，凶年饥馑，室家相弃尔。"④《王风·中谷有蓷》表达的情感被毛传认为与闵周室之衰有关，诗中啜泣的女性被君子抛弃，⑤ 梁武帝遭遇侯景之乱，自己的侄子萧正德乃其帮凶，赋此诗一以痛国家丧乱，二以伤骨肉相残。

　　后一事则见于《梁书·世祖二子传·萧方诸传》："及方等败没，世祖谓之曰：'不有所废，其何以兴。'"⑥ 其语出自《左传·僖公十年》里克被晋惠公所杀之前的个人辩白："不有废也，君何以兴？欲加之罪，其无辞乎？臣闻命矣。"⑦ 里克在僖公九年（公元前651年）晋献公去世后，杀死献公指定的继承人公子奚齐、顾命大臣荀息，与荀息在奚齐死后拥立的公子卓。里克死前，新君惠公使人告其曰："微子，则不及此。杀二君与一大夫，为子君者，不亦难乎？"⑧ 表面上看，梁元帝所要表达的意思是作为世子的嫡长子萧方等去世，次子得以继立为嗣。然而萧方等之死与元帝本身有直接关系，据《梁书》本传，萧方等因其母徐妃失宠而"意不自安"，后遇侯景之乱，以晋献公长子申生自比，向其父表达"岂顾其生"的意愿，驰援京都，"贼每来攻，方等必身当矢石"，建康陷落后方等归于荆州，后在讨伐河东王萧誉（昭明太子萧统次子）军中兵败溺死。⑨ 在这

① 《史通通释》卷六，第140页。
② （唐）李延寿：《南史》卷五十一，中华书局，1975，第1282页。
③ （汉）郑玄笺，（唐）孔颖达疏《毛诗正义》卷四，（清）阮元校刻《十三经注疏》，中华书局，1980，第332页。
④ 《毛诗正义》卷四，《十三经注疏》，第331~332页。
⑤ 郑笺云："有女遇凶年而见弃，与其君子别离，慨然而叹，伤己见弃，其恩薄。"《毛诗正义》卷四，《十三经注疏》，第332页。
⑥ （唐）姚思廉：《梁书》卷四十四，中华书局，1973，第620页。
⑦ 《春秋左传注》，第333页。
⑧ 《春秋左传注》，第333页。
⑨ 《梁书》卷四十四，第619~620页。

件事上，元帝扮演了类似晋献公的角色，《左传》中记载的里克之语，虽然所废之人乃替换太子申生的幼子奚齐等，所兴之人乃申生死后被迫出奔的他子夷吾（即惠公），但此语用以形容被迫自尽的申生与因而得立为太子的奚齐依然是合适的，《史通》自注引用此例，所彰显的不仅是梁元帝个人"不忘经籍"的博学多识，更是包含着深刻的政治意味，如果这是史臣修饰之语，那么此语虽为"稽古"，但表达了元帝的残忍与阴险，即便不是如实纪录，史官通过引经据典，生动地还原了元帝的心态与性格。

由此可见，以自注的方式举例，将其作为"亚正文"或"次正文"，补充了正文所描述的历史叙事。这种写作手段，实际上与今日的学术论文写作方法有相通之处：作者基于各种考虑，诸如文章的流畅和主旨的集中，选择将相对不处于核心地位而又有一定价值、不能忽视的证据置于注释。虽于正文有所妨碍，然而完全忽视则又放弃了相应的材料，使正文的内容偏于空泛，从这个角度来看，"毕载则言有所妨"，正是概括了自注保存史料作为证据的功能。

类似的情况亦见于《叙事》篇论及"简要"原则的部分，刘知幾批评"然则才行、事迹、言语、赞论，凡此四者，皆不相须。若兼而毕书，则其费尤广。但自古经史，通多此额。能获免者，盖十无一二"。[1] 刘氏所批评的具体例证，皆置于自注而非正文：

> 近史纪传欲言人居哀毁损，则先云至性纯孝；欲言人尽夜观书，则先云笃志好学；欲言人赴敌不顾，则先云武艺绝伦；欲言人下笔成篇，则先云文章敏速。此则既述才行，又彰事迹也。如《穀梁传》云：骊姬以酖为酒，药脯以毒。献公田来，骊姬曰："世子已祀，故致福于君。"君将食，骊姬跪曰："食自外来者，不可不试也。"覆酒于地，而地坟；以脯与犬，犬毙。骊姬下堂而啼呼曰："天乎！天乎！国，子之国也，子何迟乎为君！"又《礼记》云：阳门之介夫死，司城子罕入而哭之哀。晋人之觇宋者反报于晋侯曰："阳门之介夫死，而子罕哭之哀，而民说，殆不可伐也。"此则既书事迹，又载言语也。又近代诸史，人有行事，美恶皆已俱其纪传中，续以赞论，重述前事。此则才行事迹，纪传已书，赞论又载也。[2]

---

① 《史通通释》卷六，第 157 页。
② 《史通通释》卷六，第 157 页。

此段长注以具体的例证批评"叙事四体"中两者并用的重复现象。其中，《穀梁传》与《礼记·檀弓下》两个言语与事迹重复的例子，刘氏选择以直引原文的方式，尤其是《礼记·檀弓下》之例，"阳门之介夫死，司城子罕入而哭之哀"，直书其事迹，然而晋国觇者向晋侯报告之时的言语与之几乎重复，刘知幾在外篇《点烦》亦举此例，兹不赘。至于纪传中已经详载其事，又于赞论中重出，更为刘氏所不屑，《史通》各篇不再以赞论概括正文中所论事理，正是基于此种原因。才行与事迹的重复之例，刘氏没有采取具体而直接的引证，而是泛论阅读中近代史书描写孝子、勤学、勇武和捷才出现的"直纪其才行"和"唯书其事迹"的重复现象；最后又批评了赞论重复纪传中的事迹，与《论赞》篇的意见相合。

从《言语》篇和《叙事》篇的两段自注中我们可以看出，作为引证方式的自注在形式上不拘骈散，又能很好地避免例证过多的烦冗，毕竟负面事例大量在正文中列举，稍有喧宾夺主之嫌。《史通》自注突破了正文骈体文辞上的限制，拓展了骈文的表达空间，使得相应的例证或者结论完整而充分，无论作为一种补充例证的手段，还是引证方式，自注与正文都是相互独立而又密不可分的。同时，被正文的形式与篇幅所限制的论据以自注的形式表现，支持结论的证据不再是海水之下的冰山，需要读者根据自己的知识储备来领悟和发掘，这也正是刘知幾的学术规范意识的体现。在骈文事类的修辞之外，自注成为《史通》的引证方式或是这种方式的补充形式，也正是形式与内容的平衡的体现，完全将其看作骈文的附庸或者"权宜之计"，不免对《史通》自注的学术价值有所贬低。

三 "异体"与"言事"：论六朝的自注

就整体特点而言，《史通》自注无论在补充正文，还是作为一种引证方式，其内容与功用都重于言事而非训诂名物或者阐发义理。其形式上的"异体"和内容上的"言事"在文史著述的自注中是否具有某种共性，为了了解这个问题，我们必须追溯到《史通》之前的六朝自注。

总体而言，六朝自注存世的数量很少，主要见于以下两类著述。其一是六朝赋中的自注，今存谢灵运《山居赋》、张渊《观象赋》和颜之推《观我生赋》，三赋及其自注分别见于《宋书》《魏书》和《北齐书》的作者本传，刘氏对三部史书颇多批评，结合《载言》《载文》等篇对于史传引用文章现象的注意，① 我们推测，刘知幾很有可能阅读并注意到此三赋。
其二是《史通·补注》篇提及的"躬为史臣，手自刊补"、"列为子注"
的"杂述"类作品，其中《洛阳伽蓝记》完整地保存至今，虽然在传写过
程中，自注一度混入正文，但晚近学者经过重新整理，努力还原此书旧
观，今参考周祖谟先生《洛阳伽蓝记校释》提出的区分标准："以予考之，
此书凡记伽蓝者为正文，涉及官署者为注文。其所载时人之事迹与民间故
事，及有衔之案语者，亦为注文。"②

　　先看六朝赋的自注，谢灵运《山居赋》最为早出，其自注以"异体"
的形式重复了正文骈赋的内容，无论本事还是典故，皆一一详注，几乎以
注释的方式重复了正文的内容，近于佛经的"合本子注"，③ 颇有烦冗的
感觉：

　　　　仰前哲之遗训，俯性情之所便。奉微躯以宴息，保自事以乘闲。
愧班生之凤悟，惭尚子之晚研。年与疾而偕来，志乘拙而俱旋。谢平
生于知游，栖清旷于山川。谓经始此山，遗训于后也。性情各有所便，山居是其宜
也。《易》云："向晦入宴息。"庄周云："自事其心。"此二是其所处。班嗣本不染世，故曰
凤悟；尚平未能去累，故曰晚研。想迟二人，更以年衰疾至。志寡求拙曰乘，并可山居。曰
与知游别，故曰谢平生；就山川，故曰栖清旷。④

　　《山居赋》自注不仅注明典故出处，如"宴息"和"自事"，亦解释
行文中的措辞与典故的关系，"班嗣本不染世，故曰凤悟；尚平未能取累，
故曰晚研"。其余抒情兼叙事的部分，在自注中亦以散体叙之，稍有注解
的措辞成分，以"谓""曰"等提示语领起，如"谓经始此山，遗训于后
也"，"曰与知游别"等。钱锺书先生批评《山居赋》："时时标示使事用
语出处，而太半皆笺阐意理，大似本文拳曲未申，端赖补笔以宣达衷曲，

① 可参马铁浩《〈史通〉引书考》所集录的《史通》对《宋书》《魏书》及《北齐书》的
　　相关评论，学苑出版社，2011，第 152～156、168～174、177～180 页。《载言》篇指出
　　《汉书》"《贾谊》、《晁错》、《董仲舒》、《东方朔》等传，唯上录言，罕逢载事"的现象。
　　《载文》篇批评"若马卿之《子虚》、《上林》，扬雄之《甘泉》、《羽猎》，班固《两都》，
　　马融《广成》，喻过其体，词没其义，繁华而失实，流宕而忘返，无裨劝奖，有长奸诈，
　　而前后《史》、《汉》皆书诸列传，不其谬乎!"《史通通释》卷二、卷五，第 30～31、
　　114～115 页。
② （魏）杨衒之撰，周祖谟校释《洛阳伽蓝记校释·叙例》，中华书局，2010，第 16 页。
③ 参见赵宏祥《自注与子注——兼论六朝赋的自注》一文。
④ （梁）沈约：《宋书》卷六十七，中华书局，1974，第 1756～1757 页。

或几类后世词曲之衬字者。"①

　　类似《山居赋》这种自注密度极高的作品，还有"句句疏释"（《管锥编》语）的《观象赋》以及时代最晚的颜之推《观我生赋》。《观我生赋》自注偏于"本事"而非典故，钱锺书先生如此评价：

　　　　颜之推《观我生赋》。按之推自注此《赋》，谨严不苟，仅明本事，不阑入典故。盖本事无自注，是使读者昧而不知；典故有自注，是疑读者陋而不学。之推《家训》论文甚精，观此篇自注，亦征其深解著作义法，非若谢灵运、张渊徒能命笔，不识体要也。②

　　钱先生对《观我生赋》自注的推重，在于"仅明本事，不阑入典故"，而这一点恰与《观我生赋》的题材有关，同时注明本事对于后人正确理解文意本身具有极重要的意义："又本事非本人莫明，如颜之推《观我生赋》自注专释身世，不及其他，谨严堪式，读庾信《哀江南赋》，正憾其乏此类自注。"③

　　六朝赋的自注虽在内容和功能上有偏重典故和本事的不同，毕竟都有重"言事"的倾向；形式上又独立于骈体的赋之正文，可谓"异体"。《山居赋》和《观我生赋》皆有记事的因素，钱先生曾指出："记事之文应条贯始终，读而了然，无劳补苴，诗赋拘牵声律，勿能尽事，加注出于不得已。"④ 此种看法，恰与刘知幾在《补注》中所谓"文言美辞列于章句，委曲叙事存于细书"相通，只不过倾向于批评，而刘氏则对此采取了较为通达的态度。

　　由此可见，《史通》与六朝赋的自注在形式上颇具相似之处，尤其是作为正文的骈文无法详述的典故与本事，必须以自注的方式交代。然而，《山居赋》与《观象赋》几乎句句出注，密度极大；仅注"本事"的《观我生赋》自注的密度相对较低，但也多达六十一条，超过《史通》内篇三

① 见氏撰《管锥编》第四册《全上古三代秦汉三国六朝文》第一六八则，生活·读书·新知三联书店，2008，第2015页。

② 《管锥编》，《全上古三代秦汉三国六朝文》之第二七一则，第2403页。亦可参照第一六八则论谢灵运《山居赋》和第二三八则论张渊《观象赋》，第2314页。

③ 《管锥编》，第2016页。

④ 《管锥编》，第2016页。钱先生的意见源于欧阳修《集古录跋尾》"其文以四言为韵语，既牵声韵，有述事不能详者，则自为注以解之，为文自注，非作者之法"。

十六篇自注的数量。毕竟，《史通》的著述性质与六朝赋不同，并非体物与记事之作，而是评述古今史传的学术著作，熟悉史学与史著这一学术素质，不仅刘知幾具备，《史通》的读者同样需要具备，很难想象没有阅读过《尚书》《左传》《史记》《汉书》等经史著作的读者，可以理解《史通》的精义。从这一点来看，刘氏作自注的动机与六朝诸赋的作者非常不同，尽管都受到了正文文体形式的限制，《模拟》篇"貌同而心异"，或许可以用来形容这种情况吧。

再看《洛阳伽蓝记》，杨衒之以"列为子注"的方式，补充了正文记述的北魏洛阳佛寺所提及人物与事件，大大拓展了正文的内容，又不干扰描述佛寺本身兴衰的主线。① 《洛阳伽蓝记》自注的内容十分丰富，首先是与寺庙本身有关的世俗人物及其事迹，如卷一《城内·永宁寺》记载了常景（"诏中书舍人常景为寺碑文"）、尔朱荣（"建义元年，太原王尔朱荣总士马于此寺"）、元颢（"永安二年五月，北海王元颢复入洛，在此寺聚兵"）② 等人，与"永安三年，逆贼尔朱兆囚庄帝于寺"③ 一事。其次则是发生在佛寺等空间中的神异之事，如卷二《城东·景兴尼寺》记载自称晋武帝时人、知中朝及十六国旧事的隐士赵逸，《平等寺》所记"佛汗"与洛阳遭遇的数次劫难；卷三《城东·秦太上公二寺》记载其地毗邻洛水，洛水神化为虎贲骆子渊戍守彭城，委托同营樊元宝传书于其家事，《菩提寺》记载发冢得人之事；卷四《城西》记载洛阳大市北二里，挽歌孙岩娶妻为狐魅之事。④ 另外，自注亦有"载言"之功能，《城东·正始》记载司农张伦造景阳山，天水人姜质造《庭山赋》行于世，《城南·龙华

---

① 前人多从佛经"合本子注"的角度对《洛阳伽蓝记》的体式进行了研究，陈寅恪先生《读〈洛阳伽蓝记〉书后》堪称首出之作，陈先生以为《史通·补注》所谓"列为子注"，指的是《洛阳伽蓝记》第五卷"惠生、宋云、道荣等西行求法一节"，"杨氏之纪此事，乃合《惠生行纪》、《道荣传》及《宋云家传》三书为一本，即僧徒'合本'之体"。《金明馆丛稿二编》，第178~179页。陈先生另有《支愍度学说考》一文详述"合本"之意，《金明馆丛稿初编》，生活·读书·新知三联书店，2009，第181~186页。范子烨《〈洛阳伽蓝记〉的文体特征与中古佛学》一文则强调了我国史官文化和经学训诂对于"合本子注"体式的影响，该文载《文学遗产》1998年第6期；唐燮军《〈洛阳伽蓝记〉三题》一文则认为，《洛阳伽蓝记》的体例直接取法于"合本子注"体经史书籍的可能性大于佛经，该文载《史学史研究》2005年第1期。
② 《洛阳伽蓝记校释》卷一，第9~11、13~19、19~24页。
③ 《洛阳伽蓝记校释》卷一，第25~31页。
④ 《洛阳伽蓝记校释》卷二，第64~67、80~87页；卷三，第104~106、119~121页；卷四，第144~145页。

寺》自注则录常景《汭颂》。① 最后，作者杨衒之本人的按语亦附在自注之内，多凭借文献考证和亲身经历对地理方位做出进一步说明。

《洛阳伽蓝记》以自注的形式，大量记录了与洛阳佛寺有关的人与事，同时又避免打乱正文按照一定的空间顺序记载佛寺的结构，这一点恰好符合《补注》篇所谓的"除烦则意有所吝，毕载则言有所妨"，以自注这种"异体"的形式，容纳与正文不兼容的记事，避免其杂乱枝蔓，正是《史通》自注在精神上与其相通的地方，尤其是将自注作为一种引证方式，将某些分论点的例证置于自注，避免分散读者注意力的同时，维持行文本身的集中紧凑，尽管两书自注的内容完全不同，自注与正文的关系也有差异：《史通》的自注或作为正文例证的补充，或作为正文所述结论的依据，而《洛阳伽蓝记》的自注则以与佛寺这一活动空间有关的人和事为主，但以《模拟》篇"貌异而心同"论之，亦不为过。

综上所述，《史通》自注所呈现的特色，实际上是由刘知幾在《补注》篇评价六朝史注所述的两种"言事"的注释方式综合而来："文言美辞列于章句，委曲叙事存于细书"，正是辅弼辞赋、骈文等文辞形式要求较高的正文的一种手段，如陈寿为《季汉辅臣赞》所作散体之注释，同时，《史通》未能提及的《山居赋》等辞赋类作品的自注，亦属此种类型；"除烦则意有所吝，毕载则言有所妨"，则是将有一定价值的材料或者例证以自注的方式呈现，避免正文走向烦琐枝蔓，《洛阳伽蓝记》正是此类之代表。虽然《史通》以"志存该博，而才阙伦叙"之语，质疑了作者组织材料的能力，这种形式之所以在《史通》中出现的密度并不高，正与刘氏《补注》篇"大抵撰史加注者，或因人成事，或自我作故，记录无限，规检不存，难以成一家之格言，千载之楷则"②的总评有关。在总结六朝史注包括赋注的形式与功能之后，刘氏秉持着相当克制而严谨的态度作注，以规避烦冗与枝蔓之弊。或许正是这种态度，使得《史通》全书一百四十余条自注没有如《山居赋》以"异体"述"同义"那样，具有极为鲜明的特色，受到古今学者的注目。小文尝试分析其特色，正是提供一个更为典范的例证，以此审视刘知幾史学注释的观念，同时加深对《史通》拓展文体形式这一实践的理解。

---

① 《洛阳伽蓝记校释》卷二，第 74～79 页；卷三，第 113～114 页。
② 《史通通释》卷五，第 123 页。

中国近现代史学研究

中日近代疑古思潮之异同[*]

——基于中日史学交流视角的考察

周励恒

（中共中央党校文史教研部，北京　100091）

摘　要： 明治维新后，受乾嘉考据学和西方实证史学的影响，日本产生了疑古思潮，对本国和中国的史籍进行了严格的史料批判，其观点和理论与后发生的中国"古史辨"运动相当近似，因而引发了学界对"古史辨"与日本疑古思潮是否存在学术上承袭关系的争论。实际上日本与中国的疑古思想虽有共同的理论来源，但缘起各不相同，不存在承袭关系。中国的"古史辨"始于疑古，终于考信，目的是建设性的，而日本的疑古思潮由于受政治压力无法深入考辨本国史，而对中国史的考辨则有抹杀和贬低中国文化之嫌。

关键词： 疑古思潮　白鸟库吉　内藤湖南　尧舜禹抹杀论顾颉刚　古史辨

疑古思潮是中国和日本史学现代化道路上共同经历过的一个阶段，在两国学术界皆掀起了轩然大波，一度引领学术潮流。日本的疑古思潮在时间上先于中国发生，与 20 世纪 20 年代中国的"古史辨"有一定的相似性，因此学界有观点认为中国"古史辨运动"的兴起受到了日本疑古思潮的影响，顾颉刚"层累地造成的中国古史"说也源自日本学者白鸟库吉等

＊　本文系国家社科基金青年项目"旅日学人对中国现代史学奠基和发展的贡献研究"（21CZS001）阶段性成果。

人的"尧舜禹抹杀论"。当然，也有很多学者不认同这种观点，并进行了分析和反驳。① 本文试图从中日疑古思潮学术源流的历史逻辑和中日两国学术交流的实践逻辑两方面来对这一学术公案进行再认识，进一步辨析两国近代疑古思潮的异同之处。

一　日本近代的疑古思潮

日本的疑古思潮产生于明治维新之后，是西方实证史学与乾嘉考据学结合的产物。日本学者既具有深厚的汉学修养，深受乾嘉考据学实事求是特点的影响，又接受了兰克的实证主义史学，强调摒弃传统历史的教化作用，要如实直书。东京帝国文科大学文科教授重野安绎说："古来虽有将历史与教化合为一体者，但历史研究应摒弃教化，若使之与历史合并，则大失历史之本意。"② 在这种治学思想的主导下，一批学者对日本历史上的史籍进行了严格的史料批判。重野安绎被称为"抹杀博士"，他对日本传统史学上的历史记载持怀疑和批判态度，要求对历史记述重新审查。"其著名的《儿岛高德考》《楠公父子樱井驿站离别》等抹杀论以及认为《太平记》作者是'宫内神秘人物小岛法师'等研究均出自这种意识。"③ 与此同时，久米邦武也发表了一些颇有冲击性的文章，如《〈太平记〉于史学无益》《抛弃劝善惩恶之旧习观察历史》《神道乃祭天之古俗》等。特别是久米邦武，提出："日本乃敬神崇佛之国，国史由此发达，以往史家忽略考其沿革，故难免无法穷究事情之根本。"④ 久米氏的观点与当政者要求的史学为政治服务产生了冲突，且遭到神道—国学派的攻击。1892 年 3 月，久米邦武被免去帝国大学教授之职，次年史志编纂科被废除，重野安绎被免除委员长之职。日本的第一波疑古思潮由于政治的原因，被压制下去。日本的这波疑古思潮，不过是实证史学在日本本国史研究的反映，因冲击了日本政教政策而败下阵来。实证史学在帝国大学的扎根和人才培养，却于不久以后在研究他国史方面，提出了诸多带有疑古特征的观点，

---

① 相关研究可参考李长银《日本"疑古"思潮与"古史辨运动"》，《史学理论研究》2016年第 1 期。

② 转引自〔日〕永原庆二《20 世纪日本历史学》，王新生等译，北京大学出版社，2014，第 29 页。

③ 〔日〕永原庆二：《20 世纪日本历史学》，王新生等译，第 29~30 页。

④ 转引自〔日〕永原庆二《20 世纪日本历史学》，王新生等译，第 30 页。

可称作另一种形式的疑古思潮。白鸟库吉、内藤湖南可谓其代表人物。

白鸟库吉（1865~1942）属于日本汉学"东京学派"的学者，也是日本帝国大学文科大学毕业的第一届学生。1887年9月入东京帝国大学文科大学史学科，当时在此任教的有坪井九马三、利斯（德国人）、重野安绎、岛田重礼、内藤耻叟等。白鸟库吉跟随利斯和坪井九马三学习的主要是世界历史和西方的史学理论。1890年7月，白鸟氏毕业，很快成为学习院教授，历史地理课课长，研究亚洲史，特别是北亚史。1901年始，他到欧洲的法国、德国、匈牙利留学，此外，还到过芬兰、俄罗斯等国，前后3年，受到了欧洲汉学的影响。白鸟库吉的研究领域包括日本古代史、朝鲜古代史、中国东北史、蒙古史、中国古代史和文化、中亚、西亚史。[①] 白鸟库吉对中国上古史研究最著名的观点是他的"尧舜禹抹杀论"或称"尧舜禹否定论"。他1909年在《东洋时报》第131号发表《支那古传说的研究》，否定尧舜禹的实际存在，认为他们是根据儒家的理想编造出来的人物。对其记载，不是真实的历史，而是神话传说。他分析《尚书》中的《尧典》《舜典》《大禹谟》，指出在这些篇中，尧舜禹三帝各司其职，互不相干。尧"授民以时"，负责天文；舜彰以孝悌，专管人事；禹管土地和治水。他认为尧舜禹是根据中国太古时期的"天地人三才说"想象出来的理想人物。将"至公至明"化身于尧，"孝顺笃敬"化身于舜，"勤勉力行"化身于禹。再是他用其他古籍进一步论证之，如尧，《说文》《风俗通》均释为高远、高明。舜，《风俗通》解释为"准也，循也"，与"顺"通，就是孝顺。禹，《说文》解释为"虫"，但与"宇"音同，"四垂为宇"，即拥有天下。此外，他还认为史书中三皇五帝早于尧舜禹，但实际上他们的传说成立的次序并非如此。三皇五帝是民间道教的崇拜，其产生在儒教传说的尧舜禹之后。这一结论，意思是说，传说所表达的历史时代越早，而产生这一传说的时代越晚。

白鸟氏的文章发表后，在日本学界引起激烈的争论，一度成为热门的话题，围绕这场争论，很多学者都发表了自己的学术观点。反对他的观点的学者主要有后藤朝太郎和井上哲次郎、林泰辅。其中林泰辅的论据最为有力。根据《尧典》中的四中星记事以及记录当时观察天文的情形，与西欧东方学者 Schlegel 的《中国天体论》（*Uranographie Chinoise*）考证出的当时之天文信息相合处甚多，他认为可以证明《尧典》记载的古代史事的真

---

① 参见李庆《日本汉学史》第一部，上海人民出版社，2010，第402页。

实性。针对质疑，白鸟本人又发表《儒教的源流》《尚书的高等批评》对自己的观点进行辩护。他的弟子桥本增吉也发文为他声援。之后，林泰辅又针对白鸟氏的辩解进一步反驳。林氏和白鸟之间的争论，关键在于对《尧典》中的四中星记事真伪的判断。围绕这一点，饭岛忠夫、新城新藏又加入了争论。这场论战旷日持久，从 20 世纪初一直持续到 20 世纪 30 年代，在日本近代学术史上具有重要地位。①

林泰辅的汉学修养很高，他是甲骨文、金文研究专家，对朝鲜史、中国上古史造诣深厚。他虽然有浓厚的尊孔尊儒思想，但他的辩驳并没有偏执于儒家传统思想，而是以史料为根据，运用学理进行考辨。这次论争似乎发生在以东京大学为中心的"东洋学派"和以京都大学为中心的"支那学派"之间，带有学派论战的特点，其实，称之为信古与疑古之争可能更加符合实际。京都大学的内藤湖南虽然没有参加这次论争，但他发表的专题论文，与白鸟库吉一样，也表现出很强的疑古色彩。

1921 年内藤湖南发表《尚书稽疑》，研究《尚书》的成书和流传。认为《尚书》里面的各篇形成有先后，以周公为记载中心的"五诰"出现最早，记载尧舜禹的"典谟"次之，记载六国史事的《吕刑》《文侯之命》《泰誓》最后。之所以如此，他认为与春秋、战国时期诸子学说的竞争是密切相关的："最初，孔子及其门下以周的全盛为理想，由此产生以继承周统的鲁为王的思想；其次，因为尊孔子为素王，而产生尊殷的思想，但是，另一方面，像墨家，尽管其学派起于殷的末孙宋国，但因为他们把禹推崇为理想人物，所以，尧舜的传说虽不是在孔子之前毫无存在，但祖述尧舜的思想，应该是为了与墨家竞争而产生的。其后，六国时更有祖述黄帝、神农的学派产生，这在《甫刑》中已值得怀疑，还包含了更可疑的尧舜之前的颛顼、黄帝等。'六艺'中比较晚起的《易》之'系辞传'，甚至上溯到伏羲。由此看来，《尚书》中周书以前关于殷的诸篇，离孔子及其门下的时代已甚远，而关于尧舜禹的记载不得不认为更是其后附加上去的。"② 这段话实际上与白鸟库吉表达了同样的意思，就是"传说所表达的历史时代越早，而产生这一传说的时代越晚"。1922 年，他又发表《禹贡制作的时代》，认为大禹治水的事迹是战国时期许多大禹传说的一

---

① 王古鲁：《白鸟库吉及其著作》，载李孝迁编校《近代中国域外汉学评论萃编》，上海古籍出版社，2014，第 383~384 页。

② 〔日〕内藤湖南：《尚书稽疑》，载《内藤湖南全集》第 7 卷，东京：筑摩书房，1970。转引自钱婉约《内藤湖南研究》，中华书局，2004，第 233 页。

种而已。"《禹贡》是利用了战国末年最发达的地理学知识编撰而成的，虽然有时多少含有一些战国以前的材料，但其中大多数材料都不可能是战国以前的。"①

内藤湖南对日本佛教人物和典籍亦有研究，对江户时代的大阪町人学者富永仲基非常崇拜，研读他的佛教著作，并从他的著作中获得研究中国上古史的灵感。富永仲基在佛教史研究中，总结出一种"加上原则"的学说，简单来讲就是后起的婆罗门宗派为了胜过以前的宗派，吸引教徒，会把自己派中的"天国"放在原有宗教的"天国"之上，但后来不断出现新宗教，"天"也不断叠加。② 1925 年，内藤湖南发表了题为《大阪的町人学者富永仲基》的演讲，对富永仲基的"加上原则"极为称赞，说它是"一种从思想的积累上来思考问题、根据思想的发展来发现历史的前后的方法，这种方法对于研究没有历史记录的时代的历史，是再好不过的方法"。③ 他还介绍了富永仲基运用"加上原则"于中国上古史研究所得出的观点："孔子生时，正直春秋五霸鼎盛时期，齐桓晋文为当时最强大的霸者。在此霸者极盛之时，孔子鉴于当时人人尊霸的现象，便在此上'加上'，倡言文武，于是周文王、周武王之说出。孔子之后，墨家兴起，墨家在文武之上更说尧舜，此后又有杨朱在此之上又说黄帝，再后《孟子》书中的许行又在此之上说神农。这就是支那史上的加上说。"④ 因此，内藤在《尚书稽疑》所提出的中国古史观点，与富永仲基的观点可以说不谋而合。他称赞"加上原则"自然是顺理成章。

内藤湖南与白鸟库吉在中国古史形成的观点上虽然不尽相同，对其产生原因的解释也不完全一致，但他们却有共同的地方，那就是都认为尧舜禹在历史上并不存在，是后人附会出来的人物；时代发展越往后，假托的历史人物的时代越早。日本学界的"尧舜禹抹杀论"，是日本明治维新后疑古思潮在中国史研究领域的反映，是对重野安绎日本上古史"抹杀论"的进一步发展。

---

① 〔日〕内藤湖南：《禹贡制作的时代》，载《内藤湖南全集》第 7 卷。转引自钱婉约《内藤湖南研究》，第 234 页。

② 钱婉约：《"层累地造成说"与"加上原则"——中日近代史学上之古史辨理论》，《人文论丛》1999 年卷。

③ 〔日〕内藤湖南：《大阪的町人学者富永仲基》，载《内藤湖南全集》第 9 卷，转引自钱婉约《内藤湖南研究》，第 235 页。

④ 〔日〕内藤湖南：《大阪的町人学者富永仲基》，载《内藤湖南全集》第 9 卷，引自钱婉约《内藤湖南研究》，第 235～236 页。

二　顾颉刚疑古观点承袭日本"尧舜抹杀论"吗？

中国的疑古思潮产生于 20 世纪 20 年代。其标志就是 1923 年 5 月《努力周报》之《读书杂志》发表的顾颉刚的《与钱玄同先生论古史书》。该文的中心思想，就是"层累地造成的中国古史"说，可以归纳为三点："第一，可以说明'时代愈后，传说的古史期愈长'"；"第二，可以说明'时代愈后，传说中的中心人物愈放愈大'"；"第三，我们在这上，即不能知道某一件事的真确的状况，但可以知道某一件事在传说中的最早的状况"。①

《与钱玄同先生论古史书》比较详细地考证了"禹"的演进史，以及上古史体系的产生过程。6 月，钱玄同在《答顾颉刚先生书》中对顾颉刚的观点表示支持，认为"层累地造成的中国古史"说是"精当绝伦"之论，期望"用这方法常常考查，多多发明，廓清云雾，斩尽葛藤，使后来学子不致再被一切伪史所蒙"。② 顾颉刚的《与钱玄同先生论古史书》可以称为古史辨的宣言书，开启了关于中国古史的持续讨论，长达十数年，论文集编了 7 册。在论辩中，顾氏不断完善自己的观点，提出了四个打破：打破民族出于一元的观念，打破地域向来一统的观念，打破古史人化的观念，打破古代为黄金世界的观念。③

1926 年，《古史辨》第一册出版，顾颉刚作了一篇很长的《自序》，叙述了自己的家世、读书生活，以及自己产生疑古思想的缘起。他从自己的个性、幼时读经史的经历，到北京读书听京戏、听章太炎国学演讲、看康有为著作、听胡适讲中国哲学史，读胡适关于《水浒传》、井田制、《红楼梦》的考据文章，标点姚际恒《古今伪书考》、读《崔东壁遗书》、为商务印书馆编辑《现代中学本国史教科书》，非常细致地梳理了自己的思想活动经过。最后从时势、个性、境遇三个方面总结了自己产生古史辨思想的原因。他认为清代推崇求真的学风和近代以来西方科学的传播奠定了他疑古的思想基础。在接受传统经史教育和科学方法的训练后，他响应章太炎、胡适整理国故的号召，使疑古辨伪成为顺应时代潮流的学术思潮。

---

① 顾颉刚：《与钱玄同先生论古史书》，载《古史辨》第 1 册，上海古籍出版社，1982，第 60 页。

② 钱玄同：《答顾颉刚先生书》，载《古史辨》第 1 册，第 67 页。

③ 顾颉刚：《答刘胡两先生书》，载《古史辨》第 1 册，第 99~101 页。

顾颉刚桀骜不驯、善于独立思考的个性也是他勇于怀疑古史的原因之一。从人生经历上讲，顾颉刚受教育、做研究所经历的人和事都对他产生疑古思想有促进作用。可以说，中国疑古思潮是时代的产物，是中国史学发展到一定程度的必然反映。①

在史学近代转型期，日本的疑古思潮出现得比中国早，白鸟库吉等人的"尧舜禹抹杀论"比顾颉刚提出"层累地造成中国古史"说也早十多年。那么，人们很自然地提出这样的问题：顾颉刚发起的古史辨和疑古是否受日本的影响，"层累地造成的中国古史"说是不是从日本学者的中国古史观念中移植过来的。

其实对这个问题，早就有肯定说和否定说。近些年来，随着学术史研究对国际学术视野的重视，越来越多的学者关注和探求这个问题，仍不外这两种说法。持肯定说者有胡秋原、徐炳昶、廖明春、杨鹏等，持否定说者有王汎森、刘起釪、吴锐、钱婉约等。持肯定说者认为，民国时期，中日学术交流还是比较频繁的，大量的旅日学者归国后在高校担任教授，就是鼓励顾颉刚疑古的钱玄同（后一度自署"疑古玄同"），也是留日生出身。对日本出现的尧舜禹抹杀论，顾颉刚不可能不知道。② 否定说者认为顾氏不懂日文，没有任何的资料显示他曾接触过白鸟氏的作品，而且白鸟氏的说法在当时的中国并没有引起过热烈的讨论。③ 上述说法的根据都有推测的成分，都存在模糊空间，很难将结论做得很扎实。

中国的疑古运动兴起后，首先在国内学界引起了争论，出现了南高学派与古史辨派的论战。④ 曾经旅日的王国维对顾颉刚等人的疑古表达了不满，《古史新证》所说的"虽古书之未得证明者，不能加以否定，而其已得证明者，不能不加以肯定，可断言也"，就是针对疑古派而发的。顾颉刚此前曾谦恭地拜见过王国维，他们之间有数次通信。王氏对顾氏也有比较好的印象，但他又说顾氏"其风气颇与日本之文学士略同"。⑤ 白鸟库吉

---

① 参见顾颉刚《〈古史辨〉第一册〈自序〉》，载顾颉刚《古史辨自序》，河北教育出版社，2000，第93~96页。

② 廖明春：《试论古史辨运动兴起的思想来源》，载《原道》第4辑，学林出版社，1998。

③ 王汎森：《古史辨运动的兴起：一个思想史的分析》，允晨文化实业股份有限公司，1987，第53页。

④ 参见周励恒《古史辨派与南高学派的论辩及其学术史意蕴》，《郑州大学学报》2015年第5期。

⑤ 王国维：《致罗振玉》，载谢维扬、房鑫亮主编《王国维全集》第15卷，浙江教育出版社，2009，第529页。

等人的尧舜禹抹杀论发表时，章太炎尚在日本。他在给罗振玉的信中，提到当时日本著名的汉学家，言辞中颇有轻蔑之意，"东方诸散儒，自物茂卿以下，特率末学肤受，取证杂书，大好言易，而不道礼宪，其学固已疏矣"。对白鸟之说更是毫不客气："白鸟库吉自言知历史，说尧、舜、禹三号，以为法天、地、人，尤纰缪不中程度。"① 到30年代，章氏对20年代兴起的疑古思潮的批评力度比王国维激烈，说："疑所不当疑，则所谓有疑疾者尔。""今乃有空谈之哲学、疑古之史学，皆魔道也。"② 他批评日本人否定尧舜禹的存在，说："日本开化在隋唐间，至今目睹邻近之国，开化甚早，未免自惭形秽，于是不惜造作谰言，谓尧、舜、禹为中国人伪造……此其忌刻之心，不言可知，而国人信之，真可哂矣。"③ 他认为中国的疑古是追随日本而来的："日人不思此理，悍然断禹为伪造，其亦不明世务，而难免于大方之笑矣。因其疑禹，遂及尧舜，吾国妄人，不加深思，震于异说，贸然从之。"④ "日人不愿居中国人后，不信尧、禹，尚无足怪……乃国人不肯批阅，信谬作真，随日人之后，妄谈尧、禹之伪，不亦大可哀乎？"⑤ 也就是说，王国维、章太炎因为旅日的缘故，对日本的疑古观点是很清楚的，他们的文化观决定了他们更倾向于信古。⑥ 具有强烈的民族主义思想的章太炎对民族文化更是倾注情感因素。因此对风起云涌的疑古思潮，他们从本能上是反感的。即使如此，他们也只是笼统地与日本的疑古进行联系，没有举出证据。可见，在疑古兴起的二三十年代，尽管有反对的声音，包括旅日学者罗振玉、王国维、章太炎的不满，但他们都没有明确揭橥顾氏的"层累说"与日本的尧舜禹抹杀论在学理上有何关联。这说明，"肯定说"在民国时期的老辈学者那里，并没有真正出现。

查《顾颉刚日记》，白鸟库吉在其中出现过两次，而且都是出现在发

---

① 章太炎：《与罗振玉书》，载马勇编《章太炎书信集》，河北人民出版社，2004，第284~285页。

② 章太炎：《历史之重要》，载马勇编《章太炎讲演集》，第153页。

③ 章太炎：《论经史实录不应无故怀疑》，载马勇编《章太炎讲演集》，第225页。

④ 章太炎：《论经史实录不应无故怀疑》，载马勇编《章太炎讲演集》，第225页。

⑤ 章太炎：《论经史实录不应无故怀疑》，载马勇编《章太炎讲演集》，第227页。

⑥ 生活在日本的罗振玉、王国维，尽管与日本的汉学家有很多的交往，但对日本的怀疑中国古史之风气是不赞同的。罗振玉曾对王国维说："尼山之学在信古，今人则信今而疑古。国朝学者疑《古文尚书》、疑《尚书孔注》、疑《家语》，所疑固未尝不当，及大名崔氏著《考信录》，则多疑所不必疑，至今晚近变本加厉，至谓诸经皆出伪造。"（罗振玉：《海宁王忠悫公传》，载陈平原、王枫编《追忆王国维》，生活·读书·新知三联书店，2009，第9页）日本的疑古受崔述影响，这里批评崔述，显然是针对日本的疑古风气。

表《与钱玄同先生论古史书》之后多年的三十年代。一次是 1930 年 11 月
19 日的日记："予作《太一考》，自谓创见，今日润孙持大正十四年出版
之《白鸟博士还历纪念东洋史论丛》来，其中有津田左右助之《太一》一
文，则固余之所欲言者也。虽材料不及余所集之多，而早余五年发见此
题，殊为可畏。"① 一次是 1939 年 6 月 8 日的日记："节抄王古鲁《白鸟库
吉及其著作》入笔记。"② "还历"在日语中的意思是花甲之年，《白鸟博
士还历纪念东洋史论丛》就是纪念白鸟库吉六十诞辰的东洋史论丛。其中
第一篇是白鸟库吉的朋友市村瓒次郎写的序——《白鳥博士還暦紀念東洋
史論叢の序に代ふ》，对白鸟的生平、学术做了详细的介绍。顾氏在日记
中对白鸟没有任何评述，反而对白鸟的学生津田左右吉的《太一》非常感
兴趣。说该文发表比自己作的《太一考》早五年，观点相同（"余之所欲
言者也"），尽管材料不如自己的多。这似乎是他特别做出评议的理由。
而王古鲁的《白鸟库吉及其著作》，不仅介绍了白鸟库吉的学术，而且将
白鸟与顾颉刚进行比较："二派（按：指东洋史学派与支那史学派）之争
则始于白鸟库吉氏所发表的《尧舜禹抹杀论》，此系东洋协会评议员会上
的演讲词，全文于明治四十二年八月《东洋时报》第一百三十一号上刊
载，改名为《支那古傳說の研究》。关于尧舜禹是否系历史上实有人物，
我国顾颉刚氏十年前亦曾有所论及，已引起各方辩难，而白鸟氏此说尚远
在其前，自然要引起传统的学者指摘了。"③ 顾氏节抄该文的哪些内容，从
《顾颉刚读书笔记》中没有找到，大概是白鸟的《支那古传说研究》发表
后所引起的论辩情况之介绍。但在这则日记中，顾氏依然没有对白鸟做任
何评论。"内藤湖南"在《顾颉刚日记》中仅出现一次，即 1962 年 12 月
31 日的日记："抄内藤虎《隶古定尚书跋》入笔记，讫。"④ 此时，顾氏全
力研究《尚书》，故对内藤湖南的《尚书》研究成果比较重视。1936 年 5
月 4 日的日记有"日本人水野清一，长广敏雄，内藤乾吉来，均东方文化

① 《顾颉刚日记》卷二，中华书局，2010，第 461 页。
② 《顾颉刚日记》卷四，中华书局，2010，第 238 页。
③ 王古鲁：《白鸟库吉及其著作》，载李孝迁编校《近代中国域外汉学评论萃编》，第 383 页。
④ 《顾颉刚全集·顾颉刚读书笔记卷 10》中有"内藤虎跋神田本《隶古尚书》"，云："神
　田所藏旧钞《隶古本尚书》，寥寥五篇之残文耳，而经内藤氏一校，其异同有如此者，可
　谓善读书矣。内藤有志撰写《梅本尚书隶古字考》，集合旧存及新出资料，作综合之研
　究，而穷其流变，斯诚《尚书》学者与文字学者所必应自负之任务。内藤逝矣，其书未
　出，料其必未如愿，是则深望后学踵起成之，有以慰内藤于地下也。"（中华书局，
　2011，第 263 页）

学院京都研究所研究员也，希白伴来"。① 其中内藤乾吉是内藤湖南的长子，没有提及内藤湖南。《顾颉刚日记》也没有出现坪井九马三的名字。这种情况说明，顾颉刚发起的古史辨，至少从顾氏的日记中看不出受到日本学者的影响。顾颉刚在《古史辨》第一册的长篇自序中无任何日本学界的信息。顾颉刚一生总是不断地反思自己。七册《古史辨》，几乎每一册都有他写的序言，对自己的古史辨伪工作进行总结。晚年更是撰写了《我是怎样编写〈古史辨〉的?》一文。在这些回顾中，他都没有提到日本因素。他的读书笔记有时对回忆录有所补充，如他有一篇《夏曾佑》的随笔，说到自己疑古受到夏氏《中国历史教科书》的影响："予于1908年购得其（按：指夏曾佑）所著《中等教育用中国历史教科书》三册，以基督教《创世纪》及偰罗文记洪水事比较汉族历代相传之盘古以迄三皇五帝之传统，耳目顿为一新；又以虞夏为传疑时代，两周为化成时代，使我读《尚书》时之旧脑筋为之一洗，予壮年推翻古代传说彼实导夫先路。"② 也就是说，从顾氏主观来看，他从未认为他所从事的疑古辨伪是受了日本学者的影响。

一种理论学说的提出，往往与一定的感性认识有一定的关系。内藤湖南的理论源自富永仲基对天重之数不断增加原因的解释，而顾颉刚则从听戏中获得灵感，"二年的戏迷生活，不料竟得到一项学问上之收获，认识了故事的变迁"。③ "一件故事的本来面目如何，或者当时有没有这件事实，我们已不能知道了；我们只能知道在后人想象中的这件故事是如此分歧的。"④ 再从顾颉刚《与钱玄同先生论古史书》与白鸟库吉、内藤湖南文章之比较看，他们的思想、思路、论证方法都是有差别的。文字风格也看不出任何相似和雷同。这些已有学者做了翔实而有说服力的论述，⑤ 特别是

① 《顾颉刚日记》卷九，中华书局，2010，第470页。
② 《顾颉刚全集·顾颉刚读书笔记卷13》，中华书局，2010，第185页。按：顾氏所说的《中等教育用中国历史教科书》，书名为《最新中学教科书·中国历史》，三册，先后由商务印书馆1904年、1905年、1906年出版。
③ 顾潮：《顾颉刚年谱》（增订本），中华书局，2011，第33页。
④ 顾颉刚：《古史辨自序》，河北教育出版社，2000，第39页。
⑤ 参见王汎森《古史辨运动的兴起：一个思想史的分析》，允晨文化事业股份有限公司，1987；刘起釪《现代日本的〈尚书〉研究》，《传统文化与现代化》1994年第2期；钱婉约《"层累地造成说"与"加上原则"——中日近代史学上之古史辨理论》，《人文论丛》1999年卷；张文静、周颂伦《"尧舜禹抹杀论"与"古史辨"中的"疑古"思想——以白鸟库吉与顾颉刚对〈禹贡〉的考辨为中心》，《东北师大学报》（哲学社会科学版）2015年第3期；李长银《古史辨"抄袭"公案新探——兼与廖明春、吴锐两位先生商榷》，《史学月刊》2016年第10期。

钱婉约的《"层累地造成说"与"加上原则"——中日近代史学上之古史辨理论》，更是针对日本学者宫崎市定提出的问题，做了有针对性的考辨。宫崎氏说："中国著名的古代史研究家顾颉刚，在其名著《古史辨》（1926年）的自序中，叙述了与'加上原则'完全一样的他自己的思想。这是否是受了内藤博士的影响，并不明确，但可以认为有这样的可能性。"钱婉约指出，"层累说"是1923年提出的（按：此为发表的时间，信的写作时间更早），"加上原则"是1925年提出的。"层累说"没有任何可能性受"加上原则"影响。宫崎"特意在《古史辨》下标出1926年"，明显是明知不成立而强为判断，混淆视听。① 可以肯定地说，中国的疑古之风的兴起与日本的尧舜禹抹杀论没有承袭关系。

三　日本疑古与中国疑古的同和异

实事求是地说，中国的疑古思潮与日本的疑古没有直接关联。以顾颉刚为核心的古史辨派始于疑古、终于考信。它是远宗中国传统史学的疑古、惑经、朴学考据的思想和方法，近承清季今文经学的大胆假说，对外接受西方实验主义的理论，是这几种因素的化合之产物。②

日本学界对中国古史的怀疑和以顾颉刚为代表的古史辨派都受到清代崔述的影响。在这一点上，二者有共同之处。《崔东壁遗书》是崔述的遗著，是崔氏弟子陈履和整理而成的，内有崔氏代表作《考信录》。崔氏的事迹在德川时代就为日本学界所了解。白鸟库吉的老师内藤耻叟通过《先正事略》而知《考信录》，并得到该书，做了研读。狩野直喜到北京时获得《崔东壁遗书》残本，回国后出示于那珂通世。那珂通世进一步搜求，获得完本，将之校定出版。那珂通世写有《考信录解题》，评论其价值道："读经史百家之书，鉴定其新古，甄别其真伪，我国人难望竟其业，幸赖此书，得省其劳。东壁所斥者，为俗传，为伪书，为异端邪说，为后儒谬解；其所信用者，为古传，为古书，为圣人之道。圣人之道，暂且不论，对古书古传再加研究的话，对于我们了解西邻古代开化的真相，

---

① 参见钱婉约《"层累地造成说"与"加上原则"——中日近代史学上之古史辨理论》，《人文论丛》1999年卷。
② 周励恒：《古史辨派与南高学派的论辩及其学术史意蕴》，《郑州大学学报》（哲学社会科学版）2015年第4期。

就可事半功倍。"① 顾颉刚是 1921 年从胡适那里得到的《崔东壁遗书》，并用功夫对之进行整理标点和出版。他对崔东壁的评价也是很高："我弄了几时辨伪的工作，很有许多是自以为创获的，但他的书里已经辨证得明明白白了，我真想不到有这样规模弘大而议论精锐的大著作已先我而存在。""他已经给与我们许多精详的考证了，我们对于他应该是怎样地感谢呢！"② 无论是白鸟库吉、内藤湖南，还是顾颉刚，他们对中国古史的怀疑，都受到崔述的影响。崔述说："《论语》屡称尧舜，无一语及于黄、炎者；孟子溯道统亦始于尧舜，然则尧舜以前之无书也明矣。……自《易》《春秋》始颇言羲、农、黄帝时事，盖皆得之传闻，或后人所追记……及《国语》《大戴记》，遂以铺张上古为事，因缘附会，舛驳不可胜记。加以杨、墨之徒欲诋唐、虞三代之治，藉其荒远无徵，乃妄造名号，伪撰事迹，以申其邪说；而阴阳、神仙之徒亦因以托之。由是司马氏作《史记》遂托始于黄帝；然犹颇删其不雅驯者，亦未敢上溯于羲、农也。逮谯周《古史考》、皇甫谧《帝王世纪》，所采益杂，又推而上之，及于燧人、庖羲。至《河图》《三五历》《外纪》《皇王大纪》以降，且有始于天皇氏、盘古氏者矣。"③ "《尚书》但始于唐、虞，及司马迁作《史记》乃起于黄帝，谯周、皇埔谧又推之以至于伏羲氏，而徐整以后诸家遂上溯于开辟之初，岂非以其识愈下则其称引愈远，其世愈后则其传闻愈繁乎！且《左氏春秋传》最好称引上古事，然黄、炎以前事皆不载，其时在焚书之前，不应后人所知乃反详于古人如是也。"④ 可见，日本学者在材料上受崔述指点之惠，顾颉刚在思维方式上深受崔述的启发。

疑古思潮是中日两国史学从传统向现代转变的过程中的共同现象，应该说，这种现象的产生是一种必然，是对旧史学扬弃的必经环节。日本的疑古是西方实证主义史学（特别是兰克史学）与中国乾嘉历史考证学影响共同作用的结果，是史学近代化的体现，但日本学者对本国历史的疑古在政治势力的高压下，并没有真正展开。相反，它对中国历史的疑古却大胆奔放，在中国上古史研究方面也取得一定的成就。但在学术研究的同时，日本学界对中国历史的疑古也有抹杀中国历史的企图，其学术研究之目的

① 转引自李庆《日本汉学史》第一部（起源和确立 1868~1918），上海人民出版社，2010，第 190 页。
② 顾颉刚：《古史辨自序》，第 61~62 页。
③ 崔述撰著，顾颉刚编订《崔东壁遗书》，上海古籍出版社，1988，第 25 页。
④ 崔述撰著，顾颉刚编订《崔东壁遗书》，第 28 页。

并不完全纯正。章太炎就曾多次批评日本对中国古史的怀疑是用心不纯，怀有"忌刻之心"。郭沫若对以白鸟库吉为中心的东洋学派没有好感，评价不高，认为白鸟库吉和他周围的一群学者大多受法兰西学派的影响，又在政治上为帝国主义张目，虽然中国古典学术根基不足，但好作奇谈怪论，大肆否定中国古典文化的价值，他们"对于中国的古典没有什么坚实的根底，而好作放诞不经的怪论。有一位著名的饭田（岛）忠夫博士，便是这种人的代表。他坚决主张中国人是没有固有文化的，所有先秦古典，一律都是后人的假造。……这样的论调与其说是学术研究，宁可说是帝国主义的军号"。① 章、郭的批评固然因他们的个人成见而对日本汉学成绩不免贬低，但要看到，九一八事变后，确实有不少包括白鸟库吉、内藤湖南在内的日本汉学家成为日本帝国主义侵华的文化帮凶。以顾颉刚为代表的古史辨派，到三四十年代，开始向建设中国的信史方向转变，虽亦注意吸收日本汉学界古史研究的成果，但对其不良的政治企图洞若观火。② "白鸟库吉"仅在顾颉刚日记中出现过两次，且没有任何评述，多少令人感到反常，或许与日本汉学界的这种二重性有关吧。

---

① 参见郭沫若《我是中国人》，《郭沫若选集》第 1 卷下册，四川人民出版社，1979，第 87~88 页。
② 顾颉刚在 1936 年的《禹贡学会研究边疆学之旨趣》中说："日本陆军部……又以欲建设对我国东四省侵略之基础，聘声名鼎著之东洋史学家白鸟库吉组织满铁学术调查部，其中研究员如箭内亘、池内宏、津田左右吉等辈，皆为博学负人望者，著成《满洲历史地理》二巨册。九一八之变，日本政府为欲作大规模之开发，即选早稻田大学专家若干人去吉林、热河等处作实地调查，著成《第一次满蒙学术调查研究报告书》，中分地理、地质、矿产、植物、动物、人类等项，莫不翔实……凡世所称之文化侵略，求之日本，无不备焉。"（《顾颉刚全集·宝树园文存卷 4》，中华书局，2011，第 219~220 页）

近代国人对阿富汗民族国家建构史书写之比较研究（1919~1949）[*]

刘 澍

（北京师范大学历史学院，北京 100875）

摘 要： 就国民性而言，近人已能准确认知阿富汗各主要民族特点。就外交而言，部分人出于自身阶级立场与对苏联"输出革命"的恐惧，不能客观看待苏联对阿富汗现代化建设的援助；对阿富汗与英国关系，各界则都能进行客观叙述。就世俗化改革而言，知识界从政治、军事、教育、生活、女性等多方面阐释阿曼努拉汗的改革，但对于改革失败原因，双方分析则有区别。各界或认为阿富汗改革失败最主要的原因是没有一支强有力的可以保卫改革果实的军队，或认为阿富汗没有发动农民，没有搞土地革命才导致失败。总之，知识界从阿富汗的民族独立运动中汲取养分，借此探求中国革命胜利和向现代化国家转型这一根本出发点是一致的。

关键词： 阿富汗 阿曼努拉汗 民族国家 世俗化改革 恽代英

提起近代中国与阿富汗关系，一般以 1955 年 1 月 20 日两国建交开始，对 1949 年以前的中阿关系，鲜有人论述。关于近代国人的阿富汗历史书写这一选题，迄今为止，仅袁剑《国运的镜子——近代中国知识视野下的阿

---

[*] 本文系中国博士后科学基金第 71 批面上资助"近代国人对亚非欧弱小民族国家的历史建构（1912—1949）"（2022M710422）阶段性成果。

富汗形象变迁》① 一文梳理了近代国人的阿富汗形象建构，将其划分为三波流变，该文以报刊为主要参考资料，主要论述国人心中阿富汗的形象变迁，至于各界知识分子对阿富汗历史书写的比较研究与基于意识形态、外交观念和阶级利益的历史建构方面，则鲜有论述。本文以1919～1949年出版的单行本著作、文集为主要参考资料，辅以报刊和西方学者对阿富汗的研究成果，探析国人对阿富汗民族国家建构史书写之异同。

一　阿富汗国民性

阿富汗与邻国印度虽然都是民族千峰万林，部族千差万别的马赛克拼盘状分布，但是与印度各民族战斗力有很大差异不同，阿富汗各民族几乎都骁勇善战。对阿富汗各主要民族，中国近代知识分子是能有清晰认识的。印维廉编著《亚洲民族反帝运动史》这样论述阿富汗各民族："百通族（Pathans），这是阿富汗的主要民族，散处于国内之南境，以游猎畜牧为业，生性慄悍，骁勇善战。……托齐克族（Tajiks），这是阿富汗顶优秀的民族，大部聚居于阿境西部平原及喀布尔一带，业农，富于建设及奋斗精神……近百年来，阿富汗对英斗争的主角也是他们充当的。土可曼族（Turkomans），这是从前土耳其征服阿富汗时遗留下来的民族，散居于兴都库什山北部。蒙古族，这是蒙古大帝国的遗裔，操蒙古语，散居于阿富汗中部。"② 百通族就是普什图族，托齐克族就是塔吉克人，土可曼族就是土库曼人，蒙古族是成吉思汗西征时留下驻扎的部队后裔，现在一般译作哈扎拉人（Hazaras）。阿富汗是亚洲的十字路口，塔吉克人、土库曼人和蒙古人都是中亚、北亚部族南侵印度，掠夺丰饶资源时留在阿富汗的，因此阿富汗人绝对是战斗民族的后裔。一个个部族勃兴之际，通过战争化家为国，建立了阿富汗历史上一个个政权；一个个王朝衰微之际，各部族长老化国为家，在政权崩溃时以自己的部落作为人口蓄水池，维持地方稳定。

北印度本来被阿富汗各部族长老视为自己的禁脔，然而英国将印度变为殖民地，资源贫瘠的阿富汗各部落失去了"进货渠道"，自然阿富汗与

---

① 袁剑：《国运的镜子——近代中国知识视野下的阿富汗形象变迁》，《西北民族研究》2018年第1期。

② 印维廉编著《亚洲民族反帝运动史》，华通书局，1934，第283、284页。

英国结下深仇。阿富汗的部落观念过强使得阿富汗人缺乏国家观念，只知有酋长，不知有国王；只知有经书，不知有宪法；只知有教团，不知有国家。英国人正是利用这一点不断在阿富汗制造内乱，瓦解着阿富汗人始终处于萌芽状态的国家认同，这就使得阿富汗政府很难管理阿富汗人民。陆军二级上将，时任军政部常务次长的陈仪在给《阿富汗内战记》所写序言中说："阿富汗是不易治理的，彪悍飘忽，不脱游牧部落的生活，是阿人不易熏陶的癖性。种族歧异，好勇斗狠，是阿人不易融洽的特质。占全人口百分之八十的人固守旧习，是阿人不易'咸与维新'的难题。"① 阿富汗部族"固守旧习"，使得国王阿曼努拉汗（Amanula Khan）② 迈向现代化的改革措施举步维艰，他们既不能接受英国这样的新统治者，也不能接受国王领导下的任何新政措施。阿富汗人的战斗力来自对宗教信仰狂热、执拗的信奉，其反侵略胜在此，迈向现代化国家败亦在此，这就是阿富汗人的悖论。对于这一点，胡仲持要比陈仪看得更透彻。他在《三十二国风土记》中写道："在波斯古语里，阿富汗（Afghan）这一词含有'山上人'的意义。阿富汗人的确不脱高原民族的本色，他们差不多全部信奉着回教，有着回教徒的义侠精神，而且留恋着旧时代的文明。他们的典型服装是头上缠着头帕，有一端直拖到腰部。这块头帕到本人死后，就用以裹他们的尸体。"③ 阿富汗人的头巾束缚了他们的思想，阿富汗人难以用现代的脑筋取代古代的头巾，④ 他们的头巾遮挡了他们可能发展的现代化视野。

二　阿富汗对外关系

（一）阿富汗与苏联关系：扶危济困还是暗藏玄机？

就国民性而言，各界的书写基本趋同，就阿富汗的对外关系而言，各界的书写就大相径庭了。印维廉编著《亚洲民族反帝运动史》写道："阿玛努拉继位时，就打一个电报给苏俄，提议恢复俄阿国交，阿富汗的革命以帝制代帝制，当然不是共产国所满足的，不过阿富汗是颠覆英国在印度

---

① 宁墨公编译《阿富汗内战记》，国民革命军军事杂志社，1929，第1页。
② 因本文所引史料不同，阿曼努拉汗出现不同译名，有阿玛努拉、亚曼奴拉、阿玛努拉王、阿曼奴拉、安曼努拉、阿孟乌拉汗、亚门禄纳等。
③ 胡仲持：《三十二国风土记》，开明书店，1946，第263页。
④ 《马克思恩格斯全集》第9卷，人民出版社，1961，第222页。

势力的策源地，在解放弱小民族的口号下，列宁就不惜与之携手。接到新
阿王的电报后，苏俄政府立即回电表示承认阿富汗是一个独立国。是年秋
季，阿富汗派遣全权特使到苏俄去……俄国对于阿富汗的策略，纯粹是一
种‘牺牲自己，买好他人’的主义。苏俄很希望能够促成阿富汗的完全独
立，以作驱逐大英帝国在东方的势力的先锋队。至于经济革命、社会革
命，它也晓得在阿富汗还根本谈不上。因为这种政策施行的结果，养成阿
富汗当局者一种坚决的信念，就是他们认为英国的‘帝国主义’比较俄国
的‘第三国际’更是危险。"① 1919 年阿富汗国王哈比布拉汗遇刺，阿曼
努拉汗继位为国王，面对十四国联军武装干涉苏俄，列宁急于打破封锁，
邻国阿富汗就是很好的突破口，"牺牲自己，买好他人"指的是输出革命、
不断革命论，燃烧苏联力量以支持世界各被压迫民族革命，处于无产阶级
地位的殖民地人民推翻资产阶级宗主国、殖民国，自然列强对苏联的干涉
就不存在了。不过，苏联的输出革命也是具体问题具体分析，对于阿富汗
这种较落后国家，不支持其境内在野武装搞经济革命、社会革命，通过扶
持其统治阶级抵抗侵略该国的势力，保证该国与苏联友好，不与苏联为
敌，目的就达到了。

　　同为三民主义信徒，如果说印维廉对苏联与阿富汗关系的表述话藏机锋
的话，张仲和则是直白抨击苏联。张仲和《东洋现代政治史》写道："欧战
后，苏俄政府成立，高唱东洋民族解放，煽动亚洲民族，抗英独立。……阿政
府并不欢迎共产主义，因阿京喀布尔一时曾为中亚及阿富汗酋长 Basmachestvo
运动（反赤运动）之中心也。不过阿政府既需抗英独立，即不得不实行联
俄政策，而苏俄方面既不得志于欧洲，惟有厉行其东方政策，唤起亚洲弱
小民族之独立运动，以反抗帝国主义者之经济侵略，促资本主义之早日寿
终，以维持其空前之无产阶级政治，非真有爱于亚洲之弱小民族也，故苏
俄为推行其东方政策起见，亦不得不联络阿富汗，一九二〇年两国在喀布
尔订立修好草约，英人利诱威吓，阿人不顾，于一九二一年签订此约。"②
张仲和对苏联支持亚洲弱小民族独立运动用"煽动"一词，说苏联"非真
有爱于亚洲之弱小民族"，表明了其反苏立场。"Basmachestvo 运动"现在
译为巴斯马奇运动，在中央陆军学校担任教官的宁墨公编译《阿富汗内战
记》对此也有记载，对苏联关系上，阿富汗分为两派，"一为反赤派，即

---

① 印维廉编著《亚洲民族反帝运动史》，第 300、301 页。
② 张仲和：《东洋现代政治史》，北平文化学社，1935，第 49、53 页。

一九一八年产生于中亚回教部落之'跑马抵赤祸'（Basmachestvo）大同盟，参加此大同盟者，为阿国各部落之酋长，颇占一部分势力。一为亲赤派，以安和将军（Enuer Pacha）为领袖，曾与第三国际徐诺维夫（Zinoviev）及苏俄外交部长姬采林（Tchitcherin）更相得，一九二〇年十一月八日亲抵布哈拉（Boukhara）变更方针，参加反赤运动。未几与赤党作战，殉国而亡，赤军同时占领布哈拉"。①　"跑马抵赤祸"即巴斯马奇运动，"安和将军"即今译之恩维尔帕夏，曾经的奥斯曼帝国"三驾马车"之一，"姬采林"现译为契切林。

其实，这段历史书写恰恰说明了苏联是否"真有爱于亚洲之弱小民族"。阿富汗独立后，苏俄是全世界第一个承认阿富汗独立的国家，可是阿富汗支持在中亚的巴斯马奇运动，策动中亚地区脱离苏俄。在此情况下，列宁以德报怨，"向阿提供了几架飞机和 5000 支步枪，并允诺每年向阿提供 100 万金卢布的补助金"。恩维尔帕夏本来是亲苏的，可是 1921 年倒向反苏势力，加入巴斯马奇运动，"阿玛努拉与之建立联系，并派遣纳架尔汗率军前往北方，静观待变"。1922 年恩维尔帕夏在中国新疆与塔吉克斯坦交界的帕米尔高原被苏联红军击毙，阿富汗这才彻底退出中亚角逐。在此情况下，苏联还是帮助阿富汗"修建了各城市间的电话线，1924年霍斯特叛乱发生后，向阿提供了 11 架飞机及驾驶和地勤人员"。②

当然，苏联之所以一直支持阿富汗的民族独立和发展，一方面是出于共产主义的国际主义，另一方面也的确有民族国家间的现实考量，阿富汗政权若亲苏，则苏联可辐射南亚次大陆，阿富汗政权若被彻底推向英国一方，则中亚无靖边之日矣。1880~1901 年担任阿富汗国王的拉赫曼说："阿富汗是一个小国，它就像两头狮子之间的一头山羊，或者依夹在两块磨石之间的一粒小麦。像这样的小国怎么能够立于双磨之间而不被碾为齑粉呢？"③　为了不被磨成齑粉，只能在磨石压力小时去把磨石磨钝，这就是阿富汗在苏联帮助自己经济建设的情况下仍旧支持中亚地区脱离苏联独立的原因。

与因为持反苏立场，从而对苏阿关系倾向负面解读的人不同，进步立场的学人更倾向于书写苏联对阿富汗的扶危济困。恽代英的《英帝国主义

---

① 宁墨公编译《阿富汗内战记》，国民革命军军事杂志社，1929，第 8 页。
② 彭树智、黄杨文：《中东国家通史·阿富汗卷》，商务印书馆，2000，第 204、205 页。
③ 彭树智、黄杨文：《中东国家通史·阿富汗卷》，第 161 页。

与阿富汗内乱》说："从前俄国与英国是帝国主义的联盟，共同压迫阿富汗的解放运动，十月革命以后，苏俄实际是在与英国帝国主义作战了，这使阿富汗的解放运动获得很大的发展。……在对英战争时期中，亚曼奴拉曾致电列宁，要求与苏俄发生外交关系，苏俄即刻接受了这种要求，第一个承认了阿富汗的独立。"① 英国策动十四国联军武装干涉苏俄，与此同时阿富汗也在进行第三次抗英战争。苏联的军事行动的确间接策应了阿富汗的独立运动。第一个译出《共产党宣言》中"全世界无产者联合起来"这句话②的华岗在《苏联外交史》中写道："阿富汗所以能够脱离英国帝国主义的羁绊而宣告独立，最基本的动因，自然是阿富汗民族的觉醒和奋斗，同时也不能不承认是受了苏联的影响和启发。苏联对于阿富汗民族不仅表示善邻友好，而且在实际上承认阿富汗有自主及独立发展权利。苏联和阿富汗于一九二一年成立友好条约之后，更于一九二六年签订互不侵犯协定，使善邻关系日有增进。"③ 应该说华岗的表述比起印维廉与张仲和要客观，阿富汗的独立根本上说还是阿富汗人民自己努力的结果，但其中也是受了苏联的影响和启发。出于阶级属性、意识形态、国家利益三方面考虑，苏联都必然会选择支持阿富汗的民族独立运动，打破帝国主义围堵下的薄弱链条，争取世界各国工人阶级的生存空间，扩大与帝国主义国家间的瓯脱地带，这样才能保障自己。

（二）阿富汗与英国关系：革命外交观下的相似建构

中国共产党第一个论述阿富汗与英国关系的人正是毛泽东，毛泽东1919年7月14日在《湘江评论》发表的《阿富汗执戈而起》中写道："一个狠小的阿富汗，同一个狠大的海上王英国开战，其中必有重大原因。……印度舍死助英，赚得一个红巾照烂给人出丑的议和代表。印民的要求是没得允许。印民的政治运动，是要平〔凭〕兵力平压。阿富汗是个回教国，狐死兔悲，那得不执戈而起？"④ 毛泽东指的是英国在第一次世界大战期间拼命汲取印度资源，用作自己在欧洲的战争资源，并许给印度在战后扩大自治权，结果战后颁布的《印度政府法》不过是空头支票，英国还制造了阿姆利则金寺惨案。印度穆斯林被英军屠杀，此时，英属印度政府"把那些等

---

① 《恽代英全集》第9卷，人民出版社，2014，第275页。
② 许力以主编《中国出版百科全书》，书海出版社，1997，第584页。
③ 《华岗选集》第2卷，山东大学出版社，2003，第1018页。
④ 《毛泽东早期文稿》，湖南出版社，1990，第313页。

候退役或候船去英国的大批军队留下来，防守重要中心和主要交通线。这些叛乱事件无疑鼓励了爱米尔推行他的敌视政策"。① "爱米尔"指的就是阿富汗巴拉克宰王朝国王阿曼努拉汗。这就是阿富汗与英国开战的"重大原因"，毛泽东切中肯綮地指出，印度舍生忘死帮助英国打世界大战，最后结果也不过如此，没为英国打帝国主义战争出过力的阿富汗更能想见自己在印度之后的结局，于是就有了第三次阿富汗抗英战争。半个世纪后，毛泽东 1964 年 11 月 1 日在人民大会堂会见阿富汗国王查希尔时说："阿富汗是一个英雄的国家，历史上从来没有屈服过，曾经三次打败了外国侵略者，阿富汗人民在反对帝国主义和殖民主义的斗争中是同中国人民站在一条战线上的。"② 毛泽东对阿富汗抗英战争的重视，对阿富汗人民英勇反抗侵略者的事迹的钦佩可以说是贯穿始终的。

与毛泽东早在 1918 年就有书信往来的恽代英 1929 年 7 月 1 日在《布尔塞维克》杂志发表的文章中说："阿富汗很大的国内战争……主要原因，仍旧是英帝国主义的阴谋，英帝国主义永远不能宽恕亚曼奴拉乘他在一九一九年的危机采取独立行为，亦不能宽恕亚曼奴拉对苏联的友谊，他并且很害怕阿富汗有一天成为一个强盛的独立的进步的国家，因为假设是这样，在印度边界的回教民族将会不安靖起来。再则英帝国主义听说，有人要进行组织土耳其、波斯、阿富汗联盟，亦感觉得最大的不安，因为这对于它在东方的发展是一个很大的障碍。"③ 正如恽代英所说，如果阿富汗成为"强盛独立的进步的国家"，那么其政局岂有英国置喙之地，英国是绝不会允许处于麦金德"世界岛"概念区域枢纽位置的亚欧大陆腹地的阿富汗摆脱自己魔爪的。不过"土耳其、波斯、阿富汗联盟"也的确只能处于"听说"状态，什叶派的波斯与逊尼派的土耳其始终处于不共戴天状态，不可能联盟。

恽代英对于英阿关系有很深入的认识，他说："阿富汗内战起来以后，印度政府取乘机观变的态度，他想亚曼奴拉若要得胜，必须请求英国的助力；假如亚曼奴拉失败了，他更可以希望那般叛徒缔结更好的卖国条件。阿富汗英使决定是仍要与亚曼奴拉保持朋友的关系，但同时他又用飞机向叛乱的部落散宣言表示他的好感。……叛徒占据了开布尔，亚曼奴拉宣布

① 〔英〕珀西·塞克斯：《阿富汗史》，张家麟译，商务印书馆，1972，第 1109 页。
② 马行汉主编《外交官谈阿富汗》，世界知识出版社，2002，第 5 页。
③ 《恽代英全集》第 9 卷，第 276 页。

退位，印度政府高兴极了，并且说叛徒的领袖对英国并无恶感，他恨俄国却如蛇蝎。叛徒的领袖入开布尔后，自称为国王，英帝国主义首先便与他发生外交关系。"① 1928 年阿富汗国内发生动乱，英帝国主义采取两边骑墙的态度，既等待着阿曼努拉汗向自己求救，随时做好狮子大开口的要价准备，又与反政府武装暗通款曲。更进一步，恽代英写道："从准备反苏联的世界大战的观点来说，阿富汗是英帝国主义最重要的根据地。若是阿富汗独立起来，对英属印度是一个大危险，若是阿富汗在英国统治之下，英帝国主义便可以很容易进攻苏联的中亚细亚各省。"② 1929 年末的左翼知识分子普遍抱有这样一个观点，即列强对苏联周边半殖民地国家的进攻就是"反苏联的世界大战"的开始。之所以把许多苏联周边国家战争视作帝国主义进攻苏联的开始，一方面是因为 1918 年至 1922 年十四国联军武装干涉苏俄，已有前车之鉴；另一方面也是因为 1929 年世界经济大萧条，与此同时苏联却快速由落后的农业国转型为以重工业为主的国家，苏联的强势崛起威胁到了许多帝国主义国家的利益，一些帝国主义国家已经计划扼杀苏联。如此，就不难理解这些对阿富汗与英国战争的解读了。

与阿富汗对苏联关系的表述各有千秋不同，各界在阿富汗与英国关系上的立场是基本一致的，都认为英帝国主义是阿富汗动乱的罪魁祸首，不同的是江浙一带知识界多不认为英阿战争是帝国主义对苏联发动的战争。印维廉编著《亚洲民族反帝运动史》中这样描述第二次阿富汗抗英战争，"阿富汗民气的奋勇，也足以使英人心惊胆慄。在这次战役中，英国卢袁得将军所统率的两万英印军队，是被阿富汗人杀得全军覆没，片甲不回，而所耗费的战费，总计达二千万镑之多。英帝国主义受了第二次英阿战争的教训之后，才充分的认识阿富汗民气之不可侮，锐利的炮火也没奈何阿富汗人。老奸巨猾的英帝国主义见军事侵略的路不通，乃转以用金钱的魔力贿买阿富汗酋长，割让阿富汗东境的挑寨（Totchi）及戈马（Gomal）等军事要塞与英国，而且在阿富汗南境的百通族人民也同时被酋长出卖给英国。这种侵略的结果，英国所诚惶诚恐的印度西北门户的防守，是巩固了许多。可是有独立性的百通族被印度政府生吞下去，却不免要起来反抗，好像那猪八戒把孙行者吞到肚子里去，孙行者在肚子里耍起金箍棒来，可

① 《恽代英全集》第 9 卷，第 278 页。
② 《恽代英全集》第 9 卷，第 279 页。

叫猪八戒好不难受"。①

把狡黠的老狐狸一般的英帝国主义比作猪八戒，足见知识分子对英国的敌意。这一段对第二次阿富汗抗英战争的表述无史实舛误，英国见无法以战争手段吞并阿富汗全境，1893 年就制造了杜兰线（Durand Line），把杜兰线以东地区划归英属印度，Totchi 和 Gomal 即在该线以东，今属巴基斯坦。这类问题英国制造了不少，无论是波兰与苏联边界的寇松线还是完全非法的麦克马洪线等都是如此。部落政治实体、天下朝贡体系没有清晰边界，而民族国家必须有此疆彼界，如何在浑沌的情况下像卤水点豆腐一样制造出一个个有边界的胶体呢？大英帝国在此过程中自然是要扩大其势力范围，把边界往利于自己殖民地的方向来划定，自然就制造了一系列问题。

1919 年第三次阿富汗抗英战争，"那第尔立即誓师南下，向英军迎头痛击，英军不提防有这样的抵抗力，交锋不久，即大败而退，一退再退，阿军乘胜追逐，一直杀到印度境内，占领了泰尔要塞（Thale），印度西北境内的百通族，因同种同文的感召，一致联合起来，援助阿军，对英作战，其他印度境内的回教民族，也在擦掌磨拳，准备响应。老奸巨猾的英人看到风势太坏了，民族革命的潮流太凶猛了，为着保存印度这一份子帝王万世的基业起见，不得不贬损他帝国的尊严，俯首向阿富汗求和。……据一个参与一九一九年阿英战争的英国将校说：'一个阿富汗兵能够敌过四个英国兵！'这大概不是欺人之谈吧。总之，阿富汗之能够独立，绝不是像我们这次对于日本问题那样卑鄙的哀婉的乞怜于国际帝国主义。他乃是不愿牺牲一切，拿铁与血来夺得国家的独立和平等。伟大哉！阿富汗的独立战争。光荣哉！阿富汗的独立战争。自是以后，阿富汗政府派遣外交使命，分赴各国，以取得各国政府的正式承认，对于这是用铁与血争得自由的新兴国家，除英国外，没有一国不表示隆重而热烈的欢迎，很快的互订了平等条约"。② 印维廉准确地书写了阿富汗抗英战争的进程，并将其与中国现实结合，1932 年一·二八淞沪抗战，蒋介石想通过上海的战事引来国际干涉日本，结果国际帝国主义均对此无动于衷。阿富汗独立自主，凭着自己强大的战斗力击退英军，给了中国启发。"很快的互订了平等条约"其实也是在诉说着中国的无奈，南京国民政府成立后，推行废约外交，革命外

---

① 印维廉编著《亚洲民族反帝运动史》，第 289 页。
② 印维廉编著《亚洲民族反帝运动史》，第 293~294 页。

交，关税自主，改订条约，然而列强往往不愿出让自己的利益，中华民国废约史举步维艰，这就是缺乏强大武力作后盾的结果，印维廉字里行间都对阿富汗的战斗力表现出深深的羡慕。

三　阿富汗世俗化改革

（一）阿曼努拉汗拥抱现代文明的改革："亚洲的彼得大帝"

1919～1929 年在位的阿曼努拉汗被看作阿富汗的凯末尔，他在位期间积极推动世俗化改革，全方位推进阿富汗的现代化事业。在近代知识分子笔下，阿富汗的世俗化改革主要有四个方面。

1. 政治改革

阿曼努拉汗首先要做的是政治体制改革，以议会取代部族长老议事，印维廉编著的《亚洲民族反帝运动史》写道，阿曼努拉汗 "第一步就是召集人民议院，组织内阁，打倒以前的贵族政治，议院的议员额定一百五十人，任期三年，由人民直接选举，其选举资格，为年满二十岁以上而有读书能力的男子，现职的官吏、军人及三年以上之受刑者，均无被选资格。此外又创立监察委员会，以整饬官纪，严厉取缔贪污、滥权及各种冗员，并重新制定国旗，选黑红青三色，黑色象忍耐，红色象独立，青色象将来的希望。……归纳起来说，在阿玛努拉努力下的政治，已经是现代化的政治了，假使环境能够容许他改进不已的话，阿富汗人民早已一跃而登于衽席之上了"。① 无论阿富汗的议员选举资格，还是清末新政时规定的咨议局议员选举章程，都明确规定现任官吏和军人无被选资格，这一规定其实都是在效仿美国。1787 年颁布的《美利坚合众国宪法》第一条第六款规定："参议员或众议员在当选任期内，不得被任命担任在此期间设置或增薪的合众国管辖下的任何文官职务。凡在合众国属下任职者，在继续任职期间不得担任任何一院议员。"② 之所以如此规定，是因为行政部门代表政府，议员代表民众，在资产阶级国家，这两者是会有很多冲突，产生权力行使与授予悖论的。美国的这种规定也是来源于英国，阿曼努拉汗规定下议院由选举产生，上议院由国王任命，更是英国议会的翻版。阿富汗是脱离英国殖民才成为独立国家，而要想成为现代民族国家还要学习英国制度，这

---

① 印维廉编著《亚洲民族反帝运动史》，第 295 页。
② 《世界宪法全书》，青岛出版社，1997，第 1616 页。

就是阿富汗的民族国家构建悖论。在印维廉看来，阿富汗的西方议会制度完全是"现代化的政治"了，然而国内环境最终没能允许他改进。

2. 扩充军备

阿曼努拉汗"在喀布尔设立许多大规模的兵工厂，以制造新式军械。一九二四年又派学生二十五名，远赴苏俄航空学校练习，并向苏俄购买军用飞机十余架，组织航空队。至于阿富汗的骑兵有一万八千人，常备步兵有五万人，大炮有一百尊，均是久经训练的精锐军队。最可值得我们注意的，独立后的阿富汗已实行征兵制，全国男丁，凡年满十七岁的，都有服兵役三年的义务……一九二八年阿玛努拉王考察欧亚归来后，又从法国购买五万枝新枪，飞机多架，以应改革之需，又遴选军官二百人，分赴俄意法德等国留学，又注重国民军事教育，创办许多军事学校，阿富汗的新兴气象，正所谓如日之升、光芒四射啊！"[1] 国民党员张仲和《东洋现代政治史》也写道，阿曼努拉"派军官赴俄研究红军之组织及训练方法，聘请苏俄及土耳其将校，传授阿富汗军队新战术"。[2] 作为三民主义者，印维廉在书写阿富汗与苏联关系时话藏机锋，张仲和则直接抨击苏联，但二人在书写阿富汗军事改革史时，都能对苏联起到的推进阿富汗军队现代化的作用予以客观评价，这一点是值得肯定的。印维廉笔下，"最可值得我们注意的"是阿富汗的征兵制，之所以如此，是因为在印维廉此书出版的前一年，1933 年 6 月 17 日《兵役法》公布，国民革命军实行征兵制。军令部长何应钦说："吾国今日实行征兵制度，足以解一切纠纷之纽，足以树百年不拔之基。"[3] 不过，任何兵制的兵员都对应到具体的有政治属性的人，对阿富汗这样能征善战的民族，征兵制可以起到全民皆兵的作用，比募兵制更能整合民族战斗力，而在中华民国，征兵制最终成了"抓壮丁"，远远无法达到北周至初唐府兵制的效力。

3. 大兴教育

政治改革也好，扩充军备也罢，一切制度执行起来根本要靠人，阿曼努拉汗深知，要想让世俗化改革推行下去，让阿富汗屹立于世界民族之林，就必须大兴教育。印维廉编著的《亚洲民族反帝运动史》也写了他的教育改革："阿曼努拉因感于阿富汗文化的落后，民智的低下，所以特别

---

① 印维廉编著《亚洲民族反帝运动史》，第 296 页。
② 张仲和：《东洋现代政治史》，北平文化学社，1935，第 52 页。
③ 何应钦：《征兵制施行准备方案》，军用图书社，1928，第 1 页。

注重平民教育，他曾亲到喀布尔附近的平民学校里去，把自己研究出来的简易方法教学生认字读书。小学校完全是强迫的，学校里的课本、纸笔等等完全由政府颁发，不用家庭供给。全国小学异常发达，有学生五十一万人，学校三千二百余所。曾被一班顽固的回教师认为'离经叛道'，强迫政府停办。旋经政府派遣军警前去保护，才得继续进行。在开办女学之初，因被劫持于社会的积习，学生仅有二十五人。但至第二年末，已激增到了两千的数目，其发达程度可知。……政府又创立博物院及大规模的印刷馆和编译所，出版各种新书，以最廉的价值分售于人民。"① 阿曼努拉汗把自己发明的用阿拉伯语拼写的普什图语简易方法教给民众，希望在阿富汗传播文明的火种。没有足够多的高等教育人才，他就大兴小学教育，先从普及基本知识入手。不过，阿曼努拉汗的现代化教育挤占了各部族长老经学堂教育的生态位，最终使得双方矛盾激化。

4. 交通建设

参加过中国共产党一大的李汉俊在 1920 年 3 月 21 日发表的《阿富汗的道路》中写道："我买了好几种英国出版的地图，这一向来，很想研究一点关于阿富汗方面的道路和一般交通状况。可是这本图上面，都没记载。有一本地图，总共有六千来万地名的，也没有记载，难道阿富汗是没有道路的国吗？真稀奇了！"② 其实地图并没有错，在 1920 年阿富汗的确没有现代意义上的柏油路，只有类似于诸葛亮北伐出祁山式的道路。一位阿富汗老兵曾说："安拉的世界已经创造完毕，不过手边还有不少剩下的材料、残余的垃圾放在哪里都嫌不合适。于是他将它们捏成一块摔到地上，便有了阿富汗。"③ 这个比喻或许不够恰当，但能给人一种阿富汗人的"时日易丧？予及汝偕亡"的精神状态，贫穷限制了他们的想象，也束缚死了他们通往现代化的道路。1920 年阿曼努拉汗开始改革，这才有了现代化的道路。洪涤尘《亚洲各国史地大纲》记载："交通方面，政府已开筑许多公路，由喀布尔东南达印度的白沙瓦，及北接俄属土耳其斯坦，均筑成大路，可通摩托车。由喀布尔西南达堪达哈接俾路支的查曼（Chaman）

---

① 印维廉编著《亚洲民族反帝运动史》，第 299 页。
② 中共一大会址纪念馆编《中共一大代表早期文稿选编（1917.11—1923.7）》，上海人民出版社，2011，第 326 页。
③ 〔巴基斯坦〕艾哈迈德·拉希德：《塔利班 宗教极端主义在阿富汗及其周边地区》，钟鹰翔译，重庆出版社，2015，第 27 页。

这条路线，虽不甚平坦，但摩托车亦可通行无碍。"①

（二）阿富汗的女性解放

被六大"圣训"统治的国家，男子可以娶4个妻子，女性长期被压抑。鉴于此，阿富汗效仿土耳其和波斯，也通过提高女性地位来遏制地方长老的权力。印维廉编著《亚洲民族反帝运动史》记载，阿曼努拉汗"规定除军队外，废除一切阶级勋位及称号，确定僧侣无在精神上指导国民的能力，官吏只能娶一妻等，皆为回教徒所不能接受的。尤其是对于新法中规定'女子有选择配偶的自由'这一条认为违反圣教，大逆不道。……结果，便激动了风潮，南方百通族的曼格（Mangaes）和撒得拉尼（Zadirnis）两个部落，为着拥护多妻主义，反对新式法典，正式向阿曼努拉出兵开战"。② 在普什图部族长老的世界，女性作为被物化的男性工具，身体遭到"割礼"等侵犯，被男性霸权的目光所侵蚀，为了取悦男性而牺牲自己身体。女性的任何代表自己性别的特征都不允许被除丈夫外的男人看到，所以浑身只能被黑袍包裹，只留下眼睛与外界交流。阿曼努拉汗欲改变这种漆黑一团的局面，解放女性，于是遭到了部族长老的疯狂报复。

这场战争在宁墨公编译的《阿富汗内战记》中被称作阿富汗版的美国南北战争，解放女人被视作解放黑奴一样的伟大意义。"阿王下动员令以征服之，战事自一九二四年五月间开始，至一九二五年三月终止，南方失败，此谓之南北战争，然阿富汗女子得以自由解放，论者拟之为林肯之释放黑奴。"③ 这场战争无异于阿富汗女性的新纪元，无论思想右倾的印维廉、宁墨，还是左翼知识分子，都关注阿富汗女权。慎之《近东民族奋斗史》写道："安曼努拉受其妻苏丽亚（Souryia）的影响颇大，苏丽亚后是一个新闻事业家的女儿，为人聪明而且能干，她帮助丈夫努力改革的工作。于是一条条维新的命令，从喀布尔发出来，这些改革，大多是抄袭土耳其的。但是阿富汗的文化太落后了，受教育的人士，对于西方的知识，也异常的简陋，即如热衷欧化的阿曼努拉，他对于欧洲，是否正确地了解，也尚成问题。阿富汗的人民，十分之九是极端落伍的教徒，对于国王的改革，表示反感……这次革命，或者说叛变，原因是这样的：阿曼努拉

---

① 洪涤尘：《亚洲各国史地大纲》，正中书局，1937，第538页。
② 印维廉编著《亚洲民族反帝运动史》，第297页。
③ 宁墨公编译《阿富汗内战记》，第9页。

的政府，通过一条法律，修改往日父为女择配之权，借以提高女子的地位，当时有一个女子，不满意她的父亲代她所选中的未婚夫，她听到这条新法律，想援用来反对她的父亲，她的父亲立刻把她幽禁，征求村中耆宿的意见，而把她枪毙，这事激起了愤怒，同情这女子的和同情她父亲的人们间起了内战，星星之火可以燎原，事变扩大了，形成反对维新的国王的叛乱。"[1] 慎之能够指出，阿曼努拉汗的改革受其妻子影响，这是其他知识分子未能了解到，至少是未曾论述的。他更犀利地指出，仅在外国待过七个月的阿曼努拉汗未必真懂西方，可能只是一知半解。东方国家学习西方，绝不能照搬照抄，一定要结合本民族文化特点来有针对性地学习西方，阿曼努拉汗完全抛弃本民族的许多东西，高仿西方文明，只会遭到本民族保守势力的巨大阻力。在此情况下，一个女孩的婚姻自主引发了血案。

（三）阿富汗世俗化改革失败原因分析

阿曼努拉汗的政治体制改革，开设议会只不过与喀布尔、坎大哈等极少数几个城市的地方精英有关，与大多数部族长老无涉；他的征兵制本来就契合阿富汗人国民性，可释放其战斗力；他的开设新学堂政策只与有孩子的家庭有关，孩子在15岁以上的家庭就与此无关了；修路的话对各地方人民都是好事，成为他政策中不多的被各派都接受的事项。唯有解放女性，几乎触动了阿富汗所有家庭，终于，暴乱遍及全境。

阿曼努拉汗"即位时破例将后宫多数美女解放，致为人民所不快，妃前与王赴非洲时，改着洋装，为国人示范。前年王与妃相携视察欧洲各国半载，是年六月归国后，王与妃之制度风俗改革热，更为激进，先实行政教完全分离，禁止一夫多妻制，废止回教徒常俗之妇女面网等，革除陋俗，不遗余力，并携回摄取欧洲风物之影片，遍巡国内，向人民劝导，妃亦着新装，侍王侧，为欧洲风俗之忠实介绍，阿人习于旧习，见妃状，对于急进主义，更为愤懑。及去年十二月，首由印度边境之兴韦利族作乱，卒至王与妃由首都出走，叛徒进宫，其所首先烧毁者，即为王与妃特由欧洲购回之洋装及装满十五箱之多数美服"。[2] 20世纪上半叶，在绝大多数亚非国家，有钱的男人可以三妻四妾，娶比自己年龄小得多的女子，下探

---

① 慎之：《近东民族奋斗史》，世界书局，1940，第93、94页。
② 宁墨公编译《阿富汗内战记》，第15页。

到更低年龄段去寻找配偶，这又会对下个年龄段的男性形成挤压。如果在这类国家废止一夫多妻制，会大大增加单身成年男子的结婚概率，结束茕茕孑立的生活，这会使得穷人支持改革。然而在阿富汗长年战乱，青年男性死亡率很高，女多男少，一夫多妻制反而能使适龄女性得以婚配。因此在这种国家废除一夫多妻制，并不能使得青年穷人支持改革，反而导致他们与地方豪强都站在了改革的对立面。王后抛头露面的举动在保守势力看来更是国耻，丢国家脸面，于是，"一九二八年十月一日，住在印度最邻近的达加附近地方的西芝利族，首先揭露反动的旗帜，尽量的烧毁和破坏阿王所新设的学校等事业，到了十二月初旬，竟开始向首都喀布尔进兵"。① 在各部族长老胁迫下，1929 年 1 月 7 日阿曼努拉汗不得已发表公告："1. 征兵制取消。2. 由教士、贵族官吏 50 人组织行政会，以回教法律修整国法。3. 遣往各国之女学生找回，男女隔离制恢复，妇女协会解散。4. 欧式服装取消。5. 兵士不得为教士门徒之禁令撤销。"② 阿富汗的现代化改革出现大跃退，阿曼努拉汗改革难产，保守派不满足于他的让步，最终他被逼退位，流亡意大利。那么阿曼努拉汗为何改革失败呢？近代知识分子主要从以下四个方面进行了论述。

1. 缺乏革命军队

慎之《近东民族奋斗史》写道："阿曼努拉的雄心显然想追踪凯末尔或李查，他的地位比凯末尔和李查要好，因为凯末尔不过是一个国民军的军官，李查是骑兵小队长出身，阿曼努拉是握着全国统治权的，然而他的命运比凯末尔或李查要不幸，因为回教的旧势力，阿富汗胜于土耳其和伊朗。而阿曼努拉所能指挥的兵力，显然不能克服国内顽强的部落。"③ 阿曼努拉汗的政治地位与威权合法性高于凯末尔和礼萨汗，最终结果却比两人要惨，之所以如此，与他缺乏一支有战斗力革命军队有关。印维廉《亚洲民族反帝运动史》写道："阿富汗的革命运动也是和波斯犯了同一的毛病，就是没有革命的主义和强有力的革命武力。阿玛努拉唯一的失败处，就是他认为命令是万能的，随便什么天大的事件，只要一纸令文，便可完全解决了。谁知事实上却不是这样的，国王的命令就可在普通事件上和不违背一切顽固势力的条件内发生力量，若夫激急的革新事业，根本推翻旧

---

① 印维廉编著《亚洲民族反帝运动史》，第 307 页。
② 宁墨公编译《阿富汗内战记》，第 13 页。
③ 慎之：《近东民族奋斗史》，第 92 页。

有制度的事业，岂是一纸令文所能通行无阻吗？革命者假使不携有健全的革命组织和雄厚的革命群众，绝不能和自有历史以来的传统势力相抗争的。凯末尔能够绝对成功，是因为他有革命的主义和组织；李查之所以有相当的成功，是因为他有强有力的军队来保全他个人的地位。至于阿玛努拉，既无革命的主义与组织如凯末尔，又无保障其地位的军队如李查。……阿富汗国人能明此结症而改弦更张，则革命事业必事半功倍。就是别国人士留心此点，也未尝不是他山之石可以攻玉呵！"① 与凯末尔在加里波利战役起家、礼萨汗指挥哥萨克骑兵作战起家，凭自己的实力成为开国领袖不同，阿曼努拉汗是继承王位，因此他对于政策执行力的理解远不如另外两人。印维廉所说"他山之石可以攻玉"指的就是只有革命的军队才能实现革命的命令、革命的主张，中国革命要想胜利，也必须如此。

2. 改革急躁冒进

张仲和《东洋现代政治史》说："阿孟乌拉汗采中央集权制，欲使封建割据式之部落国家，成实质上之统一，企图缩小地方酋长之权势，大招彼辈之反感。"② "同样之欧化政策，凯末尔成功于土耳其，而阿孟乌拉汗不能成功于阿富汗，盖二国虽同为回教国家，而土耳其人有规律，有训练，久与欧人接近，且有接受文化之准备，阿富汗人则与之相反，无规律，无训练，距白种人之生活及文化甚远，阿孟乌拉汗急进之欧化政策，其失败也固宜。"③ 任何国家都是枪杆子里面出政权，要想取得军事优势，就要对国内进行同质化改造，在单一民族国家，这并不难，在多民族国家，这就会引发政治风波。弱国走向改革的过程中，随着西方民族国家观念的传入，境内少数民族就会表现出离心倾向，轻者如印度一样一盘散沙，重者如奥斯曼帝国一样走向崩溃。国家只有统一，国家资源才能用于对外，否则，国家大量资源要耗在维持版图上，耗在构建国内各族群的民族认同上，内部掣肘，自然难以对外进取。阿曼努拉汗想先削藩，统一国家，是对的，然而削藩的前提是他要先有一支强大的军队，有汉景帝那样的军队才能削藩，建文帝式的军队是不可能削藩的。建文帝式军队削藩就是急躁冒进，无土耳其有训练之兵，却行土耳其改革之事，急躁冒进之

---

① 印维廉编著《亚洲民族反帝运动史》，第314、315页。
② 张仲和：《东洋现代政治史》，第56页。
③ 张仲和：《东洋现代政治史》，第59页。

下，最终，如那句波斯谚语所说："急促是从魔鬼那里来的。"① 改革被保守势力扼杀。张仲和在书写阿曼努拉汗削藩时其实也暗含对蒋中正政策的思考，蒋中正在北伐战争胜利后的军队编遣会议削藩，企图缩小阎锡山、冯玉祥的权力，结果"大招彼辈之反感"，他与阿曼努拉汗一样想学土耳其凯末尔，可是土耳其人经过坦齐马特改革的洗礼，加上其教团本来的战斗力，比起一盘散沙的中华民国，走现代化道路要顺利得多。

3. 税收问题反噬

陶菊隐《世界名人特写续编》写道，阿曼努拉汗"忘记了阿富汗是一个贫国，办新政非加税不可，这笔税出在穷困的农人身上，农人住在乡下，不容易到都市来，路走不着，学堂进不着，电影看不着，他们不愿花钱给别人享受。退一步说，假使政府拿了钱用在与农人毫不相干的事业上，农人虽怒还不至抗命，最可恶的是中饱官吏。阿富汗官俸很低，他们见了钱像苍蝇见了血，把国税攫入私囊，政府所得者不及其半。那时阿富汗有一个青年党高踞要津，大概他们过去都曾喝过洋水，于是洋气十足，眼睛里认不得本国人。他们回国后有的当部长省长，有的当高级司令，把本国旧有制度视同粪土，高唱维新而不注意任何反响。那些年高德劭的老头子一个个被后生小子打倒了，然而老头子资深望重，毕竟有他们的潜势力，还有根深蒂固的祭师们也觉得他们的势力一天比一天削弱了，而且政府也停止了他们的津贴……亚门禄纳暗中的敌人是农人、旧派贵族、宗教势力，亚门禄纳只管铺张扬厉的推行新政，然而生产落后，捐税日繁，政府仍然入不敷出，于是军饷也欠发了，这一件是亚门禄纳致命之伤"。② 改革就是办事，办事就要花钱，钱从哪出？人民身上出，尽管朝廷在改革，但朝廷从老百姓身上收的钱越来越多，百姓负担越来越重，于是人民都对朝廷不满。每多一项新政举措，就多一项庞大的经费支出，改革带来的收益低于为了改革而支出的钱数，这样就导致了财政崩溃。清末民初学者缪荃孙《陶庐续忆序》说："国家因兵败而图强，因图强而变政，因变政而召乱，因召乱而亡国。"③ 他说的就是这个道理。陶菊隐作为经历过清末新政的报人，在书写阿富汗改革时的税收问题时字里行间透露着晚清的影

---

① 〔英〕珀西·塞克斯：《阿富汗史》第二卷下册，张家麟译，商务印书馆，1972，第1168 页。

② 陶菊隐：《世界名人特写续编》，中华书局，1941，第 36 页。

③ 缪荃孙：《艺风堂文漫存·癸甲稿·卷二》，《缪荃孙全集·诗文一》，凤凰出版社，2014，第 559 页。

子。占阿富汗人口大多数的是宗教势力和旧派贵族控制下的农人，阿曼努拉汗从大多数人身上收税，大多数人却感受不到改革带来的实际利益，自然，其渐亡翘足而待。

4. 未行土地革命

与更重视从军令政令统一角度来分析阿富汗改革失败的原因不同，进步知识分子还是更多从土地革命角度来考量。恽代英说："亚曼奴拉的改革，虽然有类似土耳其的基玛尔，但基玛尔因为有土耳其的民族资产阶级为后盾，所以打倒了土国的皇室，分离了政治与宗教，打破了教士的威权。亚曼奴拉就没有一个这样的阶级基础，他亦不能有基玛尔那样坚强的决心，他并不敢根本打倒宗教的地位，但无论如何，他的改革带了很浓厚的反封建制度的意义，并且给教士在政治上一个大的打击。然而这一切改革，对农民并没有什么实际的利益，土地问题并未能解决，农民反转因施行新政而遭受加税的痛苦，十年之内加税已至四倍，所以亦有些农民表示很大的不满意。地主、教士等利用不满意的这些农民，在一九二五年爆发了一次叛乱。"[①] 一个弱国要想走向现代化，要么就是凯末尔那样以一支强大的军队作后盾来推行政令，走资本主义民族国家的革命；要么就是通过土地革命重构旧社会秩序，打破旧社会的限制，增加新政权的张力，以占人口大多数的阶级作为革命主动力，以迎击保守势力的反攻倒算。阿曼努拉汗两者都没做，自然不免失败。恽代英更进一步指出："亚曼奴拉之所以终于不免这样悲惨的失败，最大的原因是他始终不能有决心将他的社会基础建筑在广大的农民身上，不能解决他们的土地问题，不能减轻他们租税的负担，不能有更大的决心领导他们与地主教士奋斗。殖民地的民族解放运动，每只有决心以土地革命解放农民，才能驱逐帝国主义的势力，肃清国内的战乱，阿富汗便是一个好例子。"[②] 与印维廉提出的强军道路相比，其实还是恽代英的思路更正确，在没有革命的军队的情况下，搞土地革命是革命胜利的唯一出路。阿富汗民族国家理论最早建构者马赫茂德·塔尔齐指出，阿曼努拉汗"修建了一座漂亮但没有基础的纪念碑，抽掉一块砖它就会倒塌"。[③] 阿富汗完全没有现代工业，没有工人阶级，因此农民阶级就是阿富汗的砖墙，如果夯实砖墙，阿富汗的革命又岂能不胜？

---

① 《恽代英全集》第 9 卷，第 276 页。基玛尔，今译凯末尔。
② 《恽代英全集》第 9 卷，第 279 页。
③ 转引自〔美〕路易斯·杜普雷《阿富汗现代史纲要》，黄民兴译，西北大学中东研究所，2002，第 26 页。

结　语

　　阿富汗的改革失败了，但是在中国人眼中，仍然对阿富汗的未来充满希望，时任国民政府军政部常务次长的陈仪在《阿富汗内战记》序言中写道："正在度他蜕变时痛苦生活的阿富汗，他的前途，一定有良效么？我说：'有，是一定有，急，是急不来。'……各国的革新事业，总是慢慢出来的，尤其是关于心理建设的宗教革命，绝不能一蹴而就。如何唤起民众，如何改良宗教陋习？如何永绝帝国主义者的阴谋，是阿富汗今后最重要的革命工作，亦是负有扶助被压迫民族独立运动责任的同志不可忽视的问题。"[①] 阿富汗的政局更迭从长时段来看不过是历史的插曲，阿富汗在一千多年前本为佛国，舍利子度一切苦厄方能到佛的正觉中去，阿富汗走向现代化的波峰与波谷也是如此。

　　就对世界格局认知而言，至少在阿富汗问题上，1949 年前左翼知识分子的见识的确在三民主义者之上。就阿富汗与苏联关系而言，隶属南京政府的知识分子因阶级立场影响，对苏联援助阿富汗不能持客观态度，对苏联在阿富汗参与"巴斯马奇运动"后仍旧对阿富汗以德报怨的现代化援助未能予以应有肯定，左翼知识分子则对此更能做持平之论。就阿富汗与英国关系而言，各界都能给出客观的叙述，但就如何从地缘政治视角看待英国策动阿富汗内乱问题则看法不尽一致，三民主义者将其看作亚非国家民族独立运动的反复，左翼知识分子则将其看作帝国主义对苏联的外围进攻。就阿富汗的世俗化改革而言，各界都有着较全面的历史书写，但对于改革失败原因，双方分析则有区别，三民主义者认为阿富汗主要是没有一支强有力的可以保卫改革果实的军队，左翼知识分子则认为阿富汗没有发动农民，没有搞土地革命才导致改革失败。现代化的军队需要复杂官吏体系运作下的财政制度保障，前近代化国家要想在强邻环伺的帝国主义时代快速进入现代化，通过土地革命、阶级整合来完成国家实力的强大，或许是最快路径。时至今日，阿富汗依旧在寻觅自己的道路，她的邻居却已经探索出一种新的模式。

---

　　① 宁墨公编译《阿富汗内战记》，第 2 页。

启蒙与救亡之间：梁漱溟
与常乃惪的文化观述论

陈娇娇

（四川师范大学历史文化与旅游学院，四川成都　610068）

摘　要：检讨传统文化，擘画新文化发展的路径与方向，是新文化运动后知识界在救亡主题下文化方略的总取向。在这样浓厚且充满争论性的文化氛围中，梁漱溟与常乃惪在文化取向与救亡方略上各成一家之言。新儒家思想和生物史观分别是梁、常二人构建文化观的学术基础和历史哲学。在人类文化发展进程中，梁漱溟与常乃惪遵循各自的学说，依据自己的观察，描绘出线性和多元两种轨迹。梁漱溟坚信中国传统文化的现代意义，致力于乡村建设，试图消除传统文化与现代社会之间的裂痕。常乃惪则在一片喧嚣中，构建"中国本位"的文化观，并走向了国家主义。时至今日，梁漱溟和常乃惪提出的中国文化如何回应世界，如何在文明的激荡与挑战中自处等问题依旧值得思考，而他们当年的答案也为我们提供了可资借鉴的思想资源。

关键词：梁漱溟　常乃惪　生物史观　文化观

检讨传统文化，擘画新文化发展的路径与方向，是新文化运动后知识界在救亡主题下文化方略的总取向。胡适、陈序经等人主张全盘西化，虽然胡适认为"全盘西化"的提法较为绝对，但他对于西方近代文明的高度认可是一以贯之的。杜亚泉、吴宓、章士钊、黄季刚等学者，则主张中西调和。一时间，学术界和知识界围绕文化问题展开了激烈论辩。在这样浓厚且充满争论性的文化氛围中，梁漱溟（1893~1988）与常乃惪（1898~

1947）也在文化取向与救亡方略上各成一家之言。常、梁二人分属于不同的文化阵营，但在学术上曾彼此关注，在文化观上也有过交集。本文聚焦学术宗旨、东西文化省思、文化关怀，尝试探究梁漱溟、常乃惪二人文化观上的"同归"与"殊途"。①

一　新儒家思想与生物史观

20 世纪二三十年代，是一个文化论争、思想迭兴的时代。② 生活于这样一个时代的学者，既不能忽视西方国家裹挟而来的优势文化，也无法甚至不愿摆脱本国传统文化的无声浸润。梁漱溟和常乃惪也不能例外。在他们身上，可以看到古今赓续中的调和与中外碰撞下的批判。梁漱溟将他对彼时中国社会状况的体验、思考和发问指向了学术，他受到柏格森哲学和中国传统儒家思想的影响，从反思全盘西化到归本于儒家，坚信中国文化的复兴，最终形成了新儒家思想，并被誉为最后的儒家。③ 梁漱溟关于自己在时代思潮影响下的东西文化研究和思想转变，有过陈述："1917 年起我在北大哲学系，先后讲授'印度哲学概论'、'儒家哲学'等课。此时正值'五四'运动前后，新思潮高涨，气氛对我讲东方古学术的人无形中有压力。在此种情势下，我开始了东西文化的比较研究，后来即产生了根据讲演记录整理而成的《东西文化及其哲学》一书。……在人生思想上归结到中国儒家人生。"④ 这为我们认识梁漱溟新儒家思想的形成和文化观的构建，提供了比较可靠的文本。

---

① 近年来，学界对梁漱溟与常乃惪文化观的研究注重哲学理论及文化措施的探究，尚未比较两人文化观中的异同。葛兆光认为常乃惪用文化区域的观念探讨了先秦时期学术思想的形成与区域特点，又以纵向眼光观察古今思想的继承和变化，有匠心独运之处（《思想史研究历程中薄薄的一页——常乃惪和〈中国思想小史〉》，《江海学刊》2004 年第 5 期）。罗志田探究了常乃惪"中国本位"的文化观和常乃惪如何平衡文化发展与国家建设的矛盾问题（《探索主体性：近代天下崩解后国家与文化的紧张——兼及"中国本位文化"的争论》，《社会科学战线》2018 年第 1 期）。柴文华、赵菲菲从文化观入手，评估了梁漱溟的乡村建设和社会改造运动及其现代意义（《梁漱溟乡村建设理论中的中西文化观》，《江淮论坛》2019 年第 5 期）。

② 参见周文玖《东西文化论争与中国现代化道路之探索——以 20 世纪二三十年代为考察中心》，《天津师范大学学报》（社会科学版）2009 年第 3 期。

③ 相关论述参见〔美〕艾恺《最后一个儒家——梁漱溟与现代中国的困境》，郑大华等译，湖南人民出版社，1988。

④ 梁培宽编《梁漱溟自传》，江苏文艺出版社，1998，第 2 页。

　　梁漱溟认为人类社会是"沿着生物进化来的"。生物界有"高下之第"，譬如动物中有高等动物，"高等动物中有灵长类，而人类又居其顶点"，就如同人类各族，"此一文化，彼一文化，于形形色色不同之中，又深浅高下不等"。但需要注意的是，生物的高下不等是自然的、不可干预的。其中"各类系各种别"的演进，"好似树上枝干分出横生"。然而文化的演进则"大体出于吾人后天之制作"，可以时时创新、时时更改，彼此间可以"交换传习"。① 随着世界各地的联系日益紧密，各处的文化"彼此刺激，互相引发"，将会越来越接近，或许将出现"通为一体"的可能。在梁漱溟看来，人类文化最初是"各走各路。其间又从接触融合与锐进领导，而现出几条干路。到世界大交通，而融会贯通之势成，今后将渐渐有所谓世界文化出现"。② 言下之意，文化的发展和进步是人对本能的不断超越和解放，是生命奔向自主自由的过程。早期文化的发展是各具体系和支脉的，经过一系列的融合与发展，便会产生世界性的文化。世界性文化能解决整个人类的问题，其目的是人类本身的自我认识与解放。在此基础上，梁漱溟从"直觉"入手，凝练成"理性"来思考中国文化，从人生态度的基础上认识中国社会的发展状态，并提出中国文化的温润性和道德感优于西方文化，能革除西方文化弊端，将人类社会引入下一个发展阶段。梁漱溟修正了黑格尔的思想，又发挥佛家和儒家思想中对人生的探索和体悟，将人类内在醒悟和思考作为人类文化的发展方向。梁漱溟的这些思想显然受到一战后西方哲学家对中国文化评论的影响，战争的肆虐使置身于其中的西方学者开始反思，将目光转移到中国，希望从中找寻到拯救西方文化弊端的思想资源，这些也成为梁漱溟构建新儒家思想的契机，并进而影响到他的文化观。

　　与梁漱溟一样，常乃惪也重视构建自己的哲学理论，但二人各有侧重。常乃惪吸收、糅合中西哲学以及科学知识，既批判地接受了斯宾塞的社会有机论以及杜里舒、柏格森、李菲力的思想学说，又更正了斯宾塞秉承的经典物理学时空观念，将进化置于形而上学的基础之上，并吸纳生物学、化学、心理学的相关原理，形成了带有常氏特色的生物史观。

　　常乃惪认为人类社会的群体与个体间的联系与区别，正如"单细胞和复细胞生物间的区别一样"，单细胞的生存能力有限，只有衍变结合为复

---

① 梁漱溟：《中国文化要义》，上海人民出版社，2018，第 53 页。
② 梁漱溟：《中国文化要义》，第 54 页。

细胞生物，才能提高自身应对外界挑战的能力，而复细胞生物的生存和发展又离不开各单细胞的互相作用，如同社会群体的发展离不开个体间的相互协调。可见，人类社会就是一个有机的生命体，文化则是社会生命体的产物。生物要生存，就必须适应环境，演化出种种具有特殊功能的器官。这些器官可以应对外界的刺激和挑战而获得生存和发展，因此文化也同生物为了适应新的环境而衍生出新器官一样，为社会生命体的发展增加新的功能，衍生出的"器官"，便是文化本身，"是一种帮助种族适应生活的工具"。在常乃惪看来，文化是"生物演进的自然结果"，可以从生物学的角度探究文化的根底。文化的功能与器官对于生物体一样，是集团生命的工具，是生命体对抗外界的结果，它与社会密不可分。这是生物史观在常乃惪文化观上的集中反映。文化与社会的影响是相互的，"文化对社会有保护、凝固、延续及发展的作用"，但文化"产生并凝固成固定的形式后，会逐渐陷于僵化，与社会需要相悖离……反成为生命发展途中的障碍物"。这时就需要社会生命体突破既成的文化体系，成为"历史上的革命时代"。在这一阶段中吸收新的有利因素，进入下一个文化的循环期，经历"幼稚、成熟、衰老、死亡"。① 文化的发展就是文明交融的过程，伴随着淘汰和新生，但并不是简单的优胜劣汰，而是不同文化在碰撞和交融后将会形成一个更为强大的文化生命体。这个生命体不被任何一个民族所独有，是以往所有文化互动的结果，是人类文明发展的新阶段。常乃惪身处时代的中国便是由一个文化阶段向另一个新的文化阶段过渡的时期，上演着文化世界化的进程。

两相比较，梁漱溟在新思潮的影响下用西方已经成熟的学术体系或理论体系重新解释传统文化，并回归本国文化。常乃惪则在接受西方文化时，借用传统文化中的相关内容去比附，已与老旧的文化决裂，欲吸收西方文化完成中国的近代化转型。梁漱溟虽积极吸收西方哲学理论和思想，却从未放弃过复兴儒家，光大孔孟思想。因此，他便借用柏格森的"直觉"来阐释孔子的"仁"，"用一种西方哲学的观点对于中国旧文化作一同情的理解"。② 常乃惪认为文化的交融更新是人类社会发展的总趋势，中西方社会无一能避免，中国要做的是如何调整自我以应对成长的挑战。梁漱

---

① 以上引文见常乃惪《历史文化之有机的发展》，载黄欣周编，沈云龙校《常燕生先生遗集》（一），文海出版社，1967，第297、296、306、308、309、312页。
② 董德福：《生命哲学在中国》，广东人民出版社，2001，第356页。

溟则认为温和且充满伦理的中国文化将有助于克服西方文化的弊端。要之，新儒家思想和生物史观成为梁、常二人构建文化观的学术基础和历史哲学，也是他们描绘世界文化演进景观的理论起点。

二　线性文化观与多元文化论

受新文化运动影响，梁漱溟与常乃惪皆从文化着手，寻找中国步入世界的入口。诚如梁漱溟所言，"陈独秀《新青年》的创办，是要将种种枝叶抛开，直截了当去求最后的根本"，① 而这个"根本"便直指文化。1921年，梁漱溟的《东西文化及其哲学》出版，在学术界引起强烈反响，也将民国学者对东西文化的讨论推向了一个新高潮。就在梁漱溟等人争论文化发展路径之时，常乃惪提出应当搁置"全盘西化"或"固守传统"的论争，借助人类文化发展中的优秀成果，完成中国文化的现代化。在人类文化发展进程上，梁漱溟与常乃惪遵循各自的学说，依据自己的观察，勾勒出线性与多元两种轨迹。

梁漱溟在文化观上的一个重要学说，是继金子马治、杜威、北聆吉氏、闹克斯、李大钊等人对东西文化的剖析之后，得出东西方文明一为动的，一为静的；一为积极的，一为消极的；一为征服自然，一为融合自然，② 并提出"东方文化的不能混东方诸民族之文化而概括称之，至少要分中国、印度两文化而各别称之。世以欧洲、中国、印度为文化三大系是不错的"。③ 在这三大体系中，"西方文化是以意欲向前要求为根本精神的。中国文化是以意欲自为调和、持中为其根本精神的。印度文化是以意欲反身向后要求为其根本精神的"。④ 梁漱溟用现量、比量、非量三重概念来解释文化三大系。"现量"是指感觉，"比量"即理智，"非量"是直觉。他称："西洋生活是直觉运用理智的，中国生活是理智运用直觉的，印度生活是理智运用现量的。"⑤ 在梁漱溟看来，这三种文化不是齐头并进，而是分别代表了人类文化发展的不同阶段和趋向："初指古代的西洋及在近世之复兴，次指古代的中国及其将在最近未来之复兴，再次指古代的印度及

---

① 梁漱溟：《东西文化及其哲学》，商务印书馆，2018，第7页。
② 梁漱溟：《东西文化及其哲学》，第23页。
③ 梁漱溟：《东西文化及其哲学》，第77页。
④ 梁漱溟：《东西文化及其哲学》，第67页。
⑤ 梁漱溟：《东西文化及其哲学》，第215页。

其将在较远未来之复兴。"① 也就是说，人类文化将由西方转入中国，再走向印度。在近代化转型中，中国应当抓住文化革新的机遇，解决西方文化无法解决的世界问题，将人类世界引入新纪元。这便是梁漱溟建构的线性文化观。

梁漱溟用印度、中国、西方划分世界文化类型，实则是对佛学、儒学及近代西方思想的呼应。他认为历史并非循环往复，而是进化的，这三类文化体系将依次推动人类社会进入下一阶段。近代以来，西方的科学、制度在世界竞争中体现出的优越性得益于它的文化。西洋文化"总是改造外面的环境以求满足，求诸外而不求诸内，求诸人而不求诸己，对着自然界就改造自然界，对着社会就改造社会，于是征服了自然，战胜了权威，器物也日新，制度也日新，改造又改造，日新又日新"。② 中西社会发展的差别从根本上讲是文化的迥异，"第一项，西方化物质生活方面的征服自然，中国是没有的，不及；第二项，西方化学术思想方面的科学方法，中国又是没有的；第三项，西方化社会生活方面的'德谟克拉西'，中国又是没有的。几乎就着三方面看去中国都是不济，只露出消极的面目很难寻着积极的面目"。③ 梁漱溟肯定了西方文化对人类社会发展的推动之功，同时也意识到若任其发展将会给整个人类带来灾难。中国儒家思想中的宽容、平和以及"直觉"性的感悟，恰是治愈西方文化弊病的一剂良药，因此发扬和改造中国传统文化来解决世界的新问题，成为梁漱溟文化思考的重中之重。

常乃惪与梁漱溟在文化观上的一个显著差异是，梁漱溟倡导"线性"发展的文化观，常乃惪则是"多元"文化论者。梁漱溟对常乃惪的文化观表示过明确的认同，说："我记得有一位常乃德先生说西方化与东方化不能相提并论，东方化之与西方化是一古一今的；是一前一后的；一是未进的，一是既进的……常君这种论调是不错的。"④ 但常乃惪却认为文明不可用动、静划分，"如梁漱溟先生所说，人类有持中、退后、向前三大类，实在不合事实。……世界上的文化大体说是一元的，细微说是多元的，而决无二元对立之理"。⑤ 显然，常乃惪有意以不同阶段说，消解异质文化之

① 梁漱溟：《东西文化及其哲学》，第 215 页。
② 梁漱溟：《东西文化及其哲学》，第 203 页。
③ 梁漱溟：《东西文化及其哲学》，第 78 页。
④ 梁漱溟：《东西文化及其哲学》，第 13 页。引注：常乃德即常乃惪。
⑤ 常燕生（常乃惪）：《东西文化问题质胡适之先生》，《现代评论》第 4 卷第 90 期，1926年 8 月 28 日。

间的优劣论争，声称："东西文化之分野只是一个时代的分野而不是性质的分野。东方民族还在中古的时代，西洋人却已跑在前面去了。但我们既晓得西洋人从前也点过油灯纸捻之类，则我们这些现在点油灯纸捻的民族本来不必伤心，只要大踏步追了上去万无赶不到的道理。"① 常乃惠认为不能以文化发展的先后顺序判断文化的性质与优劣。这样的看法，在当时颇能代表一种声音。

从生物史观出发，常乃惠认为一个民族的文化发展进入绝境后，通过吸收别国的文化，更新文化血液，便可促进文化发展。西方文化的先进性是"量"的积累，绝非"质"的优越。中国文化有它的古与今，西方文化亦如是，现代文明不是基于西方国家的民族性产生的，而是西方文化已经发展到了现代化阶段的产物。换言之，近代文明是"人类一般进化必然之阶级"，代表了人类社会的发展趋势。它会发生在西方国家，也会蔓延到其他地区。人类由分散走向整体，由原始进入文明，每一步都充满了交流和交往的过程，不能以发生时间的早晚，来定义民族性的差异。虽然"西洋人科学之发达比我们早二三百年，但不得谓只有西洋民族能发展科学，而中国人则只有静的精神文明"。文明"只有'量'的不同，决无'质'的不同。……一切的文明，都是唯心的，也都是唯物的，并不止西洋近代文明才包含有理想主义和精神文明的特点"。② 这便是常乃惠在中西文化优劣之争上秉持的核心主张，在当时无疑能激扬国人的文化自信心。

常乃惠不强调中西文化的统一性，也不急于将二者纳入同一个文化谱系，而是以文化的多元性为基础，主张每一类文化都是抽象的概念和具体的实质混合组成的复杂体。不同地域内，民族的理想、天才的努力、外在的潮流、他者的刺激等要素混合形成了各民族的文化，因此文化天生就有地域性的差异，各自有其进程，即"一切文化是含有地域性和时代性的"。在思考人类文化演进时，常乃惠也注目于中国文化的个性与特色，认为探索中国的发展应当以认清文化为基础，并尽量保留中国文化的气质。常乃惠在思考文化时，始终是从时间和空间两个维度进行的。早期文化的发展，主要依靠空间范围内的因素对其本身的塑造。地域不同，文化发展的面貌亦各不相同，也因为地域等相关因素的影响，人类早期文化的发展是

① 燕生（常乃惠）：《什么叫做东方文化》，《莽原》第 7 期，1925 年 6 月 5 号。
② 以上引文见常燕生（常乃惠）《东西文化问题质胡适之先生》，《现代评论》第 4 卷第 90 期，1926 年 8 月 28 日。

零星分散、各具特色的。近代以来，西方文化发展较快，促使西方社会较早完成了现代化。中国文化则发展相对迟缓，还处于"旧"的形态当中。但是新、旧并不是两者本质上的区别，仅仅是各类文化进程的不同。因此之故，常乃惪称"东西文化之争"不是学界所应研究的问题，而是要"依据时代和地域的背景而创造中国的新文化，这是我们今日中国民族唯一的责任"。"今日中国之新文化，在地域上是'中国'，在时间上是'今日'。"① 常乃惪由此推演出文化发展的方式与方向，强调文化的发展是内部需要和外界刺激的结果，有生长、衰亡的过程。

新文化运动将学者救亡的目光引向了文化，甚至有人认为只要能在文化上向西方看齐，便可以弥合中西差异，从而彻底改变中国的落后处境。这样的论调，自有其可以商榷的地方。但他们救亡的迫切心情和文化担当却也不能轻易抹杀。梁漱溟立足儒家思想，反对一味推崇西方文化。常乃惪则以生物史观为依据，提出文化的发展有类于生物的生长，如何促进文化血液的更新才是重点。梁、常二人的学术宗旨与文化立场有别，故虽皆着眼于文化救亡，但他们所规划的文化路线与文化理想却各不相同。

三　乡村建设与国家主义

自 20 世纪 20 年代起，国内知识界的文化论辩已不限于对坚守传统或全盘西化的简单论述，而是审慎地思考自我与他者的异同，更为客观地分析中西文化的差异，提出具体的改造措施。梁漱溟坚信中国传统文化的现代意义，致力于乡村建设，试图消除传统文化与现代社会之间的裂痕。常乃惪则在一片喧嚣中，借鉴中外思想资源，构建"中国本位"的文化观，并走向了国家主义。

梁漱溟始终认为中西文化之间存在着根本性差异，服膺儒家文化的基本精神，认为中国文化的革新不是接受西方，而是接续西方；改造中国文化的目的是将中国文化发展为世界文化。当然，梁漱溟并不缺乏对传统文化的批判精神。在梁漱溟的观察中，中国传统文化的特征主要体现在"理性"的早熟上。在某种程度上，这种早熟也可以说是一种文化缺陷。理性的早熟，使中国过早形成一个稳定闭合的圈层，在生产和生活的各方面均

---

① 以上引文见常乃惪《中国民族与中国新文化之创造》，《东方杂志》第 24 卷第 24 号，1927 年 12 月 25 日。

可自足。经过漫长的发展至近代，传统文化已经无法全然满足社会发展的需要，其自身的惰性限制了中国向近代的转型，但传统文化却又依旧维持着这个僵化的庞大体系。梁漱溟认为西方文化以人的"欲望"为本位，充满了斗争性，中国文化以理性为基础，伦理色彩浓厚。他不否认这与儒学对传统社会组织的浸润有关。梁漱溟认为孔子奠定中国文化精神，却被统治者利用，成为"吃人的工具"，这种被统治者扭曲的"儒家思想"使中国逐步走向"老衰"。① 在儒学的影响下，中国文化中的家庭观念极强，从国家到乡村都依赖于这种家族观念和组织。"一个人简直没有站在自己立场说话的机会，多少感情要求被压抑，被抹杀。"② 民主和法治无法在这样的土壤中生根发芽。与之相反，西方高度民主和尊重法治的理念得益于他们的宗教信仰，打破了家族小群与阶级制度，可以形成"超家族"的生活模式，促进了社会团体和各阶级的形成，逐渐培养了人的"公共观念、组织能力和法治精神"。③ 因此发展中国的团体组织和科学技术，建立新组织、新社会和新礼俗，成为梁漱溟改造中国文化的要义。梁漱溟说："依我看来，由于中西文化的根本差异，唯有先在广大农村推行乡治，逐步培养农民新的政治生活习惯，西方政治制度才得在中国实施。"④ 明白这一点，就不难理解为何他的文化实践偏重于乡村建设运动上了。要之，梁漱溟的策略是从传统乡村入手，培养民众的团体生活习惯和"向上"的精神，自下而上改造中国社会。

相较而言，常乃惪的文化改造方略则是自上而下的。他从传统文化中跳脱出来，丰富了"中国本位"的文化观，⑤ 逐渐确立了以国家为中心的文化构想。常乃惪把"文化"界定为包蕴了从学术思想到饮食起居在内的全部生活状态的抽象名词。"一切的道德、理想、组织、制度都是文化的表现。"⑥ 文化如同生物一般，有一个生长、演变、衰弱、消亡的过程。如果说梁漱溟的文化观是对感性认识的抽象和哲学化概括，那么常乃惪的认

① 参见梁漱溟《中国文化要义》，第 328～333 页。
② 梁漱溟：《中国文化要义》，第 290 页。
③ 参见李渊庭、阎秉华《梁漱溟先生年谱》，广西师范大学出版社，1991，第 314 页。
④ 梁培宽编《梁漱溟自传》，第 3 页。
⑤ 在常乃惪之前，王新民等十位教授在《中国本位的文化建设宣言》(《文化建设》1935 年第 1 卷第 4 期) 便提出在文化的建设中，坚守中国本位，称："要使中国能在文化的领域中抬头，要使中国的政治、社会和思想都具有中国的特征，必须从事于中国本位的文化建设。"
⑥ 常乃惪：《中国文化小史》，载黄欣周编，沈云龙校《常燕生先生遗集》(一)，第 2 页。

识便是由特殊到一般，是对文明演进现象和文化发展规律的总结。

常乃惪将中国文化划分为八个时期，依次为：自太古至西周的宗法社会时期；春秋战国时代的宗法社会破裂后文化自由发展的时期；秦汉两代统一安定向外发展的时期；魏晋六朝民族移徙印度新文化输入的时期；隋唐两代民族同化成功新文化出现的时期；晚唐五代宋朝民族能力萎缩保守思想成熟的时期；元明清三朝与西方文化接触逐渐蜕新的时期；晚清以至今日大革新的时期。① 此后，常乃惪又将中国传统文化划分为三个阶段：夏商至秦汉为第一阶段；魏晋至隋唐为第二阶段，开元天宝后转入衰败；两宋至明末清初为第三阶段，以两宋为春季，元明两朝为夏季，到了明末清初便入了秋季，乾隆之后民族和文化的冬季便来了。鸦片战争以后是文化发展的新一阶段，是新一轮的融合与扬弃，需要融合西方的科学、哲学、器物、制度，抛弃与此相反的思想桎梏。常乃惪的文化分期理论，注重考察自我与他者文化间的斗争与融合，体现了文化新生、老旧、生长、衰亡的规律及其对现实政治和社会发展的影响。

具体来说，夏商周时期家族间的联合与吞并，促进了文化的交流及社会的演进，中国由"家族社会"进入"部族社会"。春秋战国是部族社会的斗争，新的部族在进行统治的时候又会在文化上被征服，在军事征服与文化征服之间，中国社会走出部族文明，逐渐开始了几个"民族社会的雏形"，② 在文化上便形成了以阴阳家为代表的东方燕齐文化体系，以道家为代表的南方荆楚文化体系，以法家为代表的西北秦晋文化体系，以儒墨两家为代表的殷商文化体系和巴蜀文化体系。"秦始皇到汉宣帝是民族社会的完成阶段，也是文化的融合发展阶段。自此以后中国民族的古文化便入了隆冬衰老期。"③ 魏晋时期，鲜卑、匈奴诸民族不断强盛，民族上的混血也就是文化上的接枝。印度文化传入中国后，她衰老的状态及内容被改变，同时也为中华文化注入了新内容。隋唐两朝有别于秦汉，是另一新文化体系的结晶，是中国民族及其文化体系的复苏及扩大。它的发展亦经历了结合、发展、繁荣、衰败的历程，于开元天宝年间达于极盛，此后又进入衰败期。契丹、女真、蒙古、西夏等民族为老旧的中国文化的繁荣提供

---

① 参见常乃惪《中国文化小史》，载黄欣周编，沈云龙校《常燕生先生遗集》，第10~11页。

② 常乃惪：《历史文化之有机的发展》，载黄欣周编，沈云龙校《常燕生先生遗集》（一），第318~319页。

③ 常乃惪：《历史文化之有机的发展》，载黄欣周编，沈云龙校《常燕生先生遗集》（一），第323~325页。

了基础，阿拉伯文化中的天文数学和医药学为元朝文化增添了许多新内容。鸦片战争后，中国进入了黑暗时期，这也是新文化酝酿的时期，途径便是文化接枝与民族混血。① 常乃惪的划分标准与思想与雷海宗有几分相通之处，② 但常乃惪不承认中国存在纯粹的文化创造期，因为文化是外部刺激与内部反应的结果，是一个在地域上由狭至广的动态衍变的过程，自始至终并无例外。

常乃惪认为民族发展本身就是文化的交融与交替，传统中国一路走来，在政治、经济、艺术各方面，不只受一种文化的影响，而是在各民族交流中发展的，因此对西方文化的吸收并不可怕，仅是传统中国发展中又一次自我和他者的接触，这也为中国文化的新生提供了一个契机。如上所述，梁漱溟所批判的"西化"，即将中国文化纳入西方文明中，使自身消亡，这与常乃惪所言之"西化"在内涵上也有所不同。

常乃惪提出中国需要建设"中国本位"的文化，而不是"中国文化本位"的文化。这一提法的意蕴在于，承认民族的特性和文化发展的多样性，一切文化"都是向着'利用厚生'的目的而进的"。③ 对此，他有比较深入的思考与论述："中国本位"的文化意味着"一切文化应以中国这个国家有机体的生存和发展为前提，凡否认中国国家的，企图消灭或分解中国国家的有机组织体的，有害于中国的生存发展的思想和制度，无论是国粹或欧化都在应该铲除之列"。常乃惪的文化理想是培养国人的"国民性"，即摆脱"儒家的家族主义和道家的个人主义"，通过"中国本位"文化的建设，"刺激起每一个国家细胞的精魂，把暮气、中庸、保守的态度扫除，另创造一个自由、活泼、进取、斗争的新民族精神"。④ 可见，常乃惪"中国本位"的文化观包含着他的国家理念和政治诉求，即建立一个

---

① 常乃惪：《历史文化之有机的发展》，载黄欣周编，沈云龙校《常燕生先生遗集》（一），第330~335页。

② 雷海宗认为中国四千年来的历史可分为两大周。第一周，由最初至383年淝水之战，大致是纯粹的华夏民族创造文化的时期，可称为"古典的中国"。第二周，由383年至今，是北方各种胡族屡次入侵，印度的佛教深刻影响中国文化的时期，无论在血统上或文化上都起了大的变化。第二周的中国是胡汉混合、梵华同化的"综合的中国"。（《中国文化与中国的兵》，商务印书馆，2017，第129页）

③ 常燕生（常乃惪）：《东西文化问题质胡适之先生》，《现代评论》第4卷第90期，1926年8月28日。

④ 以上引文见常乃惪《文化与国家》，载黄欣周编，沈云龙校《常燕生先生遗集》（一），第389~390、403、397~398页。

强有力的国家，这是他文化建设的落脚点。他认为建设强有力的国家是中国顺利完成近代化转型的前提。传统的中国在文化的交替发展中经历了家族社会、部族社会、民族社会，必将进入国族社会，因此当务之急便是促进社会的转型和国家的建立。

在文化的改造和建设上，梁漱溟认为文化发展的意义在于解决世界性问题。近代以来，西方文化登上历史舞台的中心，强势地侵入世界各地，在打破文化隔阂，输入西方文明的过程中，自身弊端也逐渐显现，而中国文化的精神和品格则是解决这一世界问题的思想来源和主要依据。他对中国文化的认识及其后期所从事的事业，皆着眼于以中国文化引导人类社会走向下个阶段。可以看出，梁漱溟思考文化时预设了两大前提：其一，文化是线性发展的，任何文化只有成长为世界性的文化才有其存在的价值；其二，文化的发展有一定的顺序，有类于人们认识事物的规律，从理性到直觉，再到感觉。与之相反，常乃惪则坚持多元文化论，他重视对民族精神和国民性的探讨，但不会将任何一种民族精神视为文明的必经阶段，主张各文明都有其价值。常乃惪没有规划世界文化的发展样貌，而是将文化的融合与交织视为人类文明发展的规律和趋势，认为文化发展的关键在于汲取他者的优势，为陈腐老旧的文化输入新鲜血液，催发文化的新生。随之而来的是，文化的地域性被打破，文化互动更为频繁，人类交往更加密切，国家成为保护民族的重要组织形式。常、梁二人在构建新的文化秩序时，均蕴含着思想的独特性。他们看到了不同文化的精神与特性，也评估了人类文明发展过程中本国文化的价值与意义，在具体规划上又体现了不同的状态。

以文化图救亡是常乃惪与梁漱溟等人在新文化运动后所寻觅的新路。新文化运动的"破"远大于"立"，这场运动从文化上对中西差距进行深度反思，对传统文化的破坏性极强。常乃惪与梁漱溟皆旨在探究中国文化发展方向，回答近代中国如何自处，如何完成近代化转型。梁漱溟的文化观以宣扬中国文化的特殊性为理论基础，彰显中国文化对整个人类的特殊意义，自信中国文化将在接下来的很长时间里主导世界文化。常乃惪则认为文化是各民族发展过程中的一个普遍现象，强调人类文化发展的普遍性规律。常乃惪与梁漱溟以中国人的思维和文字来理解和阐释西方文化，得失兼有。梁漱溟的文化观是先验式的，以人类认识事物的阶段性来印证中西文化的发展，有可商榷之处。常乃惪以生物生长发展的规律思考文化的演进，越过了生物与文化的界限，无视隐藏在文化融合背后的冲突与斗争，亦有穿凿之处。尽管如此，梁漱溟和常乃惪的文化革新运动，仍是新文化运动后启蒙思想发展到新阶段在救亡方式上的新突破。大约一个世纪过去了，梁漱溟和常乃惪两位学者提出的中国文化如何回应世界，如何在文明的激荡与挑战中自处等问题依旧值得思考，而他们当年的方略也为我们提供了可资借鉴的思想资源。

民国时期考古学的发展与中国历史撰述中的"古史"建构[*]

王 兴

（湖南大学岳麓书院，湖南长沙 410082）

摘 要：缘于史料观念的转变、疑古学说的刺激、近代考古学在中国的学科定位与学术使命，考古学兴起之后，旋即受到民国时期史学界的重视，并且考古材料被运用于古史书写之中。当时的史前考古成果打破国人上古黄金时代观念，"拉长"了中国古史，由此重塑了国人的"史前史"认知和民族自信心。而殷墟考古成果，不仅使"商史"书写有更为明晰的时间序列，同时根据殷墟出土物，还可考察商代农业、畜牧业、手工业的发展水平以及艺术等"意识诸形态"的发展程度。即使当时的考古工作有许多局限，未来考古工作如何发展亦未可知，但许多学者仍期望将来出现满意的古史撰述。在民国考古学发展脉络中，考察中国历史撰述中的"古史"建构问题，亦可为当今的古史书写和中国特色古史理论结构的建立提供借鉴。

关键词：中国历史撰述 考古学 "古史"建构 史前史 商史

与历史学相比，考古学在 20 世纪中国"古史"建构历程中提供了另

---

* 本文系国家社科基金青年项目"新中国初期史学界的学术重构研究"（20CZS003）阶段性成果。

外一条重要路径。近代考古学①在中国产生后，利用考古成果建设中国"古史"成为当时乃至后来许多学人的重要期待和努力方向。虽然考古学与历史学有着不同的理论体系、研究对象与方法等，但二者研究的最终目标却有一致之处，即探究、阐明中国古代社会情形。因此，从"古史"建构的角度入手，是探讨考古学与历史学如何相互影响、相互作用和二者各自局限的一个有效"切入点"。②本文在民国考古学发展的脉络中，通过考察当时的中国"古史"撰述，③分析和阐明时人对考古学的认知、史前考古成果对"史前史"撰述的"渗透"、殷墟考古成果对商史撰述的促进等问题，以就教于方家。

一　中国近代考古学的兴起与"古史"材料的扩充

虽然近代意义的中国考古学产生于20世纪20年代，但在19世纪末20世纪初，发源于西方的考古学等科学知识，便已作为一种思想资源进入时人的视野及相关著述中。但当时考古发掘活动尚未在中国展开，所以夏曾佑、刘师培等人的历史著作对考古学知识大体仍停留在简单的介绍层面，并未探讨考古学对古史研究所能带来的具体帮助。他们主要将考古学知识与人种起源、器物变化等联系起来，而在具体的行文中，仍主要以神话传说系统对上古史展开叙述。与此相比，20年代开始出现的历史撰述，考古学知识明显增多，涉及的内容也趋于详细。

1922年，李泰棻在《中国史纲》"绪论"中提及与历史学相关的"科学"共十四种，其中包括"考古学"。"考古学关于史者"，可分为古土木

---

① 本文所言考古学，是指20世纪20年代以安特生的考古工作为起点，并逐渐兴起的重视田野发掘、运用地层学与类型学等科学方法的"中国近代考古学"。

② 以往学术界更侧重于古史问题本身的研究、争鸣，以及考古学与古史学的理论关系，参见俞伟超《古史的考古学探索》，文物出版社，2002；向燕南《中国考古学与史学之关系的理论思考》，《高校理论战线》2003年第8期；陈淳《从考古学理论方法进展谈古史重建》，《历史研究》2018年第6期；刘未《考古学与历史学的整合——从同质互补到异质互动》，《中国史研究》2021年第3期；杨博《探索未知　揭示本源——历史学与考古学研究的融合发展》，《中国史研究》2021年第3期；徐良高《以考古学构建中国上古史》，《中国社会科学》2021年第9期等。本文主要从历史书写（叙述）的视角，参照考古学发展史，考察民国时期中国历史撰述中的"古史"建构。

③ 考虑到相关言说的用语习惯，本文言及的"古史"，泛指秦统一六国前的中国历史。另，有关中国马克思主义史家历史撰述中的"古史"建构问题，参见王兴《20世纪三四十年代中国马克思主义史家历史撰述中的"古史"建构》，《中国史研究》2020年第3期。

学、古器物学、古碑石学，这三类有助于史学之研究，能扩充古史材料。李泰棻立论的基础在于，他以"科学"为视角，对"历史学"所下的定义：广义的，"凡一切科学，与史学均有关系"；狭义的，他所列出的"考古学""人类学"等，与历史学有紧密关系。① 李泰棻的这种做法，与当时思想领域的学术趋向有关。新文化运动以后，"科学"一词在中国思想界广为流传，研究史学等文科诸学也需要"科学知识"的观念基本成为学术界的共识。所谓"科学"，主要指近代自然科学法则和科学精神。另外，李泰棻还将历史分为"未有文字以先之时代"和"既有文字以后之时代"，认为要采用"直接观察"和"间接观察"两种不同方法分别对这两个时代加以研究，"直接观察，即考古；间接观察，即读书"。② 他的《中国史纲》"本论"第一篇即叙述"未有文字以前之史略"，结合西方考古学知识及中国上古神话传说的文献记载，分别对中国木器（附骨器）、石器、陶器、铜器、铁器时代加以记述。显然，李泰棻在"史前三期说"（石器时代、铜器时代、铁器时代）的基础上，又细分出木器（附骨器）和陶器时代加以阐述。

顾颉刚和王锺麒编写的《现代初中教科书·本国史》强调"古代遗留下来的器物"与"掩没在地层中的疆石"都可成为"历史的好材料"，③由此扩充历史的范围。顾颉刚后于1933年在燕京大学授课并编写的《春秋战国史讲义》当中指出东周以前的古史"简直渺茫极了"，"我们真要知道那时的情形，只有从事于考古学，努力向地下发掘遗物"。他还提到"这十余年来新石器时代末期的遗物大批发现，或者就是给我们看一部夏的历史吧？"④

李泰棻在"古器物学"中提到"古器物"可采用"掘地"之法获得，说明他已经开始意识到了由地下出土物"可知当时社会状况"。⑤ 1926年出版的《评注国史读本》也提及"欲讲上古史，须发掘地层，罗列标本，以为佐证"。⑥ 在既有观念中，中国历史本来就非常悠久，而考古材料让人

---

① 李泰棻：《中国史纲》第1卷，武学书馆，1922，第8~11页。
② 李泰棻：《中国史纲》第1卷，第21页。
③ 顾颉刚、王锺麒：《现代初中教科书·本国史》上册，商务印书馆，1925，第5页。
④ 《春秋战国史讲义》，《顾颉刚全集·顾颉刚古史论文集》卷四，中华书局，2010，第112、120页。
⑤ 李泰棻：《中国史纲》第1卷，第10页。
⑥ 李岳瑞编，印水心修订《评注国史读本》第1册，世界书局，1926，"例言"第1页。

们意识到中国自有人类以来的历史更为久远。1929 年，教育部颁布《初级中学历史暂行课程标准》，其中规定要在"绪论"部分讲授"中国民族过去的光荣"，在"上古史"部分讲授"中国北部石器时代的文化"。① 孟世杰据此编写了初级中学教本《中国史》，他认为所谓的"光荣"包含一项重要内容，即"近十年来，中国各省，颇有旧石器时代人类遗物发见，证明中国有史以前，已有四五万年文化"，此外在周口店"所得之人牙，为五十万年以前人类所遗者"，可知"中国之有人类，更为古远"。② 李云坡的中等学校教科书《本国史》也提到"北京人"化石的发现"轰动全球……这至少是五十万年前的人骨化石，世界现所发见的无更古于此者"。③

20 年代末 30 年代初，陆东平、朱翊新编著出版了《高中本国史》。作者已经注意到"以前学者"与"现在学者"在考究历史事实时所用材料的不同，"现在学者"不限于"记载史事的史书"，并将"发自地层的化石""留于现代的古物"也看作"好材料"。④ 周予同也持相似的观点，并强调"从事于考古学来努力于地下发掘"是"今后研究古史"的"一条大道"。⑤ 值得注意的是，周予同"为助学者兴趣计，对于近代新发现的古物"，⑥ 选择"河南陶器彩纹与亚诺陶器彩纹""仰韶期的遗物"等图片，插印在书中相应内容。他指出，学者所叙述的史实"须有文献的或实物的根据，而不是各种性质不甚可靠的书籍的合并或杂抄"。⑦ 周予同所指，实际上扩充了史料的范围，尤其是他对"实物"材料的重视，大大扩充了古史研究的史料范围。当时有观点指出"古物的发掘，愈有成绩时，古史的探讨，也愈有成绩"。⑧ 与周予同的看法类似，应功九、余逊也意识到考古材料之于建设古史的重要性。应功九指出，"我们今日知道历史上有旧石器、新石器、铜器等时代的事实，全是靠这种发掘与推断的所得……中国

---

① 《初级中学历史暂行课程标准》，《湖南教育》第 13 期，1929 年 11 月。
② 孟世杰：《中国史》上册，百城书局，1931，第 5~6 页。
③ 李云坡：《本国史》上册，北平文化学社，1931，第 6 页。
④ 陆东平、朱翊新：《高中本国史》上册，世界书局，1931，第 3~4 页。
⑤ 周予同：《开明本国史教本》上册，开明书店，1932，第 24 页。按，周予同有此认识，与他阅读《古史辨》有关，详见周予同《顾著〈古史辨〉的读后感》，《文学周报》第 233 期，1926 年 7 月。
⑥ 周予同：《开明本国史教本》上册，"编辑大意"第 2 页。
⑦ 周予同：《开明本国史教本》下册，开明书店，1934，"附录"第 25 页。
⑧ 陈登原：《高中本国史》上册，世界书局，1933，第 14 页。

研究古代史的人，现在也知道从这条路上努力了"。① 余逊甚至强调"研究古史，以从事考古学，努力于地下的发掘，为唯一的康庄大道"。② 这些观点基本反映了时人对考古学作用的认知。

1940 年，钱穆出版的《国史大纲》指出"近人对上古史之探索，可分两途"，其中第一条途径为"史前遗物之发掘"。由于近代考古学在国内的发达，"三皇五帝之传说，渐为石器时代、铜器时代之观念所替代。不可谓非对古史知识一进步"；而关于殷商时期"新发现的直接史料"，"对于中国古代史之可信价值，有甚大之贡献"。③ 可见钱穆对石器时代遗址和殷墟甲骨的发现，给予高度肯定，不管是促进古史研究还是改变国人古史观念，这些新史料都有重要贡献。同年出版的陈恭禄《中国史》感慨在商史材料方面，最初只限于各种古籍，"地下发见之史料，近始为人利用"，例如"古人视古籍为可信之史料，今则彝器铭文处于极重要之地位"。④ 陈恭禄对于彝器铭文的史料价值的判定，亦反映出"古人"与"今人"在处理商史材料方面的观念之变化。吕思勉于 40 年代出版的《先秦史》也将"古史材料"作为重点探讨的内容。他认为史料在学理层面大致可分为"记载"和"非记载"的。其中"非记载之物"又可分为三种，即"人""物""法俗"。对于先史时代的社会情状，"非记载之物，足以补记载之缺而正其伪，实通古今皆然，而在先史及古史茫昧之时，尤为重要"。⑤ 吕思勉所指"非记载之物"中的"人类遗骸""实物"均与考古发掘活动有关，这些材料对于考究茫昧的古史尤其重要。

随着近代考古学的发展，古史材料经历了"记载的"到"非记载的"史料扩充。上述诸家对"记载的"或"文字"史料的认识基本一致，但对"实物"史料有不同角度的认知。"实物"是直接留传下来的古物，还是经过发掘的出土物；即使是通过发掘所得的"实物"，是指有文字存留的甲骨或彝器，还是指无文字的陶器等。"记载"和"非记载"的古史材料基本可将中国历史分为"史前"与"有史"时期。在分别对这两大时期进行研究时，何种古史材料居于"正料"，何种居于"副料"，不同性质材料的关键程度和所能发挥的作用也是不同的。

---

① 应功九：《初中本国史》第 1 册，正中书局，1936，第 3 页。
② 余逊：《高中本国史》上册，世界书局，1933，第 2 页。
③ 钱穆：《国史大纲》上册，国立编译馆，1947，第 1、4、13 页。
④ 陈恭禄：《中国史》第 1 册，商务印书馆，1940，第 168、227 页。
⑤ 吕思勉：《先秦史》，开明书店，1947，第 4~5 页。

　　为何考古学的实物材料能受到当时史学界密切关注，并成为重要的古史材料来源，原因大致有三。

　　首先，史料观念的转变。西方史学思潮传入中国，促使近代学人对史料重新加以审视。19 世纪末 20 世纪初，许多新史料诸如甲骨卜辞、汉晋简牍的发现，引起人们对史料范围、价值、审查方法等多方面探讨，比之于清人章学诚"六经皆史"的观点，近代学人的史料观念开始发生转变，王国维、陈寅恪等人都论证了新史料对于研究旧问题、发现新问题的重要价值。

　　其次，疑古学说的刺激。虽然 1923 年顾颉刚提出"层累地造成的中国古史"说，打破了传统古史体系，并在当时及后来学术界产生重要影响，但如何重建可信古史，又是包括"古史辨派"学人在内的更多学人都要面对的问题，于是很多学者转而寄希望于考古学。这也可解释何以随着考古工作的展开，考古材料会受到绝大多数古史研究者的重视。以 1928 年的殷墟开始发掘为例，当时选定殷墟为考古工作重点，并不是偶然的，而是因为时人"迫切要求通过考古发掘寻找可靠的古史新材料，于是便对因出土大批殷代王室刻辞甲骨而判定的殷墟给予高度重视，希望以这一有历史根据的地方为起点取得突破"。[①]

　　最后，与考古学在中国的学科定位与学术使命有关。近代中国史学学科化的重要特征之一，就是近代考古学成为历史学知识谱系中不可或缺的链接环节。民初考古学课程就被纳入史学系的修习科目之中，南京国民政府成立后，也规定考古学应列入历史课程的讲授科目中。中国近代考古学成立之初，便具有强烈的"编史倾向"。[②] 1926 年，李济发表讲演《考古学》时提到"考古学与历史也有很大的关系"。[③] 1928 年傅斯年创办史语所，提出"近代的历史学只是史料学"，考古学可扩宽史料范围，史语所考古组的建立即源于此。他认为："考古学在史学当中是一个独异的部分。"[④]史语所殷墟发掘开始不久，傅斯年更加自信近代考古学在重建中国古史乃至提高中国史学的国际影响力等方面具有重要意义。傅斯年虽未亲自参与考古发掘活动，但作为当时国内重要学术机构的组织领导者，他的观点对史语所考古组工作颇具指导意义。后来被聘为史语所考古组主任的李济强

---

①　王世民：《考古学史与商周铜器研究》，社会科学文献出版社，2017，第 27 页。
②　Lothar von Falkenhausen, "On the Historiographical Orientation of Chinese Archaeology", *Antiquity*, Vol. 67, No. 257（1993），pp. 839–849.
③　李济：《考古学》，《清华周刊》第 25 卷第 8 期，1926 年 4 月。
④　傅斯年：《考古学的新方法》，《史学》（上海）第 1 期，1930 年 12 月。

调编辑出版考古报告的"重要的旨趣"在于将历次田野工作积累的知识系统地汇集起来,"再由史学家自由的比较采取"。① 利用近代考古技术对小屯和仰韶进行发掘,由此可提供中国古史的可靠材料,也成为当时及后来不少学人的基本看法。夏鼐在清华大学读书时,比较阅读吕思勉《白话本国史》和缪凤林《中国通史纲要》之后,认为"地下材料未能充分发现以前,新派史学对于殷周以前之史迹,亦只得搁笔"。② 1941 年初,他留学回国途经昆明时,应邀讲演《考古学方法论》,指出考古学与历史学"最终"学术目的相同,即重新还原古人生活概况,阐明中国古代社会情形。③因此考古学在中国的学科定位及李济、夏鼐等考古学者对中国考古学学术使命的界定,也影响着古史学者对考古材料范围、价值等方面的认知,并借助考古材料丰富他们的古史撰述。

二　史前考古成果对"史前史"撰述的"渗透"

中国近代考古学从 20 世纪 20 年代开始发展,至 40 年代末,考古调查及发掘活动主要集中于史前和殷商两大时间段。近代考古学兴起后,中国古史的叙述内容开始尝试运用考古学体系建构"史前史"。在"史前"和"有史"时期的分期框架下,中国上古史也随之出现新的书写模式,即旧石器—新石器—铜器时代的文化序列。以下先论述史前考古成果对"史前史"撰述的"渗透"。

西方学术界所谓的"史前时代","其所谓史,系专指有记录时代而言",李泰棻既然"以有人类即有史为定义",因此"史前史"又称为"未有文字以前之略史"。④ 虽然他尝试运用"史前三期说"解释中国"史前史",但他的《中国史纲》在 1922 年出版之时,考古发掘活动在中国开展得很少,他也提到"未有文字以前之小史,然中国方面,出土古物有限,不能不证明于书",⑤ 因此他更多是参照西方考古成果,并借助中国传说记载,阐述中国史前社会情形。1927 年 8 月,他又出版了《记录以前之人类史略》一书,在"例言"中特意指出"在新旧石器时代,因中土方

① 李济:《编辑大旨》,《田野考古报告》第 1 期,1936 年 8 月。
② 《夏鼐日记》卷一,1934 年 7 月 25 日,华东师范大学出版社,2011,第 250 页。
③ 夏鼐:《考古学方法论》,《图书季刊》新第 3 卷第 1、2 期合刊,1941 年 6 月。
④ 李泰棻:《中国史纲》第 1 卷,第 69 页。
⑤ 李泰棻:《中国史纲》第 1 卷,第 79 页。

面，毫无人类文物发现，故仅述西洋方面"。^① 这与他在《中国史纲》的叙述方法相一致。需要提及的是，此"例言"落款日期为1926年8月，此前，安特生等人已开始在中国境内调查史前遗址。1925年6月，安特生《甘肃考古记》开始印发，提出甘肃远古文化"六期说"。因此李泰棻所说的中国境内毫无石器时代"人类文物"发现，并不恰当，这也说明考古成果要落实在具体的古史撰述之中，存在着一定的"时间差"。

李泰棻《中国史纲》感慨中国"出土古物有限"的现象，到了30年代初出版的中国历史撰述已经发生了明显改观。1931年，孟世杰出版《中国史》，述及"近十年来"中国各省所发现的旧石器时代遗物，由此证明"中国有人类之古远"。^② 傅纬平指出，当时不仅有中国"原人"的发现，还有石器时代遗物的出土。他还根据安特生在辽宁沙锅屯的发现，将"中国新旧石器图"作为插图；同时根据安特生《甘肃考古记》将仰韶期和辛店期的陶甓花纹图印入书中。^③ 周予同《开明本国史教本》对中国石器时代的文化则有更为详细的解释。他参考考古学等知识，不仅提到了石器时代可分为始石器、旧石器、新石器三个时期，而且指出它们的大致时间范围。他又根据安特生《中华远古之文化》^④、翁文灏《近十年来中国史前时代之新发见》^⑤ 等文，得知安特生、德日进、桑志华等人在甘肃、陕西、河南等地的考古活动和研究成果。根据已有出土遗物，周予同认为可以证明"中国民族文化在空间方面是顺沿着黄河流域而发展，在时间方面是已经延续着四五千年以上的历史"。^⑥ 后来他又进一步指出这些遗物可分为石器、骨器和陶器三大类，石器有刀、斧等，骨器有镞、针等，陶器有鬲、鼎等，此外有贝镞、贝瑗等物，进而证明当时的"农业、纺织业、陶业和美术等都已有相当的成绩，那是无疑的"。^⑦ 为引起读者的兴趣，他还将仰韶期部分出土物的图片插入书中。

① 李泰棻：《记录以前之人类史略》，文化学社，1927，"例言"第1页。
② 孟世杰：《中国史》上册，第5页。
③ 傅纬平：《本国史》第1册，商务印书馆，1933，第30~34页。
④ 安特生著，袁复礼译意，《地质汇报》第5号第1册，1923年10月。
⑤ 《科学》第11卷第6期，1926年6月。
⑥ 周予同：《开明本国史教本》上册，第22~23页。
⑦ 周予同：《本国史》第1册，开明书店，1947，第21~22页。

缪凤林《中国通史纲要》也记述了"史前之遗存"。[①] 在他看来，想要根据化石记载考察远古人类生活情况，颇有难度。他梳理了中国境内石器时代的遗物，认为"遗存年岁，虽略与有史时代衔接"，然而"与太古传说，则多枘凿"，所以这些遗物很难反映远古时代的年岁。不过，根据这些遗物可考察古史情形的五项内容，即农业社会、工艺、蚕业、宗教、美术，这些"足补旧史之缺"。缪凤林"因古物之见，藉知古史历年之久"。[②] 黎东方也认为近代考古发掘可帮助人们"明白中国的历史究已多久"，"截至今日，中国各地已有新石器、旧石器、甚至始石器的发现。关于新旧石器所占的时期，按照世界其他各地的通例，合计应有五万年左右，至于始石器，其时进步极慢，年代自应较之新旧石器尤久"。[③]

从周予同、缪凤林等人对史前考古学的认知来看，他们都认可史前考古学的成果可以丰富人们对"史前史"的认识。但是，他们又期望史前遗物可以和中国既有的传说记载相印证，进而对史前社会有更清晰的认识，这种"互证"的做法或多或少受王国维观点的影响。1925年，王国维在清华学校讲演《最近二三十年中中国新发现之学问》，强调"古来新学问起，大都由于新发现"，"国中古金石、古器物之发见，殆无岁无之，其关系于学术界尤钜"。[④] 同年秋季，他给清华国学研究院讲授《古史新证》，明确提出"二重证据法"。[⑤] 稍后，翁文灏在一篇介绍中国史前遗物的新发现的文章中表达出他对王国维观点的认同，在此基础上，他又认为"所谓地下之学问者，不当仅以逸书及古文件为限。进言之，盖即中国历史初不当仅赖书卷之传述，而应求实物之互证；亦即所以研究之者，初不当限于文学的钻研，而尤重在考古的方法也"。[⑥] 翁文灏的这篇文章，刊于《科学》杂志第11卷第6期"中国科学史料"专号之中，可见已有时人将中国史前

---

① 按，缪凤林对中国史前遗址的发掘十分关注，并较早地将中国史前遗物情况纳入历史撰述之中。1928年，他就发表了《中国之史前遗存》（《东方杂志》第25卷第11期，1928年6月），并在文中指出"中国之史前遗存，发见虽古，近十年来，研究始盛，因掊掘考察，每属远人，故记载著录，亦以西文为多。国人之号称专家者，材抟象胥，追随译述，鲜能有所树立"。该文后成为他的《中国通史纲要》第三章第一节的内容，他认为此文"博观约取，颇存梗概，黜陟论断，尤多独见"，因此先行单独发表。

② 缪凤林：《中国通史纲要》第1册，钟山书局，1932，第138~142页。

③ 黎东方：《中国历史通论·远古篇》，商务印书馆，1944，第3页。

④ 王国维：《最近二三十年中中国新发现之学问》，《清华周刊》第24卷第1期，1925年。

⑤ 王国维：《古史新证》，清华大学出版社，1994，第2页。

⑥ 翁文灏：《近十年来中国史前时代之新发见》，《科学》第11卷第6期，1926年6月。

时代的新发现纳入"科学史料"的范围之内。王国维所指的"地下材料"，"仍以有文字者为限，但所代表的更重要的一面，实为中国的史学界，接受了'地下材料'这一观念"。① 即使后来的学者，将王国维关于"地下材料"的定义加以扩大，扩展到无文字记载的出土器物，甚至利用民俗学、民族学等领域的相关材料，但"互证"的做法仍是他们的历史撰述所常采用的方法，此后学术界甚至将此方法视为一种"典范"。

20世纪20年代至40年代末，中国史前考古成果逐渐改变了国人的古史观念，并重塑着他们的"史前史"认知。20年代中期，翁文灏便强调"用考古学的方法……于此短时间内之所得，已足使吾人对于书契以前中国之人种及文化别辟一种崭新观念"。② 顾颉刚描述道："北平西南房山县发见了一座完好的猿人头骨……我们得到这消息，快乐得跳起来，叫道：'中国历史的第一页找到了！'"③ 这既形容时人听到这个消息时的表现，实际上也反映了"北京猿人"对于丰富他们的"史前史"认知所产生的震惊作用。陈恭禄《中国史》也指出"近时周口店，亦有旧石器人骨发现，当可改正吾人之观念"。④ 具体而言，史前考古对国人古史观念的改变和"史前史"撰述的"渗透"，主要体现在三方面。

第一，打破上古黄金时代观念，使人明白人类社会经历了石器时代甚至更早的发展阶段。19世纪末20世纪初，有部分学者（如日本学者鸟居龙藏、美国学者劳弗尔）认为中国无石器时代，章鸿钊1918年出版的《石雅》即笃信此说。⑤ 但后来安特生确定仰韶文化为"远古之中华文化"，由此推翻了中国无石器时代的假说，"中国北部之新石器时代，于焉确立"，甘肃、陕西等地均有石器遗址发现，"中国新石器时代分布之广"而鸟居龙藏、劳弗尔等"瞽说之不足信也"。⑥ 随着考古发掘工作的拓展和科学知识的进步，"上古黄金时代之观念，已无立足之余地"。⑦

第二，从时间观念而言，史前考古成果"拉长"了中国古史，使人们

---

① 李济：《安阳发掘与中国古史问题》，《历史语言研究所集刊》（台北）第40本下册，1969年11月。

② 翁文灏：《近十年来中国史前时代之新发见》，《科学》第11卷第6期，1926年6月。

③ 《春秋战国史讲义》，《顾颉刚全集·顾颉刚古史论文集》卷四，第114页。

④ 陈恭禄：《中国史》第1册，第91页。

⑤ 按，1927年章鸿钊重印此书时，根据安特生等人的考古发现，又增补了《中国石器考》作为"附录"，对旧说有所订正。

⑥ 缪凤林：《中国通史纲要》第1册，第131~134页。

⑦ 陈恭禄：《中国史》第1册，第157页。

得知中国历史更为古远。1926 年 1 月，李济在清华学校大学部讲演时就提到，"自从有了考古学以后，把人类的历史，延长到十二万五千年"。[1] 换言之，在李济看来，可以运用考古学的知识拉长中国的古史。后来有观点就指出，近代考古学家"多努力于发掘事业，以求地下古物之证据渐补记录之不足，此种工作，固不尽为古史延长，要之亦为最大目的"。[2] 在中国考古发掘活动并未展开时，胡适作《自述古史观书》寄予顾颉刚，信中提到将来地下史料充分时，"慢慢地拉长东周以前的古史"。[3] 30 年代初，王锺麒的《中国史》指出，各地旧石器时代文化的发现"使我们把史前的文化拉长了三四万年"，[4] 类似观点也多见于其他人的古史撰述之中。40 年代末出版的孙正容《高中新本国史》也明确提到"考古学对史学的贡献，厥惟能将历史时间向上拉长，于古人没法知道的事情，设法使他知道"。[5]

第三，自周口店北京猿人发现之后，这一考古新发现成为史前时期重点介绍的内容，并改变了人们对中国人种起源问题的看法。中国人种起源问题是"古史"建构中的一项重要议题，并与文明起源、民族—国家建构、近代中国文化自信的建立等问题密切相关。

三 殷墟考古成果对"商史"撰述的促进

与史前考古发掘活动同时进行的还有历史时期考古，其中尤以殷商考古发掘为重点。1928 年 10 月，董作宾在安阳主持史语所考古组成立后的第一次考古发掘，至 1937 年 6 月，史语所在安阳殷墟前后进行了十五次发掘，并相继出版了考古发掘报告及有关资料。安阳殷墟的发掘，不仅证明了"甲骨文存在于殷商时期"，"从此使中国古文字研究开始在新的基础上进军"，而且根据所公布的考古资料，"为进一步研究中国古代历史奠定了新的基础"。[6]

19 世纪末发现的甲骨文被后来学术界认为是一个重大发现，至 1928

---

① 李济：《考古学》，《清华周刊》第 25 卷第 8 期，1926 年 4 月。
② 李泰棻：《古代帝王名及其事迹造作原因之推测》，《新东方》第 1 卷第 3 期，1940 年 4 月。
③ 胡适：《自述古史观书》，载顾颉刚编著《古史辨》第 1 册，上海古籍出版社，1982，第 22 页。
④ 王锺麒：《中国史》第 1 册，商务印书馆，1931，第 26 页。
⑤ 孙正容：《高中新本国史》上册，世界书局，1947，第 35 页。
⑥ 李济：《安阳·自序》，《李济文集》第 2 卷，上海人民出版社，2006，第 320 页。

年安阳殷墟开始发掘之前，甲骨文字已被中国学术界和部分外国学者所知晓。特别是经过罗振玉、王国维等人的考释工作，甲骨文字成为确定商代"信史"地位的重要材料，甚至由此推衍出夏代历史的可信性。20世纪上半叶中国历史撰述中关于"信史"开端的记载，有不少就是根据甲骨文加以判定。20世纪20年代末，陆懋德等人的著述便开始将商代历史作为中国"信史"的开端进行叙述。① 在探寻"信史"的基本前提下，殷墟卜辞、青铜铭文以及各种考古发掘等都成为订补文献、考求"信史"的重要材料来源。从30年代开始，除了少数中国历史撰述外，大部分将商代作为中国可信历史叙述的起点。殷墟考古成果对"商史"撰述的促进，具体表现在三方面。

首先，殷墟考古发掘成果，使"商史"书写有更为明晰的时间序列。30年代中期，周予同指出，小屯发现的许多刻字龟甲兽骨，经有关学者研究，"断为殷商时代的遗物，于是离现在三千多年以前的中国古史，竟使我们得到比记载为尤明晰的观念"。② 杨东莼也提到，由殷墟发掘可知殷商文化发展程度很高，"商代的前半期甚至商代之前的夏代，其文化亦必大有可观，远在三千年以前"。③ 殷墟考古发现对"商史"的证实，也对"东周以上无史"的说法做了重要修正。

之所以有这种相对确切的时间观念，主要得益于殷墟考古对甲骨文字及有关铜器铭文的进一步确认，"安阳发掘从一开始，其目的就是发现古代中国有文字记载的历史，而不是寻找艺术品和埋葬的珍品"。④ 有观点就提到，"中国考古学者最伟大的贡献，是商都殷墟古物的发掘与研究。在殷墟发现的古物，主要是刻有文字的龟甲与兽骨……根据这些商人自己的文字，再以后人对商代的记载来印证，历史学家对商代的生活，已经可以描出一幅相当真确的图画了"。⑤ 董作宾本人的教育背景中并没有近代考古学的学术训练，因而他对殷墟发掘的预期，与史学家罗振玉等人之前的看法相近，他们的史学眼光都以发现带字的甲骨骨片或铜器为主。所不同的是，董作宾希望通过发掘获得甲骨。时人评价董的工作，"于发掘甲骨出土

---

① 有关20世纪上半叶中国历史撰述中"信史"开端的论争，参见王兴《20世纪上半叶中国"信史"开端之争》，《中国社会科学报》2020年5月19日，第6版。

② 周予同：《开明本国史教本》下册，"附录"第20~21页。

③ 杨东莼：《开明新编高级本国史》上册，开明书店，1947，第39页。

④ 米勒德·B.罗杰斯：《安阳·序言》，《李济文集》第2卷，第322页。

⑤ 胡玉堂：《中国史简编》，商务印书馆，1948，第5~6页。

记载之周详，前此所未尝有。故能提出新问题……与吾人以新的启示"。① 董作宾在《安阳发掘报告》发表了《甲骨文研究的扩大》（第 2 期，1930 年 12 月）、《大龟四版考释》（第 3 期，1931 年 6 月）、《释后冈出土的一片卜辞》（第 4 期，1933 年 6 月）等文，他甚至期待，如果从祀典、田猎、征伐等各方面研究甲骨文字，"这样的才可以把甲骨文字一举研究成功，才可以把'契学'作了基础，把殷商一代的文化史，分门别类，从废墟中一砖一石的建设起来"。② 1945 年 4 月，董作宾的《殷历谱》作为史语所专刊印行。傅斯年在该书序文中对董作宾的工作给予高度评价，他认为"中国信史向上增益将三百年，孔子叹为文献无征者，经彦堂而有征焉"。董作宾从年代学的角度对甲骨卜辞等加以考释，不仅进一步确定了商代信史的地位，也对商代历史的撰述起到了促进作用。黎东方《先秦史》便提到"丰富的卜辞，告诉我们以许多关于商朝后半期的历史事实。由于董作宾先生研究，我们知道了当时的历法已经很进步"。③

其次，由于殷墟铜器的出土，很多学者据此判断商代文化发展状况或社会性质。除甲骨卜辞外，铜器又为殷墟考古的重要出土物。殷墟首次发掘时，与甲骨卜辞同出之古物即有铜器，这些器物在董作宾看来可作为"材料之待整理者"。④ 1929 年春，史语所考古组在李济的主持下，进行殷墟第二次发掘。李济随后指出，此次发掘"有好些铜镞出土，村北所出的铜范尤令人称道。这是第一次切实的证明，商末已到了很进化的青铜时期"。⑤ 李济认为殷墟前五次发掘所得的铜器，可分为礼器、装饰品、用器、武器四大类。其中用器与武器"不但有齐全的实物作据，它们的形制的演化，具有很复杂的过程；探讨这些过程，可以窥见中国铜器时代文化背景的一斑"。⑥ 1932 年秋，殷墟第七次发掘，石璋如主要在发掘区的 E 区工作，他后来在报告中指出 E 区的出土物当中，铜器类也十分可观。⑦

20 世纪 30 年代初，缪凤林《中国通史纲要》论述"殷商之特征"时

① 余永梁：《新获卜辞写本跋》，《安阳发掘报告》第 1 期，1929 年 12 月。
② 董作宾：《甲骨文研究的扩大》，《安阳发掘报告》第 2 期，1930 年 12 月。
③ 黎东方：《先秦史》，商务印书馆，1944，第 42 页。
④ 董作宾：《新获卜辞写本后记》，《安阳发掘报告》第 1 期，1929 年 12 月。
⑤ 李济：《民国十八年秋季发掘殷墟之经过及其重要发现》，《安阳发掘报告》第 2 期，1930 年 12 月。
⑥ 李济：《殷虚铜器五种及其相关之问题》，《庆祝蔡元培先生六十五岁论文集》上册，历史语言研究所集刊外编第一种，1933 年 1 月，第 76 页。
⑦ 石璋如：《第七次殷虚发掘：E 区工作报告》，《安阳发掘报告》第 4 期，1933 年 6 月。

指出"随甲骨而发见者，以铜器为多，制器之模型，与镕铸钟鼎四周云雷盘屈之文之铜范，今亦陆续出土，知殷代为铜器极盛时代"。① 蔡丏因《初中新本国史》（世界书局，1937）也表达了类似的观点，并将"殷墟出土的铜器"图片插印书中。后来钱穆《国史大纲》也指出，史语所主持发掘的殷墟"已是代表很进步的青铜文化"。② 陈恭禄《中国史》、胡玉堂《中国史简编》、周予同《本国史》等亦持此说。

最后，根据殷墟出土物，不仅可探究商代农业、畜牧业、手工业的发展水平，还能考察艺术等"意识诸形态"的发展程度。殷墟出土物除了甲骨卜辞、铜器、石器外，尚有陶器、骨器等。1929 年秋季殷墟第三次发掘后，李济提到此次发掘除"几种重要观察与发现外，尚有多数他种实物"，在此基础上他期待所得的"基本材料仍是那极多极平常的陶片、兽骨等，在这种材料上我们希望能渐渐的建筑一部可靠的殷商末年小小的新史"。③ 由于考古学在中国的学科定位及学术使命，中国考古学者在整个考古工作的最后阶段（即综合研究）中具有明显的"编史"乃至"写史"责任。"考古"是为了"写史"，通过考古材料而建筑"新史"是李济开展考古工作的一个重要目标。

缪凤林从甲骨卜辞大小、刻划技术等方面考察当时的工艺水准，他说："甲骨至坚，作书之契刀，非极锋利不可，则殷人炼金之术，亦已极精矣。"④ 陈恭禄谈道："种类之众多，花纹之美丽，技术之精巧……此可证明殷人文化之进步。冶铜制器为逐渐改进之工业，必有悠久之历史。"⑤ 杨东莼记述"商殷的文化"时也提到，可根据"殷虚出土的遗物和可靠的古籍"阐释殷代的经济生活（牧畜、商业）、文物和思想（历法、宗教）、政治情形（王位继承、诸侯与百官）。⑥ 钱穆《国史大纲》、孙正容《高中新本国史》、周予同《本国史》等著作也试图通过殷墟出土物考察商代工艺、政教、风俗等概况。

殷墟发掘之初，董作宾曾说："把同出的器物作比较的研究，然后从

---

① 缪凤林：《中国通史纲要》第 1 册，第 275 页。
② 钱穆：《国史大纲》上册，第 3 页。
③ 李济：《民国十八年秋季发掘殷墟之经过及其重要发现》，《安阳发掘报告》第 2 期，1930 年 12 月。
④ 缪凤林：《中国通史纲要》第 1 册，第 275 页。
⑤ 陈恭禄：《中国史》第 1 册，第 215 页。
⑥ 杨东莼：《开明新编高级本国史》上册，第 32~39 页。

文字、艺术、制度上，研究殷商文化的程度。"① 如果说，用地下出土物研究殷商文化的程度，董作宾的看法更多是对未来工作的期待，那么陈恭禄等人所写的历史著作，则尝试在具体"写史"层面做出努力。李济曾总结殷墟考古成果时指出"如果把安阳遗存所显示的殷代文化内容勾画出一个全貌，在我看来，除书体外，典型的东方因素有以下三种"，即骨卜、养蚕业和装饰艺术，"它们分别表现着周代以前早期中国人的宗教生活、经济生活和艺术生活"。② 陈恭禄等人的历史撰述，基本上也是尝试运用安阳的考古遗存考察殷商时期的宗教、经济和艺术生活，即物质与精神生活的发展面貌。安阳发掘所累积的材料"在中国史学史中，可以说是空前的"，其最大价值包括"肯定了甲骨文的真实性"，"对于殷商时代中国文化的发展阶段，作了一种很丰富而具体的说明"。③ 殷墟出土物被运用于 20 世纪三四十年代的"商史"撰述之中，其材料价值也主要体现在这两个方面。

四　考古发现运用于"古史"撰述的局限性

尽管 20 世纪 20~40 年代中国考古工作在史前考古与殷商考古两方面取得了重要成就，并对中国历史撰述中的"古史"重塑产生了促进作用，但当时考古工作也存在一定局限性。由于时局动荡、经费不足、考古人才缺乏等原因，大规模的考古发掘工作并未展开。时人用考古学成果阐释"古史"问题、撰写历史著作时，也表达了他们对考古工作局限性的看法及对未来考古工作的期待。

首先，考古工作非常重视"实物"，但对历史学者而言，要想直接获得考古"实物"并非易事。"史前遗存之古物，就近时发掘所获者而言，区域尚不甚广"，且"以天然限制，吾人所知者尚少"。④ 因而很多学者希望通过阅读考古书刊而获得考古新资料，不过当时正式出版的考古书刊亦不尽如人意。陈恭禄指出，史语所发掘殷墟"足以使吾人进一步认识商人

① 董作宾：《甲骨文研究的扩大》，《安阳发掘报告》第 2 期，1930 年 12 月。
② 李济：《安阳的发现对谱写中国可考历史新的首章的重要性》，《李济文集》第 4 卷，上海人民出版社，2006，第 507 页。
③ 李济：《安阳发掘与中国古史问题》，《历史语言研究所集刊》（台北）第 40 本下册，1969 年 11 月。
④ 陈恭禄：《中国史》第 1 册，第 124 页。

之生活。惜其刊印之报告太少耳"。① 吕思勉也感叹"发掘之物，陈列以供众览者少，报告率出一二人，亦又未可专恃"，如此，若以古物考证古史，作为"参证"则可，想要"奉为定论"还得慎之又慎。② 陈恭禄等人所指出的，确实是考古工作客观存在的现象。李济等人也意识到了这些问题。与当时考古工作规模相比，正式发表的考古报告十分有限，并且呈现出一定的"滞后性"。20 世纪 40 年代出版的历史撰述，当涉及古史书写问题时，引用的考古材料仍以抗战之前公布的发掘资料及相关研究结论为主，未能及时吸收考古新观点（如夏鼐对齐家文化年代的修订）。

其次，由于考古工作的局限，很多古史问题并未得到实际解决，但历史学者对未来考古工作仍充满期待，甚至提出考古工作如何继续展开的建议。陈恭禄多次提到考古工作有待继续大规模发掘，他说："我国发现之材料既不甚多，又稍零碎，其待访求遗址，而作大规模之发掘，实为国内学术界之急切需要。"③ 黎东方谈及夏朝遗址时指出，"夏朝遗址的地下发掘，事实上等于没有开始……古书上所注明的夏朝若干地名，如平阳、钧台等处，我们很应该作一次有系统的、大规模的发掘"。④ 一般而言，历史学者利用考古成果对古史加以书写时，是在考古发掘资料或研究论文发表之后，但反过来，历史学者有时也可为考古工作的进一步开展提供意见。黎东方等人的建议，不管是从当时的考古水平，还是从后来的考古状况来看，均有参考价值。

最后，即使考古工作有许多局限，未来考古工作如何发展亦未可知，但许多学者仍期望将来出现满意的古史撰述。陈恭禄分析上古史料的种类、内容及限制，然后指出："吾人研究历史者，则据专家之报告及其发表之论文为材料……慎重选择，先后贯通，然后叙述古人生活之情状，及文化演进之陈迹，庶有满意可读之古史也。"⑤ 综合比较各方面材料，进而恢复古人生活概况，也是中国考古学家的学术使命。建构系统的、可信的中国"古史"，亦成为中国历史学家、考古学家的共同夙愿。

很多史学家既强调考古学对丰富人们"古史"认知所发挥的作用，又注意将考古材料与古史传说相印证，因为"据遗存以述古史，多可与上古

---

① 陈恭禄：《中国史》第 1 册，第 172 页。
② 吕思勉：《先秦史》，第 21 页。
③ 陈恭禄：《中国史》第 1 册，第 91 页。
④ 黎东方：《先秦史》，第 10~11 页。
⑤ 陈恭禄：《中国上古史史料之评论》，《国立武汉大学文哲季刊》第 6 卷第 1 期，1936 年。

传说相佐证，或补其缺遗"。① 这也说明"古书记载"在时人心目中依然占有重要地位。当已有考古成果暂不能为解决古史问题提供有效参考时，有学者则采取较为"传统"的做法，即根据古籍记载的传说体系叙述古史演变。黎东方《先秦史》第一章简要介绍了中国石器时代遗址的发现情况，然后指出"由于发掘的工作做得太少……秦以前的中国历史，虽可以约略介绍一下中国所已发现的旧石器与新石器，而事实的描叙依然不得不托始于三皇"。② 40 年代末，胡玉堂《中国史简编》对古史的记述也采用了类似的处理方法。他指出，"考古学能给我们的答案，不能满足我们的要求。因此，若要研究中国古史，我们不得不暂时从那些古老的传说里讨消息"，因此他的书依次叙述了黄帝、尧、舜、禹等。③ 胡玉堂此书列入"国民教育文库"，上海商务印书馆出版该文库的目的在于"辅助国民教育之推进"，④ 因此胡玉堂叙述中国"古史"的方式也是出于"国民教育"层面的考虑。有些古史问题，既然暂时无法在考古学上得到"承认的根据"，也无法得到"否认的根据"，⑤ 那么在撰写中国古史时，审慎采取已经沿袭下来的传说内容，也算一种"权宜之计"。

---

① 缪凤林：《中国通史要略》第 1 册，商务印书馆，1946，第 15 页。
② 黎东方：《先秦史》，第 4~5 页。
③ 胡玉堂：《中国史简编》，第 2~4 页。
④ 《介绍"国民教育文库"》，《国民教育辅导月刊》第 2 卷第 4 期，1948 年 4 月。
⑤ 顾颉刚：《古史辨》第 2 册《自序》，上海古籍出版社，1982，第 5 页。

斯大林《辩证唯物主义与历史唯物主义》在中国的传播 [*]

任　虎

（杭州师范大学历史系，浙江杭州　311121）

摘　要： 斯大林的《辩证唯物主义与历史唯物主义》是20世纪30年代苏联人文社会科学发展的重要成果。《辩证唯物主义与历史唯物主义》自1938年底传入中国至20世纪70年代，先后产生了7种中译本以及各种翻印、节印本和辅助学习文本。《辩证唯物主义与历史唯物主义》曾成为20世纪30年代末至50年代中共马列主义学习运动的主要学习内容之一，促进了党建理论体系、高等院校课程改革以及唯物史观思想改造。随着实践深入，中国马克思主义学者及时补充和更新《辩证唯物主义与历史唯物主义》的理论内容，进一步推动马克思主义中国化进程。

关键词： 斯大林　《辩证唯物主义与历史唯物主义》唯物史观　思想改造运动

斯大林的《辩证唯物主义与历史唯物主义》（简称《主义》）是马克思主义经典著作之一，完成了马克思、恩格斯、列宁关于"写出一本关于马列主义党的哲学之系统解释" [①] 的任务，被誉为"马克思列宁主义哲学

---

[*] 本文系"中央高校基本科研业务费专项资金资助项目"（2021ECNU-HLYT041）阶段性研究成果，并获得上海市教育委员会科研创新计划重大项目资助。

[①] 〔苏〕米丁：《论斯大林的〈辩证唯物主义与历史唯物主义〉——斯大林的〈辩证唯物主义与历史唯物主义〉在马列主义哲学思想发展中的作用和意义》，杨献珍译，生活·读书·新知三联书店，1950，第2页。

发展中的新的最高阶段"，① 将历史科学提升到"更高的水平"的理论源泉。② 因此，《主义》自 1938 年底传入中国，得到"以苏为师"的中国共产党高度认可。以往学界对马克思主义经典文本在华传播的考察，多集中在《共产党宣言》《资本论》《家庭、私有制和国家的起源》《国际歌》等，而对《主义》的研究尚处于初始阶段。③ 本文通过搜集、比对《主义》的十数种珍稀译本，④ 结合大量档案文献资料，试图梳理其文本形成和在华传播过程。

一　《辩证唯物主义与历史唯物主义》的成书过程

20 世纪 20 年代中后期以来，联共（布）中央在取得对党内反对派斗争胜利，并通过一系列政治举措巩固领导权后，就试图整肃马克思主义理论领域，建立新权威体系。1930 年 12 月，斯大林参加苏联红色教授学院党组织会议后，在苏联哲学界逐渐确立起为政治需要服务的工作方针。联共（布）中央宣传鼓动部部长明确宣布："从现在起，要在各个领域包括哲学领域在内确立一个权威，这个权威就是我们的领袖斯大林。"⑤

---

① 〔苏〕马卡洛夫：《论斯大林著〈辩证唯物论与历史唯物论〉》，潘舒心译，学习杂志社，1952，第 1 页。
② 〔苏〕西道洛夫：《斯大林与苏联历史学》，邱伯年译，中华书局，1951，第 40 页。
③ 参见李长林《恩格斯的〈家庭、私有制和国家的起源〉一书在中国的传播——纪念中译本首次出版八十周年》，《湖南师范大学社会科学学报》2009 年第 6 期；徐洋、林芳芳《〈资本论〉在中国的翻译、传播和接受（1899—2017）》，《马克思主义与现实》2017 年第 2 期；方红《〈共产党宣言〉百年汉译出版及传播考释》，《出版发行研究》2020 年第 5 期；宋逸炜《"英特纳雄耐尔"的文本传布与象征意义——基于三十九份〈国际歌〉文本的考察》，《学术月刊》2021 年第 6 期；等等。
④ 本文主要探讨斯大林《辩证唯物主义与历史唯物主义》中译本在中国的传播过程，其俄文本乃至中俄对照本虽也存在传播现象，但流传广度和深度均受到一定限制。以《辩证唯物主义与历史唯物主义》的重要载体《联共（布）党史简明教程》俄文本为例，据何兆武回忆，他在西北大学师范学院历史系执教时，"上面"发现诸多教师阅读俄文本《联共（布）党史简明教程》的现象后，就"下了一道命令"，规定"学习《联共党史》不准看俄文本！"参见何兆武口述，文靖执笔《上班记》，香港牛津大学出版社，2022，第 14 页。
⑤ 〔苏〕伏尔科夫：《复活·斯大林是怎样成为伟大哲学家的》，转引自马龙闪《意识形态领域的斗争及其历史教训》，载李宗禹等《斯大林模式研究》，中央编译出版社，1999，第 309 页。

　　20世纪30年代前中期，斯大林发起对人文科学领域尤其是哲学、历史学和政治经济学领域的改革。一方面，苏联哲学领域在这一时期相继出版一批以"辩证唯物主义"与"历史唯物主义"命名的著作。其中产生较大影响的有西洛可夫、爱森堡等著《辩证法唯物论教程》，米丁①、拉里察维基等著《辩证法唯物论》，米丁、拉祖莫夫斯基（又译拉佐摩夫斯基）主编《辩证唯物论与历史唯物论》，它们都运用斯大林提出的"两条路线的斗争"理论。

　　《辩证法唯物论教程》是苏联"最近哲学大论战的总清算"后的早期代表，总结了辩证法唯物论的"伊里奇〔列宁〕阶段"，并强调斯大林对列宁主义的发展，使"内容更加丰富，更成就新的发展"。②《辩证法唯物论》介绍了苏联学界关于"史××〔斯大林〕给辩证法唯物论的发展"，认为"史××〔斯大林〕"是对马克思主义理论"更加发展了的"。③《辩证唯物论与历史唯物论》作为"苏联哲学园地内实行总清除以后第一部最完备的新哲学和新社会学底教科书"，总结了马克思主义的"邬梁诺夫〔列宁〕阶段"，④并表达出"约塞夫〔斯大林〕"理论的最新和权威性质。⑤该书基本固化了将马克思主义哲学二分为"辩证唯物主义"与"历史唯物主义"的模式，对《主义》具有直接影响。

　　另一方面，斯大林通过组织编写联共（布）党史，推动马克思主义理论与联共（布）革命实践相结合，来揭示历史发展规律。1932年1月，联共（布）中央政治局在斯大林指导下通过"关于编写《联共（布）历史》"的决定。⑥但由于政治局势不稳定，编写进程直到1937年仍无较大进展。斯大林认为既有的党史论著存在历史分期问题，缺乏对过去党内路

---

　　①　米丁是20世纪30年代苏联马克思主义哲学领域的领军人物之一，并于1933年在苏联红色教授学院主讲辩证唯物论。米丁的中译名有米丁、米定、米汀等。本文正文一律采用译名米丁，注释则保留实际译名。
　　②　〔苏〕西洛可夫、爱森堡等：《辩证法唯物论教程》，李达、雷仲坚译，笔耕堂，1935，"译者例言"第1页，第224页。
　　③　〔苏〕米定、拉里察维基等：《新哲学大纲》，艾思奇、郑易里译，北平国际文化社，1936，第166页。按，《新哲学大纲》为《辩证法唯物论》的中译名。
　　④　沈志远：《序言》，〔苏〕米汀：《辩证唯物论与历史唯物论》上册，沈志远译，商务印书馆，1938，第1~2页。
　　⑤　〔苏〕米汀：《辩证唯物论与历史唯物论》上册，第35页。
　　⑥　〔苏〕罗伊·梅德维杰夫：《斯大林与〈联共（布）党史简明教程〉》，郑异凡译，《俄罗斯学刊》2015年第2期。

线斗争作哲学层面的"马克思主义的解释"。① 因此，他亲自制定联共（布）党史的写作指南和历史分期大纲，并亲自写作《主义》。批评意见和《主义》分别于1937年5月和1938年9月在苏联《布尔什维克》和《真理报》上登载。此后《主义》主要以三种形式存在，在发行单行本的同时，也被收入《联共（布）党史简明教程》（简称《联共党史》）和《列宁主义问题》第11版。这三种类型的发行量巨大，被列为苏联共产党员和高校师生必读书。据统计，《主义》单行本仅第一版就发行300万册，② 而《联共党史》从1938年至2003年共被翻译成126种文字，发行4280万部。③

《主义》对以往马克思主义理论体系作了一定突破。首先，在理论体系方面。斯大林延续米丁的二分法，将马克思主义哲学划分为"辩证唯物主义"与"历史唯物主义"，而在《主义》中进一步分为辩证法、哲学唯物主义和历史唯物主义三部分。他延续了恩格斯、列宁的"推广说"，将历史唯物主义定义为"就是把辩证唯物主义原理推广去研究社会生活，就是把辩证唯物主义原理应用于社会生活现象，应用于研究社会，应用于研究社会历史"。④

其次，在辩证法方面。斯大林在恩格斯辩证法思想的基础上作了一定变动，他总结了马克思主义辩证法的四个特征，分别是联系、发展、质变与量变，以及部分对立统一观点，而"抛弃"和"改正"了恩格斯强调的否定之否定规律。究其原因，斯大林根据苏联通过三个五年计划"实现了社会主义"的实践经验，论证了否定之否定规律并非完全正确。⑤

再次，在哲学唯物主义方面。斯大林归纳了哲学唯物主义的三个特征，主要包括世界是物质的，物质世界的运动有其规律；物质世界是意识以外而不依赖精神而存在，意识是物质的反映；物质世界及其规律是可认识的。⑥

最后，在历史唯物主义方面。斯大林通过批判"地理环境论"和"人口论"后，认为"社会底物质生活条件"是"人们生存所必需的生活资料底谋得方式"。斯大林概括了生产的三个特点，并总结出社会历史发展的

---

① 〔苏〕斯大林：《论联共党史课本》，译者不详，《解放》第1卷第13期，1937年8月9日。
② 汉夫：《书报介绍：〈辩证唯物论与历史唯物论〉》，《杂志半月刊》第4卷第4号，1939年5月1日。
③ 转引自张树华、徐海燕《俄重新出版发行〈联共（布）党史简明教程〉》，《红旗文稿》2006年第1期。
④ 〔苏〕斯大林：《辩证唯物主义与历史唯物主义》，任弼时译，解放社，1949，第1页。
⑤ 李圣悦：《学习斯大林的历史学说》（手稿），吴诗陶记录，1953年12月21日，第3、15页。按，该手稿由邬国义老师提供，谨致谢忱。
⑥ 〔苏〕斯大林：《辩证唯物主义与历史唯物主义》，第15~19页。

主要法则，包括劳动群众是历史的主人、五种社会形态论、阶级斗争和暴力革命等。①

早在《主义》未发表前，联共（布）中央政治局委员加里宁、莫洛托夫，以及《联共党史》主要编写者波斯别洛夫、雅罗斯拉夫斯基等人，就在阅读《主义》校样后作了高度肯定，认为其"理论内容之丰富让人震惊"，"把辩证唯物主义讲得更简单、明了和准确"，是"对党史研究者来说十分新鲜的内容"。②《主义》发表后，它的理论内容得到苏联学界广泛认可。③米丁将《主义》标榜为联共（布）和苏维埃人民争取共产主义胜利斗争中的"一个强有力的思想武器"。④马卡罗夫将其誉为"马克思列宁主义哲学中一切基本思想的百科全书"，扼要、系统地解决了马列主义哲学中的一切基本问题。⑤苏联科学院马恩列学院更将其盛赞为"把辩证唯物主义提到了新的、更高的阶段，这真正是马列主义哲学思想底顶峰"。⑥

《主义》通过简明扼要和官方性质的文字叙述，统一以往关于马克思主义理论的分歧。因为《主义》的理论具有"异常的力量和不可反驳性"，⑦因此在传入中国以后被中共树立为理论权威，成为马列主义学习运动的主要学习内容之一。

二　《辩证唯物主义与历史唯物主义》的中译版本

1938年9月，《主义》在苏联发表后，迅速得到在苏中共学者和国内马克思主义学者的高度重视，他们积极开展汉译和出版。1938年底至20世纪80年代，主要出现了7种译本。受《主义》俄文本影响，中译本的传播类型主要为章节载体和单行本两种。

---

① 〔苏〕斯大林：《辩证唯物主义与历史唯物主义》，第29~33、35~51页。
② 转引自〔苏〕罗伊·梅德维杰夫《斯大林与〈联共（布）布党史简明教程〉》，郑异凡译，《俄罗斯学刊》2015年第2期。
③ 参见任虎《〈联共（布）党史简明教程〉与中国马克思主义史学（1919—1980）》，《人文杂志》2021年第6期。
④ 〔苏〕米丁：《论斯大林的〈辩证唯物主义与历史唯物主义〉》，第51~52页。
⑤ 〔苏〕马卡罗夫：《论斯大林著〈辩证唯物主义与历史唯物主义〉》，第3页。
⑥ 〔苏〕苏联马恩列学院编《斯大林传略》，译者不详，莫斯科外国文书籍出版局，1946，第94页。
⑦ 〔苏〕雅鲁斯拉夫斯基：《斯大林同志与〈联共（布）布党史简明教程〉》，心清译，《解放》第128期，1941年5月15日。

在章节载体方面，《主义》主要依托《联共党史》和《列宁主义问题》第 11 版的中译本传播。《联共党史》作为"在中国流行最广的一本马克思列宁主义的书籍"，① 1939~1976 年，共有莫斯科外国文书籍出版局版、重庆中国出版社版、延安解放社版、上海启明社版、真理社版、人民出版社版六种中译本及相关翻印、节印本。《主义》在《联共党史》中的版本区别为：莫斯科版任弼时翻译《关于辩证唯物主义和历史唯物主义》（1939 年 1 月）、重庆版博古（秦邦宪）组织翻译《辩证唯物论与历史唯物论》（1939 年 2、3 月）、上海版吴清友翻译《关于辩证唯物论与历史唯物论》（1939 年 7 月）、真理社版《关于辩证唯物主义和历史唯物主义》（1945 年 12 月）、莫斯科新版《辩证唯物主义与历史唯物主义》（1948 年），以及人民出版社版由中共中央马克思、恩格斯、列宁、斯大林著作编译局组织翻译《论辩证唯物主义和历史唯物主义》（1975 年 7 月）六种。《列宁主义问题》第 11 版的中译本也在 1940 年前后发行，主要为莫斯科外国文书籍出版局版，1949 年以后也有多种版本，如东北书店版（1949 年）、人民出版社版（1950 年）、新华书店版（1950 年）、中国人民解放军战士出版社版（1964 年）等。

此外，《主义》还被收录在中国学者编辑的各种书籍中，底本来源于以上各种。1940 年 1 月，艾思奇主编《哲学选辑》，就将博古译本收录其中，认为《主义》"对于辩证唯物论的几个根本要点有极深刻明了的阐明，可以当作全辑的序论看，读者不妨读它一遍，然后再阅全书"。② 同年，徐懋庸、何干之等以"中共延安社会科学研究会"名义增订再版《社会科学概论》，"特载"《主义》，以解决 1938 年旧版没有关于辩证唯物主义与历史唯物主义章节的"美中不足"的问题。③ 1949 年以后，《主义》还被收入或节选入各种文集、丛书中，如《斯大林文选（1934—1952）》《斯大林选集》《斯大林全集》《辩证唯物主义与历史唯物主义经典著作介绍》《辩证唯物论与历史唯物论》《马克思、恩格斯、列宁、斯大林论辩证唯物主义与历史唯物主义》《马克思、恩格斯、列宁、斯大林、毛主席哲学著作选读》《马克思、恩格斯、列宁、斯大林著作选》《马克思主义哲学经典著

---

① 杨松：《关于〈联共（布）党史简明教程〉一书与马克思列宁主义底宣传》，《解放》第 128 期，1941 年 5 月 15 日。
② 艾思奇编《哲学选辑》，解放社，1940，"编前"第 1 页。
③ 徐懋庸、何干之等集体编著《社会科学概论》，辽东建国书社，1946，"增订再版序言"第 3~4 页。

作选编》等。

在单行本方面，《主义》主要单行本有四种，分别是博古翻译《辩证唯物论与历史唯物论》（重庆中国出版社，1938 年 12 月）、蓝火编译《辩证唯物主义与历史唯物主义》（上海世界文化出版社，1949 年 6 月）、胡敏翻译《辩证唯物主义与历史唯物主义》（两广书店，1949 年 11 月），莫斯科版也发行了单行本，常见有 1946、1949、1950 年三版。《主义》各译本的出版地涵盖西（重庆）、北（延安、莫斯科）、东（上海）、南（广州、香港）等地，各地翻印本更如星罗棋布般充盈大江南北，充分说明《主义》在中国的流行。

在《主义》各译本中，流行最广的是重庆版单行本和莫斯科版《联共党史》，前者在早期影响较大。《主义》的章节载体和单行本在数十年间的发行数量虽难以统计，但其影响之广泛与深远是毋庸置疑的。以下介绍几种主要译本。

博古译本。博古译本是《主义》在国内的最早中译本。1938 年 9 月《主义》在《真理报》刊载后，博古就认识到它对马克思主义史学的巨大意义，认为它是"近年来苏联的历史科学及马克思主义理论底重大收获。……他对辩证唯物论与历史唯物论给了最正确而又简单的叙述。实为研究新哲学不可多得的佳作"。[①] 因此，他根据《真理报》原文组织翻译，12 月初以《辩证唯物论与历史唯物论》名称在重庆中国出版社出版，次年 2 月在上海发行再版。博古译本共 57 页，没有制定目录，定价"国币一角五分"，由生活书店代售。与其他译本的最大区别在于使用"辩证唯物论与历史唯物论"名称，这是受到 20 世纪 30 年代国内学界广泛流行的"辩证唯物论""历史唯物论"概念的影响，尤其是沈志远译自米丁的《辩证唯物论与历史唯物论》（1936、1938）。而自莫斯科版《主义》传入中国以后，"辩证唯物主义与历史唯物主义"开始取代"辩证唯物论与历史唯物论"，逐渐被学界采用，但课程体系则仍以"辩证唯物论与历史唯物论"作主要名称（见后文）。

任弼时译本。《联共党史》在 1938 年 9 月发表并正式出版后，共产国际在 11 月就作出要将它译为中、英、法、德等国语言的决定，并通过莫斯

---

① 博古：《前言》，〔苏〕斯大林：《辩证唯物论与历史唯物论》，博古译，中国出版社，1939，第 1 页。

科外国文书籍出版局发行。① 《联共党史》的翻译活动由中文部谢唯真组织,《主义》部分则由中共驻莫斯科代表任弼时具体担任翻译和校订工作。② 因莫斯科版《联共党史》在 1948 年发行新版,所以任弼时译本有1939 和 1948 年两个版本。比较而言,首先,名称发生了改变,分别为"关于辩证唯物主义和历史唯物主义"(1939)和"辩证唯物主义与历史唯物主义"(1948);其次,框架上没有变化,均在总体上划分为"辩证唯物主义"和"历史唯物主义"两大块,并将前者细分为"辩证法"和"哲学唯物主义";再次,或因版次原因,初版 34 页,新版 33 页,体量大致相当;最后,新版改进了许多不合理或过时的译法,尤其是将"玄学"改为"形而上学"。③

　　蓝火译本。蓝火译本初版于 1949 年 6 月,由上海世界文化出版社印行,陈独举发行,共 61 页,定价"国币二元五角"。该版虽早已在"四月排印"完毕,但由于上海白色恐怖,直到 5 月 28 日上海完全解放后才正式出版。④ 在内容上,该版参考莫斯科 1948 年新版的痕迹较明显,但在细节上有较多调整,因此作者署名为"蓝火编译"。该版的创新之处在于:第一,根据《主义》具体内容,新设目录,概括出斯大林的主要观点,使读者仅通过目录便能一窥全貌;第二,在文字论述中,因为斯大林惯用排比手法和多用逗号断句,这造成读者不能正确分辨原文各对象之间的相互关系,蓝火遂增加了许多介词、连词以增加文字可读性。例如,"其所以叫作辩证唯物主义,是因为它对自然界现象的看法,和它研究并认识自然界现象的方法,是辩证的,而它对自然界现象的解释,和了解,和它的理论,是唯物主义的"。今人乍读此句中的"和",或觉其冗余,然而在语法和马克思主义基本理论并不普及的时代,在一定程度上有助于读者理解斯大林原意。⑤

---

① 朱宝强:《〈联共(布)党史简明教程〉在中国的翻译、出版与传播》,《党史研究与教学》2012 年第 4 期。

② 章学新:《任弼时(传略)》,中共中央文献研究室综合研究组编《任弼时研究文集》,中共党史资料出版社,1989,第 184 页。

③ 〔苏〕斯大林:《辩证唯物主义与历史唯物主义》,任弼时译,联共(布)中央特设委员会编《联共(布)党史简明教程》,唯真编译,莫斯科外国文书籍出版局,1949,第 135 页。

④ 〔苏〕斯大林:《辩证唯物主义与历史唯物主义》,蓝火编译,上海世界文化出版社,1949,书末版权页。

⑤ 〔苏〕斯大林:《辩证唯物主义与历史唯物主义》,蓝火编译,第 1 页。

　　胡敏①译本。胡敏译本的发行与东南地区解放战争的形势相关，1949年10月14日广州解放后，该书即于11月出版，由两广书店出版，广州的光明书局、国光新书店、华南书店，厦门的长风书店和香港的百新书店发售。1950年1月，该版还在香港同志书店出版，由诚泰印务局发行。就内容而言，该版同蓝火译本相似，参考了莫斯科1948年新版。该版增设了目录，并对部分文字和语言结构作了修改，使阅读性得到提升。

　　自《主义》各译本出版后，各地多有翻印单行本或节印《联共党史》中《主义》部分的现象，如1948年解放社版、西南人民革命大学版、华中新华书店版、大连大众书店版、1949年人民出版社版、华北人民革命大学版、冀鲁豫新华书店版、1950～1951年川北日报社版、1950～1952年的南方大学版、1955年人民出版社版等。各地为进行思想改造和理论学习而翻印、节印的现象更无法统计。20世纪50年代，中共中央马克思、恩格斯、列宁、斯大林著作编译局组织重新翻译《主义》，因政治环境影响而未发行单行本，直到1975年7月，人民出版社将其作为《联共党史》的章节正式出版。

　　此外，为辅助学习《主义》，学界还从苏联引入多种辅助文本。主要有罗森塔尔与犹琴编《简明哲学辞典》、博古与高烈编译《辩证唯物论与历史唯物论基本问题》4分册、米丁主编《辩证唯物论与历史唯物论研究提纲》、米丁《论斯大林的〈辩证唯物主义与历史唯物主义〉》、马卡洛夫《论斯大林著〈辩证唯物论与历史唯物论〉》、西道洛夫《斯大林与苏联历史学》、斯杰潘宁《约·维·斯大林的天才著作〈论辩证唯物论与历史唯物论〉解释》等。

---

①　"胡敏"疑为胡明的同音名。胡明精通俄语，曾翻译多部苏联社会科学著作，如《新兴哲学体系》《政治经济学基础教程》《最新哲学辞典》《苏联历史教程》《向斯大林学习》等。他是上海光华书店创办人，该出版社以发行苏联社会科学著作为主。1949年以后，胡明曾在北京师范大学讲授"政治经济学"，50年代中后期在北京市某区担任"人民陪审员"。参见贾植芳《迟到的悼念——纪念一位值得纪念的朋友卢扬（克绪）先生（1993年8月）》，《历史的背面——贾植芳自选集》，山东教育出版社，1998，第180页；《顾明远教授在从教六十周年庆暨教育思想研讨会上的发言》，王英杰、曲恒昌编《教育人生明志致远——顾明远教授从教六十周年庆贺文集》，教育科学出版社，2009，第30页；《文化部召开哲学、社会科学作家座谈会纪要（1957年5月21日、23日）》，中国出版科学研究所、中央档案馆编《中华人民共和国出版史料》第9卷，中国书籍出版社，2004，第171页。

三 《辩证唯物主义与历史唯物主义》
在中国的传播

《主义》发行后，中共领导人认识到它对构建马克思主义理论体系的重要意义，积极推动《主义》传播。毛泽东尚未接触《主义》时已高度认可斯大林理论，他在 1938 年 10 月强调："马克思、恩格斯、列宁、斯大林的理论，是'放之四海而皆准'的理论。"① 年底，博古版《主义》出版后，毛泽东就"系统"阅读重庆版并作详细批注。② 1941 年 9 月，毛泽东强调："报纸上要多登文章，奖励辩证唯物论的文章……研究马、恩、列、斯的思想方法论，以《联共党史》为学习的中心。"③ 1953 年，斯大林逝世后，毛泽东把以《主义》为核心的斯大林理论体系提升到顶峰，他说："斯大林同志全面地划时代地发展了马克思列宁主义的理论，把马克思列宁主义的发展推进到新的阶段。"④ 毛泽东在反复阅读《主义》后，已经对内容相当熟悉，并在 20 世纪 60 年代明确要求中国学者将《主义》作为参考和突破对象。⑤ 因此，《主义》传入国内后，迅速得到中共马列主义学习运动的推动，成为党建理论体系、高等院校课程改革以及唯物史观思想改造的主要学习内容之一。

在党建理论体系中，中共在各地的党校、干部教育中，将《主义》列为马列主义理论学习的必读书目。例如，1940 年 1 月，中共中央发布《中央关于干部学习的指示》，强调将"历史唯物论与辩证唯物论"列入全党

---

① 毛泽东：《中国共产党在民族战争中的地位》，《毛泽东选集》第 2 卷，人民出版社，1991，第 533 页。

② 田松年：《对几本哲学书籍的批注》，龚育之、逢先知、石仲泉编《毛泽东的读书生活》，生活·读书·新知三联书店，1986，第 66 页。

③ 毛泽东：《反对主观主义和宗派主义》，《毛泽东文集》第 2 卷，人民出版社，1993，第 374 页。

④ 毛泽东：《最伟大的友谊》，人民出版社，1953，第 2~3 页。

⑤ 按，具有典型意义的是，1965 年毛泽东在阅读李达《马克思主义哲学大纲（内部讨论稿）》上册后，就强调书中部分文字"不必抄斯大林"。这说明毛泽东对斯大林《辩证唯物主义与历史唯物主义》的内容相当熟悉，他对李达所著《大纲》的既定要求也是以突破《主义》为目标。转引自胡为雄《毛泽东与〈辩证唯物主义 历史唯物主义〉的编写》，《北京行政学院学报》2016 年第 4 期。

干部学习的高级必修课程。① 6~10 月，中宣部为配合学习运动，"组织专人"在延安宣讲《主义》。② 1948 年 9 月，中共中央发布《中共中央关于党校教学材料的规定》，规定各地党校要开设"辩证唯物论与历史唯物论"课程，并将《主义》列为六本"马克思主义基本理论"书之一。③

在延安，1939 年 8 月 5 日，延安中共机关刊物《解放》第 79 期就用逾一半版面登载两篇关于学习斯大林理论和《主义》的文章。一篇强调中共六中全会后，干部要学习马克思、恩格斯、列宁、斯大林的学说，重点关注辩证唯物论与历史唯物论、马列主义和政治经济学，"特别是《联共党史》"。④ 另一篇则是由徐冰翻译自联共（布）中央的决议《关于〈联共（布）党史简明教程〉出版后党底宣传的决议——联共（布）中央决议》。决议也强调要将"辩证的历史的唯物论与列宁主义"结合成一个整体，并与"党的政策联系起来"。⑤

同月 30 日，艾思奇在《解放》第 82 期发表《怎样研究辩证法唯物论》。他在论及如何具体"把握辩证法唯物论的步骤"时，建议初学者读完一两本入门书以后，应进一步阅读"《联共党史》（特别是第四章第二节）〔即《主义》〕"等书，来"把握辩证法唯物论本身的基本观点"。⑥ 1946 年，陈伯达在将马克思主义者的宇宙观与孙中山的宇宙观作比较时，以《主义》对英雄史观的批判文字作为理论依据。⑦ 1949 年，哲学研究社增订《新哲学研究纲要》，不仅在书中附录《主义》，在各章中大量引用《主义》，将其列为参考书目之一；而且在第 6 章专论"斯大林对马克思、列宁主义哲学更进一步的发展"，呼吁研究"斯大林同志《辩证唯物论与

---

① 《中央关于干部学习的指示（1940 年 1 月 3 日）》，中共中央党史研究室第一研究部编《共产国际、联共（布）与中国革命文献资料选辑（1938—1943）》，中共党史出版社，2012，第 168 页。

② 万树玉：《茅盾年谱》，浙江文艺出版社，1986，第 266 页。

③ 《中共中央关于党校教学材料的规定（1948 年 9 月 15 日）》，中共中央文献研究室、中央档案馆编《建党以来重要文献选编（1921—1949）》第 25 册，中央文献出版社，2011，第 474 页。

④ 罗迈：《我们要学习什么？怎样学习？》，《解放》第 79 期，1939 年 8 月 5 日。

⑤ 〔苏〕联共（布）中央：《关于〈联共（布）党史简明教程〉出版后党底宣传的决议——联共（布）中央决议》，徐冰译，《解放》第 79 期，1939 年 8 月 5 日。

⑥ 艾思奇：《怎样研究辩证法唯物论》，《解放》第 82 期，1939 年 8 月 30 日。

⑦ 陈伯达：《论共产主义者对于三民主义关系的几个问题》，《论三民主义》，胶东新华书店，1946，第 56~58 页。

历史唯物论》一书，在马克思列宁主义哲学更往前发展中的意义"。①

在重庆，1939 年 3 月，《读书月报》编辑部在回答读者关于"唯物辩证法和历史唯物论的练习问题"时，就将重庆版《主义》列为初步学习书籍。② 1940 年 1 月，沈志远发表《唯物辩证法家的斯大林——纪念斯大林先生六十寿辰》，系统介绍了《主义》。③ 10 月，向林冰认为《主义》"解决了社会主义社会和共产主义社会内生产力与生产关系的新质态、新规律问题"，确立了"马克思主义理论发展中斯大林阶段"。④ 10 月底，侯外庐将《主义》作为理论武器，"根据斯大林所指示'社会主义的生产关系完全适应于生产力'的理论"来批判范同敏关于"剥削关系"和"生产方法"的观点。⑤ 该年，邓初民在《社会史简明教程》中也大量采用《主义》来作为"唯物论"理论依据，这在第 6 编第 3 章第 3 节"社会主义社会的哲学"中最为明显。⑥ 1946 年，侯外庐、罗克汀合著《新哲学教程》不仅大量引用《主义》，而且强调斯大林是列宁哲学的"光辉的继承人"。《新哲学教程》突出《主义》的价值在于："一、具体地将辩证法分成四个要点；二、指出了理论和政治的实际联系；三、指出了社会主义社会的特殊法则。"⑦

在高等院校课程改革中。随着 1949 年后唯物史观被确立为指导思想，"辩证唯物论与历史唯物论"被列为全国各高校重要必修、选修课程。1949 年 10 月，华北人民政府高等教育委员会颁布《华北专科以上学校一九四九年度公共必修课过渡时期实施暂行办法（1949 年 9 月 29 日）》，规定各院校第一学期必修"辩证唯物论和历史唯物论（包括社会发展史）"。⑧ 北京高校积极响应，争相开展以辩证唯物主义与历史唯物主义、社会发展史为主

---

① 哲学研究社编著《新哲学研究纲要（增订版）》，实践出版社，1949，第 173 页。
② 《唯物辩证法和历史唯物论的练习问题（答汪纯鑫）》，《读书月报》第 1 卷第 2 期，1939 年 3 月 1 日。
③ 沈志远：《唯物辩证法家的斯大林——纪念斯大林先生六十寿辰》，《理论与现实》第 1 卷第 4 期，1940 年 2 月 15 日。
④ 向林冰：《苏联三个五年计划中的理论斗争》，《中苏文化》"苏联十月革命 23 周年纪念特刊"，1940 年 11 月 7 日。按，该文落款为"一九四〇·十·十五"。
⑤ 侯外庐：《历史阶段的了解》，《读书月报》第 2 卷第 9 期，1940 年 12 月 1 日。按，该文落款为"十月三十一日"。
⑥ 邓初民：《社会史简明教程》，生活书店，1945，第 260~262 页。
⑦ 侯外庐、罗克汀：《新哲学教程》，上海新知书店，1946，第 64~66 页。
⑧ 《华北专科以上学校一九四九年度公共必修课过渡时期实施暂行办法（1949 年 9 月 29 日）》，教育部社会科学司组编《普通高校思想政治理论课文献选编（1949—2006）》，中国人民大学出版社，2007，第 2~3 页。

要内容的马列主义学习活动。北京大学在当年就将"辩证唯物论与历史唯物论"列为各年级必修课程，艾思奇在全校动员大会上呼吁加强对该课程的学习，有教授还特别在该课程的讨论会中将《主义》列为学习第一位。[①]

1950 年 2 月，中央人民政府教育部副部长钱俊瑞强调课程改革要"开设和加强革命的政治课（包括社会发展史、辩证唯物论与历史唯物论、政治经济学、新民主主义论等）"。[②] 1951 年，教育部专门指示华北地区各高校要在 1951 年度上学期开展"'辩证唯物论与历史唯物论'等课"的教学工作，并将"社会发展史"课程改为"辩证唯物论与历史唯物论"。[③] 1952 年，全国高等院校调整，在年底制订的文科统一教学计划中，规定将"辩证唯物论与历史唯物论"设为 4 门政治理论课之一，课时量为 480 学时。1955 年 9 月，高等教育部发布新教学计划，仍规定综合大学将"辩证唯物论与历史唯物论"列入必修政治理论课程，且将课时量提升为 500～600 学时。[④] 1954 年，中央高等教育部发布《1954 年度留学研究生专业考试科目》，要求历史专业留苏学生需要考试"辩证唯物论与历史唯物论"。[⑤]

据现有资料可知，"辩证唯物论与历史唯物论"课程的主要内容实际上是《主义》。1950 年，马特与侯外庐在北京师范大学历史系开设"马列主义历史名著选读"，就将《主义》列为重点内容，马特还根据教学体会在次年发表《学习斯大林的〈论辩证唯物主义和历史唯物主义〉》。[⑥] 1950 年南方大学成立，由副校长陈唯实专门讲授"辩证唯物论与历史唯物论"和"斯大林对辩证法的新发展"。他在讲授《主义》第 2 章"马克思主义

① 白胡：《政治课在北大》，《新建设》1949 年第 5 期。
② 《钱副部长在学联执委扩大会议报告改革旧教育建设新教育》，《人民日报》1950 年 2 月 26 日，第 3 版。
③ 《教育部关于华北区各高等学校 1951 年度上学期进行"辩证唯物论与历史唯物论"等课教学工作的指示》（1951 年 9 月 10 日），教育部社会科学司组编《普通高校思想政治理论课文献选编（1949-2006）》，第 9～10 页。
④ 《中国教育年鉴》编辑部编《中国教育年鉴（1949—1981）》，中国大百科全书出版社，1984，第 251～252 页。
⑤ 中央高等教育部：《1954 年度留学研究生专业考试科目》，四川大学学生工作部档案：《高教部、教育部、西南行委高教局、省府办公厅、人事厅等关于选拔留苏研究生的来信》，档案号：1954-6。
⑥ 参见北京师范大学档案馆教务处档案《北京师范大学历史系一九五零年度第一学期课程表》，《一九五零年各系班级课程表》，档案号：1950-15；马特《学习斯大林的〈论辩证唯物主义和历史唯物主义〉》，《新建设》1951 年 1 期。

的哲学唯物论"时，"联系实际讲得好，使同学们思想上有很大提高"。①
此外，费孝通也在这一阶段的清华大学担任"辩证唯物论与历史唯物论"
课程的教职。② 1949~1950 年，王燕生、薛星奎、张遂五担任四川大学文
学院历史学系"辩证唯物论与历史唯物论"课程的教职。③ 1952 年，华中
大学师范学院制订教学计划，也要求开设"马克思列宁主义基础（包括辩
证唯物论与历史唯物论）"作为公共必修科目。④

在唯物史观思想改造方面。新中国学界从 1949 年以来，掀起了以
《主义》作为重要内容的思想改造运动。据蒋大椿回忆说，在新中国初期
的思想改造运动中"尤其是斯大林的《论辩证唯物主义和历史唯物主义》
对当时的人们的思想影响最深"。⑤ 1949 年暑假，北平辅仁大学成立 170 人
左右的教职员暑期学习会，就专门系统学习"辩证唯物主义与历史唯物主
义"。⑥ 1950 年 6 月，毛泽东在中共七届三中全会呼吁"教育和改造"全
国知识分子，学习"社会发展史、历史唯物论等几门课程"。⑦ 1951 年、
1954 年，学界先后开展对《武训传》唯心史观和以胡适、俞平伯等代表的
资产阶级唯心主义思想的批判，运动特别强调要研读斯大林在"哲学方面
的著作"，积极"研读和复习"苏联关于辩证唯物主义与历史唯物主义的
论著，并以中国人民大学为代表举行演讲。⑧ 其中苏联专家弗·然·克列
专门作"关于斯大林的著作《无政府主义还是社会主义?》与《辩证唯物
主义与历史唯物主义》中的历史唯物论问题"的演讲，以说明《主义》在
批判唯心论者、庸俗化者、反马克思主义者过程中的积极意义。⑨

① 何锦州：《我就读于中共中央委员叶剑英同志创办的南方大学》，江门市政协文史资料委
员会编《江门文史》第 32 辑，江门市政协文史资料委员会，1996，第 6 页。
② 费孝通：《知识份子与政治学习》，费孝通等《旧人物的改造》，通俗文化出版社，1950，
第 2 页。
③ 四川大学教务处档案：《学校 1950 年度第一学期课程表》，档案号：1950-103。
④ 《师范学院教学计划（草案）总说明（1952 年 7 月）》，华中师范大学教务处档案：《一九
五二年教学计划、课程表》，档案号：1952-1-1。
⑤ 蒋大椿：《近五十年来的史学理论研究》，《安徽大学学报》1999 年第 6 期。
⑥ 《辅大教职员的暑期学习》，《人民日报》1949 年 8 月 6 日，第 5 版。
⑦ 毛泽东：《不要四面出击》，《毛泽东文集》第 6 卷，人民出版社，1993，第 74 页。
⑧ 《广泛宣传辩证唯物主义，批判资产阶级唯心主义》，《教学与研究》1955 年第 3 期。
⑨ 〔苏〕弗·然·克列：《关于斯大林的著作〈无政府主义还是社会主义?〉与〈辩证唯物
主义与历史唯物主义〉中的历史唯物论问题》，中国人民大学辩证唯物论与历史唯物论教
研室资料室整理，《教学与研究》1955 年第 5 期。

　　1953 年 3 月至 1954 年 9 月，山东大学组织全校师生学习社会发展史、斯大林《主义》和《马克思主义与语言学问题》等，校长华岗还多次在全校演讲关于《主义》的内容和价值。① 通过学习，山东大学师生"树立了辩证唯物主义的观点"，能够"初步运用了辩证唯物观点，打下了开展科学研究工作的基础"，"掌握辩证唯物观点来改进业务，提高教学质量和工作质量"，"获得了辩证唯物论的基本知识为今后学习马克思列宁主义理论打下了基础"。历史系主任杨向奎通过学习，开始将辩证唯物主义与历史唯物主义观点与中国古代历史分期问题相结合。② 历史系教师童书业甚至可以"背诵《联共（布）党史》'四章二节'"。③ 1953 年 12 月，上海华东师范大学由李平心作"学习斯大林的历史学说"讲座，强调开展历史教学和历史研究"就不得不学习斯大林的历史学说"，要在历史研究中结合《主义》的辩证法和哲学唯物主义理论。④

　　综上可知，《主义》自传入中国以来，就从政治和学术两方面被确立为马列主义的"中心文本"，对中共党建理论建设、高校课程体系改革、唯物史观思想改造和历史研究影响巨大。甚至在中苏关系紧张阶段，《主义》仍是学界获取辩证唯物主义与历史唯物主义理论的主要来源之一。

结　语

　　与马克思《共产党宣言》、恩格斯《家庭、私有制和国家的起源》等在 20 世纪 20 年代已传入中国的马克思主义经典论著相比，当《主义》在 20 世纪 30 年代末传入时，社会环境已发生根本性变化。在政治阵线上，中共在这一时期所面临的主要任务是巩固全民族统一战线和加强党的自身建设。在文化阵线上，中共开始成立专门从事俄文翻译的机关单位和出版社编译部，组织翻译苏联的马克思主义著作，如重庆中国出版社 1938 年底翻译的《主义》，延安解放社自 1939 初起编译的《斯大林选集》（5 卷本）等；同时，中共积极响应共产国际号召，以推动国际共产主义运动发展，

---

① 按，关于华岗在山东大学演讲斯大林《辩证唯物主义与历史唯物主义》的讲座内容，可参见《文史哲》1953 年第 4~6 期、1954 年第 1、5、6、8 期。
② 《山东大学教职员"辩证唯物论"学习总结（一九五四年十一月）》，《文史哲》1955 年第 2 期。
③ 刘光裕：《华岗与〈文史哲〉》，《出版史料》2006 年第 4 期。
④ 李圣悦：《学习斯大林的历史学说》（手稿），吴诗陶记录，1953 年 12 月 21 日。

积极传播莫斯科外国文书籍出版局翻译出版的中译本论著，典型代表是莫斯科版《联共党史》及《主义》。

《主义》以将辩证唯物主义与历史唯物主义理论应用到社会实践和历史研究作为根本目的，因此它在中国传播的历史意义主要体现在两个方面。第一，《主义》有效推动中共马列主义学习运动，对加强党员的理论教育和思想整风具有直接影响；第二，《主义》关于唯物史观的定义和解释，尤其是"五阶段论"和历史分期特征，基本结束了社会史论战时期中国马克思主义史学界的分歧，推动了中国马克思主义史学界的统一；第三，随着抗日战争和解放战争走向胜利，《主义》的传播履迹遍及大江南北，促进辩证唯物主义与历史唯物主义理论在全中国传播。

值得注意的是，《主义》篇幅较小，全文 2 万余字，其文字简朴性和论述绝对化的特征虽然有利于普及和统一理论，但也容易造成局限性。随着理论实践的深入，中国马克思主义学者开始认识到《主义》的错误，华岗在 20 世纪 50 年代上半期就指出"马列主义'也不能定于一尊'……斯大林也是有错误的"，[①] 毛泽东在 1957 年还批评《主义》片面强调对立而忽视统一的做法。[②] 新时期以来，学界对《主义》作了较系统的拨乱反正，促使马克思主义中国化进一步发展。

---

① 转引自刘光裕《华岗与〈文史哲〉》，《出版史料》2006 年第 4 期。
② 毛泽东：《在省市自治区党委书记会议上的讲话》，《毛泽东文集》第 7 卷，人民出版社，2004，第 194～195 页。

试论侯外庐对乾嘉汉学研究的贡献

崔　幸

（北京师范大学历史学院，北京　100875）

摘　要：民国以来，乾嘉汉学的研究备受学者重视。侯外庐以马克思主义理论为指导梳理总结清代学术史，在研究视角、学术观点、方法与理论范式上独树一帜，产生了深远的影响。他的贡献在于将中国化、民族化的马克思主义理论成果，运用于清代学术史的研究，从社会史的角度对乾嘉汉学的发展脉络进行说明，从整体上把握学术发展方向，以居于主导地位的学术来辨析学术的主流，溯源乾嘉汉学的发端、成立与终结，在学术内容与学术方法上，秉持实事求是、独立自得的学术态度，对前人研究成果进行辨别、继承与批判，提出了独创的学术观点。侯外庐提出"早期启蒙说"研究清代学术史，其学术贡献不仅在于研究范式的确立、研究方法的开创与运用，更在于这一研究视角发掘了中国文化自身蕴含的近代思想要素，在当时清代学术史研究领域中开辟出马克思主义史学的新天地。

关键词：侯外庐　乾嘉汉学　戴震　科学方法

清末民初，传统学术向现代学术转折过渡，处于总结与开新历史时期的清代学术史备受学者们的关注。五四以来的科学民主潮流，更促使他们在清代学术中发掘能够接续民主、科学思想因素的文化遗产，清代乾嘉学术因其注重实证、讲求征信、辨伪怀疑的治学方法与精神尤其受到重视。关于乾嘉汉学代表人物戴震学术的研究，更成为学者探讨清代学术的重要内容。在民国时期的学术研究中，以章太炎、刘师培为发端，梁启超、胡适紧随其后，以及柳诒徵、钱穆等人在研究清代学术史研究过程中，分别对乾嘉汉学及其重要代表人物戴震进行过探讨，从而使乾嘉汉学一度成为学者讨论的焦点。20世纪40年代，侯外庐以唯物史观为指导梳理总结清代学术史，对18世纪乾嘉汉学的发展进行了整体性分析，并在研究视角、学术观点、方法与理论范式上独树一帜，产生深远的影响。在已有的研究成果中，已经注意到侯外庐研究范式与研究方法的开创，对其乾嘉学术的观点进行了简要总结，[①] 但仍有深入研究的空间。"早期启蒙说"研究范式创立的历史背景及思想内涵；社会史与思想史相结合的研究方法具体在乾嘉汉学研究中如何呈现；侯外庐的学术观点对前人进行了哪些继承与发展，如何认知与评价乾嘉汉学的内容、方法等诸方面都有待进一步说明。本文试图对侯外庐在乾嘉汉学研究中的贡献给予全面的梳理与探讨，同时，以同时期学者的学术观点为参照进行比较，揭示民国时期这一学术研究背后时代背景特征与不同学者学术思想体认的异同。

一　侯外庐"早期启蒙说"的提出

清末民初以来，清代学术史的研究范式因时代背景与学者现实关怀的不同，先后出现了20世纪初以章太炎、刘师培为代表的倡导种族革命、反清排满的"文字狱"说；20世纪20年代以梁启超、胡适为代表的从形式上说明清代学术"以复古为解放"发展特征的"理学反动说"；20世纪30年代以钱穆为代表的从学术承继的角度，阐述宋学与清代学术的内在关系，注重学术自身图穷必变的内在发展方式的"每转益进说"。

不同的清代学术史研究范式是时代思潮与学者文化诉求的间接反射。20世纪初，社会动荡不安、清政府丧权辱国，《辛丑条约》的签订给中国带来严重危害，有识之士反清排满，宣传种族革命、保存国粹，在此背景下，从外部政治环境上解释清代学术，章太炎、刘师培等人揭开了研究清代学术史的序幕。梁启超、胡适"理学反动说"的提出，继承了从政治环

---

① 已有的研究成果主要有：陈祖武《思想史与社会史相结合的典范》，《中国史研究》2003年第2期。该文对侯外庐研究乾嘉汉学的观点进行了简要梳理，旨在说明侯外庐学术研究中将思想史与社会史相结合的方法论之重要性。吴根友等《戴震、乾嘉汉学与中国文化》（第三章第一节），福建教育出版社，2015。书中论述了侯外庐"早期启蒙说"学术范式的理论意义，归纳了侯外庐对乾嘉汉学的部分观点。陈居渊《20世纪清代学术史研究范式的历史考察》，《史学理论研究》2007年第1期。从宏观上论述了20世纪清代学术史的理论研究范式和形成历程，揭示了社会思潮变迁与研究范式的互动关系。

境方面探讨清代学术发展的外部原因，与此同时，阐发清代学术的科学方法与精神，更包含了二人从中国传统学术中寻找能够与西方科学相接续的文化资源的诉求。钱穆的研究正与梁启超等人观点相反，重视学术发展承继而非变革的一面，是在东西文化之争进入新的高潮，全盘西化的浪潮弥漫学界，儒学的地位受到冲击的背景下的产物。

　　20 世纪 40 年代，侯外庐"早期启蒙说"的提出，是抗战时代环境下学术内在发展路径与社会现实诉求共同作用下的学术研究成果。一方面，侯外庐原计划接着已完成的《中国古代思想学说史》研究秦汉思想史，再及中古、宋明至于近代，然而先决难题在对社会史的时代分析，在中国古史分期问题上，学界尚难以形成一致的观点，这导致研究困难重重，研究古代思想若不能建立在社会史的基础上则必流于附会。相较而言，中古至近世的中国社会颇易辨析，近代问题的研究在当时更为迫切，在研究价值上，亦可以媲美西方文艺复兴与宗教改革以来的成果。侯外庐应时代需要，接受周恩来的建议，改变研究计划，着手近代问题与近代思想的研究。另一方面，"在国民党统治区，思想文化战线的斗争十分尖锐。禁锢与反禁锢，围剿与反围剿，把文化界的人士都卷了进去。思想学说史研究领域中的斗争，从胡适刊布《中国哲学史大纲》以来，就严重地存在"。①在抗战形势变化，国民党利用思想史上的沉渣阻塞马克思主义的思想阵地的背景下，马克思主义者的研究焦点从政治、经济、社会形态的研究，转而进入思想学术史领域。在思想内容上，侯外庐的学术研究注重与前人观点的辨别与批判，凸显马克思主义史学的理论特色。此外，当时以秋泽修二为代表的日本侵略者在文化领域歪曲中国历史文化，鼓吹"中国社会停滞论"，并以中国思想、哲学停滞循环的谬说混淆视听，为侵略战争寻找理论依据。在《支那社会构成》中，秋泽曲解中国社会经济的近代化过程，错误地认为中国历史运动的循环性和退化性是中国社会的根本性格，中国社会的每一历史阶段的跃进，最主要的动力不在中国社会内部，而是由于外族的侵略。中国的社会经济发展出资本主义的条件，要依靠外力入侵中国以打破所谓的"亚细亚的停滞性"。秋泽以此来粉饰日本侵略中国的强盗行径，曲说中国民族的抗战建国运动没有前途，中国获得自立的道路在日本法西斯的侵略，建设新的东亚秩序。秋泽打着马克思主义的旗号，不仅歪曲中国社会性质、中国经济的发展，而且以其错误的中国社会

---

① 侯外庐：《韧的追求》，《侯外庐著作与思想研究》第 1 卷，长春出版社，2016，第 208 页。

历史观点为基础，进一步歪曲中国的思想文化，得出中国哲学"中断、停滞、甚至退步"① 的论断。"在中国，不能看到像文艺复兴以后欧洲的近代哲学那样和自然科学的发展相关联的哲学的一贯的向上发展。"② "中国哲学发展的不充分，是由于受了亚细亚社会的停滞性所限制。"③

秋泽荒谬绝伦的观点与昭然若揭的险恶用心受到众多中国学者的猛烈批驳和本质揭露。侯外庐在《近代中国思想学说史》以及在此基础上先后修订的《中国早期启蒙思想史》《中国近代启蒙思想史》中，对秋泽的观点进行了有力的反驳。侯外庐以西方启蒙思想发生的背景与内容作参照，坚持以唯物史观为指导，在翔实的史料与社会历史分析的基础上，指出明代中后期中国社会经济出现了资本主义的萌芽因素，明清之际的学术突破了中古理学的羁绊，在思想内容上反抗封建制度，具有民主、平等、理性等近代启蒙思想的特征。17世纪中国的启蒙思想，酝酿于封建社会长期的发展过程中，既有适应历史发展的进步因素，又受到传统思想束缚，不得不托古改制，以古代的语言形式和思想内容反对中古的烦琐哲学，呈现出对未来社会的向往与对旧传统的妥协的矛盾形式。侯外庐书中注重发掘近代思想家于其时代的思想成就与学术遗产，突出清代学术发展演变的近代启蒙特色。"早期启蒙说"的提出以及其后系统完整的"启蒙者的先驱""早期启蒙思想""近代启蒙思想"的思想发展阶段划分，标志着侯外庐近代启蒙思想理论的形成，论证了中国社会内部能够产生走出封建社会的经济要素，从而否定了秋泽的"外力说"以打破中国循环、停滞的社会结构。中国文化具有强大的内在生命力，中国文化内部能够产生出近代的思想因素，驳斥了中国社会自身不能产生出现代性因素的西方中心主义偏见。侯外庐注重启蒙思想的发掘并以此作为学者学术地位评判的依据，是其清代学术史研究的突出特色。

二　唯物史观视角下乾嘉汉学的成因研究

在乾嘉汉学的成因研究上，民初学者的观点为侯外庐提供了借鉴，由于他们社会背景、论学宗旨、研究方法、角度的差异，从而得出不同

① 秋泽修二：《东方哲学史》，汪耀三、刘执之译，生活书店，1939，第382页。
② 秋泽修二：《东方哲学史》，第381页。
③ 秋泽修二：《东方哲学史》，第234页。

的结论与研究创获。整体来说，从政治环境与文化政策方面指出清统治者的专制统治，施行压制思想自由的文化政策对学术发展的阻碍与限制，促使乾嘉时期汉学鼎盛，为民初以来学者的普遍共识。章太炎从民族革命与种族观念的角度，将汉学的兴盛归因于清初学者主观上不愿降志服务清廷的民族气节以及文字狱的迫害。刘师培亦持此论，学者"以学自隐，耻事干谒"，"复以时值讳匿，易婴虏忌，由是或穷历数，或研训诂、形声，夷然守雌以全孤竹之节"。① 梁启超指出，清初经世诸儒，"于宗社之变，类含隐痛，志存匡复"，"始终不为清廷所用，固已大受猜忌"，而伴随雍、乾两朝政治与思想的干预控制，"文字狱频兴，学者渐惴惴不自保，凡学术之触时讳者，不敢相讲习"。② 钱穆也指出清朝统治下，明末遗民依然存有反抗清廷的心理，"在清代这一辈学者间，实远有其极浓厚的反朝廷、反功令的传统风气，导源于明遗民，而彼辈或不自知"。③ 乾嘉学术"因顺、康、雍、乾历朝文字狱之惨酷，使学者间绝口不谈朝政时事；因清代书院全成官办性质，以廪饩收买士气。一时名儒硕望，主书院掌教务者，既不愿以八股训后进，惟有趋于笃古博雅之一途"。④

在学术内容方面，章、刘二人都认为乾嘉汉学所承继的音韵学、小学、考证等方法皆源自前朝。章太炎指出："夫伪古文之符证，发于梅骛；周、秦古音之例，造端于陈第；惟小学，亦自黄氏发之，孰谓明无人乎?"⑤ 刘师培认为清代学术承宋明学术而来，并将清代考证学的鼻祖追溯到宋代学者王应麟，"宋元以降，士学空疏，其寻究古义者，宋有王伯厚，明有杨慎修、焦弱侯。伯厚博极群书，掇拾丛残，实为清学之鼻祖"。⑥ 清代学者正是沿着前人训诂考据寻究经术古义的道路，以扭转士学空疏的局面。同时，他们从明清学风的转变上追溯乾嘉考证之风的流行，指出

---

① 刘师培：《清儒得失论》，李帆编《中国近代思想家文库·刘师培卷》，中国人民大学出版社，2015，第 339 页。
② 梁启超：《清代学术概论》，《梁启超全集》第 10 集，中国人民大学出版社，2018，第 235、236 页。
③ 钱穆：《国史大纲》（二），《钱宾四先生全集》28，台北联经出版事业公司，1998，第 965 页。
④ 钱穆：《国史大纲》（二），《钱宾四先生全集》28，第 965~966 页。
⑤ 章太炎：《说林下》，《章太炎全集》（太炎文录初编），上海人民出版社，2014，第 119 页。
⑥ 刘师培：《南北学派不同论》，《中国近代思想家文库·刘师培卷》，第 113 页。

了理学"竭而无余华"①的发展困境，志节之士"不求用世，而求是之学渐兴"。②

梁启超肯定清代学术对宋明学术的革新与开创意义。在学术发展路径上，梁启超提出了著名的"理学反动说"，将清代思潮演进划分为"启蒙期、全盛期、蜕分期、衰落期"③，指出清学逐步走出了复归王学—程朱学—西汉今文经学—先秦诸子学摒弃一切经注而得解放的发展路径。清初诸儒所开创的经典研究，仍"饶有开拓的余地"④，学者沿着他们开创的学术路径继续前行。就学风而言，学者们"厌倦主观的冥想而倾向于客观的考察"⑤，而"与世无患，与人无争"⑥，正符合学者"自藏"的心理。

柳诒徵、钱穆着眼于清代学术于宋明儒学的继承发展方面。在柳诒徵看来，乾嘉学术虽可溯源于明末清初顾炎武等学者开创的学术路径，然则学术精神却迥然不同。明清之际学术转型过程中，乾嘉学派遗失了明末清初大儒"为人之道"的遗教，仅得考据之部分发展而成清代学术的主要特征。乾嘉时期的学风，渐与政治脱节，清代统治者虽表面推尊朱子，作为八股取士的招牌，却绝不愿学者认真效法程朱，极端排斥以天下为己任的精神。钱穆亦指出，乾嘉学术转入考据之途，其精神与明清之际的学术思想异趣，亦远离了明清之际学者开创的新学术。"江、浙一带经济状况，继续发荣滋长，社会上足可培植一辈超脱实务的纯粹学术风气；自印刷术发明，书籍流通方便之后，博雅之风，自宋迄明，本已每展愈盛。清代考证学，颇亦承袭明人，社会书本流传既易，博雅考证之学，自必应运而兴。清儒承宋、明之后，更易为力，又无别路可走，只得专此一路，遂若清代于此特盛耳。故江、浙考证汉学，其先虽源于爱好民族文化，厌恶异族统治，带有反抗现实之活气；其后则变为纯学术之探讨，钻入故纸堆中，与现实绝不相干。"⑦

侯外庐对乾嘉汉学成因的分析吸收承继了前人观点，同时，在唯物史

① 章太炎：《清儒》，《章太炎全集》（《訄书》重订本），第154页。
② 刘师培：《清儒得失论》，《中国近代思想家文库·刘师培卷》，第336页。
③ 梁启超：《清代学术概论》，《梁启超全集》第10集，第216页。
④ 梁启超：《清代学术概论》，《梁启超全集》第10集，第236页。
⑤ 梁启超：《中国近三百年学术史》，《梁启超全集》第12集，第313页。
⑥ 梁启超：《清代学术概论》，《梁启超全集》第10集，第236页。
⑦ 钱穆：《国史大纲》（二），《钱宾四先生全集》28，第966～968页。

观的指导下，引入社会经济的研究视角，立足于社会史与思想学术的互动关系，分析清代学术的源流演变，开创了马克思主义理论指导下清代学术史研究的新范式，在民国学界开辟出马克思主义理论与中国历史研究相结合的民族道路。"思想史系以社会史为基础而递变其形态。因此，思想史上的疑难就不能由思想的本身运动里求得解决，而只有从社会的历史发展里来剔抉其秘密。"①

　　侯外庐以社会史为基础分析乾嘉汉学的成因，首先着眼于社会经济繁荣与阶级民族矛盾的交错。他依据乾嘉时期社会经济的发展与社会阶级的变动关系，探讨汉学潮流形成的社会历史根源。从整体上看，侯外庐认为，明清之际中国封建社会在解体过程中，既有生产力与生产关系的矛盾，又有农民、市民反对派与封建地主之间的阶级矛盾，清朝的统治在已有的矛盾基础上更增加了民族矛盾，在经历了清初的社会动乱之后，康熙朝后期社会进入相对安定的时期，至18世纪中国的社会经济呈现复苏的景象，有所恢复和发展。

　　具体而言，在生产资料土地所有制形式方面，清初实行的圈地政策，使土地在封建的身份性特权之下最终以"典卖"形式进入商品流通，17世纪末以至18世纪这一现象日益发展，导致惊人的土地集中现象。清政府推行的"更名田"制度一方面结束了中国历史上长期的土地皇族所有制，另一方面，与摊丁入亩制度相结合，封建依附身份得以减轻，获得更多的土地所有自由和人身自由，封建地租向财产税形式过渡。这些措施客观上对于小农经济的发展起到了一定的积极作用，却也为大土地所有制或土地集中准备了条件，广大的小农成为兼并的对象，走向破产变成无产者。侯外庐从土地所有制的变化、农民身份的变化、地租性质的变化上指出，18世纪的中国封建社会解体是缓慢地沿着"封建所有制转变成地主—资产阶级所有制，依附农民—占有者转变成人身自由的定期租佃者以及封建地租转变成各种过渡形态的道路"进行的，而不是典型的"农民逐渐接近于自由的商品生产所有者状况的过程，形成资本主义产生的有利条件"②。农业中出现的雇佣形式，在极大程度上具有低劳动生产率的"工役制"性质。在工商业方面，侯外庐认为，乾嘉时期大体已经恢复了明末的工商业经济情

① 侯外庐：《中国思想通史》第一卷（上），《侯外庐著作与思想研究》第9卷，第25页。
② 苏联"历史问题"编辑部：《论封建社会形态的基本经济规律（讨论总结）》，载《苏联关于封建主义基本经济规律的讨论》，生活·读书·新知三联书店，1956，第238页。

况，尤其在纺织业、陶瓷业、采矿业、造船业方面出现繁荣景象。商业城市也随手工业的发达而出现，对外贸易恢复到明末的情况。资本主义的商品不断的进入与货币的流动速度增加，已经开始冲入清朝的封建经济和社会。伴随工商业的发展，运输业、钱庄业也有所发展，但清朝的封建统治阶级对当时发展中的手工业、商业等领域实施压制政策，如设立管制机构、征收重税等，阻碍了私有制经济的发展。清代封建统治阶级为巩固其统治还采取了一系列镇压人民反抗的措施，如在军事方面，凡经济、文化的重要地区驻屯大量八旗、绿营军；在政治方面，镇压人们反抗运动，大兴"文字狱"；在文化方面，鼓励汉学，束缚自由思想。这一时期由于民族的压迫，反抗封建统治压迫的运动在规模上比明末减少，在形式上逐渐由公开趋于秘密，趋向于会党会社的形式，成为隐性的社会危机。

通过上述分析，侯外庐指出阶级矛盾和民族矛盾相交错的18世纪中国社会，资本主义的幼芽、市民的力量以及农民的反抗不可遏止地生长着，反映在当时的思想界，表现为专门汉学统治地位的形成以及戴震、汪中、章学诚、焦循等人哲学思想的出现。17世纪的启蒙运动虽然在此时受到挫折，但它的政治的、社会的形式却被文学的形式所代替。在学术领域，或者流于烦琐，即专门汉学的发展；或者以更隐晦的面目出现，这就是戴震等人的哲学思想。①

其次，侯外庐从清代统治者的政治文化政策探讨汉学成为风靡一时的专门之学的原因。他认为，乾嘉汉学的形成处于清朝的封建统治势力进入相对稳定的时期，与康熙以来压制"经世致用"之学的文化政策有密切关联。清统治者一方面，大兴"文字狱"，开四库馆，焚毁有触忌讳的书籍；另一方面采取一系列愚弄政策，重儒学、崇儒士。具体表现在康熙时期荐举山林隐逸、博学鸿词、开明史馆，同时在其指导理论方面，通过编《太极图论》、制《四书解义序》、上谕朱子配享孔庙、选任理学名家、"御纂""钦定"诸经义疏等方式，打击当时的"经世致用"之学。

乾隆时期汉学为朝廷所提倡，作为统治工具的理学之补充。《四库全书》的编撰，更说明了统治者"实行对封建文化笺注与烦琐并行提倡的指导方针"。② 此外，雍正元年（1723）之后，受清廷对外政策的影响，中国学术与西洋科学暂时断绝了联系，18世纪的西欧文明被清朝的文化政策阻

---

① 侯外庐：《中国思想通史》第5卷，人民出版社，2011，第360页。
② 侯外庐：《中国思想通史》第5卷，第367页。

隔在外，无法像明末清初时期能够相互交流。在此内外环境的禁锢之下，18 世纪中国的学术文化失去了清初的活力。因此，"对外的闭关封锁与对内的'钦定'封锁相为配合，促成了所谓乾嘉时代为研古而研古的汉学，支配着当时学术界的潮流"。①

三　侯外庐对乾嘉学术发展脉络的整体把握

侯外庐的乾嘉汉学研究，以 17 世纪学者的启蒙思想作为参照，与乾嘉学者学术精神进行比较，指出乾嘉汉学丧失了清初学者的博大气象，只是部分地继承了清初大儒的学术精神。具体而言，侯外庐将乾嘉汉学这一文化形态看作一个发展的过程，以居于支配地位的学术来判定清学的主流，从整体上对其源流所自进行分析，从而确立了汉学的发端、专门汉学的形成以及汉学的终结的阶段划分。

清代乾嘉汉学的发端，侯外庐认为清初的顾炎武、黄宗羲虽为开风气之先驱，然其学术内容重经世之务，带有对未来憧憬的启蒙思想，仅以考据之学为手段，并无所谓汉学的专门研究，汉学并非居于学术的支配性地位。专门汉学的发端应追溯到阎若璩、胡渭等人，其成立始于吴之惠栋，徽之戴震，学术方走上烦琐的考据之路。从学术个性上来看，清初学者不接受清代鸿儒的羁宠，保持着独立个性发展的研究精神。汉学的出现，正是泯除种族仇恨的文化政策的实现。汉学的精神将清初大儒的经世致用之学变了质，应当区别开来。前人多将顾、阎二人并称，如章太炎《清儒》篇追溯汉学始于顾炎武、阎若璩等人，梁启超《中国近三百年学术史》以顾、阎同列一章，尊顾尊阎同等视之。基于顾、阎二人学术精神之不同，侯外庐认为这些观点都不是史家的正确判断。他以为"顾阎分家则有之，顾阎同流未必然"，② 顾炎武不同于汉学家在于他能够留心经世之务。阎若璩为顾、黄之后进，正是自他起，清儒才真正进入考据的狭路之中。

在专门汉学的形成问题上，侯外庐从学术发展的观点出发，跳出了吴皖分帜说，指出："汉学，严格讲来，始于惠定宇，而发展于戴东原。"③戴震虽为惠之后学，在影响上却超过惠栋。惠栋专心经术，尤邃于《易》，

---

① 侯外庐：《中国思想通史》第 5 卷，第 367 页。
② 侯外庐：《近代中国思想学说史》，生活书店，1947，第 356 页。
③ 侯外庐：《近代中国思想学说史》，第 368 页。

"世守古学，所得尤深"。① 戴震所学广博，精研汉儒传注，"由训诂以寻义理，不偏主一家"。② 惠、戴不同者，"惠求其是汉，戴求其是实"。③ 在汉学研究方法上，他指出戴震继承并发展了惠栋汉学的传统，在探求义理方面，反对空凭胸臆，凿空说经。"故训明，则古经明，古经明，则圣贤之理义明，而我心之所同然者乃因之而明。圣贤之理义非它，存乎典章制度者是也，松崖先生之为经也，欲学者事于汉经师之故训，以博稽三古典章制度，由是以推求义理，确有据依。"④ 侯外庐大体上肯定了章太炎、刘师培二人对吴、皖两派学术源流的梳理和分析，认为二人皆有"尊戴"之旨。惠栋论学自有家学渊源，尊信汉儒经说，其弟子江声、余萧客等传其学。戴震师从江永，同学弟子私淑者众多，学风影响甚广。戴震所学门类广泛且各有所传，音韵训诂之学尤以段玉裁、王念孙所得为精。关于两派学风的特征，侯外庐基本上接受了章太炎的论断：吴派"学好博而尊闻"，皖派则"综形名，任裁断"；⑤ 吴派"笃于尊信，掇次古义，鲜下己见"，⑥皖派则"分析条理，皆缜密严瑮，上溯古义，而断以己之律令"。⑦ 皖派学术影响广泛，成为乾嘉学术内容与方法的重要代表。

在汉学的内部变革与阶段划分上，章太炎的论述从地域分布和学术师承上划分了皖南、江北、常州之学；刘师培在不同地域学派的研究基础上，论述汉学变迁的四个时期：顺康之怀疑派、康雍之征实派、继其后之丛缀派、嘉道之虚诬派，至道、咸时期汉学不振。梁启超对清代汉学的阶段划分虽借用佛学，却在学术发展的过程性上探讨了启蒙期、全盛期、蜕分期（同时也是衰落期）不同阶段发展变化的内部学理与外部社会原因。侯外庐在前人研究基础上通过深入不同学者的学术研究及社会环境的影响因素，着重选取了具有代表性的学者章学诚、汪中、焦循、阮元等人，论述汉学内部变革并走向终结在不同学者学术中的反映。乾嘉学术经阎、胡发端，惠、戴之成立及其后学之发展，至章学诚、汪中、焦循等人对乾嘉学术的反思与清初传统的复活，以阮元为乾嘉汉学殿军，《汉学师承记》

---

① 钱大昕：《惠先生栋传》，《潜研堂文集》（下）卷三十九，商务印书馆，1936，第615页。
② 钱大昕：《戴先生震传》，《潜研堂文集》（下）卷三十九，第619页。
③ 侯外庐：《近代中国思想学说史》，第365页。
④ 戴震：《题惠定宇先生授经图》，《戴震集》，上海古籍出版社，2009，第214页。
⑤ 章太炎：《清儒》，《章太炎全集》（《訄书》重订本），第154页。
⑥ 章太炎：《清儒》，《章太炎全集》（《訄书》重订本），第155页。
⑦ 章太炎：《清儒》，《章太炎全集》（《訄书》重订本），第155页。

为学术史的总结之作。

具体而言，"继承清初学术传统的文化史学家"章学诚在乾嘉汉学主导的学术潮流中，发出了一种学术性的抗议，批评汉学永远在资舟车的旅途中而不知其目的地，批评宋学永远站在此岸而遥视彼岸，不用舟车的工具却想冥造目的地的景象。"这种由性理的烦琐到考证的烦琐，烦琐的对象不同，而拘束人性的独立发展则殊途同归。"① 章学诚的史学研究，不合时人好恶，却在此时挽持风气，求史学之史意，不似考证学仅以史事为足。"六经皆史""六经皆先王之政典"等命题，揭示汉学家所求之道，更应扩展到广阔的史学研究中去探寻，承袭清初史学的经世传统。"复兴诸子异说的墨者"汪中，熔铸经史诸子，自成一家，其诸子学的研究尤其在荀学、墨学方面，发展了清初子学复兴的任务，近承乾嘉学者研究而来。他的考证之学，推求六经的主旨在实事求是的基础上，更重心知其意以为世用，在语言文字推求上，用历史的发展眼光看待语言与名物制度的古今之变。汪中的思想，由其身世的贫困与悲剧，在思想上的觉醒和学术上的批判，揭示了封建制度走向没落。

侯外庐指出，戴震的数学和音韵训诂之学分别由焦循、汪莱与段玉裁、阮元诸人所专门发展。焦循之学注重学理，数理逻辑是他的治学精神，贯穿其学术，使易学成为一种相对主义的均衡学问体系，从而走上理性主义的途径。焦循是戴震学术的继承发展者，在重训诂以明义理的治学基础上，主张"通核"的考据方法，反对执一不化以破除一尊成见。"如果说焦循是在学术体系上清算乾嘉思想，那么阮元则在编纂上总结乾嘉成果，扮演着总结乾嘉汉学的文史学者的身份。"② 相比焦循治学态度上主通核，阮元治学主训诂之博，二人在殊途上同归于乾嘉学术的总结。阮元发展戴震"由字以通其词，由词以通其道"的方法，推明古训、实事求是，由思想渊源上进行历史的、分析的研究，成为乾嘉学者最后的重镇。江藩的《汉学师承记》，述评乾嘉汉学家的思想学术活动，为18世纪中国学术史的总结。汉学走向终结的原因，侯外庐以为："汉学本身在时代的潮流中，所导向的'实'不应是退回古经之中，而要进而蹈入社会。经太平天国、鸦片战争以后的中国思想界，要寻搜世界，要追求个人，要跃入和人

---

① 侯外庐：《近代中国思想学说史》，第429页。
② 侯外庐：《近代中国思想学说史》，第536页。

民联系的实践中，要信仰将来所来临的绝对历史。"①

在侯外庐乾嘉汉学的研究中，包含两条线索：一条是对学者学术的研究，以 17 世纪的学术为参照，在学术精神和学术源流上比较说明其继承延续性；一条是在乾嘉汉学内部，揭示汉学发展过程中，学术方法与学术内容的变革。溯源汉学的发端、专门汉学的形成至戴震后学等人的内部变革与终结，侯外庐勾勒出了清代汉学的发展脉络，并回答了乾嘉汉学未能应时代之发展走向终结的原因。随着清代社会政治的剧变和世界资本主义经济的兴起扩张，在学术领域代之以求变的今文经学。

四　乾嘉汉学内容与方法的再审视

18 世纪的汉学之所以成为专门的研究，就在于其学术内容走入了考据的狭路，在学术方法、学者的个性精神方面发生了变化。在侯外庐看来，汉学的意义就在于学术内容和研究方法这两个方面。以吴、皖为代表审视乾嘉汉学的学术内容，表现出不同的特征。不同于吴派追寻三代制度，以戴震为代表的皖派更重于名物典章制度的"实事求是"与探寻"古今治乱之源"。戴震"有志闻道，谓非求之六经孔孟不得，非从事于字义制度名物，无以通其语言，为之三十余年，灼然知古今治乱之源在是"。② 戴震亦明言汉学不仅在故训，更在"求道于典章制度"。他说："经之至者道也，所以明道者，其词也，所以成词者，未有能外小学文字者也。由文字以通乎语言，由语言以通乎古圣贤之心志。"③ 戴震明言其治经之学通过文字语言就可以明"道"，由故训而得典章制度之历史意义。对此观点侯外庐提出了疑问。

细审戴震"由文字以通乎语言，由语言以通乎古圣贤之心志"的汉学研究之实质，侯外庐认为，戴震所强调的研究方法乃为"长于比勘"的基本知识，依之不流于"凿空"，可以除去明"道"之障碍，避免宋儒"凿空"之二弊，即"缘词生训"与"守讹传谬"。"缘词生训者，所释之义非其本义；守讹传谬者，所按之经并非其本经。"④ 这并无问题，而由此即可以明"道"，则是把史学的精神庸俗化了，夸大了文字学

---

①　侯外庐：《近代中国思想学说史》，第 582 页。
②　段玉裁：《戴东原先生年谱》，《戴震集》，第 455 页。
③　戴震：《古经解钩沉序》，《戴震集》，第 192 页。
④　戴震：《古经解钩沉序》，《戴震集》，第 192 页。

的功用。戴震的治经之学，实乃考证古史之学而已。由文字以通语言，由语言以通道，"通"只是必要的条件，而非决定条件，史学的"道"别有其中更深刻的意义所指，谨守训诂考据这一唯一的途径限制了圣贤之"道"的获得。

在侯外庐看来，汉学最朴实的地方在音韵、文字学的研究上。自明末清初方以智、顾炎武至乾嘉学者江永、戴震以迄段玉裁等人的音学研究，这一学问达到超越古人的高度。"古故训之书，其传者莫先于《尔雅》，六艺之赖是以明也，所以通古今之异言，然后能讽诵乎章句，以求适于至道。"① 戴震从文字语言处入手，以为"不能遍观尽识，轻疑前古，不知而作也"，而"信古而阙，愈于不知而作，但宜推求，勿于株守"。② 他在论及六书源流上，从自然演进方面说明文字之进化。"六书也者，文字之纲领，而治经之津涉也。"③ 治经不能"以意衡量"，必求之于文字的源流，这是朴学家的基本修养。文字学的研究确有其价值，校勘了古史经籍而具有史学的意义。戴震将文字学的研究夸大为"求适于至道"，则是汉学家的小天地使然。

清代经学家的学术内容，如章太炎所言，"不以经术明治乱，故短于风议；不以阴阳绝人事，故长于求是"。④ 在侯外庐看来，汉学客观上的学术内容是古史考证之学，仅备后人研究历史的开荒工作，汉学本身则不能尽含史学的全部。汉学家治经在于"存古，非以是适今"。⑤ 因此，"汉学家的学术内容是史学的考据部分，而考据工作首先是把'黑白修短，期于形肖而止'，至于其形的流变因革则为历史家的工作。汉学家之稽古，主观上不无以古形而适今者，但在客观上朴学的遗产，则仅于存古之真迹为其本色"。⑥

从乾嘉汉学的方法上来说，在清代的历史发展中，其间以戴震学风影响最广。不同于吴派学者"惟汉是信""笃于尊信，鲜下己见"，戴震言及自身治学方法："治经先考字义，次通文理，志存闻道，必空所依傍"，⑦

---

① 戴震：《尔雅文字考序》，《戴震集》，第51页。
② 戴震：《与王内翰凤喈书》，《戴震集》，第54页。
③ 戴震：《六书论序》，《戴震集》，第77页。
④ 章太炎：《清儒》，《章太炎全集》（《訄书》重订本），第157页。
⑤ 章太炎：《与人论朴学报书》，《章太炎全集》（《太炎文录初编》卷一），第155页。
⑥ 侯外庐：《近代中国思想学说史》，第377~378页。
⑦ 戴震：《与某书》，《戴震集》，第187页。

"不以人弊己，不以己自弊"，① 重视自得之学。侯外庐认为这种汉学的治学方法，不同于宋儒凿空之学、汉儒附会之学，它不仅复汉之古，而且要在"空所依傍"，断以己见。因此，戴震汉学之学风不仅"信汉"，而且"疑汉"，即章太炎所谓"上溯古义，而断以己之律令"。刘师培指出："古无汉学之名，汉学之名始于近代。或以笃信好古该汉学之范围，然治汉学者未必尽用汉儒之说，即用汉儒之说亦未必用以治汉儒所治之书。是则所谓汉学者，不过用汉儒之训故以说经，及用汉儒注书之条例以治群书耳，故所学即以汉学标名。"② 刘师培已然说出了汉学讲究汉儒的训诂方法条例，却并未明言这种方法具体为何，而对这一方法章太炎进行了具体归纳："近世经师，皆取是为法：审名实，一也；重佐证，二也；戒妄牵，三也；守凡例，四也；断感情，五也；汰华辞，六也。"③ 侯外庐认为，章太炎的这一论述颇含汉学家的理想治学精神，但他并不认为这种治学精神如梁启超、胡适所崇赞的那样为"近世的科学方法"。

20 世纪 20 年代，受五四民主科学潮流的影响对传统学术进行检验与整理，梁启超、胡适等人以戴震二百周年诞辰纪念会为契机，对戴震学术进行了不遗余力的宣扬。在他们的研究中，都推崇戴震考据学的治学方法与治学精神，并认为这一方法包含西方实证主义特色的分析与综合的方法论，④ "传信不传疑"而求"十分之见"，实为科学的研究法，⑤ 由是企及西方科学思想。

侯外庐就汉学方法论是否具有"科学性"进行了探讨。诚然，戴震所学继承了明末以来天文、数学、地理等自然科学的研究，在学术修养上确有科学的精神渗透其中，影响汉学家整理古籍亦至不鲜。一定的科学知识亦是明经的基本学问，能够对经典精审识断。戴震论学之方法，是部分地合于科学精神的。然而乾嘉时期大部分汉学家，"因为没有将来社会的信仰，在结论上还是被古道所桎梏的，换言之，在古籍的狭小天地中只有科学态度的冷静，而没有科学态度的热力，这热力是要超出古籍而进入于物质世界与光明社会的"。⑥

① 戴震：《答郑丈用牧书》，《戴震集》，第 186 页。
② 刘师培：《近代汉学变迁论》，《中国近代思想家文库·刘师培卷》，第 357 页。
③ 章太炎：《说林下》，《章太炎全集》（《太炎文录初编》卷一），第 118 页。
④ 胡适：《戴东原的哲学》，上海古籍出版社，2014，第 35、36 页。
⑤ 梁启超：《清代学术概论》，第 37 页。
⑥ 侯外庐：《近代中国思想学说史》，第 371 页。

侯外庐赞同《四库全书总目提要》经部总序中以"琐"字评价清代经学，他进一步指出，乾嘉汉学"弊于古而不知世（古指古籍，世指社会）；弊于词而不知人（词指由词明道之词，人指个性）；有见于实、无见于行（实指其一部分认识方法，行指认识的证验、准绳）；有见于阙、无见于信（阙指对于过去的疑问，信指对于将来的追求）"，[①] 即埋头于群经古籍而抛弃经世之志，沉浸于文字音韵之考证而丢失作为独立的人的个性与思想，虽掌握一部分认识的方法，却不能将认识用于证验、作为实践之准绳，虽对过去抱有疑问，却没有对于将来社会的追求。因此，乾嘉汉学虽有科学精神的要素，却不代表科学方法。汉学之贡献在于古书经过他们的努力始可以读得通，讲得明，这对于中国古典文化的认识确是打下了初步的基础。侯外庐认为文字、语言通过近代历史科学的揭发，即从历史的角度审视古代文化遗存，方能成为与世界学术汇合以后的学问。

五　结语

侯外庐的乾嘉汉学研究，相比民初学者的研究起步较晚。然而，这一研究却是以马克思主义理论为指导的清代乾嘉汉学研究之先声，具有重要的草创意义。他的贡献，在于将中国化、民族化的马克思主义理论成果，运用于清代学术史的研究，从社会史的视角对乾嘉汉学的发展脉络进行说明，从整体上把握学术发展的方向，以具有主导地位的学术来辨析学术的主流，溯源乾嘉汉学的发端、成立与终结，在学术内容与学术方法的探讨上，秉持实事求是、独立自得的学术态度，对前人研究成果进行辨别、继承与批判，提出了独创的学术观点。侯外庐在中西比较的研究视野下提出"早期启蒙说"探讨清代学术史，其学术贡献不仅在于研究范式的确立、研究方法的开创与运用，更在于这一研究视角发掘了中国文化自身蕴含的近代思想要素，在当时清代学术史研究领域中占有一席之地。民国时期章太炎、刘师培、梁启超、胡适、柳诒徵、钱穆等学者的清代乾嘉汉学研究，由于不同学者的研究所处年代社会现实之不同，在不同的社会诉求下，又有学术观、文化观乃至哲学思想的差异，呈现不同的特色，从而丰富了清代学术史研究。章太炎的种族革命角度，梁启超引入佛学的学术循环观点、五四科学民主潮流与国故整理运动下梁、胡考据学科学方法论的

---

① 侯外庐：《近代中国思想学说史》，第 372 页。

宣扬以及柳诒徵、钱穆着眼于儒学的内在发展脉络看待汉学，揭示出不同时代环境、知识体系构成对学者学术研究的影响。随着马克思主义的传播与中国化进程，历史认识的发展进一步深刻，侯外庐运用唯物史观梳理总结清代学术史，揭示乾嘉汉学的意义与价值，标志着马克思主义史学科学的社会历史分析方法与中国传统文化研究的融贯与会通。侯外庐"早期启蒙说"的研究范式的开创，亦启发后学沿其草径，不断丰富发展明清学术研究。

历史文献学研究

《资治通鉴》载汉元帝时期史事辨析*

李 峰 刘嘉诚

（河南师范大学历史文化学院，河南新乡 453007）

摘 要：《资治通鉴》将元帝立刘骜为太子事系于初元二年四月，将郑朋荐张敞傅辅太子事系于其后；将弘恭病死事系于初元二年十二月萧望之饮鸩自杀之后；将周堪病卒、张猛自杀事，系于永光四年六月日食之后；将匡衡因地震日食之变上疏事，系于永光二年三月壬戌日食之后。然而征诸史实，刘骜被立为太子事应在初元二年正月，郑朋荐张敞傅辅太子事在刘骜被立为太子后至初元二年二月戊午之间；弘恭病死在永光元年夏季至九月二日前；周堪病卒、张猛自杀事，当在永光四年周堪为光禄大夫后至建昭元年五鹿充宗为少府前；匡衡因地震日食之变上疏事，当发生在初元三年六月颁布诏书后至初元五年四月颁布诏书前。

关键词：《资治通鉴》 汉元帝 弘恭 匡衡

论及司马光等编撰《资治通鉴》时，对待史料的态度，田余庆曾称："《通鉴》资料取舍原则是无征不信，有异则考明之，严谨而不苟且，这是古今史学界所公认的。"[1] 就汉元帝时期史事而言，《通鉴》的叙述始自初元元年正月，终于竟宁元年六月，共十六年，成两卷，一万九千余字。在此过程中，共出"考异"十条，[2] 显见司马光等确实甚重史料的考辨。然

---

* 本文系 2018 年度国家社会科学基金项目"西汉后期郊庙改制问题研究"（18BZS043）阶段性成果。

① 田余庆：《论轮台诏》，《秦汉魏晋史探微》，中华书局，1993，第53页。

② （北宋）司马光：《资治通鉴考异》卷1，四部丛刊初编本。

而就这段文字而言，观历代学者的论析，① 可知其颇有疏失之处。事实上，时至今日，参酌学者们的创获，细绎这段文字所征引的史料，似仍有可商榷的余地。

一 刘骜被立为太子及郑朋荐张敞傅辅事辨析

《通鉴》叙及元帝立刘骜为太子及待诏郑朋荐张敞傅辅太子事，云："（初元二年）夏，四月，立子骜为皇太子。待诏郑朋荐太原太守张敞，先帝名臣，宜傅辅皇太子。上以问萧望之，望之以为敞能吏，任治烦乱，材轻，非师傅之器。天子使使者征敞，欲以为左冯翊，会病卒。"②

征诸史事，《汉书·元帝纪》云："（初元二年）夏四月丁巳，立皇太子。"③《张敞传》云："元帝初即位，待诏郑朋荐敞先帝名臣，宜傅辅皇太子。上以问前将军萧望之，望之以为敞能吏，任治烦乱，材轻非师傅之器。天子使使者征敞，欲以为左冯翊，会病卒。"④ 然关于刘骜被立为太子事，《元帝纪》称初元元年三月"丙午，立皇后王氏"。⑤《元后传》称元帝即位，"立太孙为太子，以母王妃为婕妤，封父禁为阳平侯。后三日，婕妤立为皇后，禁位特进，禁弟弘至长乐卫尉"。⑥ 则刘骜似是在初元元年王政君被立为皇后前被立为太子。而《五行志》又云初元元年王政君被立为皇后，"明年正月，立皇后子为太子"。⑦

就汉朝立后及太子而言，高祖为汉王，先是以元年立吕氏为王后，继而在次年立其子刘盈为太子。文帝元年正月立窦氏子刘启为太子，三月立窦氏为皇后；景帝四年夏，立栗姬子刘荣为太子，后被废。七年四月乙巳，立刘彻母王夫人为皇后，丁巳，立刘彻为太子。元朔元年，武帝立刘

① 参见（南宋）王益之撰，王根林点校《西汉年纪》卷22、23，中华书局，2018，第445~494页；（元）胡三省音注《资治通鉴》卷28、29，中华书局，1956，第893~953页；（明）严衍《资治通鉴补》卷28、29，续修四库全书337册，第214~237页；吴玉贵《资治通鉴疑年录》，中国社会科学出版社，1994，第9~10页；李裕民《〈资治通鉴·汉纪〉记时订误》，《汉中师院学报》1988年第4期。
② （北宋）司马光：《资治通鉴》卷28"初元二年"条，中华书局，1956，第900页。
③ （东汉）班固：《汉书》卷8《元帝纪》，中华书局，1962，第282页。
④ （东汉）班固：《汉书》卷76《张敞传》，第3226页。
⑤ （东汉）班固：《汉书》卷9《元帝纪》，第279页。
⑥ （东汉）班固：《汉书》卷98《元后传》，第4016页。
⑦ （东汉）班固：《汉书》卷27《五行志》，第1370页。

据母卫子夫为皇后，元狩元年四月丁卯立刘据为太子。元平元年十一月壬子，宣帝立刘奭母许平君为皇后，地节三年四月戊申立刘奭为太子。显见在汉代，君主先立后再立太子属祖制，景帝立武帝为太子前先立皇后，可称是对祖制的回归，并为武宣二帝所继承。故元帝立太子也当仿效传统，即先立皇后，再立太子。并且许平君是宣帝即位后，先立为婕妤，再立为皇后，而元帝亦是先立王政君为婕妤，再立为皇后，其仿效宣帝之意甚明。故《元后传》称元帝即位后，先立刘骜为太子，继而立王政君为皇后当是误书。

至于刘骜被立为太子的时日，当如《汉书·五行志》所云，在初元二年正月。如上所述，元帝初即位，待诏郑朋举荐张敞傅辅太子，而为前将军萧望之所否决，显见此议当发生在刘骜被立为太子后，且其时萧望之尚为前将军。而萧望之被收夺前将军光禄勋印绶、郑朋由待诏为黄门郎皆在初元二年正月至二月戊午之间。据《刘向传》云元帝初即位，前将军萧望之、诸吏光禄大夫周堪、散骑、宗正给事中刘更生，欲向元帝建言罢退车骑将军史高及中书宦官弘恭、石显等，"未白而语泄，遂为许、史及恭、显所潛诉，堪、更生下狱，及望之皆免官"。①《萧望之传》称弘恭、石显等乘萧望之休沐日不上朝理事的机会，令待诏郑朋、张子蟜告萧望之等谋欲罢车骑将军疏退许、史状，因设计将周堪、刘更生下狱，元帝知道后，"以责恭、显，皆叩头谢。上曰：'令出视事。'恭、显因使高言：'上新即位，未以德化闻于天下，而先验师傅，既下九卿大夫狱，宜因决免。'于是制诏丞相御史：'前将军望之傅朕八年，亡它罪过，今事久远，识忘难明。其赦望之罪，收前将军光禄勋印绶，及堪、更生皆免为庶人。'而朋为黄门郎"。②《刘向传》称此事过后，"其春地震，夏，客星见昴、卷舌间。上感悟，下诏赐望之爵关内侯，奉朝请。秋，征堪、向，欲以为谏大夫，恭、显白皆为中郎。冬，地复震。时恭、显、许、史子弟侍中诸曹，皆侧目于望之等，更生惧焉，乃使其外亲上变事"。在所上变事中称："前弘恭奏望之等狱决，（初元二年）三月，地大震。"③然查《汉书》无初元二年三月地震的相关记载，而《元帝纪》云："（初元二年）乃二月戊午，地震于陇西郡，毁落太上皇庙殿壁木饰，坏败豲道县城郭官寺及民室屋，

① （东汉）班固：《汉书》卷36《刘向传》，第1930页。
② （东汉）班固：《汉书》卷78《萧望之传》，第3286~3287页。
③ （东汉）班固：《汉书》卷36《刘向传》，第1930~1931页。

压杀人众。"① 《翼奉传》亦云："明年（初元二年）二月戊午，地震。"② 故《考异》曰："刘向传云：'三月，地大震'，今从元纪。"③

不过，据《汉书·张敞传》载："敞与萧望之、于定国相善。"④ 郑朋举荐张敞似乎有讨好萧望之之意。而郑朋与萧望之交好是在萧望之辅政之初，后萧望之发现郑朋行为倾邪，因与之绝交，到初元二年郑朋已完全倒向弘恭、石显等，则郑朋举荐张敞似应在初元元年。实则张敞与萧望之初虽相善，但后来随着时势的发展，由于政见相异，两人已渐行渐远，如宣帝时在对待霍氏家族方面，两人便意见相左，后在平定西羌之乱时，为解决军粮不足问题，张敞建议许吏民入谷赎罪，但其议为萧望之所驳。张敞为京兆尹期间，与杨恽相厚善，而杨恽又与盖宽饶、韩延寿、孙会宗、韦玄成等相友善。其中韩延寿因与萧望之交恶而被诛，杨恽曾上书为韩延寿讼怨，欲救之而不得。后萧望之因贬损大司农中丞耿寿昌，借灾异挑衅丞相丙吉，为宣帝所不满，宣帝遂让杨恽等诘问萧望之，萧望之为此免冠置对，继而奉策左迁萧望之为太子太傅。后杨恽因与太仆戴长乐交恶，为戴长乐所告发，而被免职，继而被诛，与其相厚善者皆免官，其中就有张敞。张敞才能卓异，关心国事，颇具公辅的潜质。如张佩纶称："使敞相孝宣，功名必出丙、魏上。若其佐元傅成，亦岂萧望之、张禹所可比方哉。"⑤ 故若初元二年正月刘骜被立为太子后，郑朋举荐张敞为太子太傅，其意当是要为萧望之树一强敌，而非为助其巩固自己的地位。

综上，刘骜被立为太子事应系于初元二年正月，然后将郑朋荐张敞傅辅太子事系于其后。

二　弘恭病死时间辨析

《通鉴》叙及弘恭病死而石显为中书令事，将其置于初元二年萧望之饮鸩自杀之后："是岁（初元二年），弘恭病死，石显为中书令。"⑥

按《汉书·元帝纪》云："（初元二年）十二月，中书令弘恭、石显

---

① （东汉）班固：《汉书》卷9《元帝纪》，第281页。

② （东汉）班固：《汉书》卷75《翼奉传》，第3171页。

③ （北宋）司马光：《资治通鉴》卷28"初元二年"条，第899页。

④ （东汉）班固：《汉书》卷76《张敞传》，第3223页。

⑤ （清）张佩纶：《涧于集·文》卷上《张敞论》，民国十五年涧于草堂刻本。

⑥ （北宋）司马光：《资治通鉴》卷28"初元二年"条，第902页。

等潜望之，令自杀。"① 荀悦《汉纪》云初元二年萧望之饮药自杀，"是岁，丞相府家雌鸡伏子，渐化为雄，有冠距，鸣。弘恭病死，石显为中书令"。②《通鉴》或受此影响而书其事。周寿昌也赞同《汉纪》之说："宏恭病死在初元二年，见《荀纪》。"③ 但此说颇与《汉书》它处叙述相抵牾。如据《汉书·佞幸传》称："元帝即位数年，恭死，显代为中书令。"④ 臣瓒亦称："元帝即位数年，恭死，显代为中书令，专权用事。至成帝乃罢其官。"⑤ 由"数年"一词可知弘恭至少应死于初元三年。而由于周寿昌持初元二年说，遂认为"是帝即位初而非数年也，恭用事在宣帝末，后惟石显颛政"。⑥《刘向传》又云："更生见堪、猛在位，几已得复进，惧其倾危，乃上封事谏曰：'臣前幸得以骨肉备九卿，奉法不谨，乃复蒙恩……初元以来六年矣，案《春秋》六年之中，灾异未有稠如今者也……臣谨重封昧死上。'恭、显见其书，愈与许、史比而怨更生等。"⑦据此可知，弘恭在永光元年刘向向元帝上谏言时仍在世。故徐兴无指出："据《楚元王传》载，永光元年周、张二人左迁之后，'显等专权日甚'。自此处以下，《传》中行文不再'恭、显'连称而只称'显'或'显等'，由此可以考知弘恭死于永光元年左右。"⑧ 然而周寿昌由于认为弘恭此前已死，故此属"随笔"："刘向封事上于元帝永光元年宏恭已前死。此当云石显惮之，恭字是随笔。《通鉴》改作石显是也。"⑨

考荀悦将弘恭死系于初元二年，当与《汉书》所载雌鸡伏子事有关。据《五行志》云："宣帝黄龙元年，未央殿辂軨中雌鸡化为雄，毛衣变化而不鸣，不将，无距。元帝初元中，丞相府史家雌鸡伏子，渐化为雄，冠距鸣将。永光中，有献雄鸡生角者。"刘向对此发表评论，认为这是石显执事为政之象："鸡者小畜，主司时，起居人，小臣执事为政之象也。言小臣将秉君威，以害正事，犹石显也。"而雌鸡伏子事发生初元二年，如

① （东汉）班固：《汉书》卷9《元帝纪》，第283页。
② （东汉）荀悦著，张烈点校《汉纪》卷21"初元二年"条，中华书局，2002，第374页。
③ （清）周寿昌：《汉书注校补》卷10，（清）沈钦韩等《汉书疏证（外二种）》，上海古籍出版社，2006，第798页。
④ （东汉）班固：《汉书》卷93《佞幸传》，第3726页。
⑤ （东汉）班固：《汉书》卷10《成帝纪》，第308页。
⑥ （清）周寿昌：《汉书注校补》卷10，第798页。
⑦ （东汉）班固：《汉书》卷36《刘向传》，第1932~1947页。
⑧ 徐兴无：《刘向评传》，南京大学出版社，2005，第127页。
⑨ （清）周寿昌：《汉书注校补》卷10，第654页。

针对该异事，有人认为王政君先于初元元年被立为皇后，继而在初元二年其子又被立为太子，尊位已成，雌鸡伏子事对应的就是这件事："故应是，丞相府史家雌鸡为雄，其占即丞相少史之女也。伏子者，明已有子也。冠距鸣将者，尊已成也。"初元二年发生雌鸡伏子事，刘向将其兆归于石显而不言弘恭，或荀悦因此认为弘恭当已死于是年，遂将弘恭死事书于该年。实则此事是因永光年间有献雄鸡生角者，引起京房的注意，因将宣帝以来的三件鸡变事放在一起进行考察，"房以为已知时，恐当之"。刘向则对其判断提出质疑："刘向以为房失鸡占。"① 亦即此事发生的时间在永光年间，而其时弘恭已死，故刘向未言及之。考之史事，《刘向传》又云："望之自杀。天子甚悼恨之，乃擢周堪为光禄勋，堪弟子张猛光禄大夫给事中，大见信任。恭、显惮之，数谮毁焉。"② 按《百官公卿表》载初元三年，"光禄大夫周堪为光禄勋"。③ 这也显示弘恭并未死于初元二年。

故《汉书·佞幸传》云元帝即位"数年"弘恭死，《刘向传》云"恭、显"见刘向所上封事而怨之，皆不误。而据《五行志》载，元帝永光元年"三月，陨霜杀桑；九月二日，陨霜杀稼，天下大饥。是时中书令石显用事专权，与《春秋》定公时陨霜同应"。④ 可知此时石显已经官居中书令。则弘恭病死时间当在永光元年九月二日前。而荀悦由于认为弘恭病死时间在初元二年，不仅将此事系于该年，并且自此至永光元年，凡《汉书》中涉及的弘恭的史事，皆予以删除。俱将诸事系于永光元年年末。如《刘向传》云萧望之自杀后，"天子甚悼恨之，乃擢周堪为光禄勋，堪弟子张猛光禄大夫给事中，大见信任。恭、显惮之，数谮毁焉。更生见堪、猛在位，几已得复进，惧其倾危，乃上封事谏曰……恭、显见其书，愈与许、史比而怨更生等。堪性公方，自见孤立，遂直道而不曲。是岁夏寒，日青无光，恭、显及许、史皆言堪、猛用事之咎"。⑤《汉纪》剪裁这段史料云："周堪复为光禄勋，与张猛皆给事中，见亲任，而石显等数谮毁之。刘向以草莽臣上书曰……显等见其书，而愈与许、史比周而怨向。"⑥《通鉴》亦云："石显惮周堪、张猛等，数谮毁之。刘更生惧其倾危，上书

---

① （东汉）班固：《汉书》卷 27《五行志》，第 1370 页。
② （东汉）班固：《汉书》卷 36《刘向传》，第 1932 页。
③ （东汉）班固：《汉书》卷 19《百官公卿表》，第 814 页。
④ （东汉）班固：《汉书》卷 27《五行志》，第 1427 页。
⑤ （东汉）班固：《汉书》卷 36《刘向传》，第 1932~1947 页。
⑥ （东汉）荀悦著，张烈点校《汉纪》卷 22"永光元年"条，第 383~385 页。

曰……显见其书，愈与许、史比而怨更生等。是岁，夏寒，日青无光，显及许、史皆言堪、猛用事之咎。"① 此显然是值得商榷的。

三 周堪病卒、张猛自杀事辨析

《资治通鉴》叙及周堪病卒、张猛自杀事称："（永光四年）夏，六月，甲戌，孝宣园东阙灾。戊寅晦，日有食之。上于是召诸前言日变在周堪、张猛者责问，皆稽首谢；因下诏称堪、猛之美，征诣行在所，拜为光禄大夫，秩中二千石，领尚书事；猛复为太中大夫、给事中。中书令石显管尚书，尚书五人皆其党也；堪希得见，常因显白事，事决显口。会堪疾瘖，不能言而卒。显诬谮猛，令自杀于公车。"②

考初元三年，周堪被擢为光禄勋，其弟子张猛为光禄大夫给事中，据《汉书·刘向传》载，永光元年刘向上谏书，"是岁夏寒，日青无光，恭、显及许、史皆言堪、猛用事之咎"。兼之长安令杨兴、城门校尉诸葛丰的进言，元帝遂贬周堪为河东太守，张猛为槐里令。"后三岁余，孝宣庙阙灾，其晦，日有蚀之。"元帝因诏征时为河东太守的周堪，"拜为光禄大夫，秩中二千石，领尚书事。猛复为太中大夫给事中。显干尚书事，尚书五人，皆其党也。堪希得见，常因显白事，事决显口。会堪疾瘖，不能言而卒。显诬谮猛，令自杀于公车"。③ 据《百官公卿表》载："（初元三年）光禄大夫周堪为光禄勋，三年贬为河东太守。"④《元帝纪》云："（永光四年）夏六月甲戌，孝宣园东阙灾。戊寅晦，日有蚀之。"⑤ 是故荀悦将周堪病卒、张猛自杀事系于永光元年，⑥《通鉴》则将此事系于永光四年，⑦ 不为无因。而严衍却将此事移置于建昭二年京房被诛后，并解释云："上条事，《通鉴》原置之永光四年六月戊寅'日有食之'。然按今年京房为考功课吏法，堪犹'初言不可，后善之'。乃知堪卒在京房杀后。故移置之于此。"⑧ 其说颇有道理。

---

① （北宋）司马光：《资治通鉴》卷28"永光元年"条，第911~915页。
② （北宋）司马光：《资治通鉴》卷29"永光四年"条，第923页。
③ （东汉）班固：《汉书》卷36《刘向传》，第1947~1948页。
④ （东汉）班固：《汉书》卷19《百官公卿表》，第814页。
⑤ （东汉）班固：《汉书》卷9《元帝纪》，第291页。
⑥ （东汉）荀悦著，张烈点校《汉纪》卷22"永光元年"条，第386页。
⑦ （北宋）司马光：《资治通鉴》卷29"永光四年"条，第923页。
⑧ （明）严衍：《资治通鉴补》卷29"建昭二年"条，第230页。

考《汉书·五行志》叙及此事，称永光四年，"上复征堪领尚书，猛给事中，石显等终欲害之。……后堪希得进见，因显言事，事决显口。堪病不能言。显诬告张猛，自杀于公车"。① 绎其文意，周堪、张猛并非任职朝廷后很快便死去。又元帝"诏使房作其事，房奏考功课吏法。上令公卿朝臣与房会议温室，皆以房言烦碎，令上下相司，不可许。上意乡之。时部刺史奏事京师，上召见诸刺史，令房晓以课事，刺史复以为不可行。唯御史大夫郑弘、光禄大夫周堪初言不可，后善之"。② 《通鉴》载其事于建昭二年，③ 王益之认为："然周堪为光禄大夫在永光四年，未几疾瘖而卒，则房此事在永光四年明矣。"因此将其事系于永光四年。④ 考西汉刺史常以岁末奏事："诸州常以八月巡行所部郡国，录囚徒，考殿最。初岁尽诣京都奏事，中兴但因计吏。"⑤ 《京房传》叙罢奏考功课吏法事，又称："是时中书令石显颛权，显友人五鹿充宗为尚书令。"⑥ 据《百官公卿表》，建昭元年，"尚书令五鹿充宗为少府"。⑦ 胡三省也指出永光四年时，"显与牢梁、五鹿充宗、伊嘉、陈顺五人皆典领尚书事"。⑧ 是知就王益之、严衍对周堪、张猛死亡时间的看法而言，王益之的永光四年说过于绝对，严衍的建昭二年说于史无据，客观地讲，应该在永光四年周堪为光禄大夫后至建昭元年五鹿充宗为少府前这段时间。

四　匡衡因地震日食之变上疏事辨析

《通鉴》将匡衡因地震日食之变上疏事置于永光二年三月壬戌日食之后："上问给事中匡衡以地震日食之变，衡上疏曰：……上说其言，迁衡为光禄大夫。"⑨ 然而征诸史实，《通鉴》此段叙述颇值得商榷。

---

① （东汉）班固：《汉书》卷27《五行志》，第1336页。
② （东汉）班固：《汉书》卷75《京房传》，第3160~3161页。
③ （北宋）司马光：《资治通鉴》卷29"建昭二年"条，第928页。
④ （南宋）王益之撰，王根林点校《西汉年纪》卷23"永光四年"条，第481页。
⑤ （西晋）司马彪撰，（南朝梁）刘昭注补《后汉书志》卷28《百官志》，中华书局，1965，第3617页。
⑥ （东汉）班固：《汉书》卷75《京房传》，第3161页。
⑦ （东汉）班固：《汉书》卷19《百官公卿表》，第820页。
⑧ （北宋）司马光：《资治通鉴》卷29"永光四年"条，第923页。
⑨ （北宋）司马光：《资治通鉴》卷28"永光二年"条，第918~919页。

考此事荀悦《汉纪》亦将其系于永光二年，称"博士匡衡"云云。[①]
而征诸史实，初元元年至二年曾发生地震，如初元元年四月诏称："间者
地数动而未静"，初元二年三月诏称："乃二月戊午，地震于陇西郡"，七
月诏称："一年中地再动。"[②]《汉书·刘向传》又云当年"冬，地复震"。[③]
据《五行志》，"元帝永光二年三月壬戌朔，日有食之，在娄八度"。[④] 而
《匡衡传》则云："是时，有日蚀地震之变，上问以政治得失，衡上疏曰：
'臣闻五帝不同礼，三王各异教，民俗殊务，所遇之时异也。……然后大
化可成，礼让可兴也。'上说其言，迁衡为光禄大夫、太子少傅"。[⑤] 而据
《陈汤传》云："初元四年，遣使奉献，因求侍子，愿为内附。汉议遣卫司
马谷吉送之。御史大夫贡禹、博士匡衡以为《春秋》之义"云云。[⑥] 据
《百官公卿表》云初元五年"六月辛酉，长信少府贡禹为御史大夫，十二
月丁未卒"。[⑦] 是知初元五年匡衡尚为博士，未迁官。是故荀悦、司马光先
后将匡衡因地震日食之变上疏事系于永光二年不为无因。后王益之《西汉
年纪》亦将此事系于永光二年，称"给事中匡衡"[⑧] 云云。

然而在永光二年日蚀之后，永光三年十一月又发生地震，并诏求进
言："乃者己丑地动，中冬雨水，大雾，盗贼并起。吏何不以时禁？各悉
意对。"[⑨]《汉书·匡衡传》云匡衡因"日蚀地震"上疏。是故该奏疏放在
永光三年十一月也未尝不可。但事实并不支持这一看法。

据《汉书·朱云传》云："元帝时，琅邪贡禹为御史大夫，而华阴守
丞嘉上封事……太子少傅匡衡对"云云，[⑩] 显然匡衡由博士迁官光禄大夫、
太子少傅事发生在贡禹为御史大夫期间。

考匡衡所上奏疏，其称"今关东连年饥馑，百姓乏困，或至相食"
事，[⑪] 发生在初元年间。元帝时，自初元元年至五年，关东饥疫一直是朝

① （东汉）荀悦著，张烈点校《汉纪》卷22"永光二年"条，第388页。
② （东汉）班固：《汉书》卷9《元帝纪》，第279～283页。
③ （东汉）班固：《汉书》卷36《刘向传》，第1930页。
④ （东汉）班固：《汉书》卷27《五行志》，第1503页。
⑤ （东汉）班固：《汉书》卷81《匡衡传》，第3333～3338页。
⑥ （东汉）班固：《汉书》卷70《陈汤传》，第3008页。
⑦ （东汉）班固：《汉书》卷19《百官公卿表》，第816页。
⑧ （南宋）王益之撰，王根林点校《西汉年纪》卷23"永光二年"条，第474页。
⑨ （东汉）班固：《汉书》卷9《元帝纪》，第290页。
⑩ （东汉）班固：《汉书》卷67《朱云传》，第2912～2913页。
⑪ （东汉）班固：《汉书》卷81《匡衡传》，第3337页。

廷关注的重点，并多次提到百姓相食事。如初元元年，据《汉书·元帝纪》载，四月诏称："关东今年谷不登，民多困乏。"九月，"关东郡国十一大水，饥，或人相食"。① 据《天文志》载，"六月，关东大饥，民多饿死，琅邪郡人相食"。② 初元二年据《元帝纪》载，六月，"关东饥，齐地人相食"。③ 据《食货志》载："二年，齐地饥，谷石三百余，民多饿死，琅邪郡人相食。"④ 初元三年，据《贾捐之传》载，当年春珠厓反后，贾捐之在其建言中论及关东称："今天下独有关东，关东大者独有齐楚，民众久困，连年流离，离其城郭，相枕席于道路。"元帝罢珠诏亦称："今关东大困，仓库空虚，无以相赡。"⑤ 初元五年，据《元帝纪》载，四月诏称："乃者关东连遭灾害，饥寒疾疫，夭不终命。"及至永光元年论及灾害则未特言关东，如据《元帝纪》，当年三月，"雨雪，陨霜伤麦稼，秋罢"。⑥ 据《五行志》载，三月，"陨霜杀桑；九月二日，陨霜杀稼，天下大饥"。⑦ 永光二年，据《元帝纪》载，二月诏称："元元大困，流散道路，盗贼并兴。"⑧

而匡衡奏疏称元帝"闵愚吏民触法抵禁，比年大赦"事，⑨ 征诸《汉书·元帝纪》，自初元元年至三年可谓连年大赦，并在诏书中用"闵"字来表达对百姓的怜伤之意，如初元二年三月，诏称"朕甚闵之"；初元三年四月，诏称"朕甚闵焉"。初元四年、五年皆未大赦，永光元年、二年大赦诏书或称"哀"，或称"耻"，如永光元年三月，诏称"岂不哀哉"；永光二年二月，诏称"朕甚自耻"。⑩

考匡衡奏疏所上时日，当在初元三年六月后。如奏疏中所言"陛下祗畏天戒，哀闵元元，大自减损，省甘泉、建章宫卫，罢珠崖"事，⑪ 据《元帝纪》云初元三年春，"珠厓郡山南县反，博谋群臣。待诏贾捐之以为

---

① （东汉）班固：《汉书》卷9《元帝纪》，第279页。
② （东汉）班固：《汉书》卷26《天文志》，第1309页。
③ （东汉）班固：《汉书》卷9《元帝纪》，第282页。
④ （东汉）班固：《汉书》卷24《食货志》，第1142页。
⑤ （东汉）班固：《汉书》卷64《贾捐之传》，第2833~2835页。
⑥ （东汉）班固：《汉书》卷9《元帝纪》，第285~287页。
⑦ （东汉）班固：《汉书》卷27《五行志》，第1427页。
⑧ （东汉）班固：《汉书》卷9《元帝纪》，第288页。
⑨ （东汉）班固：《汉书》卷81《匡衡传》，第3333页。
⑩ （东汉）班固：《汉书》卷9《元帝纪》，第281~288页。
⑪ （东汉）班固：《汉书》卷81《匡衡传》，第3337页。

宜弃珠厓，救民饥馑。乃罢珠厓……六月，诏曰：'盖闻安民之道，本由阴阳。……朕甚闵焉……其罢甘泉、建章宫卫，令就农。'"①

此处需要指出的是，罢甘泉、建章宫卫事与贡禹有关。如《汉书·贡禹传》称贡禹曾建言："诸离宫及长乐宫卫可减其太半，以宽徭役。"② 因此《通鉴》此将此事与元帝诏书同系于初元三年："长信少府贡禹上言：'诸离宫及长乐宫卫，可减其太半以宽徭役。'六月，诏曰：'朕惟烝庶之饥寒，远离父母妻子，劳于非业之作，卫于不居之宫，恐非所以佐阴阳之道也。其罢甘泉、建章宫卫，令就农。百官各省费。条奏，毋有所讳。'"③ 周寿昌颇赞同其说："案其时长信少府贡禹上言诸离宫及长乐宫卫可减其大半以宽徭役。"④ 实则其时贡禹尚未为长信少府。

据《汉书·贡禹传》云元帝初即位，"征禹为谏大夫"，数问以政事，并接受其建言，"乃下诏令太仆减食谷马，水衡减食肉兽，省宜春下苑以与贫民，又罢角抵诸戏及齐三服官。迁禹为光禄大夫"。⑤ 考其时日在初元元年至五年之间，而贡禹迁官光禄大夫在初元五年四月诏后。如据《元帝纪》，初元元年九月，诏称："其令诸宫馆希御幸者勿缮治，太仆减谷食马，水衡省肉食兽。"初元五年四月，诏称："其令太官毋日杀，所具各减半。乘舆秣马，无乏正事而已。罢角抵、上林宫馆希御幸者、齐三服官、北假田官、盐铁官、常平仓。博士弟子毋置员，以广学者。"⑥ 贡禹为长信少府则在初元五年四月诏后至六月为御史大夫前。据《贡禹传》，贡禹迁官光禄大夫后，"顷之"，贡禹上书辞官，为元帝挽留，"后月余，以禹为长信少府。会御史大夫陈万年卒，禹代为御史大夫，列于三公"。⑦ 故《通鉴》称初元三年时贡禹已为长信少府是不正确的。

考匡衡所上奏疏的下限，当在初元五年四月颁布诏书前，因为观初元五年四月诏书内容，可知元帝对匡衡奏疏建言"宜遂减宫室之度，省靡丽之饰"诸事，⑧ 颇有回应。

---

① （东汉）班固：《汉书》卷9《元帝纪》，第283~284页。

② （东汉）班固：《汉书》卷72《贡禹传》，第3076页。

③ （北宋）司马光：《资治通鉴》卷28"初元三年"，第906~907页。

④ （清）周寿昌：《汉书注校补》卷4《元帝纪》，第443页。

⑤ （东汉）班固：《汉书》卷72《贡禹传》，第3069~3073页。

⑥ （东汉）班固：《汉书》卷9《元帝纪》，第280~285页。

⑦ （东汉）班固：《汉书》卷72《贡禹传》，第3073~3074页。

⑧ （东汉）班固：《汉书》卷81《匡衡传》，第3337页。

　　总之，《汉书·匡衡传》称匡衡是因"日蚀地震"而上奏疏，然而初元年间确实没有发生日蚀现象。当然，《律历志》云："元帝初元二年十一月癸亥朔旦冬至，《殷历》以为甲子，以为纪首。是岁也，十月日食，非合辰之会，不得为纪首。"① 对此新城新藏指出："惟此十月之日蚀，乃因刘歆以为太初元年前十一月朔是合辰之会，而案之推算，盖实际此岁之十月并无日蚀也。"② 但通察奏疏所言，该疏实奏于初元年间。考奏疏中论及当时灾害产生的原因时，认为是天人关系出现问题，导致上天做出反应，"阴变则静者动，阳蔽则明者晻，水旱之灾随类而至。"颜师古引邓展语云："静者动，谓地震也。明者晻，谓日蚀也。"颜师古曰："晻与暗同。"③ 初元二年刘向等被免官后，至秋季元帝又以刘向为中郎，冬季又发生地震，刘向让其外亲上变事，其奏书中有言当年春发生地震后，"恭移病出，后复视事，天阴雨雪"。④ 考《汉书》中的《纪》《传》多依奏疏、诏令敷衍以成文，匡衡奏疏中"明者晻"或指此事而言，但因元帝时有日食发生，著者遂误以为是因日食而发。因日食发生在地震之后，《通鉴》又将文字顺序调整为"地震日食"。

　　通过对《通鉴》所载汉元帝时期史事的辨析，可知其颇有可商榷之处。不过纵使笔者所论非虚，但对《通鉴》而言，也不过是白璧微瑕，无损名著的地位。但这也提醒我们，研读史书时，考寻史源的重要性。

---

①　（东汉）班固：《汉书》卷21《律历志》，第1024页。
②　〔日〕新城新藏：《东洋天文学史研究》，沈璿译，中华学艺社，1933，第465页。
③　（东汉）班固：《汉书》卷81《匡衡传》，第3337页。
④　（东汉）班固：《汉书》卷36《刘向传》，第1931页。

史家档案史料观念的近代确立[*]

——从明清内阁大库档案谈起

王　霞

（天津师范大学历史文化学院，天津　300387）

摘　要： 中国自古便有保存与运用档案的传统。古代史官在编史修志的过程中，逐渐形成了以档案史料为主体，兼及其他史料的多元史料观念。不过，古代档案史料的运用主体及范围相对狭窄，缺乏系统、全面的理论探讨。近代以来，随着西方实证主义史学的传入，特别是借"兰克史学"的传播，档案史料越发被近代史家重视。在明清内阁大库档案的整理与运用中，史家们逐渐确立了以公文文书为主体的档案史料范围；从史料分类角度，揭示了档案史料的原始记录性特征及其在历史研究中的基础地位；从价值论角度，贬斥了"旧档无用"论，重新认识了档案史料的价值。

关键词： 档案　史料观　档案史料观念　明清内阁大库档案

史学研究无疑是以史料为基础的，史料是记录过去信息的载体，档案是过往历史所遗留下来的重要证据。档案史料具有原始性、客观性、系统性等特点，深受史学工作者的青睐，并逐渐形成了良性的档史互动关系。需要说明的一点是，有关"档案"问题牵涉档案学、史料学、文献学甚至是史学史等多门学科，关于"档案"定义问题，又多有重叠与相异之处，

---

* 本文系天津市研究生科研创新项目资助"他者入史：民国时期西方统计知识的传入及其在社会经济史研究中的应用"（2020YJSB117）阶段性成果。

且"档案"定义问题，档案学界内部也众说纷纭，并未完全统一。故此，有必要对本文所指"档案史料观念"，即史家在选择与运用档案史料过程中所形成的对此类史料的总的看法和基本观点加以解释。具体而言，它关涉的问题包括档案史料的定义、性质、特点、价值，以及档案史料与其他史料关系等问题。

史学史领域对档案史料的研究，主要集中在两个方面：其一是从新史料的接受与认识角度，论述档案史料的价值；其二则是分散于史家史学思想的个案研究中，侧重对史家史料观的挖掘。目前，从近代史学转型视角，对史家档案史料观念及其确立问题的研究，相对薄弱，缺乏系统性梳理。关于近代史家档案史料观念总体性研究成果不多。丁华强、周谧《近代史家有关档案史料的新思想述略》一文，从档案史料的范围、学术价值和功能，档案史料的搜集、辨伪、校勘、整理等方面对罗振玉、王国维、梁启超、陈垣、傅斯年、顾颉刚等几位史家的档案史料思想加以总结和评析。① 苏全有、王海波于《对中国近代档案史研究的回顾与反思》一文中，回顾了名人与档案研究现状，涉及罗振玉、罗尔纲、毛坤、蔡元培、盛宣怀、章太炎、张学良等人的档案思想。② 上述文章对了解目前学术研究进展颇有启发与帮助，但其囊括的史家范围有限，且多从档案学视角出发，缺乏史学史学科视角的考察，故此，本文将选取明清内阁大库档案史料为媒介，探究史家对档案这类史料的近代理解。

一 古代档案史料观念溯源

在传统社会，档案是治理国家、维护统治的工具，带有强烈的官方意识形态。它是统治者权力与威慑力的象征，长期以来大多封存于"石室金匮"，秘而不发。朱希祖曾言："档案保存于祖庙之守藏，与国之大宝器同掌于天府，则视档案亦如国之重宝尊之至、重之至也。"③ 可见，档案在古代社会中的重要地位。档案除了具有统治权力的象征性意义外，还是文献载体的重要形式。我国自古便有保存与运用档案的传统，但因其常被束之高阁，就连学士大夫们都罕有窥其美富者，而一般有志研究之士，则更是

---

① 丁华强、周谧：《近代史家有关档案史料的新思想述略》，《档案学通讯》2002年第3期。
② 苏全有、王海波：《对中国近代档案史研究的回顾与反思》，《历史档案》2012年第1期。
③ 朱希祖：《建立总档案库筹设国史馆议》，载周文玖选编《朱希祖文存》，上海古籍出版社，2006，第175页。

难以窥其秘也，就此，常给人一种"门前冷落马鞍稀"之感。但是，因档案史料承载着丰富的历史信息，它是记录历史的真实凭证，古代史官，向来重视档案史料的保存与运用，在修史著述的实践中，逐渐形成了一定的认识与基本共识。

其一，古代史官极为重视档案史料的编修与运用。在传统社会政治生活中，史官扮演着重要角色，负责记录与收集，包括档案史料在内的各种资料，用以为国家治理提供历史与理论依据。自商周时代，经史官之手，大量的诰誓、册命、记注类档案得以保存于王室与各诸侯国，史官利用档案编史修志，早已司空见惯。孔子编《春秋》，为了保证所记历史的真实，他还特意命弟子寻找《周史记》，据传"得百十二国宝书"后才动笔。孔子之后，历代正史编纂都重视档案史料的采摘与运用。唐设立史馆，搜集档案，编修国史，颁行了《诸司应送史馆事例》，规定将全国各主要机关的公文文书，择拣重要内容录送史馆，史馆工作人员分类兼司抄录，以供史官利用。诸司报送史馆的公文文书主要涉及军事、政治、外交、法律、祥瑞天灾等方面内容。这样一来，极大地保证了档案史料的保存量及全面性。唐代编年体的《唐历》、纪传体的《唐书》和《国史》还有各类官修类书《艺文类聚》《通典》《北唐书钞》等都参考利用了档案史料。唐代史家刘知幾更是提出了"制册章表书"，他说："凡为史者，宜于表志之外，更立一书。若人主之制、册、诰、令，群臣之章、表、移、檄，收之纪传，悉入书部，题为制册章表书。"[1] 也就是说，刘知幾主张将纪传中君主所发布的制、册、诰、诏等公文分类收录起来，另立一"书"体，其有着公文档案史料汇编性质。足见，当时人对档案史料的重视。至于清代，朝廷纂修实录，必须依据档案，《清世祖实录》中说："爰开史局，选辟儒臣，发秘府之藏，检诸司之牍……萃一代成书。"[2] 不过，档案史料的运用范围相对狭窄，主要集中在编史修志领域，如历朝的实录、起居注、圣训等。

造成这种局限性的原因在于，古代社会，档案具有明显的阶级性，是官方控制和垄断的政府行为，反映着统治阶层的意识，而史官是档案史料使用的主体，一般官员没有机会接触和利用档案，往往只有国史馆参修的

---

[1]　刘知幾：《史通》卷三《载言》，上海古籍出版社，2008，第26页。

[2]　转引自乔治忠、朱洪斌《增订中国史学史资料编年（清代卷）》，商务印书馆，2013，第73页。

史官，以及皇帝钦定的总裁官、副总裁官才有机会阅读，而私家修史利用档案史料的机会不多。虽然晚清出现了档案史料向私家修史的流动，如龚自珍利用参修国史的机会，编修《蒙古图志》；蒋良骐、王先谦同样也是利用参修国史之机，不断抄录史馆中所见的公文奏报、实录、官书等，著《东华录》。但是，这些毕竟是少数，档案史料仅限于官方掌握，使用主体狭小，相应地，运用范围也同样狭窄。

其二，古代史官在编史修志活动中，偏爱档案长编的运用。随着社会发展，统治机构逐渐健全与细化，所保存之历代公文案牍逐年堆积、数量急剧增加。唐代便制定了档案定期销毁制度，每三年定期拣除一次。明清两代更有蕉园焚档制度。明代修实录搞成后，草稿必焚于蕉园，清代承袭。故宫博物院文献馆，保存的旧藏奏折便有记录，"所有满字、汉字、蒙古字恭阅本、各项稿本及红绫、黄绫废页，应遵照成案，在蕉园敬谨焚化"。① 还有记载，"查库内恭存朱批红本、历年存积，木格已满……臣等谨拟通盘详查，将所有经过多年潮湿、霉烂之副本检出，派员运往空闲之处焚化，以清库储"。②

由于存储空间狭小、保存条件不佳，档案损毁、焚烧的现象屡见不鲜。为了协调公文文件保存与修史编志需要的问题，清代采取编制档案长编的方式，处理此类问题。清朝国家机关不仅保存公文原件，而且将部分原件抄写副本，按照时间顺序，年月相系，以类相从，可以说"清朝的编年体汇抄档册，为官方修史工作提供了极大的方便，纂修实录、方略、会典等各种史籍都要利用这种档册"，③ 甚至"乾隆朝之后，国史馆在修撰国史列传中，还专门先汇抄《长编总档》作为准备工作"，④ 有清一代逐渐发展为清国史馆中一项定期开展的常规性工作。国史馆馆臣先将搜集来的史料分类集成长编，并详叙事由，最后汇为总档，这种将档案原件按年月相系，摘叙事由，形成资料汇编的方式，一定程度上解决了档案原件过多、散漫无序的问题。可以说，档案长编是介于公文文书原件与实录之间的一种转手史料。一般而言，清朝官修史学在编史修志中，档案长编的利用要高于档案原件。这也在一定程度上造成了"八千麻袋事件"中诸多红本、题目、谕旨等原件被视为"废纸"，称斤变卖的不幸遭遇。

---

① 罗福颐：《清内阁大库明清旧档之历史及其整理》，《岭南学报》1948 年第 9 卷第 1 期。
② 罗福颐：《清内阁大库明清旧档之历史及其整理》，《岭南学报》1948 年第 9 卷第 1 期。
③ 乔治忠：《中国官方史学与私家修史》，国家图书馆出版社，2008，第 87 页。
④ 乔治忠：《中国官方史学与私家修史》，第 87 页。

　　清朝官方史学极为重视档案史料的编辑与使用，不过一般所利用的并非档案原件，而是档案长编。与中国不同，西方史学界，以兰克为代表，青睐于遍访欧洲档案库、找寻最原始的一手资料。兰克钟爱档案，经常表达阅读档案所带来的快乐。汤普森说，兰克坚信"判定历史真相的最好办法就是利用原始资料，特别是档案材料"。① 兰克的诸多宏著，如《拉丁和条顿民族史》《德意志诸强国和君主同盟》，不仅利用本国所存档案，还遍访荷兰、奥地利等国的档案。兰克走遍了欧洲各大档案馆，"不仅研究法国的档案，而且研究意大利、德国、比利时、英国和西班牙的档案"，② 史料的丰富性与真实性，使得兰克的著作赢得了好评，极大地影响了欧洲的史学研究风气。

　　由此不难看出，东西方形成了不同的档案史料观念。在古代中国，它是权力与权威的象征。有清一代就连士大夫们都难以窥其美富者，甚者无故查看档案会被处以刑罚。中国古代档案史料具有较强的封闭性。而欧洲国家则不同，经历了由封闭走向开放的过程，特别是文艺复兴、启蒙运动以来，史学家们对档案产生了浓厚兴趣，以兰克为代表，更是将对档案史料的热情推向高潮，史家们呼吁开放档案馆，供其来馆查阅与研读档案资料。

　　其三，古代史官在编史修志中，以档案史料为主体，兼及他种史料。刘知幾提出"制册章表书"，着力将与君王有关的政令、公文汇编保存。与纪、传、表等史书体裁相比肩，可见，他对公文文书类档案史料的重视。还有像《明实录》的纂修，《明实录》多据《起居注》《日历》之类有关皇帝日常言行与工作记录来完成的。除此之外，还采像《钦录簿》类档案史料的汇编以及原始档案文册。这两类史料在《明实录》的《进实录表》中有所区别，依据《起居注》《日历》等史官转手编纂的注有"兰台记注之文"，而采原始文书公文内容，则注为"百司之记"或"官府之文书"，还有便是，采"世家之藏""耳目之闻见"所集的稗官野史、民间传说等史料，保证了古代史著史料来源的多样化。

---

① 〔美〕J. W. 汤普森：《历史著作史》（下卷，第 3 分册），孙秉莹、谢德风译，商务印书馆，2017，第 291 页。

② 〔英〕乔治·皮博迪·古奇：《十九世纪历史学与历史学家》（上），耿淡如译，商务印书馆，2009，第 198 页。

二 近代档案史料观念的确立

20世纪是新史料的大发现时代。包括内阁大库档案在内的四大新史料的发现，助力传统史学的转型，成为一时代之"关键词"。可以说，新史料的发现与研究，成为沟通东西学界的桥梁，激发了以傅斯年为代表的学者提出将汉学中心夺回中国的想法。正如陈寅恪所说，"一时代之学术，必有其新材料与新问题。取用此材料，以研求问题，则为此时代学术之新潮流"。① 此"预流"成为继"新史学"之后的新潮流。不过，发现新史料、认识新史料，并最终运用新史料，是有着一个曲折过程的。

近代史家对档案的全面认识，皆缘于明清内阁大库档案的发现。所谓内阁档案，也称为"大内档案"，是指清政府于康熙九年（1670）起开始存放于紫禁城内阁大库内的档案。宣统元年（1909）醇亲王载沣摄政期间，要查阅清初摄政典礼相关的档案，因档案编目混乱且长久未经整理，没有查到，便认为内阁大库中的档案多为"残破无用者"，应当废弃。此时，张之洞便派学部管事罗振玉到内阁大库一探究竟。他在《集蓼编》中对内阁大库所藏情况作了最早介绍。罗振玉认为，大库乃明代文渊阁旧址，保存了不少珍贵的公文、典籍，"私意此重要史稿，不应毁弃"，② 上书张之洞罢焚。王国维更是对大库所藏重要公文，如乾隆朝以前黄本、题本的证史、考史之价值多加赞许。王国维认为内阁大库，"尚有明末国初之重要公文书籍矣，有关史争者，不胜枚举，其可贵比之所藏宋元本书，或且过之"。③ 虽然罗、王二人皆注意到了内阁大库档案的史料价值，但当时大部分人仍将目光聚焦于宋版书籍之上，甚至李盛铎将部分散落的大内档案转手于史语所时仍要求，"大库档案中如检得宋版书籍残页，须交还"。④ 与此不同的是，史料价值同样极高的各类档案，如"列朝之硃谕、敕谕，内外臣工之黄本、题本、奏本，外藩属国之表章，历科殿试之大

① 陈寅恪：《陈垣敦煌劫余录序》，《金明馆丛稿二编》，生活·读书·新知三联书店，2001，第266页。
② 罗振玉著，罗继祖主编，王同策副主编《集蓼编》，上海古籍出版社，2013，第54页。
③ 王国维：《内阁大库书之发见》，载赵利栋辑校《王国维学术随笔》，社会科学文献出版社，2000，第40页。
④ 李光涛：《记内阁大库残余档案》，载《明清档案》第一册，台北联经出版事业公司，1986，第167页。

卷，其他三百年间档册、文移"，① 却多被视为"废纸"，按斤称卖，也就有了所谓的"八千麻袋事件"。不过，借此契机，秘而不宣、束之高阁的档案，开始走进了近代史家们的视野。

相同的史料，命运截然不同，这就说明不同的史家有着不同的史料观念，史家的史料观在史学研究中起着不可忽视的作用。不同的史料观，会导致不同的史料处理方式。近代史家们在整理明清内阁大库档案中，对档案史料的定义、地位、价值等相关问题形成了一定的共识，也产生了一定的讨论，推动了档案史料观念的近代初形成。

其一，确立了以公文文书为主体的档案史料范围，但对档案史料外延问题认识尚待深化。史家们首先需要回答的便是何为档案史料，档案史料的内涵与外延是什么的问题。前清遗老蒋彝潜说："档案是什么？档案应该包括诏令、图书、奏章、告示、会典、方略、报销册、则例、统计表、货物之出入表册，及一切中央政府和地方政府的公文、公报。"② 陈恭禄在《近代中国史史料评论》一文中，也因一时间无法准确地详述出档案的定义，只好洋洋洒洒地罗列了数种，如"皇帝或太后谕旨，大臣奏疏、咨文、布告、外交官往来照会公文等"。③ 上述所列，"凡此乃公文档案"。④ 与蒋、陈二人洋洋洒洒地泛论不同，直接参与明清内阁大库档案整理与利用的学人们给出了更为具体的界定。吴晗给出的理解是，"档案只是史料中的一种，它的原意应是专指公家的文书簿牍"。⑤ 持相同观点的还有杨鸿烈，他说："数千年以来的史籍，都以记述国家政府和公共事务的部分为最大多数，所以公共机关的文件就成为一种最重要的史料，我们中国近代人士所说的档案即属于此种性质。"⑥ 杨鸿烈也将公共机关的公文案牍视为档案。

由此可见，史家们对档案史料定义的认识并不统一，甚至因认识不清多采取罗列的方式泛泛列举，但其中也有一二交集可寻。参与过明清

---

① 王国维：《库书楼记》，载清华大学国学研究院主编、方麟选编《王国维文存》，江苏人民出版社，2014，第721页。

② 蒋彝潜：《论档案的售出》，《北新》半月刊第2卷第1号，1927年11月1日。

③ 陈恭禄：《近代中国史史料评论》，《国立武汉大学文哲季刊》1934年第3卷第3期。

④ 陈恭禄：《近代中国史史料评论》，《国立武汉大学文哲季刊》1934年第3卷第3期。

⑤ 吴晗：《清华大学所藏档案的分析》，载中国第二历史档案馆《民国时期文书工作和档案工作资料选编》，档案出版社，1987，第607页。

⑥ 杨鸿烈：《"档案"与研究中国近代历史的关系》，《社会科学月刊》1939年第1卷第3期。

内阁大库档案整理的史家们，已形成基本共识，即将历代公文文书视为档案史料的主体。这一点与民国时期行政档案学派的观点基本一致。以周连宽、殷钟麟、毛坤等人为代表的行政档案学派，共识性地认为，"文件是档案的前身，档案是由文件转化而来的"。① 所不同的是，有些学人对于实录、会典、起居注等是否归入档案史料范畴提出了异议，形成了讨论。

孟森认为，档案在未整理前为档案，"整理后则为史书、起居注等之稿本也"。② 罗家伦说："《东华录》可以说是一部'半官方'并且介于档案和编年著作之间"③ 的史料汇编。单士魁肯定了档案乃原始资料，在历史研究上极有价值。同时，他也指出实录虽多依据档案编成，但一经人转手加工，其本身的完整性与原始性一定程度上则被破坏了。他说："实录虽然是以档案为依据编写的，但经编者加工取舍，已失去档案内容本身所具有的完整性。"④ 这里，单士魁将档案史料与实录加以区分。他认为经后人转手编纂的实录，并非档案。特别是，有些官书既是档案又是史籍，多有交叉，难以界定。所以，我国档案，特别是古代档案，它的呈现形式、制造主体、内容是极为丰富且多样的，有些独立出现，有些则是与史籍、文物相结合，存在一定的交叉。由此可知，近代史家一般将公共机关的公文文书视为档案史料的主体，但是其外延问题，如档案史料与官书以及其他史料之界限与区别等问题，尚待深入。

其二，揭示了档案史料之特性及地位，认为档案史料是历史研究的基础。相较于其他史料，近代史家普遍认为，档案史料具有原始记录性，它是人类在社会实践活动中直接形成的原始记录，是最为逼近于史实的原料，是历史研究的第一手材料，也被称为原始史料，抑或是直接史料。

由于近代史料观念之革新，史料范围被无限放大，在西方整合下的近代历史研究法，"奠基于原始史料与转手史料的划分此疆彼界"。⑤ 民国史

① 刘东斌:《档案直接形成论》，河南大学出版社，2016，第40页。
② 孟森:《中国历代史料之来源并拟现代可以收集之方法》，《故宫博物院十周年纪念文献特刊》，1935年10月。
③ 罗家伦:《研究中国近代史的意义和方法》，《国立武汉大学社会科学季刊》1931年第2卷第1期。
④ 单士魁:《清代档案丛谈》，紫禁城出版社，1987，第18页。
⑤ 杜维运:《史学方法论》，北京大学出版社，2006，第110页。

家受其影响，多从史料分类角度，论述档案史料的特性，为其寻找合适的位置。

以梁启超的相关撰述为代表。正如有些学者所说，"真正以史料为对象进行专科的研究，大约还只是 20 世纪以来逐步发生的事。较早在这方面做了一些工作的是梁启超"。① 梁启超在《中国历史研究法》中设"说史料"一节，将史料细化为"文字记载"与"文字记载以外"两种类型，"文字记载"中"关系史迹之文件"部分，肯定了档案与函牍类史料价值，即"旧史纪、志两门，取材十九出档案"，② 同时呼吁"善为史者，于此等资料，断不肯轻易放过"。③ 梁氏开"史料学"研究之先河，可谓影响甚大。他关于档案史料的一些论断，业已成为学界研究认识档案史料的出发点，后世学者多以此为基础和前提，展开论述。

蔡元培将史料分为直接材料与间接材料，档案则是直接史料，他说："假如民国初年，修清史者知道史学的要求……则这些大库档案，正该由他们调去整理的，然而他们不做。我们希望我们这次的档案整理，开些以后注重直接史料的风气。"④ 傅斯年将史料分为直接史料与间接史料、官家记载与民间记载、本国记载与外国记载等十类。他将档案公文等视为直接材料，并补充说道："不先对间接材料有一番细工夫，这些直接材料之意义和位置，是不知道的。"⑤ 还有人说："档案系指官署案卷而言，为直接史料资源，史家每多重视。"⑥ 蒋廷黻将史料分为两种，一种是原料，一种则为次料，"原料是在事的人关于所在的事所写的文书或记录；次料是事外的人的撰著"。⑦ 他将档案史料视为重要原料，从其选取的外交资料来看，他凭借语言优势，不仅关注国内档案，同一事件涉及多国者，还多征用外国档案。与上述学者均将档案史料视为直接史料或原始史料不同的是李则纲。李则纲也选择将史料分为直接史料与间接史料两种。他认为，

① 安作璋：《中国古代史史料学》，福建人民出版社，1994，第 15 页。
② 梁启超：《中国历史研究法》，岳麓书社，2010，第 47 页。
③ 梁启超：《中国历史研究法》，第 47 页。
④ 蔡元培：《〈明清史料档案甲集〉序》，载高平叔编《蔡元培史学论集》，湖南教育出版社，1987，第 245 页。
⑤ 傅斯年：《史学方法导论》，上海古籍出版社，2011，第 5 页。
⑥ 王培仁、高良佐、陆舒农：《北平文化机关明清档案考察记》，《建国月刊（上海）》1935年第 12 卷第 3 期。
⑦ 蒋廷黻：《近代中国外交史资料辑要》（上卷），东方出版社，2014，第 1 页。

"历史的残迹可供史家直接探索者"① 乃直接史料，如历史遗迹、碑刻等。而诸般文字史料，如历代史部书籍、与史事有关的子集各部，以及"关系史迹的公文档案"② 等，皆是间接史料。

其三，"旧档无用"说的否定与档案史料价值的重新认识。从价值论角度讲，档案具有工具价值与信息价值双重价值。③ 文字记录的产生是人类为了弥补其自身在信息记忆方面弱点而选择的，是人类社会实践活动的产物。档案作为一种重要的文字记录，具有工具性与信息性双重属性。所谓工具性是指信息记录的工具，主要体现在即时性地参与社会治理与国家管理过程的始终。随着时间推移，档案的工具性价值逐渐隐退，信息性价值凸显。所谓信息价值是指，档案自身蕴含着社会运演所赋予的历史信息与文化价值。档案信息价值的谈起，才是档案史料价值彰显的起点。

民国行政档案学派曾流行"旧档无用"说。所谓"旧档无用"说，是以甘乃光为代表的民国档案行政学派，基于档案工具价值丧失的一种认识。这一认识不是事实判断，而是一种价值判断。事实判断是为了追求终极答案，而价值判断因评价标准、评价尺度、评价主体的不同而有所不同。一方面，这里的"无用"是指档案的工具价值即参与社会治理与国家管理的控制职能的隐退。换言之，档案收藏年代越久远，也就与现实的国家行政管理脱离越远，其价值自然减弱。档案工具价值的隐去，绝不意味着档案信息价值的"无用"。另一方面，从治史角度讲，档案由公文文书转化为历史资料，即档案史料之时，档案史料承载的信息（信息价值）可佐助修史，但修史后部分档案原件或副件会被焚毁，档案原件所承载的信息，经修改后转移至实录、会典等不同的文献载体之上。从这个层面讲，"无用"是对如内阁大库所藏红本、题本等公文承载形式的否定，也并非对档案所传递历史信息价值的否定。综上所述，旧档并非无用，它有着极为重要的价值，常为历代史家所用，所谓"无用"或被"摒弃"的是其工具价值及其原有的承载形式。

在史学研究中，档案史料价值，是档案信息价值的具体体现。档案史

---

① 李则纲：《史学通论》，商务印书馆，1935，第 68 页。
② 李则纲：《史学通论》，第 68 页。
③ 覃兆刿：《从一元价值观到双元价值观——近代档案价值观的形成及其影响》，《档案学研究》2003 年第 2 期。

料价值，是指各类档案史料能否满足史家对史学研究课题的需要。档案史料能否满足史学研究课题，满足程度的高下，一方面取决于历史研究课题提出了怎样的史料需求；另一方面还取决于档案史料是否具有解决某个具体历史研究课题的功能。不同的历史研究课题，对档案史料依赖程度也不尽相同，同一历史研究课题，档案史料与其他史料孰重孰轻，其价值大小的评价自然也有偏差。那么，档案史料价值评价的标尺，又是什么呢？这要从各色历史研究课题中去找寻一个共同的需求。探求历史的真相，追求历史的真实是所有史学研究的共同目标和出发点。因此，真实是历史研究的基本需要，档案史料能否满足这一需要，是其价值评定的标尺。在这个基础上，不同研究课题，不同的史料需求，史料也各有其不同的价值。据此，我们将档案史料价值分为基本价值与特有价值两个层面。基本价值判断的标尺是真实，特有价值判定的标准是依据具体历史研究课题的需求而定。

对史料真实性的要求，早已成为史家的自觉追求和基本共识。近代以来的新史学最鲜明的特征之一便是科学性，"求真"是科学的本质。而档案具有较强的原始性与纪实性，这与史学求真本质与传统相一致。档案本身特有的原始记录性，使它相较于其他史料而言，更具真实性。从档案的形成来看，档案是由公文文书转化而来的，公文文书是形成者在从事具体生产、生活以及政务处理等活动中直接形成的，而非人们事后编写的，它保留了该活动发生、发展的全过程以及形成者的基本认知。从档案的承载形式来看，它保留了形成者参与活动的历史真迹，如诸司所保存的红本、题本等，这些档案都是文件原稿甚至是手稿，它是最为真实与直接的历史凭证。特别是有些保存完整、系统的全宗档案，它保留了档案文件之间的历史联系，自身构成了一个完整的有机整体，能够系统地反映历史活动的情况，还原真实的历史面貌。

档案史料的特有价值，是指档案史料具有的某种特殊的属性或功能能够满足使用者的某种需求，进而产生一种良性的互动与积极的效应。档案史料的特有价值，随着史家主体、研究课题转变，侧重点也有所不同。就研究课题而言，同样面对内阁大库档案，蒋廷黻注意挖掘军机处档案，偏重外交史料的搜集；章太炎着意清建国初期史实信息辑考；汤象龙、梁方仲等人则关注清中后期社会经济相关资料；朱希祖将注意力放在清代升平署戏曲档案资料搜集上。这就说明，因特定历史问题的解读需要，档案史料的侧重也有所不同，档案史料价值也自然有所变化。

三 档案史料观念近代确立的成因分析

20 世纪初，西方科学主义思潮席卷中国，包括史学界在内，无不言必称科学，史学科学化随之产生。以实证主义为代表的科学主义在中国蔚成风气，治学讲究科学方法，强调研究注重证据，明清档案作为研究近世史的第一手原始史料，必然御此风气之下，受到学术界普遍关注。史家们高度重视档案的史料价值，认为档案史料，可以补史之缺，纠史之误，有助于史学研究的深化和新领域的开拓。近代史家们基于内阁大库档案史料的整理与运用，对档案这类史料的定义、特性、价值等问题，有了一定的认识，甚至自觉承担起将明清内阁大库档案介绍给国际汉学界的责任，足见近代史家们对档案史料的重视。这种认识的深化与转变，基于如下三个方面。

其一，档案关系一时代之学术盛衰，中外各国无不重视。利用档案史料研究历史古已有之，但在西方预设下重新审视则肇起于 20 世纪二三十年代，它的重要性被反复致意，特别是北京大学、故宫博物院、清华大学、历史语言研究所等民国时期重要的学术研究机构对其的整理与利用，大大提升了时人对档案史料的关注与重视。学者们能以全新眼光重新"看见"以往不被重视的材料，从某种意义来说，得益于史学观念特别是五四之后西方史学理论与方法的传入。可以说，西方史学在传统史学蜕变过程中，对形塑中国史学起到了极为重要的作用。在大量舶来品中，兰克、伯伦汉、朗格诺瓦的史学论著，为改造中国史学注入了西方元素。特别是钟情于档案史料的兰克，更是对档案史料观念的流传起到了推动的作用。

1908 年出版的《世界名人传略》对兰克生平有过介绍，"兰克生于一七九五年，卒一八八六年，德国史学家，初习神学、古文学。……所注意者，尤在史学，著书论条顿种人、罗马种人在宗教改革时代之情形……期间尝奉命往奥国之维也纳，意大利之腓尼基、罗马诸地，考其金匮石室之藏，于是闻见亦多……"① 这里的金匮石室便是指档案保存之所。兰克常往还于各国档案保存之所，足见其对档案史料搜集的用力之深。而最早论及兰克史料观的当为嘤鸣在《戊午周报》（第 37 期，1919 年 1 月 26 日）

---

① 〔英〕张伯尔：《世界名人传略》，〔英〕窦乐安、黄鼎、张在新等译，山西大学堂译书院，1908，第 5~6 页。

发表的《历史研究法之三阶级》（原文乃箕作元八）一文，他说"利用古文书为治史之材料，盖亦自兰克始也"。① 这一遍访欧洲，搜集档案资料的任务，始于兰克，师承兰克的魏泽克和威次接续其后。魏泽克的学生伯伦汉乃兰克再传弟子，受其师魏泽克之托于 1876 年始前往罗马、布拉格、威尼斯、佛罗伦萨等地遍查神圣罗马帝国的议会档案，形成了自己独特的档案史料认识，祖述师说撰有《史学方法论》一书。该书在民国时期颇为流行，时人评价道："德人柏尔亥莫氏（Bernhenim）及法人塞奴朴氏（Ch. Seignobos）之言史法，其精密尤非吾国前人所及……"② "近年欧美各国关于历史方法之著作日多，而大抵均奉此二书为指导"。③ 伯伦汉的档案史料观念随着《史学方法论》的流行而渐被世人关注，影响了一代中国学人。

其二，新史学思潮的兴起及其史料观念变革。20 世纪之初，梁启超高举新史学大旗，在《清议报》上发表《中国史叙论》，以全新眼光重审传统史学，勾勒新史学蓝图。梁启超更新了史学观念，规范了史学概念、扩充了研究内容，扩大了史料范围。

区别于一家一姓的王朝旧史，新史学"叙述人群之进化"，进而探寻人类历史发展的"公理公例"。新史学使单数"人"之隐退，重新明确了研究对象，即不局于一时、一地甚至一国，而是"合人类全体"，进行整体综合考量。具体操作上，不再以政治、伦理为中心，而以展示社会经济、学术思想、风俗习惯为目标。在治史选用的材料上，也提出了全新的要求。徐中舒说："因为历史观念的变迁，我们选择史料的标准，也跟着改变了不少，我们现在所需要的史料，乃关于社会全体的多方面的记录。"④ 这里所说的史料既包括地下考古发掘的实物资料，也包括地上的各类传世文献。可以说，史料是史学研究的基础，没有可靠与充实的史料支撑，也就不可能有历史研究的新成果。现代史家们受新史观的影响，要求突破仅从正史中寻找史料的传统方法，扩大史料范围，建立多元立体的史料体系。

---

① 转引自李孝迁、胡昌智《史学旅行——兰克遗产与中国近代史学》，上海人民出版社，2021，第 150 页。
② 陆懋德：《史学方法大纲》，正中书局，1945，第 2 页。
③ 陆懋德：《史学方法大纲》，第 12 页。
④ 徐中舒：《再述内阁大库档案之由来及其整理》，载《徐中舒历史论文选辑》，中华书局，1998，第 375~376 页。

新的治史思想，促使史料观的革新，新的史料观平等地审视各类史料，重视各种史料的运用。基于此，深受欧美史学思潮影响的现代学者，有意识地主动发掘各类新的史料，如考古资料、文书档案、田野遗迹等都被纳入了史家视野中。面对着史料的极速扩充与增长，区分史料种类与价值，各类史料比勘互证，成为史家们的首要工作。

史家们区分原始史料与转手史料，实质上，就是指出了"不同史料的不同的价值"，① 在史学研究中，发现直接史料抑或是一手史料是极为重要的，因其鲜少经人篡改，保留着相对真实的历史信息，因此受到史家们的追捧。明清内阁大库档案史料多被近代史家誉为原始史料或直接史料，就是因为它保留了大量的题本、红本等原始公文文书，保留了大量连贯、真实的历史信息，还原了历史事件发生的场景。另外，明清内阁大库档案史料，体量庞大，涉及社会、政治、经济、军事等方方面面的内容。如故宫博物院文献馆，保留了内务府档案、军机处档案、宫中档案、内阁大库档案等。禹贡学会，搜集了大量清季光宣两朝大宗档案，分别是，"第一，有关国防大事，暨民族发展之档册，其类有九；第二，有关工商贸易金融等之档案，其类十五；第三，有关于国家或地方经济财政之档案，其类十二；第四，杂档，其类十三"。② 这些档案史料，多为首次公开，扩大了史料来源，为新史学研究内容的拓展，提供了不竭动力。

其三，史家主体的变化，也是档案史料观念变化的主要原因。历史学是一门主客观兼具的学问，它的进步得益于研究者知识水平及思想观念的不断提高。新文化运动以来，深受现代史学洗礼的新式学人对西方学术有了更为直观且全面的了解，其中，相当一部分人有着留学欧美的背景。与新史学初期，经日本转手取法不同，欧美留学生多专攻人文学科，甚至是史学专业，他们经过西方现代学术思想的熏陶与洗礼，已基本具备了一定的学术素养与技能，如傅斯年、姚从吾、蒋廷黻、罗家伦等，就将留学所得积极向国内学人介绍。

曾留学德国的傅斯年，在史语所成立伊始，便着手收购李盛铎手中的内阁大库档案。他曾致信蔡元培，主张将内阁大库档案收归史语所，并一直致力于将内阁大库档案介绍给国际学术界。每次有外国学人来所参观，

---

① 刘俐娜：《由传统走向现代——论中国史学的转型》，社会科学文献出版社，2006，第291页。
② 赵泉澄：《本会最近得到之清季档案》，《文献论丛——国立北平故宫博物院十一周年纪念》，1936年。

傅斯年随行时，就会用流利的英语介绍内阁大库所藏档案情况，"傅斯年先生协外国人来午门城上工作室参观，参观文件时皆由傅先生用英语逐件解释之，外人甚感兴趣，操笔速记，唯恐有遗漏"。① 不仅如此，傅斯年还努力促成我国参加国际史学大会，在傅斯年的极力斡旋之下，推举了学术威望极高的胡适，参与在苏黎世举办的世界历史学大会。会上胡适介绍了明清内阁大库档案等新发现史料的情况。蒋廷黻曾毕业于美国哥伦比亚大学，专攻中国近代外交史，较早地注意到奏章、外交照会、蓝皮书等公文档案。其出版的《近代中国外交史资料辑要》便是他努力搜罗史料的结晶。他留学期间，遍访欧洲几大档案库，先后造访莫斯科、英国伦敦、德国柏林档案馆，搜罗关于中国近代外交的档案史料。不仅如此，他回国后就职于清华大学，常利用自己空闲时间到故宫博物院文献馆抄阅军机处档案，挖掘中外相关档案，对近代外交史研究有拓荒之功。与蒋廷黻相识于美国哥伦比亚大学的罗家伦，先后撰有《研究中国近代史的计划》《研究中国近代史的意义和方法》等文，大力宣扬中国近代史研究中档案史料的基础作用。这些史家们之所以对档案史料颇为关注，与其留学经历不无关系。以罗家伦与蒋廷黻就读的美国哥伦比亚大学为例，该校为历史系学生开设历史研究法一科，"主要内容是教授学生怎样判别、利用史料，如第一手史料、第二手史料等"。② 经过长期的严格训练，蒋廷黻等人对档案史料的感知，自然不一般。

综上所述，我国自古便有保存与运用档案的传统。不过，与西方史学界形成鲜明对比的是，古代中国档案史料具有较强的封闭性，缺乏系统、全面的理论梳理。西方国家则不同，经历了由封闭走向开放的过程，特别是以兰克为代表，将档案史料的热情推向高潮。欧洲史学界对档案史料的热爱与追捧，也随着国门的被迫打开传入中国，借此，明清内阁大库的发现，档案史料引起世人的关注。近代史家们在对内阁大库档案的整理与研究中，进行了有益探讨，第一次从理论的高度，对档案史料这类原始资料，进行了理论建构。在此过程中，史家们逐渐确定了以公文文书为主体的档案史料范围；重新发掘了档案史料的价值；揭示了档案史料的原始记录性特征，以及其在历史研究中的基础地位。这些认识，都为我们今天学人使用档案，提供了理论指引。

---

① 中国第一历史档案馆：《明清档案论文选编》，档案出版社，1985，第334页。
② 陈之迈：《蒋廷黻的志事与生平》，《传记文学》，第4页。

外国史学研究

从抓打图像看古埃及新王国
时期的王权观念

薛 江 颜海英

（北京大学区域与国别研究院，北京 100871）

摘 要： 作为集权统治延续三千多年的文明古国，古埃及的王权观念极有代表性和研究价值。本文以古埃及表达王权最常见的图像——抓打场景为入手点，讨论新王国时期王权观念的转变及其原因。在考证新王国时期抓打图像的细节变化、相关战争的记载基础上，再现抓打图像的创作动机、现实原型及其作为史料的解读途径。在古埃及人的宇宙观主导下，图像与文字同构，成为表述历史的重要方式。新王国时期的写实主义的抓打图像，是帝国时代构建理想国王形象的成功案例。

关键词： 古埃及 抓打图像 王权理念

历史信息不仅通过文字来表述，也通过图像、建筑等物质遗存来传递。对于青铜时代的古代早期文明，这几种表达方式同样重要，是互补、互证的关系。早期文明在发展过程中形成了高级文化，其主体打造者是服务于王室的贵族阶层，主要过程是在整合地方传统的基础上形成一整套的艺术法则和经典主体，以文字、艺术品、建筑等多种形式来表达。这类作品是意识形态的浓缩和符号化表达，它们是功能性、仪式性的，基于现实又超越了现实。从高级文化的表现形式上，埃及有一种等级序列，即视觉艺术高于解释性的文字，后者只是前者的一个补充。在埃及，坟墓是文学的摇篮。本文从古埃及出现频率最高、使用时间最长的一种经典图像入手，结合同时期的历史文献和考古发现，探讨新王国时期的王权观念，对图像与文本的互证做出尝试。

在古埃及社会金字塔状的结构中，国王集多种社会角色于一身，他是社会凝聚力的写照和象征，古埃及铭文中常常以国王代表整个国家。在古埃及人的观念中，国王既非神，亦非人，也不是死者或者任何其他的"过渡"阶段的存在。在古埃及辞书的分类中，神属于天界，人属于地界，死者属于冥界，而国王同时属于这三个世界：作为祭司，他是神与人之间的中介，他同时又是人间的法官，还是死者的捐赠人。这种变化性和多重性使得国王在意识形态中成为非历史的角色：他不仅是从人间到神界或冥界的过渡点，也成为神话故事的理想原型。因此对古埃及王权观念的研究不仅关乎历史，也关乎古埃及人的宗教思想和来世信仰。

抓打图像的内容是国王高举权杖或者其他武器击打敌人，国王头戴王冠、身穿礼服，身后拖着尾巴装饰，后脚跟抬起，屈膝向前，一只手高举末端呈梨形的权杖，另一只手抓着跪地敌人的头发，呈击打发力状态；手下的敌人单腿跪地，仰视国王呈求饶状。抓打图像在不同的时代有各种变体，如国王手举的武器不同，国王抓打敌人的数量由一变多，等等。但核心内容即国王抓打敌人一直没有改变，因此该图像是一种变化动态中的不变图式。

在埃及三千多年的历史中，抓打图像至少出现过90次，是古埃及文化中持续时间最长、最经典的主题。作为王权的特殊象征，该图像广泛使用于不同的载体上，是古埃及神庙、墓葬装饰中常见的题材，对于了解以王权为核心的古埃及意识形态至关重要。抓打图像最早出现于涅伽达文化晚期，历经史前、古王国、中王国、新王国、希腊罗马时期，延续三千多年。抓打图像最早在涅伽达文化中期的陶罐、赫拉康波里斯的100号墓室壁画上出现，到涅伽达文化晚期的调色板上逐渐"标准化"，在王权建立后逐渐"正典化"，一直持续到公元2世纪，在不同的载体上反复出现，如墓室墙壁、圆柱印章、调色板、象牙标签、石头标记、神庙浮雕、王室珠宝、仪式武器、贵族墓碑、陶器等。研究古埃及的王权观念，抓打图像是无法回避的核心图像。

目前学界将抓打图像归类为"暴力"行为仪式化的图像表达，认为各种二维和三维媒介上的抓打图像是古埃及王权表达的方式，丰富了国王权力的文化内涵，王权超越了具体的国家行政管理权，指向与宇宙秩序相结合的宗教和政治文化领域，即古埃及的神圣王权观念。① 如劳拉·贝斯托克的专著《古埃及的暴力与权力：新王国之前的图像与意识形态》提出古埃及文化存在将"暴力"行为仪式化的图像表达，即"暴力"图像。"暴力"图像通过对"暴力"行为双方对立性特征的刻画，如高大与矮小、秩序与混乱、埃及人与异族等图像语言，展现国王控制、征服自然界和人类世界的能力，彰显神圣王权的政治文化内涵。② 维特的硕士学位论文《国家的敌人："他者"观念和埃及国家的形成》则侧重于前王朝时期古埃及各地、各种物质遗存上"他者"形象逐渐"经典化"的图像志分析，早期埃及精英通过创造"埃及人"与"他者"的对立形象来强化王权观念，"经典化"的图像说明已形成统一的权力的图像表达。③ "他者"是"暴力"图像的重要组成部分，构成了"暴力"图像中"暴力"行为的被征服、被控制的对象。

也有学者认为抓打图像是古埃及人的文化记忆，纪念一个特定的政治事件，再现远古的"上下埃及统一"，传递王权意识形态的核心内涵。每位国王都将抓打作为展现王权的一种形式，他们重复这一独特的古老仪式，并顺应新时代的需求加以改造，把神话式的历史作为当下统治的基础，试图重建埃及历史之初的政治和文化秩序。④

上述观点都认为抓打是一种象征性的图像，即使在最初形成时有现实中的原型，但形成固定图像后就成为仪式化的图式，作为符号来使用，并不代表国王在现实中击杀了一个或者多个俘虏。笔者搜集了各个历史时期的案例，参照同时期的铭文和考古资料，发现新王国时期许多抓打图像反映的是真实的历史事件。本文将对这种情况进行分析和探讨，以期对古埃及王权观念的发展演变有更加深入的理解。

① G. Posener, "De la divinité du pharaon", in *Cahiers de la Société Asiatique* No. 15（1960），pp. 32-35.；J. A. Hill and A. J. Morales（eds.），*Experiencing Power*, *Generating Authority*: *Cosmos*, *Politics*, *and the Ideology of Kingship in Ancient Egypt and Mesopotamia*, Philadelphia: University of Pennsylvania Museum of Archaeology and Anthropology, 2013；T. A. Bacs and H. Beinlich（eds.），*Constructing Authority*: *Prestige*, *Reputation and the Perception of Power in Egyptian Kingship*, Wiesbaden: Harrassowitz Verlag, 2017.

② L. Bestock, *Violence and Power in Ancient Egypt*: *Image and Ideology before the New Kingdom*, London；New York: Routledge, 2018.

③ A. J. de Wit, *Enemies of the State*: *Perceptions of 'Otherness' and State Formation in Egypt*, Master thesis from Leiden University, 2008.

④ Maria Michela Luiselli, "The Ancient Egyptian Scene of 'Pharaoh Smiting His Enemies': An Attempt to Visualize Cultrual Memory?" in Martin Bommas edit, *Cultural Memory and Identity in Ancient Societies*, London；New York: Bloomsbury, 2011, pp. 10-26.

一　从图式到仪式：新王国时期抓打图像的变化

霍尔（E. S. Hall）在其专著中汇集了各个时期的抓打图像，共 92 例。其中史前、古王国和中王国时期的有 26 例，新王国时期的有 56 例，新王国之后到希腊罗马时期的只有 10 例。新王国时期是抓打图像集中出现的时期。[①]

从载体上看，史前的抓打图像出现在陶器、墓室壁画及调色板上，以仪式功能为主，没有公开展示的证据。而古王国和中王国时期的则多数出现在西奈半岛上，抓打图像的主要功能是震慑外族入侵者。新王国时期抓打图像大量出现在神庙塔门上，展示对象是前往神庙的民众。

从抓打图像旁边的铭文来看，古王国、中王国时期只有简短的说明文字，极少提及被抓打的敌人的名字，而新王国时期有长篇的叙述文字，详细描述具体的战争过程、俘虏名单。

在新王国时期，国王的抓打姿态有了新的变化。第一个变化是除了高举梨形权杖击打外，还出现了直接击打敌人的身体和肩扛武器的新样式。如底比斯阿莫斯一世（Ahmose）的母亲阿霍特普王后的墓中发现了一把战斧，战斧上的图画分三层：顶层为王名；中层为抓打图像，一个大人物左手抓着跪地敌人的头发，右手抓着一把刀砍向跪地敌人的胳膊；底层为一只带翼神兽。这个抓打图像与先前出现的抓打图像有着明显的不同，大人物手中的权杖不再是高高举起，而是已经砍向敌人的身体（图一）。又如拉美西斯二世头戴蓝冠，身着华服，左手持弓并抓着敌人的头发，右手持一把刀正在砍敌人的头部，他的脚边有一只身材较小的野兽扑咬敌人（图二）。同样是拉美西斯二世时期的抓打图像，国王左手抓着跪地敌人的头发，右手将抓打的斧子扛在肩上。同时国王的脚底下踩着一块隔板，隔板下趴着两名敌人（图三）。类似这种肩扛抓打武器的图像还包括拉美西斯三世时期的哈布神庙（Medinet Habu）里的两个抓打图像浮雕（图四）和收藏在开罗博物馆的拉美西斯六世的抓打图像。国王拉美西斯六世头戴蓝冠，身着华服，左手抓着两个站立囚犯的头发，囚犯的身高大约到国王膝盖，右手将战斧扛在肩上（图五）。[②]

---

①　Emma Swan Hall, *The Pharaoh Smites his Enemies：A Comparative Study*, München：Deutscher Kunstverlag München Berlin, 1986, pp. 16-42.

②　Emma Swan Hall, *The Pharaoh Smites his Enemies：A Comparative Study*, figs. 17-82.

第二个变化是国王抓敌人的方式，除了部分保持传统的抓头发的方式，还出现了抓手臂和利用弓柄控制的方式（图六、图七）。

第三个变化是在国王身边出现了助攻的动物，这是新王国时期之前没有出现过的（图二）。[1]

被国王抓打的敌人数量增加和姿态多样是新王国时期抓打图像的一个重要特征。敌人数量的众多以重叠、镜像和脚踩的方式来表现，姿态上则更加丰富，此时的敌人不再只是以传统的跪地求饶式的姿态出现，而是有站着、趴着、反抗等多种姿态。

新王国时期主要以重叠和镜像的方式来表现敌人的数量，从两个到十几个不等。如卡纳克神庙的第七座塔楼，南北立面底端的浮雕内容是抓打敌人，主要表现十八王朝国王图特摩斯三世在叙利亚和努比亚的军事胜利（图八），他头戴红冠，戴着假胡子，身穿仪式短裙，以正面侧身的样子出现，右手高举权杖，左手抓跪在地上众多敌人的头发，正在击打。最为突出的是敌人的姿态和数量，一改传统图像的侧面造型，以正面形式呈现；数量也成倍增加，以镜像重叠的方式出现，意在表现国王的强大。[2]

这种敌人数量增加的抓打图像还有很多。如卡纳克神庙的第八塔门上，表现的是国王阿蒙荷太普二世征服勒特努和纳哈里纳时的战争场面，他头戴假发，戴着假胡子，身穿仪式短裙，同样是正面侧身的样子，左手高举权杖，右手抓着跪在地上的众多敌人的头发，正在击打（图九）。他头顶上有一只象征国王的秃鹫，身后和上方有描述场景的铭文。

又如国王拉美西斯三世在哈布神庙入口塔门上的抓打浮雕，这是埃及最宏伟的神庙塔门之一。整个塔门宽 66 米，高 24 米，深 11 米，门上有巨大的浮雕，浮雕色彩明亮，主要表现的是法老将其征服和俘虏的敌人供奉给众神。在塔门左面的墙上，国王头戴象征上下埃及的双冠，一只手抓着敌人的头发，另一只手抡起权杖对敌人进行击打。塔门右面的墙上，国王戴着象征下埃及的红色王冠，手持权杖，击打来自努比亚和利比亚的敌人。在这两个场景中，众神向法老献上胜利的武器：一把镰刀形的金属剑（图十）。[3]

---

① Emma Swan Hall, *The Pharaoh Smites his Enemies：A Comparative Study*, pp. 16-42.

② Emma Swan Hall, *The Pharaoh Smites his Enemies：A Comparative Study*, fig 28.

③ Emma Swan Hall, *The Pharaoh Smites his Enemies：A Comparative Study*, figs. 45-46.

最值得注意的，是新王国时期的抓打图像有了更多的写实色彩。除了上述的国王和被抓打敌人的姿态、数量等细节之外，国王手持的武器也更加多样，都是当时战场上常用的武器。相较于传统的单一梨形权杖，增加了十种不同样式的武器，为战斧、标枪、弯月刀、长矛、镰刀等。

除了抓打图像本身的变化，新王国时期抓打的场景也发生了变化，可以分为神圣仪式中的抓打、《亡灵书》中的抓打、战场中的抓打三大类。其中战场中的抓打图像更加多样化，按照主题，可分为战车上的抓打、屠杀式抓打、攻城式抓打、海战上的抓打等。①

战车上的抓打最经典的例子是图特摩斯四世的叙利亚战争场景（见图十一），国王图特摩斯四世不再是站在地面上抓着敌人的头发击打，而是乘坐战车或踩着敌人。国王头戴蓝冠、身着华服，站在战车上，右手持一把弓，同时还抓着敌人头发，左手高举一把战斧击打敌人。②

另一个典型的例子是卡纳克神庙立柱大厅浮雕中的塞提一世的形象。他站在战车上，左手持弓捅向敌人，右手高举弯月刀（图六）。③

在贝特瓦里城墙的浮雕上，国王拉美西斯二世同样是站在战车上，左手持弓抓着敌人的头发，右手高举战斧（图十二）。更为特别的一个例子，是埃及开罗博物馆收藏的拉美西斯四世时期的抓打图像的线稿，画在石片上，可能是工匠的草图，国王一只手抓着敌人的头发，但另一只手自然下垂，手里握着一件长杆形武器，刺穿敌人（图十三）。④

战车场景的出现，与新王国时期战争形式的变化有关。公元前17世纪，来自亚洲的喜克索斯人征服了埃及，重创了埃及人的自信心，刺激埃及人走上发展帝国的道路。喜克索斯人也给埃及人带来了新的生产技术和战争武器，如战车、战马、新型弓箭等。新王国时期的法老是以军人的形象登上历史舞台的，驱逐喜可索斯人之后，随即走上了发展帝国的道路。此后一千年间埃及作为一个强大的帝国卷入近东世界的争霸斗争，先后与米坦尼（Mitanni）、赫悌（Hittite）、亚述（Assyria）帝国争雄，将叙利亚、巴勒斯坦和努比亚都置于自己的势力范围。

① Kerry Muhlestein, *Violence in the Service of Order: the Religious Framework for Sanctioned Killing in Ancient Egypt.* British Archaeological Reports International Series 2299, Oxford: Archaeopress, 2011, pp 45-63.
② Emma Swan Hall, *The Pharaoh Smites his Enemies: A Comparative Study*, fig 32.
③ Emma Swan Hall, *The Pharaoh Smites his Enemies: A Comparative Study*, figs 47, 49.
④ Emma Swan Hall, *The Pharaoh Smites his Enemies: A Comparative Study*, figs 58, 77.

在拉美西斯二世时期还出现了国王在攻城中的抓打图像。国王拉美西斯二世身材高大、身着华服，左手抓着城墙上的敌人首领的头发，右手高举武器（残）正在抓打。城墙上，一些敌方家眷、孩童在惊恐中跌落与投降，画面旁边有铭文描述（图十四）。[1]

此外，战场上的抓打图像还增加了国王脚踩敌人的细节。抓打图像旁边的解释性文字篇幅也大大增加。以拉美西斯二世神庙塔门浮雕为例，在抓打图像的上下左右都出现了大量的文字，图文并茂地强调拉美西斯二世的丰功伟绩。

二　图像与历史：新王国时期抓打图像背后的战事

上面论述了新王国时期抓打图像的写实主义特点。如何解释这种与此前抓打图像迥然不同的新特点？是新的程式化表达，还是真实事件的写照？

现已发现的90多幅抓打图像中，部分图像表现的是铭文及其他资料可以证实的真实战事，如最早的标准化的抓打图像——纳尔迈调色板，学者曾经长期认为画面表达的是象征含义，并不是真实的历史事件，但20世纪80年代发现了纳尔迈的一个象牙制年鉴，记载了纳尔迈对纸草之地的征服及俘虏的数量，证明纳尔迈征服北方确有其事。五王朝国王萨胡拉（Sahure）在阿布西尔（Abusir）浮雕中的抓打图像的旁边列出了被征服的利比亚统治者的名字。[2]

除了上述两个例子之外，其他的有真实背景的抓打图像，都集中出现在新王国时期的特定时间节点。第一个重要的时间节点是阿蒙荷太普二世在位期间，他在阿玛达（Amada）和象岛竖立了两个记功碑，重点记述他对迦南地区的征服战争，两个记功碑的抓打图像有细节上的差别，但铭文内容是一样的："陛下欢天喜地地回到其父阿蒙身边。他用自己的权杖击杀了七个王子。这些王子来自塔克斯（Tachsi）地区，他们被头朝下悬挂在国王的船首。"挂在船首示众之后，其中六个王子的尸体被运到底比斯，悬挂在城墙

① Emma Swan Hall, *The Pharaoh Smites his Enemies：A Comparative Study*, fig 57.
② Kerry Muhlestein, *Violence in the Service of Order：the Religious Framework for Sanctioned Killing in Ancient Egypt*, pp. 85-86.

上，一个被运到遥远的纳帕塔（Napata）悬挂示众。最关键的是，阿蒙荷太普二世的大臣阿蒙涅姆赫特（Amenemhet）的墓室铭文提到了同一次战役，他追随国王远征异国，"砍掉了当地首领的头颅"。在卡纳克神庙，我们可以看到拉美西斯三世在船上的神龛中抓打俘虏的浮雕（图十五）。①

阿蒙荷太普二世时期的一个精美的银质戒指上，刻画了一个非常特别的抓打图像，被抓打的俘虏举起左手试图松开被国王紧紧抓住的头发，而如果我们把目光转向他撑住膝盖的右臂，就会发现他的右手已经被砍掉！（图十六）在古埃及，军人在战场上杀敌的数量是论功行赏的依据，而计数的方式就是砍掉俘虏的右手带回去。拉美西斯时代的神庙浮雕上，可以看到被砍掉的右手堆成小山状。这证明了被抓打的俘虏就是被处死的对象。②

此外，在三角洲遗址阿瓦里斯（Avaris），考古学家发现了被砍掉的右手。还发现了三个十八王朝时期被砍掉的头颅，旁边有红色陶罐碎片，"砸碎红陶罐"是古埃及诅咒仪式的标准程序，证明这三个被砍头的俘虏是抓打仪式的牺牲品。③

卡纳克神庙的浮雕上图坦卡蒙战船的画面，清晰地展示出上述悬挂俘虏的笼子（图十七）。考古学家在吉萨四王朝的太阳船坑中发现了同样的木笼子，可见这种处置俘虏的习俗由来已久（图十八）。④

埃赫那吞统治时期的文献记载了在努比亚战争之后，埃及军队将145个俘虏带回埃及，另外225个钉在木桩尖上处死。在写给累范特的埃及附属国国王的信中，埃赫那吞威胁道，如果背叛埃及，该国国王及家人就会"死在埃及法老的斧子之下"。⑤

第二个重要的时间节点是拉美西斯时代。由于海上民族的入侵，这也是战乱频仍的时期。哈布神庙的拉美西斯三世的铭文记载了叙利亚战争的过程，在击败敌人之后，"他们的首领被带走、击杀。他们被缴械、捆

---

① Kerry Muhlestein, *Violence in the Service of Order：the Religious Framework for Sanctioned Killing in Ancient Egypt*, pp. 88-90.

② Kerry Muhlestein, *Violence in the Service of Order：the Religious Framework for Sanctioned Killing in Ancient Egypt*, pp. 85-86.

③ Kerry Muhlestein, *Violence in the Service of Order：the Religious Framework for Sanctioned Killing in Ancient Egypt*, pp. 85-86.

④ Kerry Muhlestein, *Violence in the Service of Order：the Religious Framework for Sanctioned Killing in Ancient Egypt*, p. 21.

⑤ Kerry Muhlestein, *Violence in the Service of Order：the Religious Framework for Sanctioned Killing in Ancient Egypt*, pp. 88-90.

绑"。接下来的铭文描述了一个细节，一个俘虏的父亲前来向拉美西斯三世祈求放过自己的儿子，根据阿蒙神的旨意，国王可以给他们活命的机会，也可以击杀他们，一切取决于国王的意愿。之后铭文写道，由于"知道他们（指俘虏父子）心中所想"，于是"国王从他们的头上下来，沉重如粮丘"。这段描述的意思是国王以权杖击杀了他们。①

　　除了上述例子之外，大量的王室铭文、贵族自传中也有打败外族之后击杀和示众的情节。舒曼（Schulman）搜集了 19 块有相关内容的贵族石碑，年代为十八王朝末期到十九王朝初期，指出新王国时期有凯旋后击杀敌军首领的仪式。② 这个观点受到了各种质疑，主要原因是他列举的证据都是民间的石碑，并非国王抓打图像旁边的铭文。笔者上文提到的例子，弥补了舒曼证据的不足，但是也面临另一种质疑：与抓打图像同时出现的国王铭文，是否就可信？

三　变化之中的永恒：抓打图像
与古埃及人的王权观念

　　十七王朝的法老是以军人的形象登上历史舞台的，驱逐喜可索斯人之后，随即走上了发展帝国的道路。此后一千年间埃及作为一个强大的帝国卷入近东世界的争霸斗争，先后与米坦尼、赫梯、亚述帝国争雄，将叙利亚、巴勒斯坦和努比亚都置于自己的势力范围。每个法老即位时，都面临附属国的考验性挑战，还要时刻准备抵御"海上民族"的侵袭。在这样的国际形势下，法老既要在战场上显示非凡的勇武，又要在外交事务中表现出足够的智谋；埃及人一方面仍维持着强烈的自我中心论，一方面也不得不顺应时势，与其他国家频繁来往，如缔结和约和政治婚姻，互赠礼品，互派使者，等等。

　　埃及人眼中的宇宙不再限于本土，而是一个包括了周围其他地区的更为广阔的世界。法老的军事胜利不仅扩大了埃及的疆域，也开阔了人们的视野。虽然埃及人并未放弃自我中心的观念，但对外来文化的兴趣更浓

①　Kerry Muhlestein, *Violence in the Service of Order: the Religious Framework for Sanctioned Killing in Ancient Egypt*, pp. 85-86.

②　Alan R. Schulman, *Ceremonial Execution and Public Rewards: Some Historical Scenes on New Kingdom Private Stelae*, Freiburg: Universitätsverlag; Göttingen: Vandenhoeck & Ruprecht, 1988, pp. 8-38.

厚，态度更宽容。新王国时期，出于外交事务的需要，埃及书吏们开始学习阿卡德语（Akkadian）等外族语言，并渐渐以掌握其他民族的语言和文化知识而自豪；越来越多的外族人移居埃及，特别是新王国的法老在击退"海上民族"的侵袭后，将他们安置在规定的"定居圈"内进行教化，造成移民渐增的社会现象。这些外族人逐渐成为埃及军队的重要组成部分，特别是利比亚人，在新王国末期形成了一个不容忽视的军事阶层，有些人位居显要，甚至篡夺王位（如二十二王朝就是利比亚人建立的）。

新王国时期的埃及，处于在政治上更为复杂、文化上更为多元的青铜时代晚期，需要一种对传统意识形态的新的表述。作为新的世界秩序的维护者，这个时期的法老不仅要维持国内安定，更要保卫疆土不受侵犯，维持埃及的霸主地位。同时帝国经济的繁荣、军事集团的崛起、官僚机构的进一步完善，都促使王权不断强化。在新王国时期，国王开始以军事英雄的形象出现，他们的个人才能和战功都被戏剧性地夸张，这种模式甚至成为一种时尚。较早的一个例子是图特摩斯三世的石碑："这是对这位贤明君主神奇的勇猛之处的记述……因为有太多的例子，无法一一列举。他习惯于射铜制的靶子……事实上在阿蒙神庙就有这样一个：它是铜制的，有三指厚，上面还留有一根陛下射的箭，那箭穿透了靶子，并在另一面露出三掌之长……我在准确地描绘他所做的……绝无虚假之处……陛下是当着全体士兵的面射的……我绝没有夸张……每当他稍有时间放松一下时，他就会到沙漠中打猎，捕获的猎物动辄超过他全体军队士兵的人数。他在片刻间射中七头狮子，并在一小时之内射中十二头野牛！"[①]

抓打图像的写实特点，就是在这样的历史背景下产生的。上文讨论了抓打图像的内容更加多元，从国王的动作及俘虏的姿态，到国王手中的武器，都有极强的写实性。这都是为了塑造更为真实的战场环境和国王形象。

在新王国时期，首次出现了将国王形象"历史化"的倾向，国王不仅是神的意旨的接受者，像中王国时期远征文献中所反映的历史模式那样，而且是人类历史的亲历者。"国王的故事"逐渐从抽象走向具体，历史事件被当作国王成就的一种戏剧化的象征，这种形式一直延续到埃及后期，并且与占卜形式的诏书结合在一起。例如，库什国王塔哈克（Taharka）的一块石碑上，记载了他效仿古王国和中王国时期的国王，大力修建神庙，

---

① D. Redford, *Akhenaten: the Heretic Pharaoh*, Princeton: Princeton University Press, 1984, pp. 30-31.

作为奖赏，阿蒙神许诺让他实现四个梦想；另一份文献记载了国王塔努塔蒙（Tanutamon）在梦中得到启示，出发前往三角洲驱逐那里的入侵者亚述人，等等。[①]

上文提到的有真实背景的抓打图像，也成为后世国王抄袭和复制的对象。如萨胡拉在阿布西尔的抓打图像及其旁边的利比亚人的名单，被其继任者尼弗尔伊瑞卡拉（Neferirkare）在原地复制，被六王朝的培比一世、二世在萨卡拉复制，被三十王朝的塔哈克在卡瓦（Kawa）复制。哈布神庙拉美西斯三世抓打图像旁边的俘虏名单，是从拉美西斯二世的阿布辛贝尔神庙浮雕抄来的，后者描绘的是埃及与赫梯的卡叠什之战，只不过拉美西斯三世把"赫梯"一词改为"所有外族土地"。

因此，抓打图像完成了"正典化"之后，并不是一成不变的，在坚守核心内容的基础上，以真实的历史事件为原型，不断更新其表达形式，笔者称之为"动态式正典化"。

古埃及人对历史的夸张和伪造更多地出于他们特殊的宇宙观和宗教信仰，因此有学者称古埃及人是"虔诚的伪造者"。在古埃及人眼里，过去、现在和未来都是一样的，也只有在这个意义上，过去才有价值。因此，古埃及的历史记载和艺术作品向我们展现的是一个神圣的、仪式化的世界，而不是真实历史的写照。在古埃及的文献中，历史就像许多人共同参与的宗教戏剧，历史事件是人们日常生活中宗教活动的强化，人物有固定的角色，事件也像宗教仪式那样有着固定的作用。新王国时期的抓打图像，经历了从历史到传说再到神话的"动态式正典化"演进过程。

综上，新王国时期的抓打图像，不仅在数量上大大超过此前的古王国、中王国时期，而且在构图、姿态、人物数量、武器种类、出现场景等细节上呈现多元化的特点，这必然是临摹现实的结果，而经过笔者的考证，在战乱频仍的阿蒙荷太普二世时代、拉美西斯三世时代，凯旋之后的抓打仪式有文献和考古的证据，如战役时间、俘虏名单等。这与抓打图像的象征功能并不矛盾，古埃及艺术与建筑的动机就是凝固那些仪式瞬间，使之无限重复，从而实现永恒。

---

① Elizabeth Eltze, *Prosopography and Propaganda：The Self-Representation of the King as Exhibited in Three Key Texts of the Kushite Twenty-Fifth Dynasty of Egypt*, Master Thesis of The University of Auckland, 2014, pp. 32-62.

　　以往学者纠结于抓打图像是写实还是象征，偏离了古埃及图像资料的真正价值，作为精心打造的纪念物，其传递出的文化内涵，远远重于历史信息。作为古埃及人宇宙观的核心角色、人神之间的媒介、神定秩序的维护者，国王的形象是超乎历史的，通过选择和重复来将历史事件"标准化"是埃及官方历史记录的特点。但每个标准化形象都有其特定的时代特征。

　　笔者认为，新王国时期抓打图像最重要的价值是反映了王权观念的重大转变。古王国时期的金字塔工程奠定了集权统治的基础，国王以"太阳神之子"的形象出现，中王国时期的国王以文化复兴修复分裂期的政治创伤，而经历了喜克索斯人入侵之后，新王国时期的国王是帝国的创建和维护者，还有什么能比高大的塔门之上手抓一把俘虏痛击的国王形象，更直接地传递出帝国统治者的威仪呢？

　　图注：

图一　阿霍特普王后墓中的战斧，开罗博物馆 CG52645

图二　拉美西斯二世，贝特瓦里城墙浮雕 1

图三　拉美西斯二世，贝特瓦里城墙浮雕 2

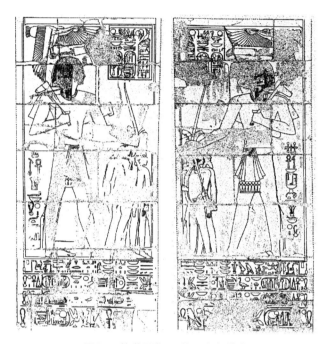

图四 拉美西斯三世，哈布神庙

图五 拉美西斯六世石片，开罗博物馆 CG25119

图六 塞提一世，卡纳克神庙 1

图七 塞提一世，卡纳克神庙 2

图八   图特摩斯三世，卡纳克神庙

图九   阿蒙荷太普二世，卡纳克神庙

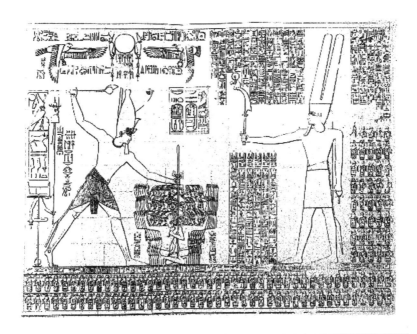

图十　拉美西斯三世，哈布神庙

图十一　图特摩斯四世的叙利亚战争场景，开罗 CG46097

图十二　拉美西斯二世，贝特瓦里城墙浮雕 3

图十三　拉美西斯四世抓打石片，开罗博物馆 CG25124

图十四　拉美西斯二世，贝特瓦里城墙浮雕 4

图十五　拉美西斯三世在船上的神龛中抓打俘虏，卡纳克神庙浮雕

图十六　阿蒙荷太普二世时期戒指

图十七　图坦卡蒙战船侧面浮雕

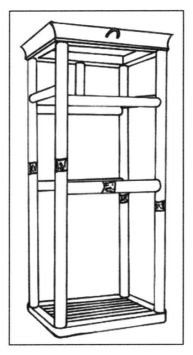

图十八　胡夫太阳船坑中出土的木笼

罗马帝国早期作家论元首统治的合法性*

李小迟

（中国传媒大学新闻传播学部，北京　100024）

摘　要： 罗马帝国的政体形式经历了从元首制向君主制的嬗变。这一历史进程在政治思想领域的集中体现，在于帝国早期文史作品各从不同的角度讨论了元首统治合法性的问题。历史著作中仍然保留着"元首权力来自元老院和人民授予"的共和传统，而在拉丁诗歌与希腊演说中，鼓吹"君权神授"的观点频繁出现。这一现象反映了共和传统日渐衰微、元首专制权力不断加强的现实，也为日后帝国政治重心的东移和东西帝国政治传统的分裂奏响了先声。

关键词： 元首政治　共和传统　君权神授

对于罗马帝国元首制时期，元首政治的特征以及元首的实质身份，历代学者均有精到的描述。诚如政治学家奥克肖特（Michael Oakeshott）所言，"在奥古斯都开创的新统治秩序中，'皇帝'的品格和权威并不像东方的暴君和希腊国王，他并非世袭君主，罗马帝国并不是他的财产，他的权威并非来自于征服，他也没有神性的神话所环绕。差不多两个世纪，罗马共和政体在人们头脑中的权威并没有完全消失"。① 用最简洁的语言

＊　本文系博士后科学基金项目"古罗马出版与国家治理研究"（2017M620843）阶段性成果。

①　〔英〕迈克尔·奥克肖特：《政治思想史》，秦传安译，上海财经大学出版社，2012，第151页。

概括，"元首是'第一公民（*Princeps*）'，其权力来自公民的授权，而皇帝是'天子'，其权力来自上天"。① 另外，中世纪政治思想的一个基本信念在于，统治权是上帝授予的，因为"让人们臣服于别人是一种极其异乎寻常的情景，以至只有通过假设这一统治权来自上帝，才能证明它是正当的"。"一切人类统治者都是上帝的代理人。他们所占据的职位是从上帝那里获得权威的。"② 厄尔曼（Walter Ullmann）将中世纪政治观念的历史总结为"自下而上"与"自上而下"两种政府理论的斗争史。他表示，前者可以称为人民论的政府理论，因为原初的权力扎根于人民；后者可以称为神权理论，因为实际上一切权力都属于上帝。后者"几乎完全是拉丁罗马性质的"。③

在此，从罗马元首制时期到古代晚期乃至中世纪的政治思想出现了一道裂痕。权力"民授"的罗马元首何以在中世纪反而成为权力"神授"的代表？考察 1~2 世纪罗马帝国的政治史，不难梳理出元首专制权力逐渐加强的较为清晰的脉络，可以理解共和体制下的元首何以嬗变为"君权神授"的皇帝。然而"制度和观念不是凭空出现的，而是深深地根植于历史进程本身"。④ 在政治思想、观念和意识形态领域，对这一重大历史变化不可能没有反映。在基督教兴起之前，帝国在意识形态领域有没有相应的思想潮流伴随政治变迁而出现？同时，思想和观念也会适时影响政治实践活动，二者之间又是如何互动的？"在历史研究的各种门类中，政治思想史研究最能说明历史进程本身。"⑤ 本文以 1~2 世纪罗马帝国政治思想较为鲜明的历史和文学作品为考察对象，梳理不同作家对罗马元首统治合法性的不同论述，试析元首制向君主制过渡的思想线索。

一　历史叙事中的共和因素

奥古斯都取得内战的绝对胜利时，恺撒遇刺横死的殷鉴未远，他规避

---

① 杨共乐、武晓阳：《为学之本，贵在知"道"——杨共乐教授访谈录》，《历史教学》2020 年第 2 期，第 4 页。

② 〔英〕迈克尔·奥克肖特：《政治思想史》，第 119 页。

③ 〔英〕沃尔特·厄尔曼：《中世纪政治思想史》，夏洞奇译，译林出版社，2011，第 9 页。

④ 〔英〕沃尔特·厄尔曼：《中世纪政治思想史》，第 7 页。

⑤ 〔英〕沃尔特·厄尔曼：《中世纪政治思想史》，第 7 页．

风险，打着复兴传统的旗号，以共和外衣粉饰自己的统治。古典作家对名为元首制实为君主制的政体有着清晰的认识，① 但元首和元老们都心照不宣，不戳破罗马共和政体已经一去不返的事实。元首制成为一种怪异的君主制。元首的权力凌驾于所有行政官员之上，但其法律地位仍然来自共和政体的传统机构——元老院和公民大会的授予。元首即第一公民的称号，具有浓厚的共和色彩。奥古斯都是第一个宣称恢复了共和国的君主，而共和国的意识形态是反君主制的。② 他论证自身统治合法性的意识形态建设和政治宣传也必然围绕"重建共和"而展开。诚如塞姆所说，奥古斯都在掌握了引导舆论的手段后，便使出浑身解数去说服世人接受元首制及其政治纲领。③ 他在《功业录》（ Res Gestae Divi Augusti ）中反复强调，自己在内战中的军事行动源自元老院的授权，自己的元老身份、执政官职权以及一切荣誉都来自元老院和人民的授予。④ 奥古斯都小心翼翼地秉持尊重与复兴共和的姿态，最大限度避免触碰罗马人忌讳君主统治的敏感神经，免于重蹈恺撒的覆辙。

在奥古斯都和提比略统治时期，史学领域出现了一批记述内战和元首政治、论证奥古斯都及其后继者统治合法性的作品。这些作品史学和文学价值不高，带有浓厚的颂圣情节，夹杂着大量谀词和对事实的歪曲。⑤ 不过这种刻意的态度，恰好有助于我们了解当时元首认可与期待何种舆论的回应。曾在提比略麾下从军的军人史家维勒乌斯·帕泰尔库鲁斯（ Velleius Paterculus ）就是其中的代表。在其著作《罗马史纲》中，维勒乌斯极力迎合帝国官方的主流意识形态，热情赞颂奥古斯都和提比略重建与维护共和的功勋。他遮掩和粉饰奥古斯都在公敌宣告（ Proscriptio ）和内战中犯下的屠杀公民的罪行，将责任尽可能推给被塑造成共和之敌的安东尼等人头

---

① 塔西佗在回顾奥古斯都以降的罗马历史时，开篇便称"罗马最初是由国王统治的"，将元首制与王的统治类比（ Tacitus, *Annals*, 1.1.1. ）；卡西乌斯·狄奥也直白地指出，在奥古斯都取得内战胜利后，罗马人的"政体已经转变为君主制了"（ Cassius Dio, *Roman History*, 52.1.1 ）。

② *The Cambridge History of Greek and Roman Political Thought*, edited by Christopher Rowe and Malcolm Schofield, Cambridge：Cambridge University Press, 2000, p.409.

③ 〔英〕罗纳德·塞姆：《罗马革命》，吕厚量译，商务印书馆，2018，第729页。

④ *Res Gestae Divi Augusti*, 1.

⑤ John A. Lobur, "*Festinatio* (Haste), *Brevitas* (Concision), and the Generation of Imperial Ideology in Velleius Paterculus", *Transactions of the American Philological Association* (1974-), Vol.137, No.1 (Spring, 2007), p.213.

上，① 强调共和在元首政治下恢复了往日的风采："法律重新恢复了效力，法庭重新树立了权威，元老院重新获得了尊严；地方行政长官的权力被削弱到了以前的水平……共和国的古老形式得以重建……为了公众的福祉，古老的法律得到了有效的修订，新的法律得以通过；元老院的改革温和而不失严格。"② 对于提比略的继位，维勒乌斯大肆颂扬他曾表示要放下权力和荣誉的谦逊态度，③ 而这种"谢绝的姿态"正是奥古斯都在意识形态领域中着重想要传达给罗马人的。④ 总之，维勒乌斯追随官方的口径，仍然围绕"维护共和"做文章，论述奥古斯都的统治合法性源于恢复和遵循共和的传统。元首政治重建元老院和共和也是帝国初年颂词中常见的主题。⑤

　　一个多世纪后，来自比提尼亚行省（Bithynia）的希腊人元老卡西乌斯·狄奥（Cassius Dio）在回顾与撰述罗马元首制建立的历史时，带有一种后来人和旁观者的冷静和客观。他一针见血地道破元首政治的实质，称结束内战后的罗马帝国建立的实际已经是君主政体。⑥ 狄奥表明，这种君主政体的基础建立在奥古斯都对军队的控制之上，并进一步通过制定法律来确立自身的宪法地位（constitutional status）。⑦ 元首政治的合法性仍然来自法律的授权，其合理性乃是出于平息内战的现实需要。狄奥在叙述恺撒战胜庞培后，以鲜明的态度阐述了自己的政治观点："民主制历来有个好名声，号称按平等的法律赋予所有人平等的权利，实际上却与自己的名称背道而驰。相反，君主制虽然让人听了不快，却是最切实可行、适合生活在其治下的政体模式。……更现实的问题是，对于像罗马这样的城市，不仅自己非常强大，而且统治着已知世界中最好的领土，统治着不同性格的人，拥有众人的众多财富，享有一切人类可以想象的幸运，对于这种城市，我认为，必须要由适度的君主制来管理，更重要的是，

---

① Velleius Paterculus, *Compendium of Roman History*, 2. 66-68.

② Velleius Paterculus, *Compendium of Roman History*, 2. 89.

③ Velleius Paterculus, *Compendium of Roman History*, 2. 124.

④ Tom Hillard, "Velleius 2. 124. 2 and the Reluctant *Princeps*: the Evolution of Roman Perceptions of Leadership", in Eleanor Cowan ed., *Velleius Paterculus: Making History*, p. 224.

⑤ Edwin S. Ramage, "Velleius Paterculus 2. 126. 2-3 and the Panegyric Tradition", *Classical Antiquity*, Vol. 1, No. 2 (Oct., 1982), p. 269.

⑥ Cassius Dio, *Roman History*, 52. 1. 1.

⑦ Fergus Millar, *A Study of Cassius Dio*, Oxford: Clarendon Press, 1964, p. 93.

除非建立君主制，否则其人民就不可能和谐。"① 米拉认为，卡西乌斯·狄奥的政治理论大多不过是老生常谈，其观点着重强调君主制取代民主制的必要性，因为只有君主制能带来秩序。② 马德森（J. M. Madsen）称，狄奥在记述罗马历史时，仍然心怀对理想政体的探索和思考，但他似乎从未质疑过君主制是政体的最高形式，哪怕在描述统治最荒唐专制的元首时也未曾质疑。马德森认为，可能的一个原因在于，除了直接民主票选外，他想象不出还有任何一种能代替君主政体的政治模式。③ 狄奥的历史观虽然与一个多世纪前的维勒乌斯呈现两极状态——维勒乌斯认为元首政治恢复了共和，狄奥认为元首政治摧毁了共和——但他的政治观仍然遵从了希腊传统政治思想的基本框架，即"君主制—贵族制—民主制"三种政体各有优劣且彼此蜕化、往复循环。元首仍然是凭借武力威压使众人屈服，从而攫取罗马法律所赋予的权力，或者打着法律的幌子自行其是。

　　塔西佗（Tacitus）同样不认为元首政治意味着共和的复兴。他表示，奥古斯都统治的建立在于用金钱笼络住军队，继而用廉价的粮食讨好民众，④ 在他们的支持下独揽大权。"世界的局面改变了，浑厚淳朴的罗马古风已荡然无存。政治上的平等已经成为陈旧过时的信念，所有人的眼睛都在望着元首的敕令。"⑤ "布鲁图斯和卡西乌斯横死以后，共和国已丧失了武装力量。""反对他的力量已荡然无存：公然反抗的人或在战场上或在罗马公敌宣告名单的法律制裁下被消灭了。"⑥ 不过，塞姆（R. Syme）在评价塔西佗对元首政治的抨击时，也指出塔西佗在叙述时能够意识到，元首仍是通过罗马共和政体的传统权力，如"统治权"（imperium）和保民官权力（tribunicia potestas），命令军队和元老院的。⑦ 塔西佗还对日耳曼部落的原始风俗进行了理想化的描述。他称赞日耳曼军事领袖的选取标准十分明晰，指挥官能够以身作则，重要事务要提交到公众大会，与"不会装模

① Cassius Dio, *Roman History*, 44. 1. 1-5.

② Fergus Millar, *A Study of Cassius Dio*, p. 76.

③ Jesper Majbom Madsen, *Cassius Dio*, London：Bloomsbury Academic, 2019, p. 21.

④ 恩赏民众和安顿军队正是奥古斯都标榜自己的功绩。（*Res Gestae Divi Augusti*, 15-18.）

⑤ Tacitus, *The Annal*s, 1. 4.

⑥ Tacitus, *The Annal*s, 1. 2.

⑦ Ronald Syme, *Tacitus*, vol. 1, New York：Oxford University Press Inc., 1958, pp. 408-410.

作样"的人一起商议。① 厄尔曼认为，塔西佗在此所刻画的政府理论，正体现了原初的权力属于人民或社会团体本身的"自下而上"的政治观念。"原始的权力在于人民，正是人民在群众大会上选举打仗的头领，或者叫作公爵、国王，诸如此类。他的权力都是选举大会所给予的。他代表着社会团体，所以要对群众大会负责。"② 塔西佗依然留恋共和，并借描述"高贵的野蛮人"的风俗，流露出对共和旧制的追忆和认可。

　　历代元首都不敢公然褪下"共和外衣"，史家也仍然在共和框架下叙事。然而，与政治现实不一致的政治理念与意识形态，会在某些特定时机成为动摇元首制的不稳定因素。纵观一世纪的历史，尽管恢复共和政体已经不具备实际操作的可能，新一代的罗马上层阶级也不再有人经历过真正的共和，但每当元首之位没能实现正常交接，或当元首统治陷入危机时，"共和"总是会再度从历史的陈迹中复苏，从空洞的口号化身为挑战元首统治的现实纲领。盖乌斯遇刺后，元老院曾激烈讨论是否应废除元首制，恢复共和政体；③ 文戴克斯和伽尔巴以元老院和人民的名义讨伐尼禄。④ 尽管这些事件的本质可能与恢复共和相去甚远，只是罗马统治阶级上层的政治斗争，然而罗马政体在政治现实与意识形态之间的割裂却体现得淋漓尽致。觊觎最高权力的政治势力在机会来临时，适时地高举共和的大旗，便可轻而易举地获得角逐大位的合法入场券，挑战在位元首的权威。诚如罗斯托夫采夫所言："元老院的决议当然会对元首的权力予以合法的承认，把奥古斯都曾经执掌的，以及曾经使他成为罗马城与罗马帝国最高长官的一切权柄都赠给了新任的元首。但是，元首们所需要的是一种更高的、更可靠的承认，那种承认根本不以元老院的意志为依据，要使他们不仅根据元首制政体应当掌握这些权柄，而且从元首的本身来说就应当执掌这些权柄。"⑤ 政治观念的提出，首先是思想家们面对政治危机的思考。"危机可能体现出某一外部和内部势力对当时政治秩序的挑战，或者是人们看见的社会衰落，或者甚至是由某一套受人厌恶的宗教、政治或经济观念所构成

---

① Tacitus, *Germania*, 7.1；13.3-4.
② 〔英〕沃尔特·厄尔曼：《中世纪政治思想史》，第8页。
③ Cassius Dio, *Roman History*, 60.1.1.
④ Cassius Dio, *Roman History*, 63.23.；Zonaras, *Extracts of History*, 11, 13, 12-9D.
⑤ 〔美〕M. 罗斯托夫采夫：《罗马帝国社会经济史》，马雍、厉以宁译，商务印书馆，2005，第121页。

的理智上的威胁。"① 共和理念与现实政治之间的撕裂，以及动乱乃至内战的危机，亟须一套新的政治理论从更高的层面上赋予元首统治以合法性。

二　诗歌中的元首神化

在古代世界，尤其在古代埃及、两河流域、印度、波斯、马其顿及希腊化诸王国等君主政体长期存在的地方，神化现世君主是一种普遍存在的现象。然而，罗马却在近五百年的共和时期中没有神化现世政治人物的行为。虽然从公元前3世纪开始，希腊化世界就不遗余力地为罗马政治人物献上神圣的荣誉，② 但是在罗马和意大利，无论是政治家还是知识精英均认为，包括监察官、执政官在内的所有官员的权力合法性均来自元老院与罗马人民，而不是任何超越凡人的神秘力量。对于这一在古代世界颇为特殊的现象，法国学者菲利普·内莫（Phillipe Nemo）曾一语道破其思想根源，即古典城邦政治传统对"天人关系"的独特认识："自然"（physis）与"习俗"（nomos）是断裂的，法则与习俗既非神圣的自然秩序的延伸与投射，也非诸神的安排，而是人类建构的结果，因此政治完全是"人事"，一切政治行为、政治人物都可以经受理性的批判，而神圣的、不容置疑的王权没有思想土壤。③

然而在帝国前期（公元前27年~公元96年），这种"人神分离"的思想传统开始在拉丁文化圈发生动摇。在民间，神化现世元首的公共艺术、崇拜仪式等纷纷涌现，迅速兴起了以"元首崇拜"为特征的政治文

---

① 〔美〕唐纳德·坦嫩鲍姆、戴维·舒尔茨：《观念的发明者——西方政治哲学导论》，叶颖译，北京大学出版社，2008，第4~5页。

② 从公元前212年玛尔凯卢斯（M. Claudius Marcellus）征服叙拉古开始，罗马官员开始接受希腊城市给他们奉献的神圣荣誉。关于罗马人在与希腊人的交流中接受对政治人物的神化过程，参见 Lily Ross Taylor, *The Divinity of the Roman Emperor*, Philadelphia：Porcupine Press，1975，pp. 35–57。

③ 〔法〕菲利普·内莫：《民主与城邦的衰落——古希腊政治思想史讲稿》，张竝译，华东师范大学出版社，2011，第34~36页；菲利普·内莫：《罗马法与帝国的遗产——古罗马政治思想史讲稿》，张竝译，华东师范大学出版社，2011，第191~195页。类似观点参见 *The Cambridge History of Greek and Roman Political Thought*, edited by Christopher Rowe and Malcolm Schofield，Cambridge：Cambridge University Press，2000，pp. 14–15。

化。学术界对此已多有研究。① 与此同时，在知识精英群体中，特别是在大力赞助诗歌的屋大维、尼禄和图密善执政期间，以维吉尔（Vergilius）为代表的拉丁诗人创作了大量神化现世元首的作品，为其塑造了一系列特定的神圣形象：元首是神（deus），② 具有神性（numen），是某位天神在人间的化身；元首及其家族成员（domus Augusta）具有神圣的氏族血统，拥有执掌国政的天然合法性。如维吉尔在农事诗中这样赞颂奥古斯都："是的，还有您啊，恺撒，我们不知道您即将位列哪一群神灵……"③ 卢卡努斯（Lucanus）吹捧尼禄去世将成神时，表示对方可以按照自己的心意成为朱庇特或者福玻斯："不论您是想挥舞朱庇特的权杖，还是想登上福玻斯闪耀的战车，身披移动的光焰绕行地球……每一位神都将向您俯首，大自然会顺从您的心愿，让您决定自己成为什么神祇，又在何处建立统治宇宙的王座。"④ 恺撒将尤里乌斯氏族追溯至维纳斯，⑤ 维吉尔在《埃涅阿斯纪》中也追奉奥古斯都为维纳斯与埃涅阿斯的后代，预言他将终战止戈，为罗马缔造和平与安宁，替罗马赢得统治世界的荣耀。⑥ 以诗歌为媒介神化元首，成为罗马史上前所未见而令人瞩目的政治景观。这场文学与政治的潮流起于奥古斯都时代，在尼禄统治和图密善统治时又两度达到高潮。⑦

---

① 关于"元首崇拜"仪式的研究，参见 David Cannadine and Simon Price, *Rituals of Royalty: Power and Ceremonial in Traditional Societies*, Cambridge University Press, 1987; C. Ando, *Imperial Ideology and Provincial Loyalty in the Roman Empire*, Berkeley & Los Angeles: University of California Press, 2000; Janet. Huskinson, ed., *Experiencing Rome: Culture, Identity and Power in the Roman Empire*, London: Routledge, 2000; J. A. Lobur, *Consensus, Concordia, and the Formation of Roman Imperial Ideology*, London: Routledge, 2008; 黄洋《奥古斯都的形象塑造与皇帝威权》，收录于《上海市社会科学界第四届学术年会文集》（2006 年度），哲学·历史·人文学科分卷，第 187~190 页；薄海昆《流行于罗马帝国山北高卢的元首崇拜》，《社会科学论坛》2006 年第 7 期（下），第 131~134 页；宋凤英、何立波《古罗马传统宗教与元首崇拜的构建》，《世界宗教与文化》2013 年第 5 期，第 90~96 页。
② 需要说明的是，除了卡里古拉、尼禄、图密善等少数元首，罗马元首去世后多被元老院追认封神，并上 Divus（神圣的）尊号。但是元老院从来没有承认元首在生前为神（deus）。限于篇幅，后文中如无需要，"神化现世元首"一律简称"神化元首"。
③ Virgil, *Georgics*, 1.24-26.
④ Lucan, *Civil War*, 1.45-51.
⑤ Suetonius, *The lives of Caesars*, *The Deified Julius*, 6.1.
⑥ 王焕生：《古罗马文学史》，人民文学出版社，2006，第 209 页。
⑦ 关于诗人将元首及其家族世系尊为神明的系统梳理，详见张子青《罗马元首形象研究——基于对帝国早期拉丁诗歌的考察》，博士学位论文，北京师范大学，2016，第 54~77 页。

对于这个颇具转折意义的历史现象，长期以来，学术界将其视为宫廷文人的谄媚与宣传，[①] 并且出于理论化、哲学化的评价标准，将其排除出政治思想史的研究范围。不可否认，这些神化元首的诗歌缺少经典文本的深刻性和体系性，但这并不代表这些作品不能成为政治思想史研究的文本。自 20 世纪 60 年代以来，随着政治思想史研究的"历史语境主义"转向，学者逐渐达成共识，只有将文本的思想放在历史语境中考察，确定它们关注的政治与社会问题、背后的思想资源，以及对那个时代政治的介入，才有可能真正认识其内涵和价值。很多以往被视作"非经典"的文本因高度契合并深度融入历史语境，从而重获政治思想史的意义。[②] 诗人神化元首的诗歌即是如此。诚如内莫所言，在元首制时期，各种思想虽纷繁复杂，但主要指向同一个问题，即面对前所未有的元首制，如何论证其合法性，以重塑意识形态，凝聚罗马人的政治认同。[③] 基于这一认识，他将诗人维吉尔视作与盖乌斯（Gaius）、乌尔比安（Ulpianus）、塔西佗、小普林尼（Plinius）等人同样重要的思想家，认为诗人通过神化罗马元首创造了一套"政治神学"，颠覆了共和时代"人神分离"的思想传统，从而开辟出一条与上述学者所持的共和传统相悖的思想路径。[④]

公元 96 年图密善遇刺身亡后，元老院将其"毁名除忆"（*damnatio memoriae*）。[⑤] 新元首涅尔瓦汲取了图密善的教训，严禁个人崇拜，展现出

---

① 相关的经典论述参见 Karl Galinsky, *Augustan Culture*, Princeton University Press, 1996, pp. 80-140, 225-279; J. R. Jenkinson, "Sarcasm in Lucan i. 33-66", *The Classical Review*, New Series, Vol. 24, No. 1 (Mar., 1974), pp. 8-9; Fergus Millar, *The Emperor in the Roman World*, *31BC-AD337*, Ithaca: Cornell University Press, 1977, p. 79; Kenneth Scott, "Statius' Adulation of Domitian", *The American Journal of Philology*, Vol. 54, No. 3 (1933), pp. 247-259。

② 参见彭刚《历史地理解思想——对斯金纳有关思想史研究的理论反思的考察》，载丁耘、陈新主编《思想史研究》第 1 卷《思想史的元问题》，广西师范大学出版社，2005，第 141~181 页；斯蒂芬·柯林尼、J. G. A. 波考克、昆廷·斯金纳等《什么是思想史》，昆廷·斯金纳《观念史中的意涵与理解》《言语行动的诠释与理解》，载丁耘主编《什么是思想史》，上海人民出版社，2006，第 3~23、95~135、136~168 页；张芳山、涂宪华《从观念到语境：近代西方思想史研究范式转向——兼论"斯金纳革命"对思想史研究的贡献》，《江西社会科学》2011 年第 12 期，第 28~31 页；李强《斯金纳的"语境"》，《读书》2018 年第 10 期，第 97~106 页。

③ 〔法〕菲利普·内莫：《罗马法与帝国的遗产——古罗马政治思想史讲稿》，第 191 页。

④ 〔法〕菲利普·内莫：《罗马法与帝国的遗产——古罗马政治思想史讲稿》，第 191~195 页。

⑤ 参见 Suetonius, *The lives of Caesars*, *Domitian*, 23; Plinius, *Panegyricus*, p. 52。

对共和传统和元老院的尊重。① 创作神化元首诗歌的众多投机诗人就此失宠。公元 100 年，元老小普林尼当选递补执政官，在元老院向图拉真和众元老诵读了致谢元首的《颂词》。在这篇洋溢着共和精神的演说中，小普林尼严厉批判图密善的"暴政"，赞颂图拉真犹如驱逐了小塔克文的布鲁图斯，立下了再造共和的不世之功。特别是在论及神化现世元首的问题时，小普林尼追忆道，在图密善时代人民奉承元首仿若"神明"（deus），② 把他的雕像当作神像；③ 图拉真则"尽管身为统治者，但他始终没有忘记自己只是一个人（homo），是我们中的一分子"，④ 从不僭取属于神明的权力，而是"积极引导人民去感谢朱庇特"。⑤ 深谙演说技巧的小普林尼以此提醒图拉真，元首的执政合法性来自元老院和人民，而不是来自元首的"神性"，否则元首就会像图密善那样招致杀身之祸。事实上，无论是图拉真，还是之后的哈德良、安敦尼·庇乌斯和马可·奥勒留均汲取了历史教训，尊重共和传统，从未在罗马和意大利公开神化自己。神化现世元首的诗歌也喧嚣不再，淡出了历史舞台。由此可见，在帝国前期的罗马，特别是在拉丁文化圈，出身社会上层、拥有深厚学养的元老们仍然牢牢掌握着意识形态领域的主导权，共和精神仍保持巨大的惯性，继续占据着政治合法性的高标。卡里古拉、尼禄和图密善缺乏奥古斯都的政治智慧，过分流露出专制集权的冲动，纵容诗人塑造一系列鼓吹个人崇拜的颂圣作品，最终突破元老贵族的心理底线，落得身败名裂的下场。而在这一过程中，在投机的风潮下，诗人对元首的态度变得愈发谄媚虚伪，文艺和思想水平日趋庸俗低劣，言辞上更加卑微、夸张、煽情。在这种情况下，拉丁诗人根本不可能构建一套令人信服的神化元首的意识形态，从而无法真正为元首制奠定合法性的基石。

三　哲学演说中的君权神授

尽管诗人神化元首的尝试未获得成功，但罗马元首并未就此放弃自我神化的想法，能够为神化元首提供更高层次理论支撑的另有其人。公元

---

① Cassius Dio, *Roman History*, 68. 1.
② Plinius, *Panegyricus*, 2.
③ Plinius, *Panegyricus*, 52.
④ Plinius, *Panegyricus*, 2.
⑤ Plinius, *Panegyricus*, 52.

102 年，即小普林尼《颂词》发表两年后，同样在象征共和的罗马元老院，
来自东方比提尼亚行省的希腊哲学家"金嘴"狄奥（Dio Chrysostom）向
图拉真和元老们发表了名为《论王政》的演说。在演说中，狄奥明确指出
"国王的权力和地位来自宙斯，若能遵照宙斯的法律和训令，以公平正义
的原则治理人民，就可以永享富贵、善始善终"。① 他通过讲述宙斯的王
政、宇宙的运行、罗马的政制以及图拉真的统治，说明罗马是合乎宇宙之
道的世界帝国，图拉真是受宙斯权柄的人间之王，在宇宙论的高度上为元
首制奠定了神圣王权的理论基础。为了补强这一论点，"金嘴"狄奥似乎
有意针对诗人笔下图密善的赫拉克勒斯形象，按照图拉真的特征，将赫拉
克勒斯从打遍天下的孤胆英雄改塑为铲除暴政、统御寰宇而受宙斯信任的
人类守护神，以此表明图拉真才是神圣的真王。② 从现存的史料看，这套
与共和传统相悖的学说在拉丁知识精英中没有引起任何共鸣，但图拉真并
未像冷落拉丁诗人那样冷落狄奥，而是邀请他在元老院又做了三次关于王
权的演说，之后与其建立了深厚的友谊。③ 这种态度上的巨大反差一方面
说明，图拉真内心深处可能同样不拒绝自我神化，另一方面标志着元首开
始调整自我神化的策略，即跳出拉丁文化圈以摆脱共和传统的束缚，彻底
转向拥有长期君主制实践和王权学说的希腊化世界寻求合法性资源。

　　学者普遍重视古典作家利用斯多葛主义为罗马帝国和元首制打造政治
理论的现象，关注罗马政治思想对希腊政治思想的继承、改造和应用。米
里亚姆·格里芬（Miriam Griffin）通过研究塞涅卡的作品，认为斯多葛主
义主张最好的政府形式是由公正的王来统治，从而在理论上支持了元首政
治。④ 持这种观点的学者还有维尔祖布斯基（Ch. Wirszubski），他认为斯多
葛学派的政治理论经常被视为君主制的官方哲学，只要它愿意接受罗马元
首为其理想的君王，那么它就能成为一种受罗马统治者欢迎的半官方

---

① Dio Chrysostom, *On Kingship*, 1. 45.
② Dio Chrysostom, *On Kingship*, 1. 48-84.
③ 根据编纂于 10 世纪的《苏达辞书》，图拉真曾经让狄奥与其同乘马车。此事不见于古典
　时期的文献，不排除后世希腊人出于哲学和哲学家能让名将帝王折服的观点而独撰的可能。
　参见 *Suidae Lexicon*, pars II, ed. Ada Adler, München und Leipzig: K. G. Saur Verlag GmbH,
　2001, p. 117。
④ Miriam T. Griffin, *Seneca: A Philosopher in Politics*, Oxford, Clarendon Press, 1976, pp.
　144-147.

哲学。①

克里斯托弗·吉尔（Christopher Gill）认为，在帝国时期的斯多葛学派的作家中，"金嘴"狄奥的王政思想与元首制思想有较为密切的关系。吉尔认为，狄奥兼学柏拉图哲学与犬儒哲学，其思想体现了较强的折中主义色彩。他总结出狄奥四篇王政演说其实暗含两条有所重叠的叙述逻辑——前三篇为第一条，主要是糅合斯多葛主义、柏拉图主义以及犬儒主义中的典范形象来阐述王权；第二条以第四篇演说为代表，强调社会与政治结构（譬如君主制）在现实与传统意义上的合法性。吉尔认为，狄奥在《波利斯泰尼斯演说》（*Borysthenitic Discourse*）中阐发了两种理想政体的概念，这种理论更是柏拉图主义与斯多葛主义结合的产物。柏拉图在《理想国》中强调只有统治者是智慧的，斯多葛主义则认为所有理性生物（神明和人类）都是宇宙城邦的成员。狄奥在此基础上构建了宇宙城邦的完美政体，即代表最高理性的宙斯统治众神和人类，形成一种完美的君主制。②

吉尔没有进一步展开论述狄奥的宇宙城邦理论与现实中元首政治的关系。而在帝国时期同样秉持斯多葛主义的作家，也并未在作品中表露出认可罗马帝国能代表宇宙城邦的态度，更不认可罗马元首就是理想中的贤王，亦即神明在人间的代理。③ 相比之下，辛克莱尔（T. A. Sinclair）更多发掘了"金嘴"狄奥思想与元首政治的内在联系。他指出，"金嘴"狄奥以及斯多葛学派哲学家的观点，代表了帝国时期的思想家用希腊哲学阐释元首政治的逻辑思路。在他们的阐发下，支持元首政治的理论是兼有政治与宗教思想的普世君主制，④ 其中"金嘴"狄奥的思想最具代表性。狄奥在《波利斯泰尼斯演说》中塑造了一种可为一神论和君主制服务的宙斯形象，同时在《论王政》中多次交替讨论宙斯的统治与图拉真的元首政治，从而为罗马帝国境内的大众提供了一种更高层次的元首崇拜的方式。辛克莱尔认为，狄奥的作品反映了帝国时期思想观念领域中宇宙城邦取代民族

---

① Ch. Wirszubski, *Libertas*: *As a Political Idea at Rome during the Late Republic and Early Principate*, Cambridge University Press, 1968, p. 145.

② C. Rowe and M. Schofield（ed.），*The Cambrige History of Greek and Roman Political Thought*, Cambridge, Cambridge University Press, 2000, p. 606.

③ 关于爱比克泰德和斐洛的态度，参见爱比克泰德《爱比克泰德论说集》，王文华译，商务印书馆，2009，第408页；C. Rowe and M. Schofield ed., *The Cambrige History of Greek and Roman Political Thought*, p. 564。

④ T. A. Sinclair, *A History of Greek Political Thought*, Routledge & Kegan Paul, 1952, pp. 308 - 309.

城邦、一神信仰取代多神信仰的趋势，因此具有重要意义。① 内莫则认为，元首制在寻求理论合法性上存在两种路径。一是对"元首政体"合法性的论证，强调国家是具有公共城邦性质的"法律之国"，所有人在法律的统治下享有平等的地位；二是对罗马专制君主加以神圣化或神化，并称其为一种几乎完全自发的集体现象。② 狄奥的思想理论正属于第二种。在考察"金嘴"狄奥时，内莫非常强调其王权思想与宇宙城邦理论在元首制向君主制思想过渡中的作用。③

除了将罗马帝国视为宇宙城邦在人间的投射，按照"金嘴"狄奥的表述，人们可以得到明显的推论——他心目中理想的贤王就是优秀的罗马元首。④ 狄奥在继承希腊化时期宇宙城邦和君主制理论的基础上，认可了罗马元首制是君主制统治的最高形式。⑤ 前文已述，史家围绕君主政体与共和政体、民主政体的优劣，从权衡利害和解决现实问题的角度推导，认为即使论证了元首统治的必要性，也无法跳出"君主制—贵族制—民主制"政体蜕变的历史循环。实为君主制的元首制如果作为六种政体模式中的一环，原则上也可能被其他政体取代。而"金嘴"狄奥的王政思想则以宇宙论和自然法为依托，通过阐发"为一神论和君主制服务的宙斯形象"，⑥ 将罗马元首政治解释为人世间天然的统治形式。统治者是神明在地上的代表，他行使权力是效仿神的仁慈义举，他的统治是宇宙秩序在人间的复制，是自然法则的要求。在王政理论的支撑下，元首政治不再仅是罗马应对共和体制危机的权宜之计，而是跳出了政体循环，成为一种永恒的制度。

在法律和制度之外寻求巩固自身权力的基础，是元首专制权力增强的重要表现，也是很多元首的迫切需求。元首的合法地位和权力原则上来自元老院的授予，元老院形式上是所有权威的源泉。⑦ 在三世纪危机之前，即便是由近卫军拥立的元首，或是在地方军团的支持下以武力上位的将领，在

---

① T. A. Sinclair, *A History of Greek Political Thought*, p. 319.
② 〔法〕菲利普·内莫：《罗马法与帝国的遗产——古罗马政治思想史讲稿》，第194～196页。
③ 〔法〕菲利普·内莫：《罗马法与帝国的遗产——古罗马政治思想史讲稿》，第288～296页。
④ T. A. Sinclair, *A History of Greek Political Thought*, p. 300.
⑤ T. A. Sinclair, *A History of Greek Political Thought*, p. 319.
⑥ T. A. Sinclair, *A History of Greek Political Thought*, p. 317.
⑦ Victor Duruy, *History of Rome and of the Roman People*；*From its Origin to the Invasion of the Barbarians*, Vol. 6, C. F. Jewett Publishing Company, 1888, p. 199.

正式成为元首时也要经过元老院的授权，甚至对元首的崇拜与神化，本质上也属于元老院颁发给元首的荣誉与嘉奖。正如桑奈尔（D. Sannel）所说，"已故的元首成了 *divus*，而非 *deus*；至少对于受教育者而言，*divus* 只是授予那些出身高贵且在行政管理系统中扮演着重要角色的人们的一个头衔而已"。① 如果元首的统治不合元老院的心意，那么即便这位元首在世时取得了显著的成就，仍然可能与这项荣誉失之交臂。最突出的例子就是哈德良险些未能得到封神荣誉。② 这足以说明，虽然只是决定是否对已故元首追授哀荣，元老院在对元首统治进行盖棺定论时仍然发挥着重要作用，元首的神性依然不能脱离元老院而肆意妄为。③ 渴望巩固统治地位的元首必然会试图越过元老院的授权程序，为自己的神圣性寻求更高层次的理论依据，④ "用想象中的上天权力来解释自己人间的权力"。⑤ 狄奥王政理论的出现，恰恰迎合了元首的这一需要。在他的阐述中，世间的君王作为神在人间的代理进行统治符合自然法则的要求，他的政权是在效仿宇宙城邦的完美秩序；他的权力和地位来自宙斯的授予，⑥ 而非世俗力量的安排与设计；他因为接受了宙斯的教导，得到了宙斯的培养，因此具备了"人类的牧者"的身份。⑦ 君王是拥有绝对权力的统治者，他无须对同胞和臣民负责，只需对神负责。⑧ 狄奥将优秀元首比附为权力来自神授的理想君王，无疑使元首地位获得了更高的理论依据。

　　奥古斯都以及其后诸多元首推行的元首崇拜与神化、卡里古拉与图密善自称神明的行为，都表明元首力图在宪政之外寻求巩固自身统治的理论

---

① D. Sannel, *Roman Society from Nero to Marcus Aurelius*, Macmilian and Co. Limited, 1925, p. 743.

② 参见 Cassius Dio, *Roman History*, 69. 2. 5, 70. 1. 1–3; R. G. Tanner, "Tacitus and Principate," *Greece and Rome*, Second Series, Vol. 16, No. 1（Apr., 1969）, pp. 98–99。

③ Olivier Hekster, Nicholas Zair, *Rome and its Empire A. D. 193–284*, Edinburgh University Press, 2008, p. 67.

④ 卡里古拉对于元老院授予的任何荣誉都不满意，一个主要原因便在于，他不愿自己获得的荣誉来自元老院，因为这会暗示元老院比元首高出一头，可以对元首进行嘉许。见 Cassius Dio, *Roman History*, 59. 23. 3–4。

⑤ Alan K. Bowman, Peter Garnsey and Areril Cameron, *The Cambridge Ancient History*, Vol. XII: *The Crisis of Empire A. D. 193–337*, Cambridge University Press, 2005, p. 554.

⑥ Dio Chrysostom, *On Kingship I*, 11; 84; *On Kingship III*, 50.

⑦ Dio Chrysostom, *On Kingship I*, 38; *On Kingship IV*, 39–43.

⑧ Ch. Wirszubski, *Libertas*: *As a Political Idea at Rome during the Late Republic and Early Principate*, p. 134.

支撑。对此，狄奥的王权思想不仅满足了元首的需求，规避了引起罗马元老院和公民不满和抵触的风险，而且在神化统治者的道路上向前大大迈进了一步。在狄奥之前，无论是元首本人的表现和宣传，还是诗人的造势，对元首进行神化的主要方式均是将元首奉为众神中的一员，或将元首的家族谱系追溯到某一位神明或半神英雄身上。① 但这种做法仍然面临着权威性不足的问题。正如内莫所说，"如果元首本身就是神，那么他就等于是立足于传统的多神信仰中，也就是说在宇宙中占据了比较低的级别"。② 狄奥的王政思想则与之不同。他虽然并未直言君主或元首本身是神明或神的后代，但着重强调了宙斯在宇宙城邦中的独尊地位，指出君王和元首在宙斯的教导下代其履行统治人世的职责和义务。在这种观念中，"罗马皇帝自身不再是神，而是独一无二的天神在尘世间的首席仆人，是神的代理人（*vicarius Dei*）"。③ 元首从众神之一变为主神在人世间唯一的代表。三世纪危机时期，推崇太阳神崇拜的奥勒良别出心裁地称自己不是神，而是神的代理人或仆人，"一神教与君主专制政体历史上第一次紧密结合在一起。"④

四　结语

元首制后期，元首们在加强专制权力的过程中越发流露出对希腊化世界和东方国家的向往。⑤ 在戴克里先（Diocletian）统治时期，罗马的政体正式完成由元首制向君主制（*Dominate*）的转变。戴克里先与君士坦丁利用传统信仰和基督教巩固自身统治的政策，也与奥勒良具有很大程度的相似性。⑥ 来自东方的基督教经过尤西比乌斯（Eusebius）等希腊教父的改

---

① 卡里古拉自称神时经常扮演各种不同的神明或半神，并没有确定的形象，他扮演过赫拉克勒斯、巴库斯、阿波罗、朱诺、狄安娜和维纳斯等各种神明。参见 Cassius Dio, *Roman History*, 58. 26. 6–8。

② 〔法〕菲利普·内莫：《罗马法与帝国的遗产——古罗马政治思想史讲稿》，第288页。

③ 〔法〕菲利普·内莫：《罗马法与帝国的遗产——古罗马政治思想史讲稿》，第288页。

④ 〔法〕菲利普·内莫：《罗马法与帝国的遗产——古罗马政治思想史讲稿》，第290页。

⑤ 参见 *The Cambridge Ancient History*, Vol. XII, 2$_{nd}$ editon, eds., Alan K. Bowman, Peter Garnsey, Areril Cameron, Cambridge：Cambridge University Press, 2008, pp. 553–558; Oliver Hekster with Nicholas Zair, *Rome and Its Empire A. D. 193–284*, Edinburgh：Edinburgh University Press, 2008, pp. 56–68；尹宁《元首政治中共和因素的变迁研究》，博士学位论文，北京师范大学，2015，第81~87页。

⑥ M. P. Charlesworth, "The Refusal of Divine Honours：An Augustan Formula", *Papers of the British School at Rome*, 1939, Vol. 15 (1939), p. 9.

造，成为皇权的合法性来源，为东罗马帝国政教合一的政治传统奠定思想基础。向前追溯，我们看到，身处一、二世纪之交的"金嘴"狄奥，其政治思想虽然源自往日的希腊化时期，但在元首制时期却体现了超前性。"它为一个世纪后开花结果的君主制神学提供了素材。"在元首制与君主制乃至拜占庭时代的君主统治之间架起了桥梁。① 诚如彼得·加恩西（Peter Garnsey）所说，"一个基督教的皇帝不可能是一个神。可是，他可以被认定是由神选定的，是神的副手，是上帝的伙伴与'天使'，他的宫廷犹如天堂。恺撒里亚的尤西比乌斯利用君士坦丁的合作，将这种观念理论化。当他这样做时，他的理论源头是（异教的）王权理论"。② 四世纪知识精英为配合君主制的统治，阐述了基督教的政治思想，而其中许多内涵已经于二世纪初在安敦尼王朝埋下了种子。元首统治合法性从"遵守共和体制"到"君权神授"的嬗变，顺应了现实政治中元首权力日渐增强的趋势，③体现了罗马帝国政治重心的东移，预示了东西帝国政治传统的最终裂变。

---

① 〔法〕菲利普·内莫：《罗马法与帝国的遗产——古罗马政治思想史讲稿》，第 292 页。

② *The Cambridge History of Greek and Roman Political Thought*, eds., Christopher Rowe and Malcolm Schofield, Cambridge：Cambridge University Press, 2000, p. 411. 译文参考〔英〕克里斯托弗·罗、马尔科姆·斯科菲尔德主编《剑桥希腊罗马政治思想史》，晏绍祥译，商务印书馆，2016，第 392 页。

③ T. A. Sinclair, *A History of Greek Political Thought*, p. 300.

提奥多里特及其《教会史》研究述评

邓默晗

（北京师范大学历史学院，北京　100875）

摘　要：提奥多里特主要活跃于公元五世纪的罗马帝国东部，是教会史学早期发展阶段的代表史家。他著述丰硕，晚年所撰的《教会史》构建了"尼西亚教派"战胜各种"异端"、收获"正统"地位的胜利历程。以往学者主要关注书中记述的真实性和全书的写作意图，对于《教会史》相关的社会文化背景重视不够。因此，立足作者所处的时代，从社会的深处挖掘《教会史》的撰述特征应该是下一阶段学者的重要任务。

关键词：提奥多里特　《教会史》　基督教史学　阿里乌斯争端

　　赛里斯的主教提奥多里特（Theodoret of Cyrrhus，约公元393—约460）是活跃于罗马帝国东部的著名基督教学者，在当时拥有极高的社会地位和文化声望。他用古希腊语撰写的《教会史》（*Historia Ecclesiastica*），为我们考察早期教会史学的演变特点提供了重要样本。目前中文世界暂无关于提奥多里特的系统介绍，对他的《教会史》也尚无详细的专门研究。有鉴于此，本文拟首先概述提奥多里特的生平及其《教会史》的主要内容，然后会梳理国际学界对这部作品的关注焦点，并尝试展望亟待深化的研究方向，最终期待能够引起更多学人关注这位史家和他的史学作品。

　　公元393年左右，提奥多里特出生在罗马帝国安条克城（Antioch）一个富裕的基督教家庭。① 据其回忆，他自幼便常常由虔诚的父母带去本地教会，求教于著名的僧侣修士，接受正规的神学训练。② 父母过世后，提奥多里特更加坚定了"为主奉献"的决心。经过修道院的几年工作，大约在公元432年，他被祝圣成为叙利亚地区赛里斯城的主教。③ 提奥多里特的大量书信显示，他在担任地方教会负责人期间，广泛结交各界人士，从君士坦丁堡的高官贵胄，到小亚细亚的神职人员，建立起庞大的社会关系网。④ 提奥多里特多次利用累积的人脉服务本地信众。他向朋友动情地回顾自己在这座城市里传播了"正统"信仰，平息了"异端"暴乱，捐建了不少道路桥梁，甚至为民众争取到了罗马官方的税收优惠。⑤

　　除了教区的管理事务，提奥多里特还被卷进了一场影响甚广的教派斗争——"聂斯托利争端"（Nestorian Controversy）。正因如此，他经历了一连串人生起伏。学者们普遍认为，提奥多里特在这场教义争端中选择站在聂斯托利身边，代表"安条克派"积极发声。⑥ 他创作了不少论辩檄文，通过各种场合严厉地批判以亚历山大里亚主教西里尔（Cyril of Alexandria）为首的另一派别。⑦ 然而，胜利的天平最后没有向聂斯托利和提奥多里特这一侧倾斜。公元449年，第二次以弗所宗教会议（The Second Council of Ephesus）结束后，提奥多里特连同他的不少盟友一起，被君主狄奥多西二世（Theodosius Ⅱ，408—450年）革除教职，就地软禁，并最终流放。⑧ 提奥多里特不止一次写信向朋友们抱怨自己遭到了教派敌人的无端攻击，

---

① 具体的出生日期已不可考，公元393年是学者们普遍接受的年份。参见 Richard M. Price trans., *A History of the Monks of Syria*, second revised edition, Kalamazoo: Cistercian Publications, 1985, pp. ix-xi; Theresa Urbainczyk, *Theodoret of Cyrrhus: The Bishop and the Holy Man*, Ann Arbor: University of Michigan Press, 2002, p. 10; Annick Martin, preface and ed., Pierre Canivet trans, *Théodoret de Cyr, Histoire Ecclésiastique*, Vol. 1, Paris: Éditions du Cerf, 2006, p. 11; István Pásztori-Kupán, *Theodoret of Cyrus*, London: Routledge, 2006, p. 3。

② Theodoret, *Religious History*, 8.15; 9.4, 10, 14; 13.18。

③ Theodoret, *Letters*, 81, 113, 119。

④ Adam M. Schor, *Theodoret's People: Social Networks and Religious Conflict in Late Roman Syria*, Berkeley: University of California Press, 2011, 第6~8章。

⑤ 信仰和基建方面的工作参见 Theodoret, *Letters*, 81, 113; 税收上的努力参见 Theodoret, *Letters*, 23, 42-45, 47。

⑥ Marijan Mandac, "L'Union christologique dans les oeuvres de Théodoret antérieures au concile d'Ephèse", *Ephemerides Theologicae Lovanienses*, Vol. 47, No. 1 (1971), pp. 64-96。

⑦ Theresa Urbainczyk, *Theodoret of Cyrrhus: The Bishop and the Holy Man*, pp. 23-28; István Pásztori-Kupán, *Theodoret of Cyrus*, pp. 7-21。

⑧ Annick Martin, *Théodoret de Cyr, Histoire Ecclésiastique*, Vol. 1, pp. 24-26。

并恳请对方的帮助以恢复荣誉和教职。① 这些求援信或许起到了一定作用。在两年后（451年）的卡尔西顿会议（Council of Chalcedon）上，新继位的罗马君主马尔西安（Marcian，450—457年）又将提奥多里特等人召回，官复原职。但作为代价，他必须签署一份正式文件，谴责曾经的亲密伙伴聂斯托利。② 由于材料匮乏，我们对提奥多里特复职之后的活动情况知之甚少。目前能找到的最后一次活动记录是他和教宗利奥一世（Pope Leo I）在453年的通信。③ 学者们推测，提奥多里特可能在当年生活过的修道院里迎来了人生的终点，并去世于460年后。④

由此可见，提奥多里特并非那种"两耳不闻窗外事"的书斋型学者。他亲自负责过教区的实际运作，深度参与了教会的内部权力斗争，同时和各层级的罗马行政官员有频繁交往。他受到过同侪的敬仰，也曾暂时失去权势。可以说，提奥多里特对罗马教俗两方都有深入的观察与思考，而丰富的人生经历也成为他源源不断的创作灵感。

提奥多里特是位多产的作家，现存的作品就达到几十部之多。⑤ 这些作品内容多样，从解经文章到教义论辩，再到数量众多的布道词，以及30多篇圣徒传记，几乎囊括了典型的基督教文学体裁。此外，还有250多封提奥多里特与各界人士的通信留存至今，也是我们了解五世纪上半叶东部罗马社会生活的重要资料。⑥ 虽然部分作品曾因其中的教派立场而遭封禁，但总体而言，提奥多里特的文稿在后世享有很高的评价，经常被拜占庭的作者们提及和引用。⑦ 在众多文本之中，《教会史》创作于提奥多里特晚

---

① Theodoret, *Letters*, 9, 16, 18, 79, 80, 82, 83, 113, 116 等。

② István Pásztori-Kupán, *Theodoret of Cyrus*, pp. 22-26.

③ Pope Leo I, *Letters*, 120.

④ Yvan Azéma, "Sur la date de la mort de Théodoret de Cyr", *Palla*, *Revue d' études antiques*, Vol. 31 (1984), pp. 137-155.

⑤ 提奥多里特现存和散佚的作品名录参见 Blomfield Jackson, trans with notes, *The Ecclesiastical History*, *Dialogues*, *and Letters of Theodoret*, in Philip Schaff ed., *A Select library of Nicene and post-Nicene Fathers of the Christian Church* (NPNF), Second Series, Vol. 3, Grand Rapids: W. M. B. Eerdmans Publishing Co. 1892, pp. 15-26。

⑥ Adam M. Schor, "The Letter Collection of Theodoret of Cyrrhus", in Cristiana Sogno, Bradley K. Storin, Edward J. Watts eds., *Late Antique Letter Collections*: *A Critical Introduction and Reference Guide*, Oakland: University of California Press, 2017, pp. 269-285.

⑦ Yannis Papadogiannakis, *Christianity and Hellenism in the Fifth-Century Greek East*: *Theodoret's Apologetics against the Greeks in Context*, Washington D. C. : Center for Hellenic Studies, 2012, pp. 3, 9-11.

年，也是他完整流传下来的最后一部著作。

关于《教会史》的成书日期，目前学界尚存争议，但大多数学者倾向于相信提奥多里特是在流放过程中，即在 449~450 年完成了全书的最终写作。[①] 这部历史作品大致依照罗马君主的任期共分为五卷，上起"阿里乌斯的疯狂"，下迄"可敬的西奥多（Theodore）与西奥多图（Theodotus）"的去世，[②] 覆盖了 324~429 年的教俗史事。与其他同时代的教会史家，如君士坦丁堡的苏格拉底斯（Socrates of Constantinople）和索佐门（Sozomen）一样，提奥多里特开篇也宣称自己要接续"教会史学之父"优西比乌的教会史写作，从前辈停笔处开始叙事。[③] 比起另两位同代史家的作品，提奥多里特的《教会史》篇幅更精简，记述的年代也较短，但全书的主题相对明确，内容较为集中，且少有赘余。

该书第一卷以阿里乌斯在亚历山大里亚挑起事端（324 年）开头，结束于君士坦丁一世的去世（337 年）。前半卷围绕 325 年的尼西亚大公会议展开，介绍了阿里乌斯及其支持者因为"作恶"被最终斥为"异端教派"的经过，也叙述了《尼西亚信经》中的教义信条被立为"正统信仰"，并受到各方热烈欢迎的前前后后。下半卷集中展示了君士坦丁一世及其家族全面扶持教会发展的举措，以及他本人对《尼西亚信经》不遗余力的推广。

第二卷主要以两位主角的斗争为线索。君主君士坦提乌斯二世（Constantius Ⅱ，337—361 年）被描写成反面角色。因为他放任"阿里乌斯异端"卷土重来，还为他们迫害"正统派"的主教提供各种便利和支持。亚历山大里亚主教亚大纳修（Athanasius）则是提奥多里特笔下的英雄人物。书中的他不畏强权，即使多次被流放依然选择反抗包括君主在内的一切"异端"，因此获得了广大信徒的爱戴和上帝的护佑。在该卷结尾处，君士坦提乌斯二世痛苦地死于征战途中，提奥多里特顺理成章地将之归因于君主不虔诚的信仰。

第三卷大体叙述了"叛教者"尤利安（Julian the Apostate，361—363 年）的短暂统治。该卷大部分篇幅都在描写各种针对基督徒的残忍暴行，

---

① Glenn. F. Chesnut, "The Date of Composition of Theodoret's Church History", *Vigiliae Christianae*, Vol. 35, No. 3（1981）, pp. 245-252; Brain Croke, "Dating Theodoret's *Church History* and *Commentaries of the Psalms*", *Byzantion*, Vol. 54, No. 1（1984）, pp. 59-74.

② Theodoret, *Ecclesiastical History*, 5. 39.

③ Theodoret, *Ecclesiastical History*, 1. 1. 4.

这些极端行为往往由尤利安直接授意或亲自领导，因此他被贴上了"叛教者"的标签。提奥多里特用尤利安的战死结束这一卷，意在说明上帝对不敬基督之人的致命惩罚。

第四卷处理的是公元 363~378 年的历史，涉及三位罗马最高统治者。史家将约维安（Jovian，363—364 年）塑造为虔诚的"尼西亚信徒"，称他是所有基督徒君主的榜样。瓦伦提尼安一世（Valentinian I，364—375 年）也因为强烈的"反阿里乌斯"政策而备受提奥多里特的赞赏。与两位前任的文本形象正相反，瓦伦斯（Valens，364—378 年）则因为遇人不淑而成为"阿里乌斯异端"，他不但没有悔悟，反而变本加厉迫害"正统"信徒。我们读到，他最终也受到了上帝的惩罚，死在亚德里亚堡（Adrianople）的战场上。

第五卷是全书最长的一卷，内容从 378 年延续到 429 年左右。在为"尼西亚同情者"格拉提安（Gratian，367—383 年）送上简短的赞美后，提奥多里特开始讲述狄奥多西一世（Theodosius I，379—395 年）和他家族的虔诚信仰。公元 381 年的君士坦丁堡大公会议（Council of Constantinople）由于再次正式确认了《尼西亚信经》的绝对正统地位，因而受到史家的特别关注。该卷剩下的部分着重列举了"金嘴"若望（John Chrysostom）的事迹，尤其是他捍卫"正统"信仰的系列行为。提奥多里特也简要提及了狄奥多西一世之后的帝国统治者，包括阿卡狄乌斯（Arcadius，383—408 年）、霍诺里乌斯（Honorius，393—423 年）以及狄奥多西二世（Theodosius II），还有普尔喀丽亚（Pulcheria）等拥有实权的女性。史家最后表示，和平容易使人懈怠和懦弱，只有斗争才能激起大家的勇气。

全书的结尾稍显仓促，提奥多里特没有做任何形式的总结陈词，而是出人意料地插入两位主教之死的内容。而后，他又附上罗马、安条克、亚历山大里亚以及君士坦丁堡等帝国主要教区的历代主教名录。

通过以上总结能够看出，《教会史》的核心主题是公元四世纪爆发的"阿里乌斯争端"（the Arian Controversy）。提奥多里特叙述了以"三位一体"和《尼西亚信经》为基础的教义学说战胜以"阿里乌斯派"为主的各种"异端教旨"，获得教会与罗马君主的完全承认，并被确立为绝对"正统"的前后经过。虽然教派斗争是全书的焦点，但提奥多里特也讨论了一些世俗内容，比如罗马与波斯的历次冲突，罗马君主的统治政策，等等。

　　近年来，越来越多的学者开始将目光投向这位被长期忽视的基督教作家。只是这些研究多集中于提奥多里特的神学文本或哲学思想，[①] 相较之下，《教会史》似乎受到学界冷落。直到近二三十年，德语和法语的完整校勘本才陆续修订出版，[②] 而最新的英译本还要追溯到 19 世纪末。[③] 迄今仍没有系统探究这部作品的学术专著，仅有的一些讨论分散在各类相关书籍和期刊中。归纳而言，过往对《教会史》的零星考察主要涉及两大主题。

　　一个主题是辨析文本的真实性。《教会史》记载的真实性是学者们首先关注的焦点。部分研究者通过比对其他史籍，发现《教会史》有不少独家记载，如亚历山大里亚主教写给其他教会领袖的信件，君士坦丁堡大公会议致北非教区的公函，等等。[④] 这些材料确实为我们了解公元四世纪的教会政治与教义变迁提供了一手资料。另外，提奥多里特引用了不少圣徒故事，其中也反映了叙利亚本地的风土人情。杨（Frances M. Young）认为，《教会史》最大的价值就体现在这些新史料上。[⑤] 然而人们很快注意

[①] 提奥多里特的基督论（Christology）理论近年来吸引了很多关注。相关著作包括 Paul B. Clayton, *The Christology of Theodoret of Cyrus*：*Antiochene Christology from the Council of Ephesus*（431）*to the Council of Chalcedon*（451）, Oxford：Oxford University Press, 2007; Donald Fairbairn, "The Puzzle of Theodoret's Christology：A Modest Suggestion", *The Journal of Theological Studies* Vol. 58, No. 1（2007）, pp. 100-133; Vasilije Vranic, "The Christology of Theodoret of Cyrrhus：The Question of its Development", Ph. D. Dissertation, Marquette University, 2012 等。一些作品关注提奥多里特与柏拉图主义等古希腊哲学思想之间的联系。例如，Nikētas. Siniossoglou, *Plato and Theodoret*：*The Christian Appropriation of Platonic Philosophy and the Hellenic Intellectual Resistance*, Cambridge：Cambridge University Press, 2008; Yannis Papadogiannakis, *Christianity and Hellenism in the Fifth-Century Greek East*：*Theodoret's Apologetics against the Greeks in Context*, Washington D. C.：Center for Hellenic Studies, 2012; 等等，不一而足。

[②] 德语校勘本：*Theodoret Kirchengeschichte*, Léon Parmentier and Günther Christian Hansen eds., *Die griechischen christlichen Schriftsteller der ersten Jahrhunderte*（GCS）, Berlin：Akademie-Verlag, 1998。法语修订版：Annick Martin, preface and ed., Pierre Canivet trans., *Théodoret de Cyr*, *Histoire Ecclésiastique*, *Sources Chrétiennes* No. 501, 530, Paris：Éditions du Cerf, 2006-2009。

[③] Blomfield Jackson, trans. with notes, *The Ecclesiastical History*, *Dialogues*, *and Letters of Theodoret*. 此书初版发行于 1892 年。

[④] 例如，David Rohrbacher, *The Historians of Late Antiquity*, London：Routledge, 2002, pp. 130-131。

[⑤] Frances M. Young and Andrew Teal, *From Nicaea to Chalcedon*：*A Guide to the Literature and its Background from Nicaea to Chalcedon*, second edition, Grand Rapids：Baker Academic, 2010, p. 36.

到，除了这些独家记载，书中更多的是漏洞百出的史实错误。例如，提奥多里特写道，瓦伦斯出发征伐哥特人之际，曾向瓦伦提尼安一世请求援兵，却因其"异端信仰"而被后者严词拒绝。① 实际上，瓦伦斯于378年率军出发，瓦伦提尼安一世在375年去世，显然不可能接到增援请求。② 再如，书里称狄奥多西一世为了向米兰主教安布罗休忏悔，谦恭地按照对方的指示颁布了一项法令，使民众不受君主无端愤怒的伤害。③ 之后处理安条克居民暴动时，因为想起主教的教导和这项刚刚出台的法令，狄奥多西一世果然打消了强力镇压的念头。④ 可是根据麦克林恩（Neil McLynn）等人的考证，暴动发生的时间（387年）早于君主忏悔的时间（389~390年）。⑤ 文中提到的法令在《狄奥多西法典》（Codex Theodosianus）等法条汇编中也找不到。就连提奥多里特自己也承认，他为了"叙述的统一"不惜打乱原本的年代顺序。⑥ 这种缺乏"求真"精神的表述直接降低了全书作为史料的可靠程度，由此也招致不少负面评价。

字里行间强烈的教派偏见同样破坏了《教会史》的客观准确。对亚大纳修等"尼西亚派"的支持者，提奥多里特称他们是"神圣的"（θεῖος）、"伟大的"（μέγας）、"杰出的"（πάντα ἄριστος），或是"令人钦佩的"（θαυμάσιος），等等。⑦ "阿里乌斯派"的信徒却经常与负面词语联系在一起，他们在书中被描述成"恶魔"（δαίμων）的"工具"（τεχνασμάτων），被欲望奴役，不仅严重"渎神"（ἀσέβεια），而且热衷传播谎言，引诱无辜的百姓。⑧ 提奥多里特还经常会忽略那些不利于"正统派"形象的证据。

---

① Theodoret, *Ecclesiastical History*, 4. 31.
② Warren Treadgold, *The Early Byzantine Historians*, London: Palgrave Macmillan, 2010, p. 160.
③ Theodoret, *Ecclesiastical History*, 5. 18.
④ Theodoret, *Ecclesiastical History*, 5. 20.
⑤ Neil McLynn, *Ambrose of Milan: Church and Court in a Christian Capital*, Berkeley: University of California Press, 1994, pp. 327 - 329; Annick Martin, *Théodoret de Cyr*, *Histoire Ecclésiastique*, Vol. 2. pp. 410-411, note 1.
⑥ Theodoret, *Ecclesiastical History*, 2. 17. 7.
⑦ "伟大的"见 Theodoret, *Ecclesiastical History*, 1. 14. 1 等处；"神圣的"见 Theodoret, *Ecclesiastical History*, 2. 1. 1, 2. 13. 2, 2. 14. 14, 2. 28. 3 等处；"令人钦佩的"出现在 Theodoret, *Ecclesiastical History*, 1. 30. 1 等处。
⑧ "渎神"作为形容"阿里乌斯派"的词语，出现在 Theodoret, *Ecclesiastical History*, 2. 8, 15, 24, 27, 29, 31 等处。传播谎言、引诱民众见 Theodoret, *Ecclesiastical History*, 1. 3。

比如，书中只有"阿里乌斯派"在尼西亚大公会议上被开除教籍，遭到流放的记述，丝毫未提及几年后阿里乌斯等人重新回到宫廷，受到君士坦丁一世重用的情况。而如果提奥多里特眼中的"尼西亚派"主教面临惩罚，那一定是由于对手狡猾的诬告和诡计。[①] 这种明显的个人成见，不仅有违"不偏不倚"的古典撰史传统，也不符合近代以来史学客观性的评价标准。

　　除了注重辨析文本真实性，《教会史》的创作动机是学界争论的另一个关键主题。由于提奥多里特没有明确交代自己写作的初衷，因而也引发了角度各异的不同看法。有的学者强调史学的教谕功能，认为史家意在渲染阿里乌斯等"异端"的历史危害，劝告读者不能重蹈覆辙。[②] 有的学者提出，提奥多里特着力描写"正统教义"的巨大威力，是以此彰显自己始终坚持正确信仰，有资格引导人们过上虔诚的生活。[③] 鉴于书中强烈的神学教义色彩，布道（homily）或护教（apologetics）也是可能的撰史目的。[④] 这些说法看似符合《教会史》的主要内容，但没有体现这部作品的独到之处。这是因为，君士坦丁堡的苏格拉底斯、索佐门等史家同样歌颂了《尼西亚信经》的正统地位，也批评了阿里乌斯等"异端"分子。而且有证据显示，提奥多里特知晓甚至借鉴过这两位史家的作品。[⑤] 有内容相近的作品在前，为何《教会史》还会使用类似的主题和视角？又是什么激发了提奥多里特写作历史的兴趣？

　　结合提奥多里特参与"聂斯托利争端"的经历，一些学者认为《教会史》暗含史家在教派斗争失利后的反击。例如，艾伦（Pauline Allen）指出，虽然书中没有直接点名，但"异端"领袖阿里乌斯很可能影射了提奥

---

① 根据书中的描述，两位"尼西亚派"的领袖，尤斯塔修斯（Eustatius）和亚大纳修（Athanasius），分别被阿里乌斯的支持者以强奸、通奸等罪名指控，但之后均被证实清白无罪。参见 Theodoret, *Ecclesiastical History*, 1. 21, 1. 30。

② Warren Treadgold, *The Early Byzantine Historians*, p. 162.

③ Hartmut Leppin, "The Church Historians（I）：Socrates, Sozomenus and Theodoretus", in Gabriele Marasco ed., *Greek and Roman Historiography in Late Antiquity. Fourth to Sixth Century A. D*, Leiden：Brill, 2003, p. 235.

④ Annick Martin, *Théodoret de Cyr*, *Histoire Ecclésiastique*, Vol. 1, pp. 54-55, 57-61.

⑤ Hartmut Leppin, "The Church Historians（I）：Socrates, Sozomenus and Theodoretus", pp. 228-229；Annick Martin, *Théodoret de Cyr*, *Histoire Ecclésiastique*, Vol. 1, pp. 406-407, note1.

多里特现实中的教派敌人——亚历山大里亚的西里尔。[①] 切斯纳特（Glenn. F. Chesnut）提供了一种神学层面的解读：在提奥多里特看来，西里尔倡导的"基督一性论"（monophysitism）与"本体同一"（homoousios）等官方教义相抵触，进而会消解现行正统理论的合法性，因此，通过回顾历史，提奥多里特想要提醒人们，如果真的让西里尔带领"亚历山大里亚派"赢得信仰主导权，那么所谓的"阿里乌斯异端"就会迅速反扑，整个教会将重新遭受信仰灾难。[②]

这类解释虽然考虑到了《教会史》的创作背景，却仍略显牵强。首先，将书中的"异端失败者"阿里乌斯与现实中的"正统胜利者"西里尔相提并论，本就缺乏逻辑上的可比性。其次，近年来的研究表明，西里尔本人也是"三位一体"和《尼西亚信经》的坚定支持者，不存在理论上的相悖之处。[③] 最后，如前文介绍，提奥多里特曾经写过多部批判西里尔的文章，两人也有过当面交锋，既然能够直接提及对方的名字，并就具体的问题进行论辩，提奥多里特似乎没有必要再用历史曲笔的方式，隐晦地攻击劲敌。显然，针对《教会史》的目标和功用，还有继续探讨的余地。

综上所述，对文本真实性的考辨，以及对史家写作意图的猜测，占据了以往《教会史》研究的主流。然而，严重的史实错漏和教派偏见导致很难从书中提取可靠的历史证据，各种关于创作动机的观点也存在不同程度的缺陷。如何继续挖掘这部史著独特的价值和意义，成为今后研究的重要课题。在阅读和研习《教会史》的基础上，笔者认为至少在两个方面仍有很大的探索空间。简单陈述如下，供学界参考指正。

一方面，《教会史》中展现的撰史策略和修辞手法值得进一步分析。尽管在记载真实性上频遭诟病，但提奥多里特的文字能力从古至今一直备受好评。九世纪著名的拜占庭学者佛提乌斯（Photius）曾评价提奥多里特"在所有我提到的作家中，有最适合历史的写作风格，清楚、庄重，并少

---

① Pauline Allen, "The Use of Heretics and Heresies in the Greek Church Historians: Studies in Socrates and Theodoret", in Graeme Clarke, Brian Croke, Alanna Emmett Nobbs, Raoul Mortley, and Barry Baldwin, eds., *Reading the Past in Late Antiquity*, Rushcutters Bay: Australian National University Press, 1990, pp. 266-289.

② Glenn F. Chesnut, *The First Christian Histories: Eusebius, Socrates, Sozomen, Theodoret, and Evagrius*, second edition, Macon: Mercer University Press, 1987, p. 211.

③ Matthew R. Crawford, *Cyril of Alexandria's Trinitarian Theology of Scripture*, Oxford: Oxford University Press, 2014.

有累赘"。① 爱德华·吉本称其为"博学的"教会史家。② 巴恩斯（Timothy
D. Barnes）和罗尔巴克尔（David Rohrbacher）等人近年来也纷纷给予提奥
多里特好评，认为他在消化原始材料、维持叙事清晰等实践层面是同代翘
楚。③ 撰史实践还可以包括选编史料、谋篇布局、遣词造句等诸多方面，同
样需要关注。举例来说，书中大量引用了来源明确且出处权威的原始文献，
这是否与《教会史》时常被批评缺乏真实性相矛盾？比起其他史家，提奥多
里特更加频繁地使用"牧羊人"（ποιμήν）、"羊群"（ποίμνη/πρόβατον）以
及"恶狼"（λύκος）等动物类比喻，背后目的又是什么？同时，作为涉猎
过多种基督教文学体裁的作者，提奥多里特在撰述历史时有无借鉴和使用
其他文体的技法？这些重要问题历代学者较少涉及，却事关《教会史》的
整体书写特点，因此值得继续细致检视。

　　另一方面，《教会史》与罗马晚期社会思想环境之间的联系仍需深入
探究。文字是作者思想的载体，也是时代的产物。虽然很难找出提奥多里
特准确的撰史动因，但他的历史写作不可避免地会受到社会文化背景的深
刻影响。公元四、五世纪，东部罗马帝国正经历社会矛盾的剧烈转变。其
一，急速扩张的教会组织架构，加上教众数量的爆炸式增长，挑战了罗马
政权自古以来对宗教与社会领域的把控；④ 其二，教会内部的权力争夺愈
演愈烈，且不可避免地牵扯进帝国各方利益集团。⑤《教会史》的字里行间
也反映了提奥多里特对这场权力结构变革的观察与思考。一些研究为系统
提炼《教会史》蕴含的思想、文化等方面的价值提供了有益尝试。例如，
特罗姆普夫（G. W. Trompf）曾分析，提奥多里特用上帝的"惩罚性正义"
（retributive justice）理论取代传统希腊史学中的"命运"（Tyche）史观。
历史解释模式的转变，映射了史家心中只有基督教才能"拯救"帝国未来

---

① Photius, *The Bibliotheca Codex*, 31.

② Edward Gibbon, *History of The Decline and Fall of The Roman Empire*, chapter 21, note 96.

③ Timothy D. Barnes, *Athanasius and Constantius: Theology and Politics in the Constantinian Empire*, revised edition, Cambridge: Harvard University Press, 1993, p. 209. David Rohrbacher, *The Historians of Late Antiquity*, pp. 132-133.

④ Johannes Wienand ed., *Contested Monarchy: Integrating the Roman Empire in the Fourth Century AD*, Oxford: Oxford University Press, 2015.

⑤ Fergus Millar, *A Greek Roman Empire: Power and Belief under Theodosius II*（408/450）, Berkeley: University of California Press, 2006.

前途的设想。① 莱平（Hartmut Leppin）则从人物入手，通过探讨《教会史》构建君主形象的方式，意在说明提奥多里特自成体系的"君权"理论。② 以上的成果提醒我们，《教会史》绝不是对教会发展的简单记录，它承载着以提奥多里特为代表的基督教知识精英对现实世界的理解。除了上帝和君主的形象，《教会史》中出现的其他社会成员，包括主教、圣徒、贞女，乃至普通民众等都值得仔细审视，如此才能更好地概括提奥多里特眼中罗马社会结构的全貌。同时，提奥多里特解释历史事件的原则也不只有"惩罚性正义"一种，教派立场、个人性格，甚至罗马传统道德规范等，都可以成为评判人物行为的标准，抑或成为影响历史进程的因素。为了完整呈现提奥多里特的历史观念，书中各项具体的法则都不容忽视。

简言之，《教会史》浓缩了提奥多里特丰富的史学思考与社会观察，代表着早期教会史学在五世纪的重要发展。与其简单地批判这部作品天然缺失的记载真实性，或不断猜测本就含混不清的创作动因，不如立足作者所处的时代，从社会的深处挖掘《教会史》的撰述特征，展现基督教史学自身的演变规律。

---

① G. W. Trompf, *Early Christian Historiography：Narratives of Retribution*, London：Routledge, 2016, pp. 240-243.

② Hartmut Leppin, *Von Constantin dem Großen zu Theodosius II. Das christliche Kaisertum bei den Kirchenhistorikern Socrates, Sozomenus und Theodoret*, Göttingen：Vandenhoeck and Ruprecht, 1996, pp. 178-205, 253-255.

西方史家关于史学功用的
若干思考与辩难[*]

——基于"西方史学，中国眼光"的观察

陈安民

（西南大学历史文化学院，重庆 400715）

摘 要：西方史学的不断深化发展，离不开史家对历史价值和史学功用的肯定与自觉。历史之变与不变和现实有何关联、史学之求真与致用是否统一、历史教训的汲取与历史预测是否可能、史学是否应该包含道德评判、历史教育能否中立，对这些问题，西方史家往往有路径不同的回答。他们的思考与辩难，既有学理之争，也有身之所处的环境使然和鲜明的意识形态导向。

关键词：波里比阿 "历史是生活的老师" 历史教育

引 论

1975 年 12 月 29 日，戈登·赖特在美国历史协会主席演说的末尾特意提到：为了助力解决时代难题，人们常常像卡尔·贝克尔那样追问"历史的用处是什么"。不过，"一位重要的法国同仁不久前对我说，这样的问题是'非常美国式的'。他断言，只要我们的作品有销路，这个问题就毫无

---

* 本文系国家社科基金重大研究专项"新时代中国特色历史学基本理论问题研究"（18VXK006，主持人：瞿林东）阶段性成果。

关系"。① 追问"历史何用"竟成了"非常美国式的",只要作品有市场对这个问题就大可置之不理。这种认识一方面凸显了美国史学的"实用主义"取向,另一方面又低估了法国史学界关于这一问题的严肃思考。至少,这位"重要的法国同仁"似乎完全忘记了前辈马克·布洛克以稚子之问开篇的《为历史学辩护》所阐述的严肃教诲。

实际上,对历史价值与史学功用的追问,不仅在当时的欧美史学界蔚为大观,更是西方史学思想的一个传统。历史有益于现在和将来、可指引公众的信念,直到 19 世纪早期才遭遇黑格尔、兰克等人的理论挑战。② 后来,史学的职业化、科学化、技术化又造成史学有失去公众之虞。③ 不过,对史学功用的质疑和学术化的求真追求并未压倒史学的致用关怀。绝大部分西方史家既有历史撰述的付之于行,也有史学价值何在的明确宣言。这从柯林武德将以考察历史认识人类自己作为"科学的历史学"的四个必备要素之一可见一斑。

中国史学素有经世传统,然而这一传统自 20 世纪以来也在不时经受挑战。在 20 世纪的第一个十年,梁启超有史学要求得公理公例、史学乃国民爱国心之源泉等肯定史学之用的鲜明论断。而随着史学科学化的进一步发展,在第三个十年,"只问真不真不问用不用""史学即史料学"等宣言影响广泛。1927 年,何炳松选注法国学者朗格诺瓦、瑟诺博司所著史学方法论名作,在"编者导言"中更是明确指出:"世人多以历史效用在于足为吾人行动之典型,此谬论也。人群状况今古不同,前言往行难资模楷,且辨别是非,评论善恶,乃伦理学上问题,非史学应负之责也。"④ 有关史学功用的肯定抑或否定,除了传统史学思想资源之外,自然不乏西方同道的影响。对西方史学功用论的认识,不仅是认识他者,也是反思自我。

① 〔美〕戈登·赖特:《历史是一门伦理学》,王寅译,载《现代史学的挑战:美国历史协会主席演说集》(1961~1988),商务印书馆,1990,第 272 页。
② Eric Hobsbawm, "What Can History Tell Us about Contemporary Society", in Hobsbawm, *On History*, Weidenfeld & Nicolson, London, 1997, p. 25;〔英〕霍布斯鲍姆:《历史能给当代社会什么样的启示》,载《史学家:历史神话的终结者》,马俊亚、郭英剑译,上海人民出版社,2006,第 29 页。
③ 〔英〕汤因比、厄本:《汤因比论汤因比——汤因比-厄本对话录》,胡益民、单坤琴译,商务印书馆,2012,第 44、61 页。
④ 何炳松:《历史研究法·编者导言》,李孝迁、胡昌智编校《历史研究法二种合刊》,上海古籍出版社,2018,第 193 页。

西方史家论史学功用，其间发展脉络、问题指向与精辟议论，自有内在学理与时代关怀，本文仅择要论列。论题选择的参照系，正是中国史学的致用传统，以及近几十年有关西方史学功用论及其与中国的比较研究。① 杜兰特夫妇在《历史的教训》一书中指出："历史是如此的丰富多彩，以至于只要在事例中加以选择，就可以为任何历史结论找到证据。以较乐观的偏见选择我们的证据，我们也许能引申出更惬意的思想。"② 笔者时刻牢记这一教导，力图展示正反双方的意见，但限于视野与学养，如下侧重西方非马克思主义史家的概览，难免偏向于呈现赞同历史有用者的观点。不妥与错误之处，敬请读者批评指正。

一　史学之用的历史根基

史学何用？这一问题天然地与"历史何用"相联系。基于历史的相对主义定义，二者的联系自然不必多谈。即使基于历史的实在论定义强调"史学"与"历史"之分，要在史学功用的讨论中将两者割裂也不大可行。③ 史学是历史价值实现的主要途径与手段，历史价值的存在是史学有用的前提与根本依据。史学功用之所从来，正是历史本身具有价值。因而，阐明历史何以具备指导现实与未来的价值，也就成了一个关键的前提性问题。针对不同的质疑，相关学者各有论述理路和策略。

其一，特别强调人性的古今相似与因果关系。早在古典时期，修昔底德就特别指出未来社会虽不一定是过去的重演，却极其相似，这其中的一

---

① 参见瞿林东《史学在社会中的位置》，商务印书馆，2011；王学典《历史的致用寓于求真之中》，《文史哲》1993 年第 6 期；陈新《我们为什么要叙述历史》，《史学理论研究》2002 年第 3 期；乔治忠《中国与西方古代史学的异同及其理论启示》，《学术研究》2007年第 11 期；张耕华《历史哲学引论（增订本）》（新版《历史学的真相》）第九章"历史之用的特殊性"；杜维运《史学方法论》（北京大学出版社，2006）第二十二章"史学上的美与善"、第二十五章"历史的两个境界"（淑世与致用）；刘家和《史学的求真与致用问题》《关于"以史为鉴"的对话》，收入论文集《史学、经学与思想》《史苑学步：史学理论探研》；董立河《思辨的历史哲学及其对于历史学的价值》，《中国社会科学评价》2017 年第 3 期；等等。

② 〔美〕威尔·杜兰特、阿里尔·杜兰特：《历史的教训》，倪玉平、张闳译，四川人民出版社，2015，第 172 页。

③ 〔英〕埃尔顿：《历史学的实践》，刘耀辉译，北京大学出版社，2008，第 33 页。

个重要因素便是人性的相似。因而，了解过去也就可以预知未来。① 在中世纪基督教史学的模式中，向着同一历史进程奋进的个体更是具有上帝所赋予的统一性。近代以来，人文主义者接续古典史学从人事的原因探讨历史之用。马基雅维里特别指出："明理的人常说鉴古知未来，这话有道理，绝不是信口开河，因为人间世事，不论现在或未来，在古代都找得到对应。之所以如此，因为这一切都是人的作为，而人类古往今来性情不变，因此必然引出相同的后果。"② 继而，孟德斯鸠也讲道："无论什么时代，人的感情始终相同。引发重大变革的机遇不同，原因却始终相同。"③ 作为兰克史学范式的系统总结之作，法国史家朗格诺瓦和瑟诺博司合著的《历史研究导论》（一译《史学原论》），其解释历史的基本原则也被某些学者认为是"现在与过去的人性彼此相似"。④ 20 世纪，思辨历史哲学的代表人物汤因比推崇修昔底德，也一再强调"人的本性中有某些天生的相通之处"决定了历史能给人以教益。⑤

虽然自卢梭和赫尔德以来，人的素质的历史性和个体的多样性愈益受到重视，但若有人以为自己可以轻易超脱人性的惯有局限，就会发现这实在困难重重。梅尼克也不得不说："人们声称，人类，连同他的理性和激情，美德和邪恶，在我们所知道的所有时期中基本上都是一样的。这个观点包含一个正确的核心。"⑥ 从人性相对恒定的角度肯定历史之所以有其价值，仍然难以否定。

由此，史学所担负的主要使命，正如休谟所讲："给我们发现人性中恒常的普遍的原则来，它指示出人类在各种环境和情节下是什么样的，并且供给我们以材料，使我们从事观察，并且使我们熟悉人类动作和行为的

---

① Thucydides, *History of the Peloponnesian War*, Ⅰ.22.1, translated by C. F. Smith, Loeb Classical Library, Harvard University Press, 1919, p.40, 41；〔古希腊〕修昔底德：《伯罗奔尼撒战争史》，徐松岩译注，上海人民出版社，2017，第 72 页；《伯罗奔尼撒战争史》，谢德风译，商务印书馆，1960，第 20 页。参见易宁、李永明《修昔底德人性说及其历史观》，《北京师范大学学报》2005 年第 6 期。
② 〔意〕马基雅维里：《论李维罗马史》，吕健忠译，商务印书馆，2013，第 435 页。
③ 〔法〕孟德斯鸠：《罗马盛衰原因论》，许明龙译，商务印书馆，2016，第 3 页。
④ 〔美〕李德：《历史学家的社会责任》，何新译，载《美国历史协会主席演说集》（1949~1960），何新等译，黄巨兴校，商务印书馆，1963，第 16 页。
⑤ 〔英〕汤因比、厄本：《汤因比论汤因比——汤因比-厄本对话录》，胡益民、单坤琴译，商务印书馆，2012，第 33 页。
⑥ 〔德〕弗里德里希·梅尼克：《历史主义的兴起》，陆月宏译，译林出版社，2009，前言第 3 页。

有规则的动机。"①

其二，强调人类社会发展是不能斩断的历史统一体。1815 年，萨维尼、埃克霍恩、格森等人在《法律史杂志》的《发刊词》中针对"究竟过去对现在的影响是什么""现在和将来之间的关系又是什么样的"等问题，明确指出："倘使每一个时代真的不是任意妄为地采取行动、自以为是、特立独行，而是以共同的、不可分割的纽带将过去整个连接在一起的话，那么每个时代都应该接纳某些过去的因素，而且这种接纳是必要的，不仅如此，还应当是自愿主动的。"② 类似的认识汇聚，最后成就了马克思论历史继承性与连续性的著名论断，进而在后世不断产生回响。

在 20 世纪西方史学史上，深受马克思主义影响的爱德华·卡尔强调"历史开始于传统的传递；传统意味着把过去的习惯和教训传递到未来之中"，并且指出"历史的先决条件是，人是能够（不是说一定会）从前辈经验中获得教益的"，以此取得不同于自然进化的历史进步。③ 杜兰特夫妇说："历史再清楚不过地表明一件事情是，获胜的反叛者会采用他们过去习惯于谴责的方法。"④ 21 世纪，麦克米伦在《历史的运用与滥用》中又特意引用马克思的原文，并重申了一个广为人知的真理："历史塑造了人们的价值观以及恐惧、抱负与爱恨情仇。当我们开始意识到这一点的时候，我们就开始理解历史所蕴含的力量。即使有人认为自己正在走向全新的开始，但他们的行为模式实际上依然受到过去的影响。"⑤ 意欲斩断历史而开创全新的未来者，最终也处处承受着过往的牵绊。历史何以有用？另一重要原因就在这种正反因素的继承性。由此，赋予了史学疏通知远的可能性和必要性，以及批判过往、清理糟粕的任务。

其三，哲学化思考人类社会发展的古今联系与变革。他们意识到，处于时间之中的人类生活，本来就是一个连续不断的统一体，所谓过去、现在和未来的界限，只是某种概念的人为划分。贝克尔说："一个人正因为自己知道'逝者如斯夫'，因此无法做到单纯地为当前的时光而抓住当前

① 〔英〕休谟：《人类理解研究》，关文运译，商务印书馆，1957，第 76 页。
② 转引自张广智主编、易兰著《西方史学通史》第五卷《近代时期》（下），复旦大学出版社，2011，第 48~49 页。
③ 〔英〕爱德华·卡尔：《历史是什么？》，陈恒译，商务印书馆，2007，第 221 页。
④ 〔美〕威尔·杜兰特、阿里尔·杜兰特：《历史的教训》，倪玉平、张闶译，四川人民出版社，2015，第 45 页。
⑤ 〔加拿大〕玛格丽特·麦克米伦：《历史的运用与滥用》，孙唯瀚译，广西师范大学出版社，2021，第 13 页。

的时光。严格说来,对于我们来说,当前并不存在;或者至少,它只不过是时间上极小的一个点;在我们注意到它之前,它已经过去了。"① 马克·布洛克也说:"现在究竟是什么? 它是无限的时间之流中一个不断退缩的小点,一个瞬息之间生灭的片刻。我的言谈和行动刚一发生便落入了记忆的王国。"在这样的视野中,现实世界的一切将无所不在历史之中。因此,要理解当下,必然追溯历史。

由此基点出发,布洛克澄清了有关认识历史之于认识现实的两个似是而非的问题:一是认识当下是否仅仅需要追溯到比较切近的过去,而可以忽略更为遥远的过往;二是代际变换、时代变化加速是否意味着历史制约的失效。② 他的观点,在布罗代尔那里也有进一步的明确说明:"无数流传至今的和杂乱无章、不断重复的动作正帮助、束缚和决定着我们的生活。出人意料的是,这些冲动、激励、榜样、行为或义务往往可以追溯到最古老的时代……对人来说,过去的经验或感受已经变成了生活中屡见不鲜、势在必然的习惯。"③ 当下的现实并不仅仅是切近的过去的产物,久远的重大变革、潜意识的文化心理因素、社会机制、习俗等都关涉当下,正所谓"承百代之流而会乎当今之变"。

正是基于如上的历史之常,赞同历史有用的史学家抵御了以个体性、独特性、偶然性否定经验失效的意见。因此,西方史学家才可以有把握地说:"对过去的无知不止妨碍对现在的理解,它还连累当下的行动";④"过去仍在现实中起作用,这就是为何澄清过去是非常重要的:历史自然而然地照亮现在";⑤ 具有历史感的现代人"急切地回顾他曾经走出的黎明,并希望借助这黎明的微弱光线来照亮他正在迈向的朦胧未来"。⑥ 关于

---

① Carl Becker, "Everyman His Own Historian", *The American Historical Review*, No. 2 (Jan., 1932), p. 226; 〔美〕卡尔·贝克尔:《人人都是他自己的历史学家》,载《人人都是他自己的历史学家:论历史与政治》,马万利译,北京大学出版社,2013,第200~201页。

② 〔法〕马克·布洛克:《历史学家的技艺》,黄艳红译,中国人民大学出版社,2011,第53~61页。

③ 〔法〕布罗代尔:《资本主义的活力(代译序)》,载《十五至十八世纪的物质文明、经济和资本主义》第一卷《日常生活的结构:可能和不可能》书首,顾良、施康强译,商务印书馆,2017,第iii、iv页。

④ 〔法〕马克·布洛克:《历史学家的技艺》,黄艳红译,中国人民大学出版社,2011,第57页。

⑤ 〔法〕安托万·普罗斯特:《历史学十二讲》,王春华译,北京大学出版社,2012,第266页。

⑥ 〔英〕爱德华·卡尔:《历史是什么?》,陈恒译,商务印书馆,2007,第241页。

历史价值的这些阐述，或许可视为彰往察来和疏通知远的西方表达。

　　既然如此，认识历史之变，尤其是历史中的剧变、重大事件、瞬息万变的情势，对于今天又有何意义呢？对此一般有两种回答路径：一则，对历史之变的考察实际上就是在探究历史之常。如意大利史家莫米利亚诺在评析古典史家的时候讲，尽管有些微差异，但"史学家们提供的，都是对过去变化的描述，它会帮助人们识别将来发生的类似变化的原因，并预测其后果"。① 二则，认识历史之变有助于人们认识当前社会如何演变至此，进而通过史学活动的介入，帮助人们"接受必然的变动，并有秩序地为这种变动做出贡献"。② 这就涉及以历史知识应对生活，顺应时势推动积极转变、树立历史责任感和使命感的问题。

　　合而言之，历史之变与常赋予史学的功用，或许可作如是看待："把当下嵌入到过去中，藉此在更为宽泛的时间联系中，扩大生者的身份认同，并由此在面对加速变迁时，认清发展方向。在这一过程中，它关系到过去、当下和未来的时间维度之间的意义联系，并提醒人类理解世界的转换，在其生活中寻求意义的导向。"③ 即通过史学的介入，扩展个体与集体的经验，在时势变化中认清历史发展方向。当代德国学者的这一说明，在其前辈19世纪中期的德罗伊森关于历史知识的"通人教育"（bildung）理论中已有明确的论述。

二　史学求真与史学致用

　　史学之用依存于历史之真，这是很多实践的历史学家所持有的立场。古典时期，希腊罗马史家对于史学承载历史记忆充满信心。但一些哲学家基于独特性和普遍性的差异、所谓历史题材的不可理解性的限制，不仅认为史学无法与追求永恒之知的哲学相比，就是较之于文学，其功用也相去甚远。亚里士多德论诗歌何以比历史更哲学和更严肃，就是这一

---

① 〔意〕阿纳尔多·莫米利亚诺：《传统与古典时代的历史学家》，《论古代与近代的历史学》，北京大学出版社，2015，第170页。

② 〔法〕安托万·普罗斯特：《历史学十二讲》，王春华译，北京大学出版社，2012，第263页。

③ 〔德〕弗里德里希·耶格尔：《历史教学》，载斯特凡·约尔丹主编《历史科学基本概念辞典》，北京大学出版社，2012，第86页。

认识的典型。① 正是在这样的思想语境中，罗马治下的希腊史家波里比阿特别有针对性地指出：历史学不同于悲剧的"欺骗观众"，"历史学家的任务是要借由他所呈现之话语及行动的真实性，来教化和说服严肃的学生，但这效果并非短暂即兴，而是永恒"。② 他明确将求真视为史学的本质，史学致用奠基于求真之上，无疑是史学价值得以"永恒"的正道。质疑与捍卫史学价值，两种观点在 20 世纪的西方仍然交锋激烈。正如普罗斯特所讲：如果将史学视为诸多解释中的一种，那么"历史学的社会职能与随笔或小说相似，但总体上来说，小说更富含深刻的意义"；如果"历史学家能够合法地声称自己握有经过证实的知识。那么其社会职能这个问题就是另一番景象了"。③ 以严格的方法获取不同于文学的真相，则其社会职能自然随之不同。

记录人类活动过往的历史之真，也就成了史学的首要功用。很多史学家以此为职志，在历史撰述上表露出崇高的使命意识。希罗多德、修昔底德等希腊史家，以自己的手笔，呈现了希腊前贤的丰功伟绩。以至罗马史家撒路斯提乌斯生出如是感慨："雅典人的行迹确实是相当伟大而又光荣的，尽管如此，它们实际上也并不是像盛传中那样出色。但是由于雅典产生过具有非凡才能的作家，所以雅典人的功业便被认为在世界上是无与伦比的。这样看来，成就事业的人们的功绩所以被捧得如此之高，只不过是有伟大的作家能够用颂扬的文学对事业本身加以抬高而已。但是罗马人民从来不曾有过这样的有利之处。"④ 这就是他在退隐山林后奋力撰史的重要动因。补史之阙，教会史家亦意识鲜明。优西比乌⑤、

---

① 〔古希腊〕亚里斯多德：《诗学》1451b，人民文学出版社，1962，第 28 ~ 29 页。参见〔英〕柯林武德《历史的观念》（增补版），何兆武、张文杰、陈新译，北京大学出版社，2010，第 25 页；刘家和《史学的求真与致用问题》，载《史苑学步：史学理论探研》，北京大学出版社，2019，第 214~215 页。

② Polybius, *The Histories*, 2.56, translated by W. R. Paton, Harvard University Press, London, 1922, p.119；〔古希腊〕波里比阿：《罗马帝国的崛起》，翁嘉声译，社会科学文献出版社，2013，第 258~259 页。

③ 〔法〕安托万·普罗斯特：《历史学十二讲》，王春华译，北京大学出版社，2012，第 261 页。

④ 〔古罗马〕撒路斯提乌斯：《喀提林阴谋》，王以铸、崔妙因译，商务印书馆，1994，第 114 页。

⑤ 〔古罗马〕优西比乌：《教会史》，〔美〕保罗·L·梅尔英译、评注，瞿旭彤译，生活·读书·新知三联书店，2009，第 20 页。

格雷戈里①皆有精彩申明。在从中世纪到近代迈步的转折时代，这种承继前贤记录时代伟业的思想仍然一脉相承。意大利乔瓦尼·维兰尼（Giovanni Villani，约 1276 或 1280—1348 年）受罗马遗迹触动和古典作品的鼓舞，奋而撰写出新旧兼具的《佛罗伦萨史》。法国编年史家昂格朗（Enguerrand de Monstrelet，约 1390—1453 年）以撒路斯提乌斯为榜样，不仅将历史撰述的价值上升到人兽之别的高度，且将囊括的范围扩展到了下层人物。② 近代以来，史学流派和范式愈益多样交融，更替的速度也明显加快，其中的一个重要动因也是如何反映更全面丰富的历史真实。20 世纪五六十年代以来，随着史学技术化、跨学科化、分析化和碎片化的弊端逐步显露，人们对其越来越疏离公众的担忧日益强烈。一方面，很多学者呼吁必须坚持史学本位基础之上的新综合和向事件回归，史学要担负起向现在解释过去的重任，在多样性、丰富性、局部性深描的基础上，必须有一种宏大的整体气魄。③ 另一方面，一些学者尝试在史学与公众之间搭建更为广阔的桥梁，意欲构建"公众史学"以增进双方互动、履行史学使命。④

　　一代代西方史家在履行历史记录者和解说者使命的背后，对于史学求真与致用的关系也有深刻的思考。

　　面对任情褒贬歪曲历史真实和有意偏袒，一些史家强调如实全面记录方能承载史学的崇高使命。除前述西方史家的论述之外，毁誉参半的拜占庭史家普罗柯比在《查士丁尼时期的建筑》一书中反思自我时说："通过记录历史会给国家带来多少和多么大的好处啊，历史可以给后代带来有关前人的记忆，可以防止岁月将很多事件埋没；通过赞扬，它可以使一代一代读它的人唤起美德，也可以通过排除罪恶的影响而抑制它。因此我们所关心的只是清楚地展示过去所发生的所有事件，不管这些事情是什么人做的，不管他是谁。"⑤ 史学有益于国家、保存记忆传诸久远，这是其莫大的

---

① 〔法兰克〕都尔教会主教格雷戈里：《法兰克人史》，〔英〕O. M. 道尔顿英译，寿纪瑜、戚国淦译，商务印书馆，1981，第 1、46 页。

② 参见张广智主编，赵立行著《西方史学通史》第三卷《中世纪时期》，复旦大学出版社，2011，第 285、288 页。

③ 〔法〕弗朗索瓦·多斯：《碎片化的历史学》，马胜利译，北京大学出版社，2008，第 4、242 页。

④ 参见杨祥银《美国公共历史学综述》，《国外社会科学》2001 年第 1 期；王希《谁拥有历史——美国公共史学的起源、发展与挑战》，《历史研究》2010 年第 3 期；等等。

⑤ 转引自张广智主编，赵立行著《西方史学通史》第三卷《中世纪时期》，复旦大学出版社，2011，第 186 页。

益处。通过善恶必书而达成劝善惩恶的功效，前提是记录要如实、全面，偏记某一方面则不可得。当然，很多时候这只能流于理想。普鲁塔克批评所谓希罗多德的"恶意"，文艺复兴时期的瓦拉申明"历史学不等于颂词"，笛卡尔批评就连最忠实的史书也存在这样那样的问题，都非常尖锐地凸显了内容选择与价值判断关联着史学功用。

以致用于世有损求真而放弃史学的社会责任，因求真不易而放弃科学探求、专注于现实服务，两者皆不可取。在理论上因求真疏离致用的典型，较早可以追溯到德国史家兰克于 1824 年在《1494—1514 年的拉丁与日耳曼民族史·前言》中的宣言："历史学被认为有判断过去、为未来指导现在的职能，对这样的重任，本书不敢企望。它只想说明，什么确确实实地发生了。"① 其后，法国史家库朗日也特意警告："历史是一种科学，爱国是一种道德；二者不可混淆。"② 在另一个极端，则是以求真不易而特别突出史学致用。兰克的批评对象之一施罗塞尔③及其后的普鲁士学派都是其中典型。古奇有关普鲁士学派的经典评论，④ 并未终结求真与致用二者背离的实际。如冷战正酣之际的 1959 年底，美国历史协会主席尼文斯在演说中指出，史学工作者在当前最需要的"是双重的谦虚的观念：一则因为我们知道我们无论如何努力去寻找真理，我们还是不能完全找到真理的；一则因为归根结蒂我们都是为民主国家的读者服务的……需要高度的组织观念，高度的刚毅精神，高度的信心，相信自由和道德的力量可以战胜暴虐和横逆的袭击，每一个学派的历史学家都能够把这些观念、精神和信心给予读者。现在不是自满、鄙视和对抗的时候，而是在共同的努力和加强的努力中团结起来的时候"。⑤ 看似赋予了史学求真与致用同等重要的地位，呼吁放弃专业历史学家与业余学者互相藐视的立场，但是其致用的价值选择仍然未曾脱离身之所处的立场。

---

① 〔德〕兰克：《1494-1514 年的拉丁与日耳曼民族史·前言》，柳卸林译，载何兆武主编《历史理论与史学理论——近现代西方史学著作选》，商务印书馆，1999，第 223 页。

② 〔美〕J. W. 汤普森：《历史著作史》下卷第四分册，孙秉莹、谢德风译，商务印书馆，1992，第 511 页。

③ 参见张广智主编，易兰著《西方史学通史》第五卷《近代时期》（下），复旦大学出版社，2011，第 151~152 页。

④ 〔英〕古奇：《十九世纪历史学与历史学家》，耿淡如译，商务印书馆，1989，第 285 页。

⑤ 〔美〕尼文斯：《不做卡彪雷特家的人，也不做蒙塔求家的人》，陈振祺译，载《美国历史协会主席演说集》（1949~1960），何新等译，黄巨兴校，商务印书馆，1963，第 278 页。

求真与致用在历史撰述实际中的这种紧张，自然引出了另一个问题，即史学的当下关怀和现实呼应是否就意味着必然背离史学的求真，因而史学需要疏远现实。应该说，像兰克这样宣言疏离现实的西方学者并不多见。其同时代人德罗伊森在《历史知识理论》中就特别强调了历史知识与现实生活的密切关系，正如吕森所总结的，"历史知识不是与现今生活割离的知识。历史知识所要达成的，是以深刻的时间面向说明现今社会"。①除克罗齐对兰克的专门批评外，柯林武德更是将现实语境与主体视角作为历史知识的基本原则。他说："在历史学中，知识的一般条件就是得自认知者被置于现在这个地位上这一基本原则，而且是正在以现在的观点观察过去。"②即使对传统史学大感失望的后现代主义者海登·怀特，也还抱有史学"提供观察现在的视角，以便帮助解决我们自己时代所特有的问题"这一期待。③

从史学得以存在的物质基础来看，史学也必须承担社会责任。李德在1949年的美国历史协会主席演说中就提醒那些意图逃避社会责任的史家，纳税人断供黄油的危险。④史学源于社会，又不可避免地反作用于社会，史家对此要有明确的自觉。爱德华·卡尔说："自从马克思、弗洛伊德写作以来，没有哪位历史学家可以有借口把自己当作是处于社会之外、历史之外的超然个体了。"⑤埃尔顿批评卡尔混淆了"为何要学习历史"和"过去的意义"这两个问题，但也认同他这一要求背后的基本信念有一定程度的合理性。⑥

总之，无论是从史学本身所肩负的社会责任，还是从史学存在的社会支持系统来说，史学都不能脱离致用，史家对此应有明确的责任感。

---

① 〔德〕耶尔恩·吕森：《历史知识理论·引论》，载〔德〕德罗伊森《历史知识理论》书首，胡昌志译，北京大学出版社，2012，第16页。

② 〔英〕柯林武德：《历史的观念》（增补版），何兆武、张文杰、陈新译，北京大学出版社，2010，第109~110页。

③ Hayden White, "The Burden of History", *History and Theory*, Vol. 5, No. 2 (1966), p. 125; 〔美〕海登·怀特：《历史学的重负》，董立河译，载彭刚主编《后现代史学理论读本》，北京大学出版社，2016，第32页。

④ 〔美〕李德：《历史学家的社会责任》，何新译，载《美国历史协会主席演说集》（1949~1960），何新等译，黄巨兴校，商务印书馆，1963，第9页。

⑤ 〔英〕爱德华·卡尔：《历史是什么？》，陈恒译，商务印书馆，2007，第247页。

⑥ 〔英〕G. R. 埃尔顿：《历史学的实践》，刘耀辉译，北京大学出版社，2008，第35页。

　　既然致用必不可少，那么如何避免滥用？从哲学的观点来看，早在1874年，尼采便在《历史的用途与滥用》中思考如何以非历史和超历史的方式摆脱过量的历史感。20世纪末，法国哲学家保罗·利科又基于"认知"和"实用"的分裂、历史与记忆的关联与差别，从理论上探讨历史之滥用。2008年，麦克米伦结合大量实例指出："当我们制造谎言或是只从单一的视角出发书写历史时，我们就在滥用历史。"识别前一种已然不易，后一种则具有更多的迷惑性。在他看来，我们也不能因为存在滥用的风险而否定历史的运用。"时刻保持小心警惕"，① 或许是避免由运用走向滥用的良方。然而个人的警惕在系统性作伪面前，往往是苍白无力的。看看教会伪造的君士坦丁圣赐带来多大的实际政治利益与瓦拉辨伪的背景及其影响，即可知晓揭示历史真相的杀伤力有多大，面临的阻力和困难就有多大。在当前，要打破服务西方霸权的"欧洲中心论"对世界历史的系统性歪曲，我们仍然任重道远。②

三　历史教训与历史预测

　　西塞罗说"历史是生活的老师"（magistra vitae，guidance to human existence）。③ "这种历史追求和志向在此后的两千年里一直享有至高的权威，至少到19世纪早期，在此期间，人们始终将历史看作是指向未来的可贵的指南。"④ 对历史的垂训功能，古代的李维⑤、近代的瓦拉⑥、马基雅

---

① 〔加拿大〕玛格丽特·麦克米伦：《历史的运用与滥用》，孙唯瀚译，广西师范大学出版社，2021，第220、3~4页。

② 参见〔美〕沃勒斯坦《"欧洲中心论"及其表现：社会科学的困境》，《史学理论与史学史学刊》2002年卷。

③ Cicero, *De Oratore*, Ⅱ. Ⅸ. 36, translated by E. W. Sutton, B. C. L., M. A., Loeb Classical Library, Harvard University Press, 1942, p. 224, 225；〔古罗马〕西塞罗：《论演说家》，王焕生译，中国政法大学出版社，2003，第227页。

④ 〔美〕乔·古尔迪、〔英〕大卫·阿米蒂奇：《历史学宣言》，孙岳译，格致出版社、上海人民出版社，2017，第20页。

⑤ Livy, *History of Rome*, Ⅰ. Preface, translated by B. O. Foster, Harvard University Press, 1919, p. 7；〔古罗马〕李维：《建城以来史：前言卷一》，穆启乐等译，上海人民出版社，2005，第21页。

⑥ 参见张广智主编，李勇著《西方史学通史》第四卷《近代时期》（上），复旦大学出版社，2011，第69页。

维里①、培根②等人，皆有精辟议论。

这一传统在19世纪早期遭遇的严峻挑战，最为中国社会各界所知者，除了兰克在1824年强调史学求真而高悬致用外，可能当属黑格尔论历史教训的难以汲取。他说："人们惯以历史经验的教训，特别介绍给各君主、各政治家、各民族国家。但是经验和历史给了我们的教训却是，各民族和各政府从来就没有从历史学到任何东西，而且也没有依照那就算是从其（指历史）中抽绎出来的教训行事。"③黑格尔否定历史教训，最重要的依据无非有二：一是强调时空变换导致历史经验失去有效性，二是凸显个人意志的自由选择可以拒绝历史经验教训。

从历史撰述实际来看，黑格尔的意见并未成为主流。即便在德语世界中，黑格尔对历史教训的否定也和者寥寥。稍晚的德罗伊森就不同意黑格尔的消极评价，认为人们能够通过唤醒部分过去"照亮自己的处境"。④ 在当代德国学者所撰《历史科学基本概念词典》中，专门讨论历史功用的词条——"历史是生活的导师"中只字未提黑格尔的意见；其他词条中也鲜有专门论及，即使"过去"这一词条提到了黑格尔，其态度也倾向于否定。⑤ 有美国学者也特意谈道："历史写作是否应力图以过去的经验教训启发现在？一些历史哲学家确实赞同历史的说教功用。特别是在德国——因为许多与令人痛苦的第三帝国的事实有关的原因——出现了很多属于'历史说教'这个大题目之列的著作。"⑥

对黑格尔加以明确的理论驳斥，西方学界不乏其人。如爱德华·卡尔指出："概括的真正意义是，通过概括，我们试图从历史中学到什么，把从一整套事件中归纳出来的教训应用到另一整套事件中去：当我们在概括的时候，我们在有意或无意之间尝试这样做。那些摈弃概括、坚持历史仅仅与特殊关联的人，在逻辑上肯定是那些否认能够从历史中学到任何东西的人。

---

① 〔意〕马基雅维里：《论李维罗马史》，吕健忠译，商务印书馆，2013，第7页。

② 〔英〕培根：《培根论说文集》，水天同译，商务印书馆，1983，第184页。

③ 〔德〕黑格尔：《历史哲学》，王造时译，上海世纪出版集团，2006，第6页；刘家和：《关于"以史为鉴"的对话》，《北京师范大学学报》2010年第1期，第97页。译文据刘家和文。

④ 〔德〕德罗伊森：《历史知识理论》，胡昌志译，北京大学出版社，2012，第9~10页。

⑤ 〔德〕斯特凡·约尔丹主编《历史科学基本概念辞典》，北京大学出版社，2012，第120~122、268页。

⑥ 〔美〕阿兰·梅吉尔著，史蒂文·谢泼德、菲利普·霍恩伯格参著《历史知识与历史谬误：当代史学实践导论》，北京大学出版社，2019，第51页。

他们关于不能从历史中学到任何东西的断言有悖于大量的、可见的事实。没有什么经验再比这条经验更为寻常了。"① 这里既强调了经验证据，又指出"概括"这一逻辑思维工具的作用。它既是过去的教训能指引现实的依据，也是从历史中得以推导未来的根本原因。

当然，西方史家也清醒地意识到，历史对于生活的指导并非直接作用。早在19世纪和20世纪之交，朗格诺瓦和瑟诺博司已经指出，历史直接有益于当下的想法"是一种老掉牙的幻想"，因为不同时刻的人类活动情形是"极少完全类似的"。但是反过来，说历史一概毫无益处，"这也是一种错误"。综合来看，历史"尚有间接之用"。② 因其同而有其用，因其"未必尽同"而仅有间接之用。后世学者从不同的角度，对这一"间接"的成因有所分析。有学者言："我们不能要求过去对那些尚没有出现的问题提供直接的答案，尽管我们能凭历史学家的智慧从遗留下来的问题中推导出间接的答案。"③ 这是侧重于历史创造者在不同环境所面临的历史形势和拟解决的问题存在差异立论。又有人说："历史的说教功能这个概念的问题是，身为历史学家，他们似乎并没有权力为现在和将来开处方。"④ 这是侧重于史学家在现实社会中的实际地位和决策机制立论。类似的警示，有助于人们认识历史指导现实的限度和历史学家的责任界限。

诚如卡尔·贝克尔所说："回忆过去与展望未来是同时进行的，它们手拉着手，像一对好朋友，不在乎谁先谁后，谁主谁次。"西方史家不仅赋予了过去指引现在的职能，也意图通过对过去的分析观察未来。

尤具意味的是，某些对规律有所警惕、不赞成历史预测的学者，也不否认可以通过了解过去而洞察未来，故而特别强调"预期""展望"与"预言""预测"的差别。贝克尔采用"放眼（anticipate）未来"而非

---

① 〔英〕爱德华·卡尔：《历史是什么？》，陈恒译，商务印书馆，2007，第161~162页。
② 〔法〕朗格诺瓦、瑟诺博司：《史学原论》，余伟译，大象出版社，2010，第192~193页；《历史研究导论》，李思纯译，中国人民大学出版社，2011，第180页。
③ Eric Hobsbawm, "Looking Forward: History and the Future", in Hobsbawm, *On History*, Weidenfeld & Nicolson, London, 1997, p.38；〔英〕霍布斯鲍姆：《前瞻：历史与未来》，载《史学家：历史神话的终结者》，马俊亚、郭英剑译，上海人民出版社，2006，第43页。
④ 〔美〕阿兰·梅吉尔著，史蒂文·谢波德、菲利普·霍恩伯格参著《历史知识与历史谬误：当代史学实践导论》，北京大学出版社，2019，第51页。

"预言（predict）未来"①，当代德国学者也特意在"预言"（voraussage）与"预测"（prophetie）上加以区分。② 卡西尔说："历史学不可能预告（predict）未来的事件，它只能解释过去。但是人类生活乃是一个有机体，在它之中所有的成分都是互相包含互相解释的。因此对过去的新的理解同时也就给予我们对未来的新的展望（prospect），而这种展望反过来成了推动理智生活和社会生活的一种动力。"③ 不管在用语上对"彰往察来"之"察来"展现出何种分寸感，他们希望通过回顾历史来预测未来却是不争的事实。

　　承认人类行为背后因果关系乃至规律的存在，正是历史经验教训得以总结、未来能够被预测的重要前提。一代代西方史家不断努力将因果的分析建立于"科学"的基础之上。波里比阿在评析泰密乌斯时，强调了史学基于事实的陈述，进而分析原因，在自由意志的背后看到古今的相似性，由此得以鉴往知来，④ 大致可以代表古典史家论述这一问题的最高水平。自文艺复兴以来，赋予史学以规律的探讨而可以预测未来走向者，维柯厥功至伟，康德亦贡献良多，而将之进一步系统化、科学化，则要到孔德、巴克尔等人开创的实证主义史学那里，马克思主义又将之进一步提升。⑤在万千独立的个人意志背后寻到某种统一性，因果既明、规律又显，凭此预测未来也就顺理成章。

　　质疑者则提出了自由意志与规律、偶然与必然的对立问题，试图以此否定历史的可预测性。帕斯卡尔、麦考莱、卡莱尔、黑格尔等人之后，卡

---

① Carl Becker, "Everyman His Own Historian", *The American Historical Review*, No. 2（Jan., 1932）, p. 227；〔美〕卡尔·贝克尔：《人人都是他自己的历史学家》，载《人人都是他自己的历史学家：论历史与政治》，马万利译，北京大学出版社，2013，第 201~202 页。anticipate，王造时译为"事先估量一番"（见田汝康、金重远选编《现代西方史学流派文选》，上海人民出版社，1982，第 266 页），王春华译为"预期"（《历史学十二讲》，第 272 页）。

② 〔德〕阿恩德·霍夫曼：《预言》，载〔德〕斯特凡·约尔丹主编《历史科学基本概念辞典》，北京大学出版社，2012，第 280 页。

③ Ernst Cassirer, *An Essay On Man*: *An Introduction to a Philosophy of Human Culture*, Yale University Press, 1944, pp. 225-226；〔德〕恩斯特·卡西尔：《人论》，甘阳译，上海译文出版社，2013，第 305 页。

④ Polybius, *The Histories*, 12.25b., translated by W. R. Paton, Harvard University Press, London, 1922, pp. 433-434；〔古希腊〕波里比阿：《罗马帝国的崛起》，翁嘉声译，社会科学文献出版社，2013，第 534 页。

⑤ 吴于廑：《引远室之光，照古老史学之殿堂——〈欧洲近代史学史〉读后》，载《吴于廑文选》，武汉大学出版社，2007，第 425 页。

尔·波普尔、以赛亚·柏林等人的论说也有广泛的影响。① 1953 年 5 月 12 日，柏林在孔德纪念讲座上批判"历史必然性"时指出：以超出个体控制范围的因素来解释历史者，面临的最大问题是如何评价历史行为者的动机与责任。② 柏林的主要目的不在于讨论历史预测，但是基于其自由主义立场否定实证主义史学、思辨历史哲学的规律根基，实际上也就否定了历史预测的可能性。波普尔经过长期酝酿，在 1957 年出版的《历史决定论的贫困》（一译《历史主义贫困论》）一书中开宗明义地指出："由于纯粹的逻辑理由，我们不可能预测历史的未来进程。"③ 他强调史学探究个别与偶然，④ 自然也就否定了凭借历史预测社会发展趋势的可能。

波普尔和柏林等人的否定意见并未终结自由意志与历史规律之争，很快又得到了另一方的针对性回应。如不做时序的严格判定，合而言之可关注如下几点。其一，他们认为总结规律、预测未来是必要的。人类对美好生活的向往，是历史预测的社会基点。霍布斯鲍姆借用哲学家恩斯特·布洛赫的话说："人是一种理想动物。我们有足够的理由对未来充满梦想。与其他人一样，历史学家有权利憧憬人类美好的未来，有权利为之奋斗。"⑤ 普通人在日常生活中以历史指引未来自然不必多言，其实，在人类集体生活和社会发展的宏大计划中，也难以脱离对未来的预期和预测。一旦缺失，社会发展将失去方向。普罗斯特说："迷恋过去是与未来的不确定以及缺乏集体规划相应。宏大意识形态的坍塌无疑是政治清醒的进步，却也让我们当代人不知所措。"⑥ 其二，他们并未否定人的能动性。那些尊重规律、赞同历史预测的学者，恰恰也是最看重人类以自己的双手努力创

---

① 何兆武：《评波普尔〈历史主义贫困论〉》，清华大学出版社，2001，第 320~321 页。
② 〔英〕以赛亚·柏林：《自由论》（修订版），胡传胜译，译林出版社，2011，第 95、97、103 页。
③ 〔英〕卡尔·波普尔：《历史决定论的贫困》，杜汝辑、邱仁宗译，上海人民出版社，2009，序第 1 页。
④ 徐浩、侯建新：《当代西方史学流派》，中国人民大学出版社，2009，第 68 页。
⑤ Eric Hobsbawm, "Looking Forward: History and the Future", in Hobsbawm, *On History*, Weidenfeld & Nicolson, London, 1997, p. 54; 〔英〕霍布斯鲍姆：《前瞻：历史与未来》，载《史学家：历史神话的终结者》，马俊亚、郭英剑译，上海人民出版社，2006，第 60 页。
⑥ 〔法〕安托万·普罗斯特（Antoine Prost）：《历史学十二讲》，王春华译，北京大学出版社，2012，第 272 页。

造美好未来的人。① 总结规律，预测未来不是要人做趋势和规律、命运的奴隶，反而是为了指导自己通过努力实现更好的可能性。其三，他们对总结规律、预测未来的可能性抱有谨慎的乐观态度，即认为在方法上可行但不提供具体的精确指导。

历史预测绝不仅仅是一个理论问题。古尔迪等人说："洞悉连接过去与未来的链条，对我们如何采取下一步的行动至关重要……理解历史不止有助于预测未来，更是做出社会治理的道德决定不可或缺的前提条件。"② 20世纪的人类历史风云变化，战争威胁和科技革命的日新月异、工业生产与城市化的迅猛发展、环境污染的反噬，前所未有地冲击着人们的心灵。历经战争苦难与现代技术之殇的有识之士，无不在反思教训、寻求历史发展的美好前途。爱德华·卡尔说："可以恰当地称之为历史的只能是在历史自身中找到一种方向感并接受这种方向感的人写就的。我们自何处来的信念与我们正向何处去的信念紧密相联。"③ 认清方向，方知前进之途。疏通知远，既要知过去之远，亦要知未来之远。预测未来与总结经验教训一样，同样是有远见卓识的史学家所未曾推卸的责任。

四　道德评判与惩恶劝善

何为道德？杜兰特夫妇说："道德是社会规则（就像法律是强制性的行为规范一样），充当社会告诫者的角色，借以劝诫其成员和团体，在行为上要和社会的秩序、安全和发展相一致。"④ 它一端是某种个人修养，另一端则连着共同体公认的某种准则和价值观。如何培养这种道德，历代西方史家对于利用前言往行都寄予了厚望。"历史学最终通往伦理学""历史学是民族认同的熔炉""历史比任何其他学科都有能力来造就公民"等此类互有联系的鲜明论断，无不昭示着史学的道德教育价值。

史学的伦理道德蕴含，首先突出表现在其劝善惩恶之益。即使被视为

---

① 〔英〕阿诺德·汤因比：《历史会重演吗？》，载《文明经受考验》，王毅译，上海人民出版社，2016，第25、32~33、26页。

② 〔美〕乔·古尔迪、〔英〕大卫·阿米蒂奇：《历史学宣言》，孙岳译，格致出版社、上海人民出版社，2017，第5、22~24页。

③ 〔英〕爱德华·卡尔：《历史是什么？》，陈恒译，商务印书馆，2007，第236~237页。

④ 〔美〕威尔·杜兰特、阿里尔·杜兰特：《历史的教训》，倪玉平、张闶译，四川人民出版社，2015，第53页。

"因果探究"色彩较浓的希腊史学，也不乏对于美善的追求。而罗马史学，其伦理道德色彩更是被认为与中国古代史学相差无几。① 至于基督教史学，其宗教意识对于教众的教化规训不待多言，而传统的历史惩劝之旨也并未放松，如比德就曾致信国王呼吁大量发行历史著作以教育自我与教育公众。② 显然，博丹关于在他之前的史书漠视道德教化的说法，③ 并不符合西方史学发展的实际。自18世纪中叶以来，除了史学家，哲学家对史学的道德属性也是期待有加。"不管是写过历史没有，几乎全都不厌其烦地告诉我们为什么应该、以及应该怎样写历史。而且就我所知，他们没有例外地告诉我们说，历史学是与道德相联系着的，是所有的学科中最为重要和最值得研究的一门。"④ 卡尔·贝克尔的这一观察，充分注意到了当时的哲学家对史学之"义"的高度肯定和期待。

　　及至现当代，史学在追求科学化的过程中，也始终存在并重伦理道德的呼声。当代法国史家勒高夫在评价其前辈马克·布洛克时说："布洛克厌恶那些去'评判'而不是去理解的历史学家，但他仍然将历史学深深植根于真理和道德之中。历史学最终通往伦理学。"⑤ 作为实践的历史学家，他们深知史学应强调求真与求善的统一。而作为哲学思辨的理论型代表，英国学者沃尔什也强调史学在记录事实之外，仍需解释和意义的赋予。⑥ 1975年底，美国历史协会主席戈登·赖特在告别演说上更是直言"历史是一门伦理学"（History as a Moral Science），批判以求真为借口否定价值评判的观点，倡言史学应该发挥道德引领的作用。厄本批评过分专注于细碎研究领域、不"理会人类行动是否合法和是否合乎道德的问题"的史学现象，直言"这是一种很大的罪过"。汤因比进而补充说："假如我写希特勒推行种族灭绝政策就像是写气象报告似的，那我一定并非不偏不倚：我一定是站在希特勒一边，一定是在把恶事当成好像是正常的，甚至是好的和

① 〔德〕穆启乐：《古代希腊罗马和古代中国史学——比较视野下的探究》，黄洋编校，北京大学出版社，2018，第25页。
② 〔英〕比德：《英吉利教会史》，陈维振、周清民译，商务印书馆，1991，第18页。
③ 〔法〕博丹：《易于认识历史的方法》，朱琦译，华东师范大学出版社，2020，第2页。
④ 〔美〕卡尔·贝克尔：《18世纪哲学家的天城》，何兆武译，北京大学出版社，2013，第73页。
⑤ 〔法〕雅克·勒高夫：《序言》，载马克·布洛克《历史学家的技艺》，黄艳红译，中国人民大学出版社，2011，第19页。
⑥ 〔英〕W. H. 沃尔什：《历史哲学导论》，何兆武、张文杰译，北京大学出版社，2008，第9页。

一般的事情来处理了。"① 历史有是非善恶，史家就应当承担起评判的责任，不能以所谓不偏不倚的"科学精神"为借口而无动于衷。

随着对历史记忆特点认识的深入，② 有良知的史学家明确从理论上驳斥了利用记忆细节不确而否定历史罪恶的企图：

> 我们都知道大屠杀幸存者的"记忆"（即证词）中不准确之处比比皆是，有的微不足道，有的却很关键……研究证据的人一直清楚，即使是最为直接的目击证人对事件的描述也是不可靠的。同样众所周知的是，随着时间的流逝，随着记忆者离所叙述的事件越来越远并且也越来越受他们后来听说或阅读到的东西的影响，记忆就会发生变化。记忆者很容易在细节上出错，比如毒气室或火葬炉的精确数目或地点。记忆者也倾向于将事件本身发生之后才有的事实或阐释加入自己的记忆当中。如果我们过度重视记忆，我们就为一些居心不良的人利用记忆中不可避免的误差来彻底怀疑记忆者所说的一切开启了大门。这一直是大屠杀否认者惯用的伎俩。③

对记忆特性的这种深入认识，恰恰有助于史学辨清并批判混淆视听者、纳粹同情者、右翼好战者的荒谬。保罗·利科批评尼采对历史记忆的轻视④时指出：对抗遗忘的战斗是一场严肃的游戏，"正义的人在此游戏中也会带上美的桂冠！"⑤ 对抗遗忘的历史记忆，承载着正义和美善的价值，记忆蒙尘将使正义受损。

在新的认知条件下，西方史家对于劝善惩恶的理解也有了新的提升。一是进一步明确解释了褒贬的哲学基础。如柯林武德指出："人类的意志可以自由地选择它自己的目的，并且它在它的事业中所取得的成功仅仅受

---

① 〔英〕汤因比、厄本：《汤因比论汤因比——汤因比-厄本对话录》，胡益民、单坤琴译，商务印书馆，2012，第65～66页。

② 参见彭刚《历史记忆与历史书写——史学理论视野下的"记忆的转向"》，《史学史研究》2014年第2期。

③ 〔美〕阿兰·梅吉尔著，史蒂文·谢波德、菲利普·霍恩伯格参著《历史知识与历史谬误：当代史学实践导论》，北京大学出版社，2019，第35页。

④ 〔德〕弗里德里希·尼采：《历史的用途与滥用》，陈涛、周辉荣译，上海人民出版社，2020，第87页。

⑤ 〔法〕保罗·利科：《记忆，历史，遗忘》，李彦岑、陈颖译，华东师范大学出版社，2018，第185页。

到它自己的力量，以及受到能理解它们并能研究出获得成功的方法的那种智力的限制。这就蕴涵着历史上无论发生了什么事情，都是作为人类意志的直接结果而发生的，并且有某个人是要对它直接负责的，要看它是好事还是坏事而对他加以赞扬或谴责。"① 二是并重个人罪责与集体责任。如爱德华·卡尔提醒："那些强烈坚持对个人进行道德谴责的人，有时无意中为整个群体和社会提供了躲避责任的遁词。"② 三是对于评判恶行的方法论问题有所辩难。如伊格尔斯出版《德国的历史观》之后，针对德国浩劫的渊源和罪责问题，历史主义者和反历史主义者之间展开了论争。反历史主义者哈贝马斯以及汉斯·蒙森、科卡等人认为"在横向上，不能拿德国与东方的苏联进行比较，如果非要比较，也要与西方的英法美进行比较，以此来强调德国的罪责是无法容忍的；在纵向上，他们强调第三帝国并非例外，而是德国近现代历史发展的产物，历史学家不仅需要追究第三帝国的历史罪责，还需要反思和批判第二帝国和普鲁士的历史"。③ 显而易见，单纯的纵横比较无法解决历史评价问题，背后的立场与价值观相当关键。横向比较勇于选择为善者而非作恶者，纵向比较敢于彻底剖析自身的错误渊源。这种带有正确价值立场的评价才是经得起检验的正确方法论。

五 历史教育与共同体认同

历史教育的可能性和必要性，来自道德的相对稳定性和党派性。道德的历史性，对历史行为者提出了随时而变的要求，然而在一定的时间尺度内，道德也有着相对的稳定性。杜兰特夫妇说："史识无多者，会强调道德规则是易变的，他们断定不必拿它太当真，因为它因时因地而异，甚或时而相互矛盾。史见丰富者则会强调道德规范的普遍性，并断定它不可或缺。"④ 越是具备丰富历史知识的人，越能从中看到某种普遍性和重要性。也正是这种相对的不变，为共同体意识和价值的培养提供了可能。道德的党派性，早在希罗多德时代便有明确的意识。为了构建城邦的共同记忆，

① 〔英〕柯林武德：《历史的观念》（增补版），何兆武、张文杰、陈新译，北京大学出版社，2010，第42页。
② 〔英〕爱德华·卡尔：《历史是什么？》，陈恒译，商务印书馆，2007，第174~175页。
③ 吕和应、冷金乘、李玥彤：《德国现代史学探微》，四川人民出版社，2019，第240页。
④ 〔美〕威尔·杜兰特、阿里尔·杜兰特：《历史的教训》，倪玉平、张闳译，四川人民出版社，2015，第53~54页。

常常赋予历史知识"作为一个民族的自我认识与自我确证"的功能。[①] 在修昔底德那里，其雅典立场的叙事则更加鲜明。普鲁塔克对希罗多德的批评和对修昔底德的赞赏，一个重要理由就是民族立场问题。近代意大利学人维柯观察到，在世界各民族的交往史上，存在一个通则："被征服者须把他们原有的各种宗教性和世俗性的制度都移交给征服者。"[②] 这一残酷的事实，往往意味着被征服民族惯有的信仰与文化被摧毁。因而以道德的教育将民族凝聚起来以应对可能的危险，也就具有了紧迫性和必要性。

如何培养集体的凝聚力？手段很多，诉诸历史教育则很为史家和社会各界重视。

从历史实际来看，在近现代欧洲民族国家的构建和维系中，史学的参与尤为明显。在德国，德罗伊森在19世纪中期即已明确指出："我们的学科，也只有我们的学科，才能掌握与塑造国家思想的脉络。因为只有经历史学之途，国家才能得到自我的认识。"[③] 早在19世纪与20世纪之交，法国史学家瑟诺博司就系统回答了"社会变迁的研究如何有利于政治教育"。1982年，法国总统密特朗说："一个民族不教授自己的历史就丧失了自己的认同。"法国社会很清楚历史教育的意识形态属性，将历史学视为塑造民族记忆的框架。甚至看似科学、中立语言包装下的历史研究，其"主题的确定从来就不是中性的"。[④] 即使是惯常被赋予不食人间烟火形象的"老学究"古物学家，在英国也参与了构建民族认同的重任。[⑤] 可以说，以历史凝聚共同体是西方国家的共识。

对于那些历史短暂、族群复杂、国民与移民矛盾尖锐的国家来说，通过历史知识培育共识也尤为重要。美国历史协会主席戴格勒在1986年底的告别演说中说，"美国人是谁"是对美国公民和社会来说都十分重要的问

---

① 参见张广智主编，吴晓群著《西方史学通史》第二卷《古代时期》，复旦大学出版社，2011，第64~65页。

② *The New Science of Giambattista Vico*，1050，tr. by Thomas Goddard Bergin& Max Harold Fisch from the Italian，the third edition（1744），Ithaca and London，Cornell University Press，1984，p.398；〔意〕维柯：《新科学》，朱光潜译，商务印书馆，1989，第587页。

③ 〔德〕德罗伊森：《历史知识理论》，胡昌志译，北京大学出版社，2012，第109页。

④ 参见〔法〕安托万·普罗斯特《历史学十二讲》，王春华译，北京大学出版社，2012，第262~265、9页。

⑤ 陈日华：《古物学家与近代早期英国民族认同建构》，《历史研究》2021年第3期。

题。"无论民族同一性抑或个人同一性，都主要来自历史和往事。"① 在新的历史形势下，以历史教育增进新移民对目的国价值观的认同又有独特的重要性。21 世纪初，亨廷顿意图在全球化背景中分析美国国民特性（Amercia's national identity）及其面临的挑战，高度警惕多元化的历史叙述对以"盎格鲁-新教精神"为核心的同一性认同的瓦解：

> 解构主义者鼓吹提高各种亚民族的种族群体和文化群体的地位和影响。他们鼓励移民保持其原出生地的文化，给他们提供一些法定的特权（在美国出生的美国人却享受不到的特权），把美国化的主张谴责为"非美"思想。他们力促改写历史教学大纲和教科书，把宪法上的单数美国人民改为美国"各族人民"。他们要求往美国历史补充各亚民族群体的历史，或以后者取代前者。他们贬低英语在美国生活中的中心地位，鼓吹双语教育和语言多样化。他们主张在法律上承认各群体的权利和种族权利，使之居于"美国信念"强调的个人权利之上。他们提出多文化主义理论，用以为他们的行动找依据，还鼓吹美国压倒一切的价值观应是多样性，而不是统一一致。凡此种种加在一起，其效果就是要使 300 年逐渐建立起来的美国特性解构，让亚民族特性代之而起……美国学术界、媒体界、商界及专业界精英中一些很有分量的人士与政界人士一起从事这种活动。②

这段话道出了多元论主张对于美国社会国家认同构建的冲击，而其警示意义则超越了国界。

在国家间的意识形态竞争和民族共同体的培育中，历史研究与历史教育也被赋予了重任。这一点在 20 世纪的冷战背景下表现得淋漓尽致。在冷战铁幕已经展开的 1949 年，李德在美国历史协会主席演说中直白地说："面对着墨索里尼、希特勒特别是斯大林要强加给我们的另一种前途，如果我们要生存下去，我们必须明确地抱一种战斗的态度。对付有害学说的解毒剂是创立一套更好的学说，而不是传播中立化的知识……作为历史学

---

① 〔美〕卡尔.N. 戴格勒：《美国史求索》，王寅译，载《现代史学的挑战：美国历史协会主席演说集》（1961～1988），商务印书馆，1990，第 491 页。

② 〔美〕塞缪尔·亨廷顿：《我们是谁：美国国家特性面临的挑战》，程克雄译，新华出版社，2005，第 120～121 页。

家，我们必须使自己在考察过去时再度相信我们的民主理论的真实性。"①
而面对史学科学化追求造成"为民主国家中普通读者服务"这一任务的受
阻，尼文斯在 1959 年的美国历史协会主席演说中则呼吁："专业历史学家
以三种主要方式来影响民主政治中的行动：不时给领导人物以指导；给一
般公民以教育；协助造成舆论的气氛。"② 在他这里，历史学与历史学家的
工作也具有高度的意识形态属性，无所谓"中立"。

　　对内同一性建构与对外区别，成为西方各界以及很多史学家自己赋予
史学的一个非常重要的功能。当代法国学者普罗斯特说："在法国，就像
在德国和美国一样（就更不用提波西米亚和匈牙利了），历史学是民族认
同的熔炉。这种特征牵涉到选择民族和人民而不考虑其内部多样性（这是
为历史所偏爱的框架），选择构建出这些想象的共同体（这是问题）。通过
既确定国家的内部权威，也同样确定国家的外部力量（或独立）来构建国
家，其重要性就在这里。"③ 当然，历史教育的内容并不限于讲述"道德故
事"，历史进程、重要制度、人物行事与历史精神的理性认知本身，也蕴
含着情感培育与价值塑造。然而，服务于"灌输和传递价值"④ 这一焦点
则是不变的。

　　对于历史研究与历史教育是否应该承担凝聚共同体的功能，肯定者居
多，而特别警惕其缺陷、揭示弊端者亦不少。梅吉尔等人总结分析了三种
观点：（1）"历史写作的功能就是凝聚和肯定产生了这种历史的某个共同
体、群体、民族、国家、宗教、政治承诺，等等"；（2）与之针锋相对的
观点是"历史的功用首先是批判和否定产生了它的那个共同体和历史研究
的过去"；（3）"中间的、说教的立场"，想"让历史既做说教者，又做批
评者"。他自己的态度是强调史学应当与现实秩序保存适当的距离，不但

---

① 〔美〕李德：《历史学家的社会责任》，何新译，载《美国历史协会主席演说集》（1949～
　　1960），何新等译，黄巨兴校，商务印书馆，1963，第 16 页。
② 〔美〕尼文斯：《不做卡彪雷特家的人，也不做蒙塔求家的人》，陈振祺译，载《美国历
　　史协会主席演说集》（1949～1960），何新等译，黄巨兴校，商务印书馆，1963，
　　第 265 页。
③ 〔法〕安托万·普罗斯特：《历史学十二讲》，王春华译，北京大学出版社，2012，第
　　261～262 页。
④ 〔加拿大〕玛格丽特·麦克米伦：《历史的运用与滥用》，孙唯瀚译，广西师范大学出版
　　社，2021，第 146 页。．

要拒绝做"背书者",更要做批判者。① 霍布斯鲍姆也强调史学家只"对历史事实负责","要担当批判历史中政治和意识形态弊端的责任"。② 不过,他们这种只问事实而不考虑公众影响的追求,在西方现实世界中面临着巨大的阻力。

在追求历史真实和平衡公众认知之间,有很多棘手的问题,难免造成史学家和历史当事人、社会各界之间的严重分歧。举例来说,如何评价英雄和争议事件?如1994年美国国家航天博物馆有关二战原子弹投掷的展览,2005年渥太华战争博物馆有关英国皇家空军轰炸德国工业区和居民区的说明,由于质疑了相关行动的道德性,最后被二战老兵诉诸司法手段。又如,怎么面对历史罪过或者历史错误?很多西方国家存在的内部剥削、非法劳役、种族歧视甚至族群屠杀等,今天仍然在刺激公众的神经。而民族国家间的屠杀和敌对,更是牵动着双方的民族情绪。麦克米伦说:"一个国家公开承认过去的历史,也有助于弥合国家间的创伤……当然,承认过去的历史是一剂猛药,有时也会致命。戈尔巴乔夫曾提出了开放政策,允许人们公开讨论斯大林时期的历史,但这项政策最终导致了苏联解体。"③ 不管是国家内部还是民族国家之间,能否正视过去的错误或罪责,对于民众和政府来讲,绝对不仅仅是一个历史求真问题,尤其在政府那里,是否以及何时以何种方式告知公众某部分真相,往往有现实政治利益的精心考量。

结　语

在漫长的西方历史上,对于历史学这一古老而悠久的知识形态,虽不乏质疑,但各界大多予以了充分的肯定和重视。就其作为一门知识形态来说,马克思主义视之为哲学社会科学的基础。类似的高度定位,前人已不乏所见。如孔多塞就说:"假如能有一门预见人类进步、能指导进步、促

---

① 〔美〕阿兰·梅吉尔著,史蒂文·谢泼德、菲利普·霍恩伯格参著《历史知识与历史谬误:当代史学实践导论》,北京大学出版社,2019,第43、51~55页。

② Eric Hobsbawm, "Outside and Inside History", in Hobsbawm, *On History*, Weidenfeld& Nicolson, London, 1997, pp.5-9;〔英〕霍布斯鲍姆:《历史之外与历史之内》,载《史学家:历史神话的终结者》,马俊亚、郭英剑译,上海人民出版社,2006,第6~11页。

③ 〔加拿大〕玛格丽特·麦克米伦:《历史的运用与滥用》第七章"围绕历史的战争",孙唯瀚译,广西师范大学出版社,2021,第175页。更多实例,亦可参见该章。

进进步的科学，那么人类所已经做出的进步的历史就应该成为这门科学的主要基础。"① 即使普通人不存有如此高远的目标，作为一门事关人类理解能力和精神修养的知识形态，历史知识本身至少就存有个体愉悦的功能。博丹、马克·布洛克等人都强调了这一点。更进一步，则如柯林武德所说，认识历史有助于认识人类自己。奥克肖特说："人类的自我认识是某种必须学习的事情，所学的内容不仅仅是自己和别人之间的关系，同时也是现在和过去之间的关系。"② 进一步向我们说明了了解历史的必要性。而作为一种资源，历史遗产和历史知识对于政府和国家来说也有现实意义。美国前总统小布什在 2003 年发布的一道名为"保护美国"的行政命令中说："联邦政府应当认真清点并管理好所有的历史财产，将其视为一项能够支撑各个政府部门和机构开展工作的重要资产，这些历史财产还能够促进社会活力和经济发展，并且能大大促进美国未来的发展与潜力。"③ 不管是史学的知识论基础价值，还是个人愉悦和自我教育价值，抑或是其资政和经济功能，本文皆付诸阙如。我们的考察重心放在了历史何以有用、求真与致用、历史教训与历史预测、史学的道德评判价值与历史教育凝聚共同体意识方面。

历史何以有用，回答这一问题有助于厘清史学之用的所以然。应该说，西方史家论人性的相似性和历史的连续性为历史功用的存在提供了比较坚实的本体论基础。将之进一步提炼升华，他们看到了人类生活在时间中的延续性，所谓过去、现在、将来的划分仅仅是概念认识之便。由此，布洛克等人回答了为何久远的过去对于现实的影响不一定就弱于切近的过去，为何随着人类发展速率加快而过往经验仍然有其作用。

史学是认识历史的途径。努力记录前言往行、揭示历史真相，历代西方史家对此有着崇高的使命意识。为了全面反映历史之真，他们不仅注重人类行事的阶层、行业和空间覆盖，更强调善恶并书。像兰克那样以求真而疏离致用，或像库朗日那样强调史学作为科学与道德的分离，并未成为西方史学的主流。史学进步尤其是真相探究的进步，甚至可以成为人类历

① 〔法〕孔多塞：《人类精神进步史表纲要》，何兆武、何冰译，北京大学出版社，2013，第 7 页。

② 〔英〕迈克尔·奥克肖特：《历史是什么》，王加丰、周旭东译，上海财经大学出版社，2009，第 278 页。

③ 转引自〔加拿大〕玛格丽特·麦克米伦《历史的运用与滥用》，孙唯瀚译，广西师范大学出版社，2021，第 10 页。

史突破性发展的先导，这在近代史学的宗教批判中显得尤为突出。当然，史学的致用考量也不可避免地会影响到史学之真的呈现，尤其是当代关怀和党派偏见影响着史家的主题选择和意义投射。但是这并不成为否定史学致用的理由，作为一种意识形态和学科体制，史学的求真事业亦脱离不了社会支撑系统。漠视社会的现实需要，一味地追求科学化，只会导致史学事业的萎缩。很多西方学者都在思考求真与致用的统一、致用和滥用的界限。他们认为，避免滥用，除了破除谎言、揭示事实真相之外，还需要通过呈现历史的多元声音，以防止特定历史解释话语的一家独大。

总结历史经验以指引当下生活，回顾过往以预测未来，正如卡尔·贝克尔所说，这两者是手拉手的存在。这种认识活动，是人们力图改正错误、追求美好未来的必然环节。承认二者的可行性者，强调人类经验的普遍性、相通性；否定二者的可行性者，则强调人类自由意志和偶然性。黑格尔否定历史教训、波普尔等人否定历史预测，有助于人们充分重视人类社会的主观能动性，但这并非西方学界的压倒性观点。历史教训的难以汲取并不等于历史教训本身不存在和不具备汲取的条件，史家总结分析出来以后，能否汲取的关键在于决策者而非史家。至于历史预测，人们关于未来可期和未来何期的欲望随时随地存在。它是如此深入人心，我们很难目之以空想而加以无视。曾经身处历史局势中的西方史家们，对社会主义制度和资本主义制度的竞争态势及其结局、战争阴云的走势怎可能无动于衷。汤因比、霍布斯鲍姆、亨廷顿等人关于工业社会的未来、南北差距的解决、科技发展与道德滞后的背离之势、人类文明秩序的前景等问题的思考，在当下仍然有其启发意义。当然，赞同历史预测者并非没有看到其中的难处和历史预测的限度，正因为如此，以科学的理论探究预测未来发展趋势显得更加可贵。

史学之求真与道德评判是合一的。事实构建、因果分析之外，善恶评判亦是史学之必备要素。有西方史家明确指出，将大屠杀写得像天气预报一样"客观"，恰恰是最大的失真。甚至有人直言，"历史学是一门伦理学"。史学参与共同体认同意识的培养，历史教育是其主要途径。虽然一些史学家努力在寻求超越性的普遍立场，但居于特定时期的主流意识形态，总是占据着主导。在不少时代和国度，历史资源被作为原料来构建宗教的、民族的、国家的认同情感时，难免被扭曲且损害他者的利益。因此，有一种观点认为，史学和史学家应当担负起批判扭曲和神化的责任。不过，在西方的现实社会中，要担负起这一使命仍然需要极大的勇气。社会民众和政府的一般态度，仍然是强调同一性、普遍性的历史呈现，而抹杀族群对立的多元历史。这不仅仅反映在高度强调意识形态属性的历史教学之中，也反映在历史研究的选题环节。无论是以史学教诲自己还是教育公众，其背后的标准都指向一种共同体意识的培养。当然，其内容，绝不是只有善恶美丑的道德故事，很多西方史家意识到，对于历史进程、重要制度、人物行事与历史精神的理性认知本身，也蕴含着情感与价值的判断。向公众讲好经得起检验的共同体的发展历史与道德故事，也是绝大部分西方史家认同的崇高使命。

现代史学家研究

林志纯与中国亚述学学科[*]

张绪强　　王献华

（西南大学历史文化学院，重庆市　400715；
上海外国语大学全球文明史研究所，200083）

摘　要：早在 20 世纪上半叶，国人已经关注到国外亚述学的专业化研究，直到 80 年代，中国学者才开始真正意义上的亚述学研究。亚述学在中国的建立经历了几代学者的探索，在这一探索过程中深受苏联史学的影响。苏联史学界为了构建"古代东方"社会发展的规律性，将两河流域古代社会的奴隶制视为有别于希腊罗马"发展阶段的奴隶制"的另外一种奴隶制形态"原始阶段的奴隶制"。中国知识界在建立有关两河流域历史知识体系的过程中受到苏联史学的影响，带有明显的"古代东方"特点。然而，当学者把中国古代社会问题放在"古代东方"体系下开展研究的时候，问题不断出现，多位学者对这一体系及其方法"综合年代学"提出了疑问。林志纯先生是学习苏联的典型代表之一，经历了学习苏联和走出苏联窠臼，进行独立研究的整个过程，他在学习、翻译苏联史学作品的过程中也在对苏联史学进行反思。改革开放后，在学术环境改善的条件下，林志纯联合周谷城、吴于廑号召建立我国首个包括亚述学在内的世界古典文明史研究机构，培养专门研究人才，中国的亚述学进入了专业化研究轨道。

关键词：林志纯　古代东方　综合年代学　亚述学

---

 * 本文系北京大学王邦维主持的国家社科基金重大项目"中国'东方学'学术史研究"（14ZDB084）阶段性成果。

1984 年 12 月 30 日教育部 84【051】号文件对周谷城、吴于廑、林志纯三位教授建议填补亚述学、埃及学、西方古典学学科空白的倡议做出批复：请三位教授继续发挥指导作用；准许以东北师范大学西亚、北非、欧洲上古史研究室为基础，建立世界古典文明史试办班和研究室，研究室以研究埃及学、亚述学、西方古典学、中世纪学为主；从 1985 年起面向北京大学、南开大学、复旦大学、武汉大学、北京师范大学和东北师范大学根据需要不定期招生，研究方向包括埃及学、亚述学、西方古典学、中世纪学；对东北师范大学世界古典文明史试办班和研究室添置图书资料和教学设备等方面所需经费，教育部在规定的经常费之外予以适当补助，并拨给适量的专项科研经费；关于聘请外国专家、选派学生出国留学和安排青年教师出国进修等项，由各校按规定程序报计划，教育部均答应给予支持。[1]专门机构的建立以及师资、图书等条件的配备，我国的亚述学、埃及学以及西方古典学很快进入专业化研究阶段。相关学科在欧美等国早在 19 世纪已经步入专业化研究阶段，与之相比，我国在这些学科上的发展呈现出起步晚、专业化建设周期短等特点。亚述学在我国的萌芽和建立是半个多世纪以来中国世界史学科发展的一个缩影。

一 "古代东方"体系中的两河流域历史

晚清时期，国人在西学东渐过程中通过传教士对两河流域历史文化有了初步了解，巴比伦的国家名字进入国人视野。民国时期，学术界迎来开放的新机遇，学者逐渐关注到两河流域更多的考古发掘信息。[2] 其中郑振铎 1928 年完成的《近百年古城古墓发掘史》一书中使用了"亚述学"的专业提法，最先介绍了当时学者在古巴比伦城的考古情况。[3] 晚清至民国的传教士和学者们的介绍大大丰富了国人对两河流域历史文化的认识。

两河流域历史知识系统化引介是新中国成立后在学习苏联过程中完成的。通过苏联所引介的两河流域历史带有了明显的"古代东方"特点。近

---

[1] 教育部文件 1984 年 12 月 30 日《关于加强世界古典文明史研究工作的意见和建议的批复》，保存于东北师范大学世界古典文明史研究所。
[2] 清末至民国期间，国人对两河流域知识的介绍，参见李长林、周珊《20 世纪上半期中国人对两河流域历史的了解与研究》，《古代文明》2007 年第 3 期；国洪更《中国亚述学研究述略》2005 年第 5 期。
[3] 《郑振铎全集》，花山文艺出版社，1998，第 14 卷。

代以来，伴随着欧洲近代化的进程，以黑格尔为代表的学者将欧洲和欧洲以外的世界对立起来看待，两河流域历史只是作为西方中心论的附庸被提及。这一点在《剑桥古代史》中体现得尤为明显。《剑桥古代史》的本意并不是要叙述整个古代世界的历史，而是西方文明的古代史。叙述古代西方文明，就不能不提古代近东，所以《剑桥古代史》把埃及和西亚文明的历史纳入其中，采用古代东方、古代希腊、古代罗马三分法的编写体例。

苏联史学发展了西方史学的这种传统，把公元前四千年代到公历纪元前后的埃及、两河、叙利亚、小亚细亚、伊朗等古代社会看作具有一般特征的整体"古代东方"奴隶制。① 与希腊、罗马的典型奴隶制所不同的是，古代东方除了利用奴隶劳动之外，还在家庭内部保留了奴隶制形态。② 同时，苏联学界还将这种古代东方的奴隶制命名为"原始阶段的奴隶制"，相应地，希腊、罗马的典型奴隶制则命名为"发展阶段的奴隶制"。③ 对于原始社会的处理，苏联学者也参照了类似的方法，将原始社会划分为早期原始社会、中期原始社会和发展原始社会。④ 与"西方中心论"观点不同的是，苏联"古代东方"和"奴隶社会两阶段"理论突破了单一从地理位置上区分东西方奴隶社会的做法，更加强调奴隶社会在其发展过程中东西方奴隶社会的差别，并试图以"两阶段论"来解释奴隶社会的内部差别。

我国的世界史教学很大程度上是在学习苏联过程中建立起来的，受苏联史学影响也最为直接。最早运用苏联"奴隶社会两阶段理论"研究两河流域历史的有上海大夏大学的蔡仪先生。蔡仪《从汉谟拉比法典看巴比伦的奴隶》一文从法典的条文中考察了巴比伦在汉谟拉比之前及当时的巴比伦社会矛盾、自由人的特殊地位与权利以及奴隶的形成及奴隶的社会地位，认为在汉谟拉比时代，奴隶制是较前更发展了，因为当时筑城、修筑神殿、开凿运河颇为盛行。这样大规模建筑工程的兴建，是需要大量的奴隶劳动才可以进行的，也证明巴比伦这时的奴隶制已发展到一定程度。但由于受当时生产力水平的限制，对奴隶的需要是有限度的，或者对奴隶的

---

① 童书业：《古代东方史纲要》，《童书业古代社会论集》，中华书局，2006，第7页。
② 日知：《阿夫基耶夫〈古代东方史〉》，《日知文集》第一卷，高等教育出版社，2012，第113页。
③ 日知：《奴隶社会之两个阶段与六个时期》，《日知文集》第一卷，第129~133页。
④ 日知：《原始公社制度史的分期问题》，《日知文集》第一卷，第119~124页。

需要已达饱和程度，所以法典规定奴隶的子女可以做自由人，奴隶们也享有一定的自由，对奴隶的剥削不及后来那么残酷。① 此外，蔡仪《苏末人原始国家的建立》一文根据泥版文献资料，描述了西南亚最古的苏美尔人的氏族社会崩溃进入初期的农业社会的具体情况，提出了苏美尔人建立的是原始性的带有大量氏族制残余的国家说。②

童书业的古代东方史教学也是在苏联史学"奴隶社会两阶段"理论下进行的。通过对古巴比伦农业、手工业从业奴隶数量的考察，童先生认为"农村公社的形式大概在苏美尔时代已经开始崩溃了，土地私有制到汉谟拉比时代已很巩固，债务奴隶制也在发展着，但奴隶数量及其在生产上的重要性还远不如希腊、罗马"。③ 童先生将自由人生产中尚占重要地位，奴隶劳动不能代替自由人劳动的现象归纳为公社制的残余，奴隶形态比较和缓。同时，童先生还考察了巴比伦社会的官僚机构，认为国王为了维护其治理，官僚机构也异常庞大，设置了中央集权的机构。而对巴比伦社会类似"封建"式的生产关系，童先生认为，由于土地条件的优越、原始人的集中努力、大规模灌溉事业的需要和抵抗外患的重要性，东方的国家形态是比较早熟的，公社制残余往往严重遗留在阶级社会中。很显然，童先生对于两河流域历史的认识是受了苏联史学直接影响的。"最近苏联大多数学者的说法却不同了，他们认为在古代（公历纪元前）不可能产生封建社会，所谓'古代东方社会'大体上只是奴隶社会的低级阶段（虽然有些国家也进入到不纯粹的发展阶段）。而且似乎'东方'、'西方'的界限也是不必要的，因为古代东方各国的全盛期较早，所以代表低级的奴隶社会；古代西方各国的全盛时期较迟，所以代表高级的奴隶社会。我个人对于这种新说，目前是比较同意的。"④ 童先生在后来的研究中逐渐发现将古巴比伦社会中"封建"式生产关系归于带有浓厚公社制残余的奴隶社会的提法是有问题的，并在后来否定了自己的这一主张。

王易今于 1948 年翻译了苏联史家米舒林的《古代世界史》，该书原本是苏联的中学教材。1948 年 4 月，苏联科学院院士斯特鲁威的《古代东方

---

① 蔡仪：《从汉谟拉比法典看巴比伦的奴隶》，《历史社会季刊》1947 年 3 月创刊号。
② 蔡仪：《苏末人原始国家的建立》，《历史社会季刊》，第 2 辑，1947 年 6 月。
③ 童书业：《从古代巴比伦社会形态认识古代"东方社会"的特性》，《童书业古代社会论集》，第 223~227 页。
④ 童书业：《从古代巴比伦社会形态认识古代"东方社会"的特性》，《童书业古代社会论集》，第 223~227 页。

社会》被翻译成中文。林志纯先生在从事世界古代史教学之初，曾对各种版本的教材进行比较，研究每部教材的特点，还组织翻译了当时最新出版的阿夫基耶夫编写的《古代东方史》。据他所说，"阿夫基耶夫教授的主要著作，《古代东方史》和《古代埃及军事史》都已来到中国了。这两部著作，特别是《古代东方史》，三年来对于我自己的帮助，不论在教学工作上，抑或在学习上，都是极大的"。① 林先生不但热衷于推介苏联史学的新观点和新成果，而且于 1955~1957 年配合苏联专家开办"世界古代史青年教师进修班"，为新中国培养了第一批世界古代史研究人才。他在指导学员如刘文鹏、涂厚善、刘家和、张殿吉、陈有锵等人时，组织他们翻译了《汉穆拉比王书简》《巴比伦第一王朝时代（公元前 1894—1595 年）的私法文书》《亚述法典》《新巴比伦法庭判决汇编》《古代埃及和古代两河流域》《世界通史资料选辑·上古部分》等。②

　　通过学习苏联，我国的两河流域历史知识得以完善，同时，我国的史学也深受苏联"古代东方"和"奴隶社会两阶段"理论的影响。

二　综合年代学的局限

　　苏联史学"奴隶社会两阶段"理论所依据的"综合年代学"方法也受到中国学者欢迎。"苏联最新的古代史编制体例，已经不取传统的古代东方、古代希腊、古代罗马三分的公式，而代之以'同时代法'（即'综合年代学'）的叙述。根据新的编制，所有的奴隶社会史，不论古代东方，抑或希腊、罗马，都应当划分为原始的阶段和发展的阶段，不过原始阶段的奴隶制当以埃及和两河流域等古代东方国家为典型，而发展的奴隶制阶段则当以雅典和罗马等为典型。古代东方发展到后期埃及和新巴比伦以及以后波斯帝国的时代，都已属于发展的奴隶制阶段，只是达不到希腊和罗

---

①　日知：《阿夫基耶夫〈古代东方史〉》，《日知文集》第一卷，第 113 页。

②　林志纯：《古代埃及和古代两河流域》，生活·读书·新知三联书店，1957；林志纯：《世界通史资料选辑·上古部分》，商务印书馆，1962；刘文鹏：《汉穆拉比王书简》，《东北师范大学科学集刊》1957 年第 2 期，第 62~67 页；刘文鹏：《巴比伦第一王朝时代（公元前 1894—1595 年）的私法文书》，《东北师范大学科学集刊》1957 年第 2 期，第 53~55页；涂厚善、刘家和、陈有锵：《亚述法典》，《东北师范大学科学集刊》1957 年第 6 期，第 33~35 页；张殿吉、刘家和、加英：《新巴比伦法庭判决汇编》，《东北师范大学科学集刊》1957 年第 6 期，第 56~58 页。

马的纯粹形式而已。"① "综合年代学"可以解释东西方奴隶社会之不同,认为古典的希腊和罗马所具有的奴隶制特征属于发展的奴隶制,而古代东方所具有的奴隶制特征为原始奴隶制。② 取同一历史时期的社会横截面进行比较研究,并以"奴隶社会两阶段"论予以解释,这在学理上是有其合理性的。

"综合年代学"的方法也被用于解决中国古代社会性质的讨论。童书业先生在学习苏联过程中尝试用"奴隶社会两阶段"理论来解释中国古代社会性质问题。《从古代巴比伦社会形态认识古代"东方社会"的特性》将古代中国与古代巴比伦社会进行对比研究,根据"奴隶社会两阶段"把世界几大古老文明列出一个对照的表格。其中,殷和西周大体相当于巴比伦的苏美尔时代早期,都是奴隶制和国家开始形成,部族领袖窃取政权,开始统治人民的时代。春秋大体相当于埃及的中王国时代早期,巴比伦的苏美尔晚期,都是奴隶制和国家进一步发展,地方政权争雄,贵族势力跋扈,平民起来与他们斗争的时代。战国大体相当于巴比伦的阿卡德苏美尔王国时代,都是国家开始凝固,地方政权逐渐集中,贵族势力逐渐衰落,奴隶制更进一步发展,新兴奴隶主逐渐抬头的时代。秦汉大体相当于埃及的帝国时代,巴比伦的第一王朝以后时代,亚述和后巴比伦帝国时代,波斯帝国时代,都是大帝国形成,专制主义发展,奴隶社会全盛,并由极盛转衰落以至崩溃的时代。③ 对于苏联学界这一理论,童书业先生起初是很有信心的,他认为所谓"中国中古封建社会倒退或逆转说""商业资本主义社会说""中国秦汉以后未办封建社会说""中国战国以后为资本主义社会说""中国战国以后无阶级社会说"等谬论,应用苏联学者的新理论、新看法,就可以彻底击破这些谬论。直到1955年1月发表的《中国古史分期问题的讨论》中,他还坚持:"我现在对于中国古史的看法是:从夏代起(至少从殷代起)到春秋末是原始奴隶制的时期,从战国起到汉末是发展奴隶制的时期,为近时代才正式转入封建社会。这样的看法是和许多苏联史学家的看法大致相同的。"④

① 日知:《阿夫基耶夫〈古代东方史〉》,《日知文集》第一卷,第113页。
② 日知:《古代世界与古典世界》,《日知文集》第一卷,第109~110页。
③ 童书业:《从古代巴比伦社会形态认识古代"东方社会"的特性》,《童书业古代社会论集》,第233~234页。
④ 童书业:《中国古史分期问题的讨论》,《童书业古代社会论集》,第239页。

　　然而，1956 年 6 月童书业在发表的《〈古代史研究中的几个问题〉的补充》中一反此前认为古巴比伦社会是奴隶社会的观点，认为："'古代东方史'是奴隶制和封建制结合的历史，我完全同意这一结论。但是在这些古代东方各国中，一样也有奴隶制时代和封建制时代——当奴隶制关系占主导地位的时候，就是奴隶社会；当封建制关系占主导地位的时候，就是封建社会。要在古代东方各国的历史中划分奴隶社会和封建社会的界限，确是很困难的。只有两河流域的历史，由于有比较完整、比较成体系的社会经济史料，划分社会阶段比较容易。其它各国历史，包括中国在内，都是不容易划分社会阶段的。现有的说法，都还不是定论。但有一点是可以完全肯定的，那就是这些国家在很早的时期已有封建制关系存在着，这是无论如何不可否认的事实！同时，这些国家的封建社会是早熟的，似乎也没有疑问。"①

　　其实，在此前几个月完成的《从租佃制度与隶属农民的身份探讨古巴比伦社会的性质》中，童书业已经改变了之前古代东方是奴隶社会的说法，转而主张："苏美尔晚期的生产技术和奴隶制经济，水平是相当高的，在东方国家中，已经足以构成奴隶制转向封建制的条件，所以在两河流域，封建制是非常早熟的。巴比伦时代的租佃制、卡赛时代的分封制以及亚述帝国和后巴比伦时代的隶属形态都不能不说是封建制的（巴比伦等），或至少带有封建制成分的（亚述）。"② 按照苏联学界的"综合年代学"方法，西欧以 476 年东罗马灭亡作为奴隶社会与封建社会的分割线具有普遍意义，中国奴隶社会与封建社会也可以参照这一时间，把秦汉及其以前归为奴隶社会阶段，魏晋开始进入封建社会。林先生是认可这种观点的。③童先生的文章否定了古巴比伦社会的奴隶社会阶段，相应地，也就对中国秦汉奴隶社会说提出了挑战。所以，在读到童先生文章后，林先生便在《历史研究》上发表《我们在研究古代史中所存在的一些问题——评童书业著〈从租佃制度与隶属农民的身份探讨古巴比伦社会的性质〉》与童先生商榷。④ 在商榷文章中，林先生重申了他利用"综合年代法"得出的结论：

---

① 童书业：《〈古代史研究中的几个问题〉的补充》，《童书业古代社会论集》，第 267 页。
② 童书业：《从租佃制度与隶属农民的身份探讨古巴比伦社会的性质》，《童书业古代社会论集》，第 297 页。
③ 《日知文集》第一卷，第 145～146 页。
④ 日知：《我们在研究古代史中所存在的一些问题——评童书业著〈从租佃制度与隶属农民的身份探讨古巴比伦社会的性质〉》，《日知文集》第一卷，第 183～214 页。

中国秦汉时期尚处于奴隶社会，魏晋以后才进入封建社会。同时，林志纯与坚持战国封建说的郭沫若①和主张西周封建说的范文澜②也都展开论战，论战一度十分激烈。

苏联史学对于中国史学发展的影响如此明显，还有思想层面的原因。新中国成立前，中国的世界史研究以西洋史为主，"欧洲中心论"下的西洋史写作并未把印度和中国纳入写作的范畴。苏联史学家阿夫基耶夫在其《古代东方史》的序言中指出，作为资产阶级学者古代史作品的缺点之一，"便是把历史记载仅限在所谓'典型的东方'，即埃及和前亚细亚，而忽视了印度与中国的历史发展"。③ 阿夫基耶夫是最早关注印度和中国历史的苏联学者之一。他于1940年为联共（布）中央高级党校编写的《古代东方史讲义》，第一次给予印度和中国以应有的位置；接着1941年斯特鲁威院士改编和再版自己的古代东方史大学教本时，也加入了古代印度和中国的专章。"上古各河流的文明——埃及和两河流域，中国和印度——必须平行的叙述，而不像过去习惯的那样的写法，把印度和中国放在《古代东方史》最末了的部分，放在阿黑明尼得王朝的波斯之后。"④ 苏联史学的这一突破，无疑会受到试图打破"西方中心论"学者的欢迎，对于中国学者而言，这种进步性尤为明显。跟许多学者一样，林志纯先生也认为苏联学者的观点是一种先进的史学理论。⑤

三　林志纯与中国亚述学学科的建立

面对中国史方面丰富的史料和几位重要中国史学者的挑战，林志纯先生也意识到单纯依据"综合年代学"来进行历史研究是有其弊端的。尤其对于外国古文明研究而言，依靠有限的材料，不能得出具有说服力的结论。"我们研究这个问题的所谓原始材料，除了大宗翻译的极少量的材料以外，还有什么原始材料可言呢？"⑥ 童书业先生几乎同时也意识到这个问题："我们可以确断地说：对于世界古代史，在目前国内还不可能作真正

① 郭沫若：《汉代政权严重打击奴隶主》，《人民日报》1956年12月6日。
② 范文澜：《中国通史简编》（修订本）第一编，人民出版社，1965，第133~138页。
③ 日知：《阿夫基耶夫〈古代东方史〉》，《日知文集》第一卷，第111页。
④ 日知：《阿夫基耶夫〈古代东方史〉》，《日知文集》第一卷，第113页。
⑤ 刘家和：《日知文集》序言，《日知文集》第一卷。
⑥ 林志纯：《敬答童书业先生》，《学术月刊》1957年第8期，第96页。

的专题研究，因为原始史料既不易得，在语言文字上又有很大的困难。我们目前所能掌握的世界古代史的史料既是这么的少，而通达古代各国语文的专家又是凤毛麟角，说我们现在已能作世界古代史的专题研究，除极少数的专家外，可以说是自欺欺人的话！"① 在《敬答范文澜先生》中，林先生也表示"亚述学和埃及学，苏联已经走向世界史学的前列，而我们连种子还未播下"。②

虽然意识到对两河流域的研究仍然"只是介绍和普及古代两河流域历史文化，尚未进入亚述学研究的学术层面"，③ 但当时的研究条件十分有限，林先生无法接触一手的"楔形文字"材料。在 20 世纪 60 年代初从学习苏联的窠臼走出来后，④ 林先生开始梳理西方史学的发展脉络，将亚述学、埃及学、古典学作为单独的学科进行概念的辨析与梳理。在其未刊的《西方史学探源》和《世界古代史学史简编》中，林先生留下了大量他当时自学楔形文字、象形文字以及这些学科的研究计划，为我们认识其知识结构提供了有力的证据。⑤ "文革"后期已经编写《世界上古史纲》上册，"《史纲》主要成就在于占有丰富的材料，特别是吸收了本世纪六十至七十年代考古的主要新成果，吸收了文献考订和释读的新成就，力图摆脱苏联史学和西方史学的错误和偏见，在某些要点上得出了新的见解"。⑥ 1982年《史纲》下册完成，《史纲》上、下册成为"我国解放三十年来第一部较全面的上古史研究著作，有自己的独立体系，根据大量材料写成"。⑦

改革开放初，中国的世界古代史从业者重新回到教学科研岗位，为了对全国的研究情况有一个全面的了解。林志纯先生曾于 1979 年 8 月世界古代史研究会成立前夕，对我国的世界古代史研究队伍做过一次调查问卷。这次调查十分全面，问卷包括了当时各教学和科研单位以及出版社，退休

---

① 童书业：《〈古巴比伦社会制度试探〉序》，《童书业古代社会论集》，第 425~433 页。
② 林志纯：《敬答范文澜先生》，《日知文集》第一卷，第 235~238 页。
③ 国洪更、陈德正：《中国亚述学研究述略》，《世界历史》2005 年第 5 期。
④ 王敦书：《泰山北斗 一代宗师——林志纯和中国世界古代史学科的建设与发展》，《古代文明》2008 年第 2 期。
⑤ 林志纯《日知文集未刊稿》中收入了 20 世纪 60 年代林先生的多部手稿，从中可以看出林先生发展亚述学、埃及学等学科的初步设想。参见《日知文集》第五卷，高等教育出版社，2012。
⑥ 孔令平：《世界古代史研究的新成果——评介〈世界上古史纲〉上册的几个新观点》，《历史研究》1980 年第 1 期。
⑦ 马克垚：《一部有个性的历史著作》，《读书》1982 年第 3 期。

和生病专家信息也都囊括在内。这次调查是不久后召开的世界古代史研究会成立大会的一项准备工作。为了全面推动世界古代史研究，林先生邀请了民族学家林耀华、翻译家罗念生、世界近现代史的吴于廑等参加大会。从出席大会的人员组成，我们可以看出改革开放初期，世界古代史起步阶段的基本科研力量。出席大会的共 95 人，教授 6 人，研究员 1 人，副教授 9 人，其余的都是讲师、助教以及杂志编辑人员。参会的 6 名教授中只有林志纯先生一人研究方向为世界古代史，还有一人郭守田先生为世界中世纪史研究方向，其余的 4 位都是世界近现代史和区域国别史专业。① 林志纯先生还对全国的世界古代史图书收藏情况进行了调查。通过对全国的各高校和科研单位以及图书馆的调查，了解到新中国成立前的学校和研究机关，根本没有也很少有人想引进什么埃及学、亚述学等学科。结果，我们没有埃及学，没有亚述学，既无专门研究的人才，又无可供专门研究的图书设备。② 这与国外研究形成鲜明的对比。埃及学、亚述学等古文字和古代史研究的分支学科发生和发展的将近二百年，正是西方工业革命和向东方扩张的两个世纪。在中国，一方面是缺乏人才，另一方面是缺乏图书设备，填补空白的任务十分迫切。

　　林志纯先生对于如何发展中国的世界古代史的设想是首先填补图书的空白。百余年来，数以万计的留学生中，不是没有少数人在国外接触这些门类的学问，然而回国之后，得不到甚至最必要的起码的图书资料，最终导致学非所用，用非所学，浪费了多少有心人的聪明才智。对于图书缺乏，最快的办法就是整合已有的图书资源。所以，1983 年 12 月，周谷城、吴于廑、林志纯三人向文化部，向北京图书馆、上海图书馆提出建议，在京沪两地各成立一所"西方古典文明史"③ 图书室，系统地、全面地、有计划地、恒久地充实有关西方古典文明史各基本学科的图书设备，改变我国图书在这些学科门类的落后状态，为使西方古典文明史的图书在科学研

---

① 依据世界古代史研究会成立大会参会名单，现藏于东北师范大学世界古典文明史研究所。

② 周谷城、吴于廑、林志纯：《古典文明研究在我国的空白必须填补》，《世界历史》1985 年第 11 期；另见《新华文摘》1986 年第 2 期。英文版参见 "The Void in the Study of Ancient Civilizations in the Country must be Filled", in *Journal of Ancient Civilizations* 1 (1986)。

③ 西方古典文明史指西方文明起源的历史，近代欧美各国资本主义文化文明，乃至社会主义文化文明，就其主要方面来说，大都可以溯源于此。这里包括古代埃及、巴比伦、希腊、罗马等的历史、语言、文化，涉及以象形文字、楔形文字为基本工具的埃及学、亚述学，以及希腊文、拉丁文的古典之学。

究和教学工作中能适应需要，在认识西方古典文明，从而在认识西方近世文明，起应有的积极作用，尽速地筹建。同时，也考虑到一时难以实现所有的图书需求，所以为了适应急需，他们建议西方古典文明史图书室可以一边向国外购书，一边先把国内所有有关的图书杂志，一律加以复印，集中起来，凡国内有的，分散各单位的，都集中到北京图书馆和上海图书馆。① 他们认为学科发展最急迫的是填补图书空白。对于如何整合师资力量，改变人才匮乏的现状，林志纯先生 1981 年在东北师范大学整合师资力量成立西亚、北非、欧洲史教研室，打算利用原有师资循序渐进改变研究落后状况。

　　然而，此后两年时间内，林先生逐渐意识到要在中国填补亚述学的空白，只靠购买图书远远不够，应该建立一套专业人才培养的体系。促使林先生观念发生改变的一个人是杨炽。在杨炽与林先生的通信中，可以读到许多国外亚述学人才培养的介绍。例如，在杨炽 1982 年 10 月 10 日的来信中介绍道："这季度选的三门课是：苏美尔文（第一年苏美尔文的第三个季度）教授是 Miguel Civil。班里只剩我一人，另外那男生改行不干了。这老先生显然比去年那教授更有水平，班上只剩我一人，他似乎也不象别人反映的那样不耐心。也许因为同为'外国人'，他对我格外照顾罢。这头一周我们在念 lexical list。看样子这门课能学不少东西，我很高兴。第二门课是 Mari Letters，老师是一个年轻女的，叫 Martha Roth，不是正式教授。……第三门是 Introduction to Mesopotamia Archaeology，教授是 M. Gibson，很有水平。这里考古已不仅是瓶瓶罐罐，而包括很多人类学或国内史学的内容，强调考古学的目的在于解释古代社会发展的规律。"② 在与杨炽的持续通信中，林先生对国外亚述学人才培养的模式有了较为清晰的认识。

　　接下来的一个重要事件，让林先生感到填补我国亚述学空白学科的迫切，也坚定了中国学者填补亚述学空白的决心。1983 年夏文物局收到收藏家薛慎微的两件骨化石铭文，辗转找到正在北京开会的林志纯先生。林先生当即断定铭文内容为楔形文字，并答应让学生翻译。在北京接触马骨楔铭后，林志纯先生非常兴奋，因为这是我国首次发现刻有外国古文字的文物。1899 年首次发现甲骨文到 20 世纪 80 年代，近百年间每每听说我国出

① 周谷城、吴于廑、林志纯：《建议尽速在北京图书馆、上海图书馆设立"西方古典文明史"图书室》，1983 年 12 月 17 日。此件复印件保存于东北师范大学世界古典文明史研究所。
② 杨炽 1982 年 10 月 10 日致林志纯信，现藏于东北师范大学世界古典文明史研究所。

土的甲骨文流散到海外，唯独没有听说过外国古文字流入我国的说法。在中国首次发现阿卡德文马骨楔铭，这对于长期致力于填补中国亚述学空白的林先生意义尤为重大。同时，马骨楔铭的出现对正在筹划世界古代史学科发展的周谷城、吴于廑和林志纯三位学者的触动是具体而明显的。马骨铭文所代表的外国古文字的出现，对于中国世界古代史学界这三位重量级学者而言无疑是一次挑战。中央民族学院王静如和林志纯先生虽然都认出是楔形文字，却无力识读，留学英伦的夏鼐先生也束手无策，更令人不可思议的是居然有彝语学者认为铭文是古彝语。楔形文字文物的出现引发了三位教授的思考，促使他们下定决心，在中国培养亚述学专门人才。周谷城、吴于廑、林志纯三老联名上书教育部，呼吁学界行动起来培养亚述学、埃及学的专门研究人才，开始将日渐成熟的想法付诸行动。① 他们已经清楚地认识到，只是购买图书不足以填补我国在亚述学等古代史方面的空白。

1984 年 4 月 28 日，周谷城、吴于廑、林志纯三位联名向教育部上书，要求建立世界古典文明史试办班和研究室。文件开头是这样写的："去年十二月我们曾上书教育部和文化部，建议加强'西方古典文明史'的人才培养和图书购置工作，光明日报又将购书建议公开发表，引起各方面的强烈反响，得到有关领导的重视和积极支持。教育部曾经派人多次研究具体落实方案，复旦大学、武汉大学、东北师大三校领导同志也给予全力支持和赞助。四个月来情况又有新的发展。为了填补世界古代史学科一些空白点，为了培养更多面向现代化、面向世界、面向未来的新型史学人才，我们与有关方面多次磋商，与有关校系负责同志反复研究，现提出如下的意见和建议，请教育部领导审批。"② 1984 年 12 月 30 日教育部 84【051】号文件对三位教授建议填补亚述学、埃及学、西方古典学学科空白的倡议做出批复，支持他们的提议，填补这些学科在中国的空白。

---

① 周谷城、吴于廑、林志纯三位教授有多份文件提交文化部和教育部，包括购买图书、建立研究机构、迁移研究机构到北京、在北京图书馆设立专门古典学图书室等事项，这些文件现藏于东北师范大学世界古典文明史研究所。（周谷城、吴于廑、林志纯：《古典文明研究在我国的空白必须填补》，《世界历史》1985 年第 11 期；另见《新华文摘》1986 年第 2 期。英文版参见 "The Void in the Study of Ancient Civilizations in the Country must be Filled", in *Journal of Ancient Civilizations* 1（1986）。2019 年 6 月 29 日，本人对刘家和先生的访谈）

② 这份《关于加强世界古典文明史研究工作的意见和建议》1984 年 4 月 28 日由上海发出。复印件现保存于东北师范大学世界古典文明史研究所。

今天，我国的亚述学有老、中、青三代学者活跃于学界，他们在楔形文字研究、两河流域政治史、两河流域年代学、汉谟拉比法典研究等问题上取得突出成绩。经过三十余年的发展，我国的亚述学"实现了与国际同行对话的飞跃"，① 不但在国内外学术杂志上发表了许多颇有分量的论文，而且在国内外出版了几部具有国际影响力的专著。

① 典型的案例如，1998 年，拱玉书获德国洪堡奖学金，赴德国进行楔形文字字名研究；1998~1999 年，吴宇虹赴美国，任宾夕法尼亚大学客座研究员，参加了《苏美尔字典》(*The Sumerian Dictionary*) 的编撰工作；等等。详情参见国洪更、陈德正《中国亚述学研究述略》，《世界历史》2005 年第 5 期。2005 年以后，更多学者的著作陆续面世，如于殿利《巴比伦法的人本观》，生活·读书·新知三联书店，2011；Xianhua Wang, *The Metamorphosis of Enlil in Early Mesopotamia*，AOAT 385，Ugarit-Verlag，Münster，2011；Xiaoli Ouyang, *Monetary Role of Silver and Its Administration in Mesopotamia during the Ur Ill Period*（*c. 2112-2004 BC*）: *A Case Study of the Umma Province*，Biblioteca del Proximo Oriente Antiguo，Madrid，2013；Changyu Liu, *Organization, Administrative Practices and Written Documentation in Mesopotamia during the Ur III Period*（*c. 2112-2004 BC*）: *A Case Study of Puzriš-Dagan in the Reign of Amar-Suen*，Ugarit-Verlag，Münster，2017；等等。

辽金史学之纛：陈述先生的
辽金史研究路径

李　阳　李玉君

（辽宁师范大学历史文化旅游学院，辽宁大连　116081）

摘　要：陈述先生是 20 世纪享誉海内外的著名辽金史学家、民族史学家。他早年受陈垣先生"史学爱国主义"思想的影响而选择从事辽金史学研究，因为辽史领域的突出贡献而与冯家昇、傅乐焕并称"辽史三大家"。陈先生以"求实"作为学术追求，其治学路径表现出既广博又精深的特色，集"德、学、才"学术素养于一身。他治学严谨，在掌握扎实史料的基础上积极创新突破，同时也乐于提携后辈、硕果累累，对中国近现代的辽金史研究的发展有着无可替代的影响。先生倾注毕生心血致力于辽金史研究的可贵精神，堪为后学楷模。

关键词：陈述　辽金史　《辽史补注》　《辽金史论集》

陈述（1911~1992），河北乐亭县人。因其在辽金史研究方面多有建树、成就卓越，被誉为当代整理辽金契丹女真史料和研究的奠基人。[①] 先生早年的学术研究侧重于契丹、辽史研究，与同时期的另外两位辽史专家冯家昇和傅乐焕并称"辽史三大家"。当前，学术界对陈述先生的介绍集

[①]　佟柱臣：《怀念陈述先生》，载景爱编《陈述先生纪念集》，内蒙古教育出版社，1995，第19 页。

中于他的学术经历①、生活境遇②、著作概况③等方面，而对他作为"一代宗师"④"辽金史学之纛"⑤的辽金史研究路径则鲜有专文论述。兹据陈述先生主要论著以及相关文章，对其承前启后、独辟蹊径的辽金史研究的治学特点进行梳理和总结，以为后学之借鉴。

一

陈述先生能够走上史学研究之路，与其诗书之家的家庭环境关系密切。父亲是一位受人尊敬的乡村教师，曾为兴办学校而自筹经费、聘请教师并亲自执教，数十年来惠学桑梓、桃李遍地。陈述幼时便跟随父亲诵读"四书"等经典名著，养成了勤奋刻苦的优良品质。他天资聪颖，在县城高等小学就读时两次获得全县会考第一名。后来到北京上中学时他曾两次转校，养成了自学习惯。1929年从北京求实中学毕业后，他于同年考取了北京大学和北京师范大学预科班（高中部）。因为史学大师陈垣素有名望，陈父仰慕陈援庵教授之名，于是陈述选择到陈垣先生任教的北京师范大学去读书。

当时，北京师范大学和北京大学的教师互相兼职授课。除陈垣先生外，另有诸多国学名师、史学大家在师大授课，如朱希祖的《史学概论》、钱玄同的《清代学术思想》、吴检斋的《国学概论》、陈垣的《史源学实

---

① 刘凤翥：《陈述先生的生平、师承及学术贡献》，载刘凤翥、华祖根、卢勋《中国民族史研究4》，改革出版社，1992；张峰：《历史语言研究所与陈述的辽金史研究》，《淮阴师范学院学报》（哲学社会科学版）2014年第5期，第611~615、700页。

② 景爱编《陈述先生纪念集》；景爱：《陈述学术评传》，台湾花木兰文化出版社，2006；宋德金等编《纪念陈述先生逝世三周年论文集 辽金西夏史研究》，天津古籍出版社，1997。

③ 景爱：《陈述先生民国年间论著叙录》，载辽宁省博物馆、辽宁省辽金契丹女真史研究会编《辽金历史与考古》第3辑，辽宁教育出版社，2011，第365~379页；景爱：《建国以后陈述先生论著叙录》，载辽宁省博物馆、辽宁省辽金契丹女真史研究会编《辽金历史与考古》第4辑，辽宁教育出版社，2013，第391~430页；景爱：《陈述先生遗稿叙录》，载辽宁省博物馆、辽宁省辽金契丹女真史研究会编《辽金历史与考古》第2辑，辽宁教育出版社，2010，第1~12、421页。

④ 穆鸿利：《一代宗师 风范长存——忆老会长陈述先生治学二三事》，载景爱编《陈述先生纪念集》，第86页。

⑤ 满学专家金启孮先生曾亲笔题词言陈述先生为"辽金史学之纛"，其手迹以图片的形式收录在《陈述先生纪念集》插图部分，见景爱编《陈述先生纪念集》，插图部分第8页。

习》和《史学名著评论》、张星烺的《中西交通史》、陆懋德的《考古学》。① 陈垣先生在课堂上常讲要把研究中国史的中心夺回来，这一"爱国主义史学"的思想影响着年轻的陈述。当时正值九一八特殊时期，本着"书生报国"的信念，陈述也愿意了解一些东北史事，最终选择了与东北史地紧密相关的辽金史作为研究方向。名师的谆谆教诲，再加上自己兴趣浓厚、用功勤勉，陈述早早便展现出了史学天赋。

　　陈述处女作是发表于 1933 年的《蒋心馀先生年谱》。② 作者署名之前有"历史系三年级"两行六个小字。此文篇幅有 50000 余言，附录部分列出征引书目多达 123 种。文中的蒋士铨（1725~1785），字心馀，乾隆二十二年（1757）进士，有"诗仙"之称，是陈先生喜爱的文学家。1935 年，他为完成史源学课程的作业而作《补南齐书艺文志》③ 一文；该文引证丰富、考证精详。当时上海开明书店筹印《二十五史补编》，顾颉刚先生在北京替开明书店求访、组织书稿，力推陈述此作，遂得刊印其中。同年，陈述又参考《元史氏族表》体例并斟酌、改订，撰成《金史氏族表初稿》一文。陈垣将该文推荐给胡适、陈寅恪并请他们估计作者的年龄。寅恪先生看了以后猜测"可能在四十左右"，没想到只有二十一二岁。④《金史氏族表初稿》又被陈寅恪推荐给时任史语所所长的傅斯年，得到认可并被刊发在《国立中央研究院历史语言研究所集刊》1935 年第 5 卷第 3 期，而陈述也因此得以进入史语所工作。名师的倾心指导、良好的学术环境再加上自身的天赋与努力，年仅 24 岁的陈述便得到陈垣、陈寅恪、傅斯年、顾颉刚等多位史学大家的赏识并提前进入人才济济的史语所工作，不可不谓"年少成名"。作为近代新史学研究机构的史语所为陈述提供了新的平台，也深深地影响着他的学术生涯。

　　1940 年，东北大学在四川三台成立东北史地经济研究室，东北史、辽金史家金毓黻先生负责主事，借调并聘请年轻的陈述为研究员到研究室工作。他也是当时史语所最年轻的研究员。之后战乱四起，史语所几经搬迁，最后落脚台湾，陈述先生便没再回史语所。后来先生历任复旦大学、

---

① 刘凤翥：《陈述先生的生平、师承及学术贡献》，载刘凤翥、华祖根、卢勋《中国民族史研究 4》，第 12–20 页。

② 陈述：《蒋心馀先生年谱》，《师大月刊》1933 年第 6 期，第 230~270 页。

③ 陈述：《补南齐书艺文志》，《师大月刊》1935 年第 22 期，第 275~360 页。

④ 《陈述自述》，载高增德、丁东编《世纪学人自述》第 4 卷，北京十月文艺出版社，2000，第 179 页。

济南大学、北京师范大学、中法大学、燕京大学教授。年少成名的陈述先生并未因取得一时的成绩就志得意满，而是一如既往地将精力投入史学研究当中。他在辽金史领域的非凡建树固然与其天赋有关，更与其秉承的治学态度、采取的研究路径不可分割。

二

　　陈述先生在辽金史研究领域成绩斐然，对辽金史研究的兴起、发展、变革、推广等方面影响巨大。就个人学术角度而言，他从初期的"文献本位研究"转向了后来的"问题本位研究"，这一研究范式的转变推动了 20世纪上半叶辽金史研究范式的变革。就学科发展角度而言，他对辽金历史地位的评价和认识，彻底打破了封建的辽金史观，肯定了契丹、女真民族在中华民族形成过程中的重要作用。从此，辽金历史正式被人们所接受并纳入中国古代史体系当中，加深了人们对中华民族"大一统"观念的理解。就人才培养角度而言，陈述先生晚年致力于辽金史学的推广事业，积极为辽金史研究的发展创造平台。在先生的努力倡导下，成立了"中国辽金史研究会"这一专门的辽金史学交流研究机构，相应的出版刊物《辽金史论集》也应运而生。由此论之，"一代宗师"和"辽金史学之纛"的评价并非过誉。

1. 研究范式变革：从"文献本位"到"问题本位"的转换

　　20世纪初，史学革命思潮迭起，新历史考证学、史料学骤然而兴，学界对辽金史的研究既有传统性的继承又有时代性的创新。如冯家昇著有《辽史源流考与辽史初校》《辽金史地理志互校》《〈辽史〉与〈金史〉新旧〈五代史〉互证举例》，傅乐焕著有《宋辽聘使表稿》《辽史复文举例》《宋人使辽语录行程考》，黄任恒的《辽痕五种》即《辽代年表》《辽代文学考》《补辽史艺文志》《辽文补录》《辽代金石录》，金毓黻的《宋辽金史》及其对辽金史的考证研究。① 以上诸作，虽有新的辽金史料的应用，但仍未能跳出传统考据学、金石学的窠臼，"史书本位"依然主导着辽金史学的研究方式。陈述先生早期的辽金史研究也是从文献整理着手，如前文提及的《补南齐书艺文志》《金史氏族表初稿》等作品。综观陈先生的

---

① 李玉君、张新朝：《金毓黻先生与辽金史研究》，《史学史研究》2016 第 3 期，第 52~59 页。

辽金史研究，对辽代史料的搜集与整理是重要的工作之一。1971～1974年，先生在中华书局出色地完成了《辽史》90 万字的点校工作，校勘出其中讹误 1131 条，① 完善了珍本《辽史》，夯实了史料基础，促进了古籍整理事业的发展。他一直秉持"全面占有材料，在历史研究中是最重要的环节"② 的原则。他希望倾尽余力拓展辽史史料来源，以弥补"辽史太简略""辽史最简略"的缺憾。其《辽史补注》被称为"契丹史事之总集"③"一代史料的总集"④。

陈述先生的辽金史研究视角的转向，是在他进入史语所工作后开始的。在史语所倡导的"新材料""新工具""新问题"的工作旨趣影响下，他开始思考辽金史的研究工作如何展开。先生认为，"辽金之初，习俗近乎原始。生活状态，无异洪荒。论时虽当于汉唐，而疏通解释，仍有当知远古之研究。始能窥其梗概，即袭取汉人之事，亦未可全纳于彬彬之型式，如科举选士，辽固行之矣，然种人不得应考，别有林牙之名，犹言翰林也。皮室为军名，亦用为官号，同为耶律而有宗室（横帐）庶姓之分，是皆有待于辨析考订……"⑤ 可见，先生关注契丹民族自身独有的特点，且认为史料中可考订者很多。随即，他先后发表了《阿保机与李克用盟结兄弟之年及其背盟相攻之推测》《曳落河考释及其相关诸问题》等专题性成果。显然，此时的研究已经跳出了传统的"书本位"，而代之以"问题本位"为基点的考证研究。

1939 年，陈先生发表了《契丹世选考》《头下考》两篇与辽代制度相关的成果，后来又撰有《头下释义》。此时的陈述对金代典章制度的问题产生了兴趣。他发现"自溥因苏冕所制为《唐会要》，历史遂具此一体踵而续者，列代皆有会要之书（或作典章会典）辽金独阙（尤氏《遂初堂书目》列有《契丹会要》以佚）其典制遂无专著"。⑥ 遂即他发愿要依"会要"的体例辑录辽金史迹，要做成"辽金典制之论集"。于是就有了 20 世纪上半叶辽金史研究的革新作品《契丹史论证稿》。日本学者鸟居龙藏评

---

① 陈连开：《怀念辽金史学的一代宗师》，载景爱编《陈述先生纪念集》，第 81 页。
② 陈述：《全辽文》，中华书局，1982，前言第 1 页。
③ 陈寅恪：《辽史补注·序》，载（元）脱脱等撰，陈述补注《辽史补注》，中华书局，2018，第 1 页。
④ 顾颉刚：《辽史补注·序》，载（元）脱脱等撰，陈述补注《辽史补注》，第 3 页。
⑤ 陈述：《辽金制度考订序》，《志林》1943 年第 4 期，第 2 页。
⑥ 陈述：《辽金制度考释序》，《志林》1943 年第 4 期，第 2 页。

价"此书乃庄重出版品，系最有价值之一编政事史"，称赞"近代契丹史中之深具兴味者，读之对著者高见不胜钦佩"，感叹"辽史研究的杰出作品""我还要等着再做一次光荣的评介"。①

陈述先生本人也曾提起："这是一本比较深入的讨论辽代历史的书，经过斟酌去取。目的在用史料阐说祖国南北文化的结合奠定了祖国统一的基础。"② 另外，有学者认为《契丹政治史稿》包含了一系列有关契丹社会和政治制度各方面以及各种政治事件以令人感兴趣的、有些是独有见地的论文。③ 这一专著的出版，标志着契丹史研究已由对官修《辽史》的校勘、补正，转入综合研究的新阶段。④ 穆鸿利先生则认为，"他改变了前人对辽金史研究，一直停留在对官修史书辽、金二史的校勘、补正、辑佚，而陈先生则运用唯物史观，按照社会历史进化，民族平等、团结、进步、融合、发展的观点，来研究契丹、女真的社会发生、发展以及民族关系"。⑤

2. 学术观念突破：辽朝、金朝历史地位的重新认识

传统的辽金史观主张"以宋史为主，辽金二史从之"或"以辽金附宋"。20世纪以来，金毓黻最先从民族与史实两方面对辽金的历史地位进行评价，可视为两种情况，皆有理可据。⑥ 但金氏未能就契丹、女真之民族地位与作用，以及其在中华民族历史进程中的贡献与影响，明确肯定辽金两朝在历史进程中的不可替代地位。关于辽金历史地位的论述，陈述先生在《契丹史论证稿》中已有提及。在讲到"契丹民族之构成"时说："契丹为中华民族的一支，故契丹威名之广溢，亦吾中华民族之光荣。"⑦ 此论断已经明显将契丹纳入中国多民族统一的大家庭来，直接推翻了以往"大汉族主义""异族论""敌国政权"的辽金史观。陈先生能在30年代就用这样的观点来阐述契丹历史，这在当时不仅学术观点正确，而且有深

① 〔日〕鸟居龙藏：《陈述著〈契丹史论证稿〉》，《燕京学报》1951年第40期，第268~280页。

② 《陈述自述》，载高增德、丁东编《世纪学人自述》第4卷，第187页。

③ 〔德〕傅海波、〔英〕崔瑞德编《剑桥中国辽西夏金元史：907-1368年》，史卫民等译，中国社会科学出版社，1998，第675页。

④ 景爱：《陈述先生民国年间论著叙录》，第365~379页。

⑤ 穆鸿利：《一代宗师 风范长存——忆老会长陈述先生治学二三事》，载景爱编《陈述先生纪念集》，第88页。

⑥ 金毓黻：《宋辽金史》，商务印书馆，1946，第1页。

⑦ 陈述：《契丹史论证稿》，山西人民出版社，2014，第13页。

刻的现实意义。① 当然这与当时日本人侵略，企图霸占我国东北地区国土的社会背景是息息相关的。

20世纪60年代，在《契丹社会经济史稿》中，陈先生又指出，契丹"建国二百余年，形成国史上又一次南北朝，在此期间，他们加强了北边部落的联系，沟通了长城南北的某些隔阂、差别，为祖国统一准备了有利条件。对于当时和以后的各族人民，都有不少直接间接的影响"。② 这是以马克思主义史学理论、政治经济学和哲学理论，统率全局并深入腠理地研究和撰写了契丹社会经济史，以不同于以前的民族学说、社会经济学说、阶级学说和国家学说为指针，给契丹社会经济史一个不同以前的新貌，并明确地肯定了契丹是中国的契丹，是中国历史又一个南北朝中的契丹。③

80年代，在《契丹政治史稿》中，陈先生直接将《契丹史论证稿》原第一篇"亚洲之游牧民族"改编为"契丹在祖国历史中的地位"。这是对辽金历史地位认识的深化。文中特别强调了契丹族的强大及在祖国历史进程中五方面的贡献。后来，先生另撰专文《辽金两朝在祖国历史上的地位》，深入分析了辽金政权在中国历史进程中的作用、贡献及影响，解释了"为什么说辽金是祖国历史重要的朝代"，阐释了辽金300年时间是中国历史上再一次的南北朝，也是历史上一条分界线。

3. 学术平台创建："辽金史研究会"与《辽金史论集》的创办

以"学会"的方式推动辽金史研究的发展、扩大影响力，是陈述先生从事辽金史研究的一大创举。陈述先生学术生涯的后期，除继续补注《辽史》外，最重要的一项工作就是筹划辽金史今后的发展方向。1982年6月，在先生的多方奔走下，"中国辽金、契丹、女真史研究会"（简称"中国辽金史研究会"）在沈阳成立，会长由陈述先生担任。到1991年，近十年时间，陈述先生前后共主持学会活动五次。在研究会的促进下，众多的国内外学者参与到辽金史研究的热潮中来，不仅产出了大量的学术成果，还出现了许多知名的辽金史专家。有学者称赞陈述先生："创建中国辽金史会，是其对社会的重大贡献，他推动了辽金史研究的发展，培养了

---

① 王宏志：《读〈契丹史论证稿〉和〈契丹政治史稿〉》，载宋德金、景爱等《纪念陈述先生逝世三周年论文集 辽金西夏史研究》，第208页。

② 陈述：《契丹社会经济史稿》，生活·读书·新知三联书店，1963，第1页。

③ 舒焚：《读〈契丹社会经济史稿〉》，载宋德金等编《纪念陈述先生逝世三周年论文集 辽金西夏史研究》，第225页。

一大批辽金史研究专家，其功绩永垂青史"。① 因此，他被赞誉为"一代宗师昭史册，毕生心血写辽金"。②

伴随中国辽金史研究会的成立，相应的国内出版物《辽金史论集》也在众多会员的呼声中产生。这是国内第一个以辽金史专题为研究的刊物，对辽金史研究的推广与传播具有重要的现实意义。在陈述先生的主持下，先后出版了《辽金史论集》五辑，从约稿、审稿、定稿，他都事必躬亲，并经常强调《辽金史论集》要按时出刊，保证质量："我们的书也好，论文集也好，都必须保持质量，那才站得住脚。"③《辽金史论集》作为辽金史学研究交流的重要媒介，为众多辽金史爱好者提供了一个平台，成为中外史学交流的窗口，为推动辽金史研究做出了重大贡献。《辽金史论集》第一辑 34.5 万字；第二辑 25 万字，第三辑 25 万字，第四辑 29.3 万字，第五辑 28.1 万字，十年之内出版共计 142 万字的论文集。④《辽金史论集》至今已经发行十七辑，现在仍是刊行辽金史研究成果的重要刊物，依然活跃在学术前沿。

另外，普及辽金史研究，使国内外广大读者更多地了解辽金史的相关内容，也是陈述先生晚年学术研究的重点之一。为推广辽金史研究，耄耋之年的陈述不顾舟车劳顿，曾到各地去访问讲学。1989 年，他应美国之邀，在亚利桑那大学、加利福尼亚大学伯克利分校、斯坦福大学等校讲学，将中国辽金史研究介绍到海外去，促进了辽金史研究的国际化。1990年，台湾邀请陈述先生以"杰出学人"的身份赴台讲学。香港中文大学也曾邀请他去讲学。不仅如此，陈先生还十分注重辽金史学在生活中的普及问题。他曾说："社会上不少人对辽金的历史知识，是由《杨家将》、《精忠传》一类戏剧小说传播的。作为古典文艺，我们可以从中了解这些作品反映的时代以及人们反抗民族压迫的情绪和要求；就历史事实说则有不当，如将少数民族人物不加分析一律加以丑化就很不妥。我们有责任写出科普读物，向广大读者介绍辽金的历史知识。"⑤ 因此，他编撰了普及读

① 景爱：《陈述学术评传》，第 66 页。
② 景爱：《一代宗师昭史册 毕生精力著辽金——怀念业师陈述先生》，《昭乌达蒙族师专学报》（汉文哲学社会科学版）1992 第 4 期，第 11~14 页。
③ 朱子方：《陈述先生与中国辽金史研究会》，载景爱编《陈述先生纪念集》，第 5 页。
④ 景爱：《陈述学术评传》，第 75 页。
⑤ 陈述：《辽金两朝在祖国上的历史地位》，《辽金史论集》第 1 辑，上海古籍出版社，1987，第 8 页。

物——《辽代史话》，这是一本通俗易懂的辽代历史论著。《辽代史话》用科学的方法，纠正并介绍了许多辽代史实，是非常适合大众需求的史学读物。

三

陈述先生独具特色的史学研究路径，与其学习经历与经验密切相关。他虽然没有将自己的研究方法、理论进行总结，但通过其弟子与友人的回忆与描述，仍可大致窥探。先生在传授专业知识与技能的同时，常从学业、治学、为人三个方面叮嘱后辈："治学以'德'为先，以'实'为本，形成德、学、才三位一体。只有这样，方能奠定治学之基础。"① 陈述先生知行合一，其辽金史研究兼具"史学、史才、史德"的学术素养，其虚怀若谷的学风在学术界有口皆碑，好友和后辈无不称赞。

"史学"方面，陈述先生十分注重基础知识的建构，常常强调史料在史学研究中的重要性，并毕生坚持史料的整理与研究工作。在北京师范大学史学系学习期间，先生曾做过关于史学研究的四项系统的练习：《陈范异同》《补南齐书艺文志》《蒋士铨年谱》《金史氏族表初稿》。他说："四项都属于习作，实际是沿着二十四史看书、查书，通过实践印象深。"② 深入分析之后可以发现，这四项基础的史学训练包含了四种史学知识的建构：考察史籍的差别、重叠问题，掌握目录学的知识，练习编年、熟悉编年传记，增强对史书的体例的斟酌、改订能力，同时要博览同时期的相关文献。这四项史学基本功的锻炼，使得陈先生对史料的分析、把握能力十分突出。

至于先生对史料的重视，则体现在其辽史史料整理与研究的集大成之作——《辽史补注》上。中华书局 2018 年版《辽史补注》共 116 卷、3774 页。据先生弟子景爱先生统计，《辽史补注》的手稿篇幅 270 万～300 万字，印成书后按版面计算，字数可能达到 360 万字，征引数目 964 种。③ 1974 年点校本《辽史》共 116 卷、1612 页，按版面计约 90 万字。2017 修订本《辽史》共 116 卷、1755 页，约 113 万字。由此可知，《辽史补注》

---

① 刘英航、徐殿文：《献身学术提携后学——怀念良师陈述先生》，载景爱编《陈述先生纪念集》，第 62 页。

② 《陈述自述》，载高增德、丁东编《世纪学人自述》第 4 卷，第 179 页。

③ 景爱：《陈述学术评传》，第 51 页。

篇幅约为点校本《辽史》的 4 倍、修订本《辽史》的 3 倍。《辽史补注》不愧为"契丹史事之总集"①"一代史料的总集"②。又有学者称赞《辽史补注》网罗宏富、编排有法，显然已是一部有关契丹和辽史的集大成之作。③

"史才"方面，陈述先生治学，常常会思考做学问的问题，且积极借鉴他人的治学经验。初入史学门槛的陈述就注意到《金史》之阙《氏族表》，曾言"始读金史，感女真姓名之驳杂，深为苦之，读至百官志，渐觉有线索可寻，往复比较，始稍辨习"。④ 于是在陈垣先生的指导下，他搜集宋、辽、金、元各史及同时期的其他文献，"凡遇金源人名，辄随手钩乙，积日既久，朱墨满卷。因略仿钱氏之例，著手编缀"。⑤ 最终他参考《元史氏族表》体例并斟酌、改订，撰成《金史氏族表初稿》。当时恰逢陈垣先生与胡适、陈寅恪等学人每周为讨论学术而进行的约会，据陈述先生回忆，援庵先生把《金史氏族表初稿》交给两位先生看，并请估计作者的年龄。寅恪先生看了以后说："可能在四十左右。"陈垣先生说："他只二十一二岁，是我的学生。"寅恪先生感到陈述还很年轻，说："你让他跟我见个面。"⑥ 傅斯年先生决定聘用陈述到史语所去工作也是由这篇文章而起。对于尚未大学毕业的陈述来说，能够获得史学大家陈寅恪、傅斯年的青睐，这是对他史学研究能力与成绩的一种肯定。也正是这样，陈述便在当时的学界小有名气。

陈述先生总说："学问没有止境，任何学问都是积累的、长期的接力工作，所以不能不研究前人的经验教训。见贤思齐向人学，见有不合适的地方，就不再走弯路。"⑦ 陈述在师大学习时，其授业教师陈垣、朱希祖、陆懋德诸先生常告诫学生，平时多注意史学史，既纵观整个史学的发展，也留心具体著作的某些技术细节。注意前人有哪些成就，哪些美中不足的地方。他曾阅读柯绍忞所撰《新元史》，并对其学术手段进行了总结，积

---

① 陈寅恪：《辽史补注·序》，载（元）脱脱等撰，陈述补注《辽史补注》，第 1 页。
② 顾颉刚：《辽史补注·序》，载（元）脱脱等撰，陈述补注《辽史补注》，第 3 页。
③ 崔文印：《斯人已去 风范犹存——记陈述先生》，载景爱编《陈述先生纪念集》，第 105 页。
④ 陈述：《金史氏族表初稿》，《国立中央研究院历史语言研究所集刊》1935 年第 3 期，第 327~459 页。
⑤ 陈述：《金史氏族表初稿》，第 327~459 页。
⑥ 《陈述自述》，载高增德、丁东编《世纪学人自述》第 4 卷，第 179 页。
⑦ 《陈述自述》，载高增德、丁东编《世纪学人自述》第 4 卷，第 180 页。

累了治学的经验。他说："柯绍忞就是在工作上疏忽了这一点，他虽然已经利用了当时所能利用的新材料，如《元史译文证补》、《永乐大典》等，作了渊博精深的考订，但是他没有从欧阳修的工作里吸取经验：新史既行，旧史不废。新史既不能代替旧史，则作新史就是给读者添麻烦。我们应当提供读者以新材料、新知解，又要尽可能节省阅读时间，便于翻检，这才是理想的办法。"①

"史德"方面，陈述先生身体力行，治学常以"求实""精专"来要求自己。他的学生回忆陈先生研究历史要"做出实事求是的科学评价，绝不受名、利、势和时俗的干扰，所持学说经得起时代的推敲和历史的考验。这充分说明了在先生的身上流传着严肃治学的正派学风"。② 陈述也常教导学生要刻苦用功："寒窗一月，残灯一席，讽诵达旦而喉舌不罢劳……或掩卷推灯，就席杜目而坐，耳不属，口不诵而心通，人或呼之，再三莫觉。"③ 这正是他自己醉心研究的真实写照。陈述先生还时常以"学术国防"的爱国思想来告诫自己的学生史学研究具有很重要的现实意义，应当学以致用。在先生的培养提携下，辽金史方向人才辈出、欣欣向荣。

总览陈先生的著述，皆在辽金史研究这一门类，不可不谓之精研。陈先生回忆："初谒寅恪先生于姚家胡同，先生为言：王观堂先生学识广博，但其兴趣常转变，若专以为之，其成就当更大。因是初见，承谆谆相嘱，故记忆深刻，长期志之不敢忘。翻阅书史，以唐宋辽金元为主，不敢多读汉唐以前书。"④ 又《辽史补注·后记》中载："述初读《辽史》时，尝置《辽史拾遗》《拾遗补》于侧，觉有未安，随手查阅。后因翻检之不便，遂和两者为一书。偶有新知，亦附注书眉。"⑤ 抗战开始以后，陈书先生携家转徙后方，将书稿带在身边。虽时局不利，条件艰苦，仍牢记研究增补《辽史》之志。这种持之以恒的治学精神，深深地影响着他的学生。历史学家陈连开曾回忆："先生著作等身，而以 60 年如一日辛勤耕耘从未稍

① 《陈述自述》，载高增德、丁东编《世纪学人自述》第4卷，第180页。
② 刘英航，徐殿文：《献身学术提携后学——怀念良师陈述先生》，载景爱编《陈述先生纪念集》，第63页。
③ 刘英航、徐殿文：《献身学术提携后学——怀念良师陈述先生》，载景爱编《陈述先生纪念集》，第63页。
④ 陈述：《辽史补注·后记》，载（元）脱脱等撰，陈述补注《辽史补注》，第3773页。
⑤ 陈述：《辽史补注·后记》，载（元）脱脱等撰，陈述补注《辽史补注》，第3773页。

怠，凡有论著，出手都不以快捷取胜，苟有所作，必慎之又慎，故既有博大精深的特点，又有发覆识微的慧眼，往往发前人所未发，蔚然有史林大家风范。"①

　　陈述先生作为近代辽金史研究的开创者与奠基人之一，其治学方法为后学提供了借鉴。作为"辽史三大家"之一，与冯家昇、傅乐焕相比，陈述先生的史学研究独具特色。首先，冯、傅两位先生的治学领域侧重于契丹、辽史，对女真、金史研究不够；陈述则将契丹、辽史与女真、金史并重。其次，冯家昇侧重在原有的史料基础上，研究契丹习俗、追溯辽史史源；② 傅乐焕善于通过史料探讨辽宋关系及辽代疆域地理问题；③ 陈述则拓展已有材料并展开研究，他的研究范围更广，内容涉及辽金时期的政治、文化、民族、经济、军事等诸多范畴。最后，新中国成立之后，由于国家需要，冯、傅的研究方向发生了转变，由辽金史研究转向了民族史研究，之后未再回归。陈述则倾其一生，专注于辽金史探索。就辽金史而言，三人中以陈述先生成就更多、影响最大。

　　陈述先生以其进步的治学思想，引领着近代辽金史研究的发展潮流。在陈先生多方面的努力与推动下，我国的辽金史研究实现了质的提升，步入了一个活跃的崭新局面。他的"史学"素养，提醒了后辈学者要筑牢史学基础、讲究史料在史学研究中的重要性。他的"史才"素养揭示了史学研究中"问题意识"与"吸取经验"是学术研究的重要方法。他的"史德"素养，为后辈学者的治学态度、学术追求树立了模范。先生毕生倾注心血于辽金史研究，如同一面旗帜引领着辽金史研究的发展与繁荣。陈述先生堪为楷模，其独具特色的研究路径与治学态度永远值得我们借鉴学习。

① 陈连开：《怀念辽金史学的一代宗师》，载景爱编《陈述先生纪念集》，第82页。
② 李玉君、李阳：《冯家昇先生与契丹辽史研究》，《史学史研究》2022年第2期，第51~59页。
③ 李玉君、李阳：《傅乐焕先生与辽史研究》，《南开学报》（哲学社会科学版），2022年第3期，第11~20页。

胡华的党史人物撰述思想

韩建萍

（云南师范大学历史与行政学院，云南昆明　650500）

摘　要：胡华是中共党史领域的开拓者。他在大量党史研究中，形成丰富的党史人物撰述思想。他深刻阐述党史人物撰述的重要意义；倡导独到的编纂方法：将实事求是原则运用于党史人物撰述中，充分利用档案和回忆录，用精审的态度和开创性的方法对待纷繁复杂的材料，对党史人物进行恰当评价。他注意与党的思想保持一致，结合解放思想的时代背景，通过对党史人物光辉形象的树立，为中国共产党波澜壮阔的历史增光添彩。

关键词：胡华　党史人物　撰写者

中国共产党十一届六中全会通过了《中国共产党中央委员会关于建国以来党的若干历史问题的决议》，其中有对于毛泽东历史地位正确评价的论述。① 这个决议引起了党史专家的高度关注，以至于在 20 世纪 80 年代

---

① 《中国共产党中央委员会关于建国以来党的若干历史问题的决议》在谈到毛泽东历史地位时明确指出："毛泽东同志是伟大的马克思主义者，是伟大的无产阶级革命家、战略家和理论家。他虽然在'文化大革命'中犯了严重错误，但是就他的一生来看，他对中国革命的功绩远远大于他的过失。他的功绩是第一位的，错误是第二位的。"（中共中央文献研究室编《十一届三中全会以来党的历次全国代表大会中央全会重要文件选编》上册，中央文献出版社，1997，第 195 页）"对毛泽东同志的评价，对毛泽东思想的阐述，不是仅仅涉及毛泽东同志个人的问题，这同我们党、我们国家的整个历史是分不开的。要看到这个全局。这是我们从决议起草工作开始的时候就反复强调的。决议稿中阐述毛泽东思想的这一部分不能不要。这不只是个理论问题，尤其是个政治问题，是国际国内的很大的政治问题。如果不写或写不好这个部分，整个决议都不如不做。"（《邓小平文选》第 2 卷，人民出版社，1994，第 299 页）这些对毛泽东的正确评价，也为　（转下页注）

出现了一个重新正确评价党史人物的高潮。胡华的党史人物撰述思想就是在这一时期形成，并付诸实践的。他用了八年多的时间主持编写了《中共党史人物传》，"这部大型丛书是党史上众多的英雄群体塑像，是以人物传记形式书写的一部中共党史"，①对学界的党史人物研究产生了重要影响。

一　忠诚于党的撰史动机

"无产阶级、马克思主义者不能没有倾向性。一个阶级写东西总有它的倾向性。无产阶级的最终目的是实现共产主义，解放全人类，这个气派多么大。所以，我们写东西总要照顾这个伟大的理想和党所努力的方向。"②胡华是资深的马克思主义理论家，对党的大政方针政策熟稔于心，在组织编纂多卷本《中共党史人物传》的时候，出自对党的忠诚，始终将党的要求作为自己的实践指南，很好完成了党交给自己的历史使命。

（一）解放思想的必然需要

"总的说，解放思想问题，宣传上我们要注意政策，但中心我们要解放思想。解放思想换一句话说，就是不断地认识真理，服从真理，坚持真理，修正错误，讲真话，写真党史，这才是真正地坚持马列主义毛泽东思想的科学。"③在胡华看来，要对党史人物进行实事求是的科学评价，就必须打破林彪、"四人帮"集团所人为设立的评价党史人物的禁区。他概述了评价党史人物的历程：1936年毛泽东同美国记者埃德加·斯诺的谈话，实际上已经对怎样客观评价党史人物作出了说明，在新中国成立后的一段时期内，也延续了这种评价倾向，此时的主流是好的。但是自从"普列汉

（接上页注①）之后的党史人物评价确立了全面的、发展的、有效的指导性方针。"《决议》树立了一个正确评价革命领袖人物的典范。"（邵华泽：《正确评价革命领袖人物的典范》，载中共中央书记处研究室编《论〈关于建国以来党的若干历史问题的决议〉》，中国社会科学出版社，1982，第163页）

① 戴知贤：《胡华传》，载《胡华纪念文集》，中国人民大学出版社，1997，第13页。
② 《李维汉同志谈陕甘宁边区党史的几个问题》，载中共中央党史研究室、中共中央党史资料征集委员会《党史资料通讯》1981年合订本，中共中央党校出版社，1982，第187页。
③ 《胡华文集》第5卷，中国人民大学出版社，2013，第225页。

诺夫事件"之后,[①] 国内客观评价党史人物的环境发生了很大的变化,一度出现了形而上学评价党史人物为主流的局面,这种评价并不符合历史事实。[②]"文革"之后,思想界再次活跃起来,这时候已经有了重评党史人物的声音。胡华认为,在林彪、"四人帮"集团已经被粉碎的背景下,打破以往禁区,解放思想,客观评价党史人物已经是迫在眉睫的事情了。可以说,胡华编写《中共党史人物传》实际上是肃清余毒、解放思想的现实需要,他通过对党史人物传的撰写,来为革命先烈恢复名誉,树碑立传,因而有着深远的历史意义和现实意义。

(二) 树立榜样的现实动力

"在抗战中,从我们八路军、新四军的干部与战士中涌现出许多民族

---

① 中央编译局在注解普列汉诺夫时,提到了他前期是杰出的马克思主义者,后期成了取消派。1970 年 3 月,"中央文革小组"借题发挥,认为这种评价是吹捧叛徒的行为,这就是"普列汉诺夫事件"。

② 在此期间,客观评价陈独秀和李大钊历史地位的作者也都受了不同程度的迫害,认为他们是分庭抗礼,弱化毛泽东的领袖地位,甚至出现了把李大钊在中国革命博物馆的陈列地位降低和拿走李大钊牺牲的绞刑架的事情。其实,毛泽东曾经说过自己的马克思主义思想是受到李大钊和陈独秀的影响。二人的党内地位是不容置疑的。毛泽东曾说过:"在中国共产党的组织中,陈独秀和李大钊占着领导的地位,无疑地,他们都是中国知识界中最灿烂的领袖。我在李大钊手下做图书馆佐理员时,已经很快地倾向马克思主义了,而陈独秀对于引导我的兴趣到这方面来,也大有帮助。我第二次赴沪时,我曾和陈独秀讨论我所读过的马克思主义书籍,陈本人信仰的坚定不移,在这也许是我一生极重要的时期,给我以深刻的印象。"(〔美〕斯诺录,汪衡译《毛泽东自传》,解放军文艺出版社,2001,第 37 页)鉴于《毛泽东自传》是经毛泽东口述并亲自修改的本人生平事迹的忠实记录,是中共党史上的重要文献,其史料价值很高,所以我们有理由相信在中国共产党成立初期,李大钊和陈独秀二人曾影响过毛泽东接受马克思主义。李维汉也讲过:"《西行漫记》中讲毛主席受了陈独秀、李大钊的重要影响,他讲的那个影响,是讲马克思主义的影响。如果把那个时候的陈独秀否定了,那我们党七年中的领袖是个坏人,我们党岂不成了糊涂党了? 选那么一个人作党的总书记,岂不是糊涂吗?"(中共中央党史研究室、中共中央党史资料征集委员会:《党史资料通讯》1981 年合订本,中共中央党校出版社,1982,第 168 页)龚育之也就此问题发表过看法:"犯过错误、有过争议的人物写不写? 重要的、影响大的还是要写。已经出版的党史人物传中,就有陈独秀。陈算不算'党史人物',是有过争议的,他后来被开除出党了嘛。但开除出党,不等于从历史上把他抹去,他如果在历史上有地位,是无论如何抹不去的。把陈独秀列入党史人物,这带了一个好头。其实,毛泽东主席在延安就说过,将来修党史,要讲讲陈独秀的功劳。党史人物传执行了毛的这个指示。"(《龚育之党史论集》下卷,湖南人民出版社,2009,第 818 页)

英雄。表扬这些英雄及其英勇行为，对外宣传与对内教育均有重大意义。"① 胡华认为写作《中共党史人物传》的目的就是教育人民，"使人民从正面人物前进的步伐中，得到榜样的力量，学习他们高尚的革命品德。从反面人物的演变过程中，得到堕落的教训，作为前车之鉴"。② 正因为有教育人民的普及性需要，所以此书写作的范围也比较广泛，既包括全党和全国性的无产阶级革命家，也有地区性的革命领袖。他强调中国革命的历史是可歌可泣的，其中涌现出无数的英雄。"根据中央民政部门和组织部门统计，全国有姓名可查的烈士和家属受到优抚待遇的烈士，总数有三百七十多万人。其中：在北伐战争、土地革命战争和抗日战争战场上牺牲的有七十六万余人，烈士中共产党员占了将近二分之一，从一九二七年至一九三二年，在刑场上牺牲的共产党人和革命群众，人数达一百万人。"③ 胡华认为作为一名党史工作者有责任有义务将革命先烈的光辉事迹和光荣精神发扬光大，以此激励后人，不断奋发向上。这同时也是为了"进行革命传统教育、榜样教育、气节教育、品德教育，帮助当代和后代学习和继承党的英烈们的光辉榜样和崇高品德"。④ 撰写者通过立传的形式，表彰英雄先烈的光辉事迹，宣传他们的模范言行，发扬他们的英勇精神，培养起高尚的道德情操。这是教育后世子孙的大事，也是当代政治生活中的大事。

为党史人物立传是有重大意义的："恢复这些老革命家的历史真面目，发扬光大他们的崇高的共产主义道德品质和牺牲奋斗的革命精神，才能更好地恢复我党光荣战斗的历史形象，更有效地帮助青年树立共产主义事业必然胜利的坚强信心。我们要用杰出的党史人物的传记，如实地宣扬我党革命前辈的优良传统，用活生生的激动人心的榜样，充实党史教学的内容，用榜样的力量，感染后人，继承前人的光荣传统，有力地建设社会主义的精神文明。"⑤ 胡华认为，自五四运动以来，我国出现了很多无产阶级革命家的崇高形象，他们为当时的中国都做出了杰出的贡献，这是一笔极为宝贵的财富。这笔财富不仅有用于当时，而且他们的崇高革命品质也为后人树立了光辉楷模，他们的革命思想和革命品质是民族历史优秀品质的

① 毛泽东：《收集和宣传八路军新四军民族英雄事迹》，载《毛泽东新闻工作文选》，新华出版社，1983，第43页。
② 《胡华文集》第5卷，第238页。
③ 参见《全国革命烈士统计数字》，载《革命人物》，1986年第S3期。
④ 《胡华文集》第5卷，第256页。
⑤ 《胡华文集》第5卷，第265页。

集中体现。在这种情况下，今人学习这些革命家的事迹和思想，同时也是现在进行社会主义建设的一个生动具体内容。"我们写革命前辈的牺牲奋斗的传记，既是为了纪念和缅怀前人，更是为了教育后人，给后人以怎样做一个共产主义者的活的榜样。"① 他指出，在面对祖国多灾多难的历史时刻，在面对中国人民解放的历史时刻前，革命前辈并没有丝毫犹豫，他们置自己的个人幸福和生命于不顾，在艰苦的历史背景下进行着抛头颅、洒热血的伟大革命事业。这些人就是民族的脊梁，今人应为他们立传，应该将这些英勇事迹和革命精神流传于后世。这种事迹和精神的流传能够激励后人，明白中国共产党和人民为解放中国，建立新中国付出过的牺牲和代价，使后人时刻牢记革命前辈，不忘初心，才能更好地热爱党和国家，珍惜来之不易的胜利果实，继而为党和国家不懈奋斗。

"写党史要表现我们的满腔热情，革命经验是革命先烈用大量鲜血换来的，不能用平淡无奇的笔法，采取无动于衷的态度来写，要恰当地进行评论，笔端要常带感情。"② 这种榜样力量的学习不是虚无缥缈的学习，而是一种有着科学方法的脚踏实地的学习。胡华认为人们首先需要学习为了革命和信念自我牺牲的勇气。继承英勇先烈们的共产主义革命精神和大无畏的英雄气概，使共产主义的浩然之气长存于人世之间。与此同时，还要通过阅读先烈们的传记，了解英雄是怎样学习、怎样追求真理，继而怎样确立实现共产主义伟大目标的，通过他们工作、战斗、面对困难的过程，以及对待党和人民、敌人的不同态度，来观摩他们伟大品格的养成经历。在胡华看来，正是他们的自觉性和模范作风，才开创了共产主义道德新风尚，而这恰恰是现在建设社会主义精神文明的最好教材。正是将这些经过历史考验的革命前辈的崇高道德作风作为榜样进行现实教育，才能培养出一代又一代具有此种优良品格的合格的社会主义接班人。

（三）描绘党的历史的生动画卷

中国史学源远流长，古代史学中的人物传记占据了重要的地位。胡华指出，人物传记是历史学一种重要的体裁，党史人物传记是党史的重要组成部分。中国近现代史、中国革命史和中共党史只能大概描绘出党的历史发展的大势和重要党史人物的重要活动，对于其他的历史事件、党史人物

---

① 《胡华文集》第 5 卷，第 272 页。
② 《胡乔木传》编写组编《胡乔木谈中共党史》，人民出版社，1999，第 294 页。

和重要党史活动中的其他人物都需要依赖党史人物传记的形式予以了解。他认为："通过党史人物传的编写，大大充实和丰富了党的历史，比较生动具体地反映出了许多重大历史事件中党的活动，勾画出了许多地区党的发展史。"① 他强调了党的历史本来就是党史人物活动历史的基本观点：党史人物在党史中起到了重要的作用，党的历史的生动性也全部依靠着这些鲜活的党史人物来进行塑造，这其实就是对党的历史进行丰富的过程。

"我们读吴玉章、董必武、恽代英、蔡和森、向警予、徐特立等人的传记，可以看到老一辈革命者的发展道路。他们生于清末乱世，感叹于'呜呼！中国其将亡矣！'从救亡图存的爱国主义出发，接受康、梁变法维新思想，转变到接受孙中山的资产阶级革命民主主义思想；从辛亥革命后想走教育救国、实业救国等资本主义道路，到五四运动时期受到各种社会主义思潮的影响，有的人一度热心于研究克鲁泡特金的无政府主义、工读互助论、新村主义、基尔特社会主义，但很快又发现这些空想方案行不通，终于相信了马克思列宁主义，坚信社会主义能够救中国，走上了为伟大的共产主义事业而献身的道路。"② 胡华认为，撰写者在党史人物撰写过程中可以了解革命先辈思想发生和发展的全过程，进而摸清其思想发展的规律，明确中国革命必然选择马克思主义的正确性。这也就是说，只有中国共产党才能领导中国人民不断走向革命的胜利，其他的道路都走不通。探索中国革命的特色之路，也是革命先辈们所做出的创举。

胡华认为通过党史人物传记的撰写，已经可以看出全国各地党的发展史的脉络，也可以了解到工运史、农运史、妇运史、青运史的许多具体情况。这就说明，党史人物撰述实际上已经为党史、革命史和中国近现代史的研究提供了丰富的史料来源，具体来说，就是党史中的人物思想、活动和关系，这些史料非常珍贵，即在一般性的编年史著里面是很难找寻的。

二　独到的编撰思想

"史书的编纂，是史学成果最便于集中体现的所在，也是传播史学知识的重要途径。历史理论的运用，史料的掌握和处理，史实的组织和再

---

① 《胡华文集》第 5 卷，第 273 页。
② 《胡华文集》第 5 卷，第 273 页。

现，都可以在这里见个高低。"① 面对纷繁复杂的党史人物资料，胡华有着独特的编撰方法，这种方法不同于以往的党史人物传的写法，使得胡华主持编撰的《中共党史人物传》别具一格，引领了党史人物编撰的潮流。

（一）原始察终的通贯考察

"怎样写革命人物的发展过程。就是要如实写出党史人物的思想和行动的发展过程，不要把党史人物写成天生的圣哲。"② 正是在这样的撰述宗旨指导下，胡华指出撰写党史人物应该从其家庭环境的角度出发，联系其思想发展历程中受影响的因素，用最终呈现出的初期性格特点为依据来撰写党史人物的青少年时期。撰写者应该特别注意的是要用联系发展的观点来进行撰写，因为人的思想都是会变的，一个人往往会受到周边人和事的影响，什么时候在哪个地方具体受到了什么因素影响，这些都应该是撰写者首先需要交代清楚的。"一般说，一个历史人物，在青少年时代就表现出他的特点和个性。革命人物有共性，有个性，共性就是一般的发展规律。比如说，老一辈革命家一般都经历过从爱国思想出发，发展到革命民主主义思想，然后转变到信仰共产主义。有些人在思想转变过程中还接受过改良主义思想，如教育救国、科学救国、立宪救国等等思想，有的则接受过无政府主义的思想，如克鲁泡特金的互助论、新村主义等思想，最后，转到马克思主义，这是一般的发展规律。我们要写共性，写一般的发展规律，特别要注意写出人物的个性，也就是特殊性，给读者一个活生生的有血有肉的具体的人物的印象。"③ 胡华指出，撰写者写一位党史人物应该首先从写党史人物的青少年时期的内容开始，因为这一时期是党史人物思想和性格形成和发展的重要阶段。其中，社会背景、家乡环境、家族等方面的内容可以简写，最能体现其性格特征方面的重要故事则可以详写。胡华强调撰写者不可任意拔高和肆意神话党史人物青少年时期的历史，应该以能写出他在这一时期所体现出的优良品质为最终目的。

撰写者在进行党史人物传记的撰写时，由于是以写人为中心展开的，那么按编年写作传主的一生，在胡华看来是符合写作范式的。他认为撰写

---

① 白寿彝：《中国史学史》第 1 卷，上海人民出版社，2006，第 17 页。
② 《胡华文集》第 5 卷，第 285 页。
③ 《胡华文集》第 5 卷，第 286 页。

者要在人物传记中随时体现出时间概念，比如传主出生、入党和逝世的时间都要写明年、月、日，不是特别清晰的，要写明季节，也就是一个大概的时间，但是年份必须写清楚，而且要以公历纪年，尽量不使用次年和翌年的这种写法，以免造成纪年的混乱。撰写者在搜集传主材料时可能会碰到一些问题，比如，有的用阴历、干支、清朝和民国纪年。胡华认为这种情况要一律换算成公历纪年，以使纪年在传记中得到统一。这就为党史人物传撰写者的时间写作提供了具体而微的方法。在胡华看来，党史人物传除了时间上要做到原始察终，地点上也要有准确的交待。他举了一个例子来说明这个问题的重要性："还有传主活动地点，除了著名的都会外，都要写明省名、县名，再写村名。比如说，传主从上海到了七里坪，或者说到了长冲村，这七里坪、长冲村在哪里呢，也许你作者知道，但是一般读者就不知道。就应该写明是湖北黄安的七里坪，或长冲村。有些战争时的小地名，地图上也没有，你还应该说明在什么县的什么方位。比如说在瑞金县城北边的大柏地，在兴国县城北边的老营盘等等。写传记的作者，要查地图，弄清地理位置，也要向读者交待清楚事情发生的地点。"① 胡华认为很多文学作品的传记中往往会采取追叙和倒叙的手法，分主题穿插时间进行撰写，与此相对的是党史人物传是严格按照时间顺序来撰写党史人物的，这是二者的一个重要不同点。

（二）主次分明的撰述风格

　　胡华认为，无论是纪念前人，还是树立榜样，抑或是教育后人，撰写者在撰述党史人物传记之前就必须有明确的撰述目的。这就要求撰写者在撰述的具体过程中要贯彻这一目的：不需要有闻必录、全文照录、千人一面，而要突出每一位传主的特征，不要使读者读后如同读流水账和简历表，这样会造成对每一位党史人物的印象都不深刻。这就要求撰写者在撰述特色上要下功夫。胡华认为，撰写者可以吸收司马迁的《史记》写历史人物的特色，使得写党史人物也具有相应特点，这个特点需要从党史人物传谋篇布局的角度着眼进行考量。

　　胡华指出撰写者在党史人物撰写中应该具体注意以下问题：对于党史人物一生中的主要事迹和次要事迹的问题，首先需要分清主次；其次要着力叙述主要的、有代表性的、有意义的事迹，对次要事迹要尽量少用笔

---

① 《胡华文集》第5卷，第286页。

墨。最忌讳平铺直叙的写法，这会把主要事迹湮没在次要事迹之中，造成
主次不分的情况。胡华在此用了三个对比来具体说明这一问题：撰写者在
党史人物一生事迹的选择上，参加革命重大斗争的时刻是其主要方面，应
该着重写，平时日常生活应该简写；党史人物参加革命后的时期事迹应该
着重写，参加革命前的青少年时期应该简写；党史人物的革命活动应该着
重写，耳熟能详的历史背景方面应该简写。

　　党史人物的"功与过"是撰写者不可回避的问题。怎样写这两方面的
问题成为体现胡华撰述党史人物核心思想的关键所在。对于功绩，胡华认
为："对革命家的功绩，要用事实来说话，就是要把人物奋斗的事迹说清
楚，要把人物在历史事件中的地位和作用作出恰当的交待。这样，也就说
清了人物的功绩。"具体在撰述中的做法应该是：撰写者应该详写传主最
重要和最主要的事情、最出彩的事情、最悲壮和最感人的事情、最有历史
意义的伟大场面。"同时，写作者在叙述传主的功绩时，不要仅仅用许多
形容词、赞叹语来赞美，而对传主的活动，反而写得空空洞洞。……我们
要做到传主有多少功绩，就用事实说多少功绩。不要浮夸，也不要缩小，
更不能虚构事实。另外，有些人的成就是多方面的，比如瞿秋白，既是革
命家，又是文学家、理论家。有的人则既是革命家，又有某方面的职业专
长，比如说，又是教育家、哲学家、史学家、科学家、医生等。"① 胡华指
出正因为是写党史人物，所以撰写者更要着重从传主所从事的党的活动和
革命活动方面来写，其他方面的贡献和成就与之相比要退居次席，因此不
能在传记中进行过多的展示。历史时期方面，撰写者要着重写党史人物在
革命时期和重大历史活动中的作用，相反的，对新中国成立之后的日常工
作要少着笔墨。

　　对于过失，胡华认为："我们要写明人物重要过失的事实，分析过失
的性质和严重程度，指出教训，使读者看了党史人物的传记，从前人的失
误中，也能得到有益的教训。"② 撰写者写党史人物尽管应该多从正面进行
发掘，但是有的时候传主难免有过失和失误之处，这些问题尽管是枝节，
但是不能采取一味回避的态度。当然撰写者也不是对每件事情都需要进行
记录，生活中的小是小非可以一笔带过，但是一些重要问题上面的过失，
应该采取如实的态度进行分析，主要是指出错误的性质和严重程度，这是

---

① 《胡华文集》第 5 卷，第 287 页。
② 《胡华文集》第 5 卷，第 287 页。

为了向世人说明出现错误的全过程，吸取经验教训，避免后人重蹈覆辙。"例如对李立三、瞿秋白，他们发生过路线上的错误，那就要写上他们的错误发生的过程，造成的危害，也要指出他们不是野心家，他们主观上是要革命的，他们在思想认识、思想方法上的错误导致了路线上的错误，同时，他们对错误是有自我批评的。又如夏曦、邓发，他们犯过肃反扩大化的错误，在党内危害很大，受害者的家属对他们也很愤恨，那么，就要写出他们的错误和危害，不能回避。但是从他们的全部历史、全部工作来看，他们还是革命人物，是在一个时期内他们执行了错误的路线，自己也负有不可推卸的责任。尤其是夏曦，错误很严重，但是许多老同志还是说他是'两头好，中间坏'。中间一段错误很大，做了坏事，但还承认他前期是革命的，最后是长征中为革命工作而牺牲的。"① 胡华认为，评价党史人物过失问题的标准之一是其能否保住晚节。如果这位党史人物晚节不错，尽管他在革命道路上犯过错误，也可以说明这个人本质是好的。比如，瞿秋白曾坚决拒绝敌人劝降，最后英勇就义，这样的人可以为后人提供启示和教益，并不妨碍成为后人敬仰的榜样。如果这位革命人物晚节不保，尽管他在革命道路上做出过功绩，也很难将其列为正面人物。比如，王明和林彪晚年都做过叛党叛国的事情，所以这样的人不能成为后世学习的正面例子。因为这牵涉到历史人物评价中的"盖棺定论"的问题。

"对于人物一生的功过是非，我们采取实事求是的公正态度。前人满怀对真理的追求精神，在黑暗中摸索，很不容易，要尊敬这些先驱者。……开创性的工作是很不容易的，所以我们要给他们科学的恰当的评价。我们既然是写流芳百世的杰出的党史人物的传记，那么，对他们的过失应该从总结经验教训的角度来写，不宜写得过细，不能求全责备，苛求于前人。"② 这是胡华对党史人物传主次问题中关于功过写作的说明，是历史唯物主义和辩证唯物主义评价历史人物，特别是针对党史人物的正确的评价方法，是"知其然，然后知其所以然"的科学态度。

（三）恰如其分的撰史语言

"准确，是恰如其分地反映历史的真实，在复杂的社会现象里，用准确的文字来反映历史的真实面貌。……生动就更不容易，需要对表述的对

---

① 《胡华文集》第 5 卷，第 287 页。
② 《胡华文集》第 5 卷，第 278 页。

象有更深的理解，也需要作者更有才华。"① 在胡华看来，传记文章特别要突出准确，切忌语言使用错误，这就要求撰写者记述传主的语言要更加谨慎。比如，有些撰写者论述传主于 1924 年之前已经信仰了马克思列宁主义是不正确的，因为"列宁主义"一词是 1924 年列宁逝世后由斯大林提出来的。1922 年之前也没有"苏联"的这种称谓，当时只有"苏俄"，这些内容出现在党史人物传中都是不准确的。胡华认为像这种说法应该在写作之前由撰写者加以考证，不然会违反了常识和真实，降低了作品的质量。

胡华既反对撰写者写党史人物传时进行夸张的艺术加工，同时也不支持另一种枯燥和呆板的写法，他认为撰写者在符合准确性的原则下还是可以对华丽场面、人物性格和形象进行刻画和描述。他认为撰写者经过努力可以做到"信、达、雅"的程度，其中最难达到的是"雅"，这是指文章的文采，文字表述生动活泼。他还举了《史记》的例子来勉励撰写者，他认为《史记》篇章的生动是作者对文章严格要求和刻苦加工的结果，鲁迅也曾称赞它为"史家之绝唱，无韵之《离骚》"。撰写者要想做到"信、达、雅"，就要敢于对稿件进行删改，对不适当的字词进行改正，对不适当的句子要理顺，对文句重复、同义反复，非本人事的枝蔓部分要祛除。他认为改的原则能够做到党史人物有血有肉，也就是有一定的生动性就可以了，"传文，何者留，何者去，要慎重"。②

三　实事求是的撰史原则

"盖烈士徇名，壮夫重气，宁为兰摧玉折，不作瓦砾长存。若南、董之仗气直书，不避强御；韦、崔之肆情奋笔，无所阿容。"③ "直书"原则一直是中国古代史学的传统，胡华继承了这一优良传统，并结合实际，形成了实事求是的撰史原则。他曾阐明了自己的这种撰史旨趣："对历史人物的评价，要做到'是则是，非则非'，直书独论。既不虚美拔高，也不文过饰非。"④ 这反映了自"四人帮"垮台，特别是从 20 世纪 70 年代末党中央开始实行改革开放政策后，为我国中共党史学的研究营造出了一种宽松的时代氛围，揭开了党史人物研究的新篇章。

---

① 白寿彝：《中国史学史》第 1 卷，上海人民出版社，2006，第 20 页。
② 《胡华文集》第 5 卷，第 298 页。
③ （唐）刘知幾：《史通》，上海古籍出版社，2008，第 140 页。
④ 《胡华文集》第 5 卷，第 237 页。

（一）知人论世的评价立场

"在分析任何一个社会问题时，马克思主义理论的绝对要求，就是要把问题提到一定的历史范围之内。"[①]"就是弄清楚所研究的问题发生的一定的时间和一定的空间，把问题当作一定历史条件下的历史过程去研究。"[②] 胡华认为撰写者写党史人物，不仅要写出传主行为的演变过程，也要写出其思想的发展过程。因此，胡华提出在所写的人物传记中，"要注意写明时代背景和当时的历史条件，适当地写明传主在当时环境中所起的作用、在当时的历史条件下所达到的思想高度，并努力从中揭示出规律性的东西"。[③] 在他看来，这就是评价党史人物首先需要做到的一点，因为思想会随着时间、地点、条件的变化而变化，所以说撰写者也应该根据变化了的具体历史条件去评价历史人物，其中根本问题是要坚持马列主义和毛泽东思想，核心问题还是坚持辩证唯物主义和历史唯物主义，这既是立场观点问题，也是根本原则问题。例如，杨度从筹安会六君子讲起，后来受到胡鄂公的影响，思想转变了，参加了革命，加入了中国共产党，为党的事业做出了贡献。胡华评价杨度本来是走上了错路的道路，后来回头参加革命并最终成了坚决的革命者。再如，陈独秀早年为党建立时期的领导人之一，后来如何演变成右倾机会主义分子。有的党史人物会有起伏的发展过程，所以撰写者要用发展的眼光对党史人物进行解读，这才是知人论世的评价方法。从上述一正一反的两个例子就可以看出，知人论世的评价方法在具体撰述中表现为：读者实事求是地在党史人物每个人生阶段上，去理解其行为背后的思想原因。

（二）精益求精的撰写态度

"从内容的准确性，到文字的加工，都必须反复推敲，十分严肃，力求准确无误。不能有任何的主观随意性，不能有虚构，不能凭想象。引文和材料来源必须一一注明。评论要公正。"[④] 为了避免主观随意性这一情况的出现，撰写者就要发挥出民主集中制的优势，通过集体审稿进行集体把关，同时还要进一步对文稿进行核验，以免产生责任事故，对于自己所写

---

① 《列宁选集》第 2 卷，人民出版社，1972，第 512 页。
② 《毛泽东文集》第 2 卷，人民出版社，1993，第 400 页。
③ 《胡华文集》第 5 卷，第 237 页。
④ 《胡华文集》第 5 卷，第 244 页。

党史人物要把握住功和过两部分的论述，既不能过分夸大，也不能随意缩小，用科学态度撰写每位传主独特的精神风貌，这是党史人物传这一工作的应有之义。每个人在特定的生活环境和斗争环境中往往会形成不同的特点，胡华提出，撰写者要重视人物的特点，分析人物特点，并且能够写出人物特点，也是对前述功过主次问题的补充。撰写者要根据一定的历史条件去客观评价党史人物，做到尊重历史，也就是书中所出现的所有时间、地名、人物和事件都必须是真实可信的。应该考证史料，力求准确，拿不准的可以采用"阙疑"的办法。胡华在《祝贺湖南省中共党史人物研究会成立》的讲话中就此说道："我们必须言之有据，传记上的每句话，都经过认真的调查研究……必须实事求是，坚持历史唯物主义，坚持马克思主义关于个人在历史上作用的基本观点。"①

除了传主自己所写的资料外，别人给这位党史人物所写的回忆录、悼词、纪念文章和评论文章，在胡华看来也都属于党史人物传可以使用的材料范围。他进一步指出，写一篇党史人物的传记可能需要访问二三十人，甚至六七十人。既要把这些采访者所提供的材料详加比对，找出其异同之处，还需要再次核对档案文献，力求所述尽有所凭。作为《中共党史人物传》的主编，胡华还举例说明具有严格写作态度的做法："为了弄清萧楚女的出身、学历，作者辗转找到了萧楚女的姐姐。为了弄清邓恩铭的身世、民族，作者三次到贵州荔波县邓恩铭的家乡调查。为了写梁柏台烈士传，作者走访了烈士家乡五位八九十岁高龄的知情老人，先后去五十三个单位查阅档案资料，行程两万多公里，两次去江西，走访了十五位曾在中央苏区政府部门工作过的老同志和老区群众。写《江竹筠传》的作者，是当年领导过江姐的川东特委书记卢光特同志，他以垂暮之年、抱病之身，多次到川东调查，数易寒暑，终于写出了翔实的《江竹筠传》。又如何叔衡、段德昌等传，以可靠的资料内容改正了《辞海》中有关条目的错误。"② 胡华认为，以前对党史人物的人生经历，大家可能还不是很熟悉，但是经过此次写作之后，不仅确定了党史人物的生平经历，而且起到了填补史实空白的作用，撰写者对材料上的精益求精，为中共党史和中国近现代史的完善提供了保障。

---

① 《胡华文集》第 5 卷，第 249 页。
② 《胡华文集》第 5 卷，第 282 页。

（三）重视回忆录和档案的作用

"关于老一辈革命家和其他革命英雄的斗争史，以及革命战争、革命运动、革命工作的历史，写成不事夸张的回忆录发表或保存，对于教育后代和研究历史，都是必要的。"① 胡华建议撰写者在写烈士材料的时候，要多访问相关的历史人物，要重视回忆录的作用。作为党史工作者来说，这同时也是一项神圣的任务，把他们的名字和事迹留下，来教育下一代，培养他们的爱国热情。"我们收集材料要有明确的指导思想，这就是毛泽东同志关于实事求是、一切从实际出发的教导。要做到两条，一条是客观，一条是真实。客观，就是不要主观猜测、主观臆断；真实，就是既成的事实，不夸大、不缩小，更不能弄虚作假。"② 回忆录要多对所写人物的亲友和知情人进行访问，撰写者只靠回忆录来写党史人物是不够的，因为回忆的出入有的时候也会比较大，记错时间和人物的情况比较多。因为有不准确的弊端，所以胡华要求撰写者要对相关材料进行严格的考证和核实，对于难以定论之处，在传记的注释处采取"存疑"的方法处理。他还要求撰写者对于引文、对话和史实都要在每页脚注中标明材料来源，在传记的最后注明主要的资料来源以及访问过何人。通过上述对材料搜集及写作的操作方法，可知胡华对党史人物回忆录的重视程度。

胡华认为撰写者还需要尽可能去查阅所写人物的档案材料，最好是履历表、自传、日记、书信、回忆录、著作等。有鉴于此，他建议各级档案馆、博物馆和纪念馆要对党史工作者做到资料的部分开放。比如，遵义会议究竟开了几天的问题。有的人说是从六号开到八号，有的人说是从八号开到十几号，还有的人说开了一个星期。参加这次会议的人数问题。比较确定的是十八个人，也有说是二三十个人的。再如，李德在会议上的表现。根据警卫员陈昌奉说他在会议上大吵大闹，翻译官伍修权说他几乎没说过话，这一点也在李德的回忆录中证实了。胡华总结道，准确而又具体地对遵义会议撰写是存在困难的，关键问题在于没有看到遵义会议的会议记录。从这个意义上说，开放档案是很重要的，这个问题也需要党组织支持并解决。丢失的档案有很多已经影印出来了，编大部头的党史材料的中

---

① 中共中央文献研究室编《三中全会以来重要文献选编》，人民出版社，1982，第508页。
② 李维汉口述，章祖蓉、夏燕月整理《李维汉同志谈党史资料的搜集工作》，载中国革命博物馆党史研究室编《党史研究资料》第1集，四川人民出版社，1980，第10页。

间也有很多的档案材料。胡华指出正是因为有了档案材料后，写的东西也就有根据了，在提高史料真实性的道路上也就更进了一步，当然撰写者还需要在此基础上进行去粗取精和去伪存真的考证工作。他认为作为党史人物传必须是信史，要做到这一点，首先必须对党史人物直接相关的简历、自传和小传进行考证，向党史人物相关的亲友和战友进行求证。他建议直接到党史人物的出生地、斗争地和牺牲地做实地调查，如发现调查研究的结果与以往的材料有出入的地方，更应详加考订。"写党史人物传是非常严肃的工作，不能带主观随意性，拿那些一鳞半爪的东西。凭想象推理，随意渲染而写成的传记是我们所不取的。我们要谨防把一些道听途说的神话故事般的材料，未经核实研究就写到传记中去，造成以讹传讹或张冠李戴。还要注意除材料来源中的偏见和成见。我们必须十分认真，对前人负责，对后代负责。"①

胡华在党史人物撰述领域做出了重要贡献。通过对他的相关理论和修史实践的研究和梳理，可以厘清其党史人物撰述思想内容，丰富对胡华思想的认识，对于推进中共党史的研究具有重要意义，并能够从理论层面回击当前存在的贬低党史人物的历史虚无主义行为。胡华不仅在党史研究领域成就卓著，而且在党史学科的建设和党史教学方面也做出了重要贡献。他无愧于"马克思主义历史学家和教育家、著名的中共党史专家"的称号。②

---

① 《胡华文集》第5卷，第277页。

② 袁宝华：《在胡华同志追悼会上的悼词》，载陈威、杨凤城主编《长与英烈共魂魄：追思史学家胡华》，中国民主法制出版社，2011，第501页。

书刊春秋

汪高鑫教授主编《中国经史关系通史》读后

王　松

（北京师范大学历史学院，北京　100875）

中国古代学术的四部分类不同于西方学科体系，其中经学作为长期居于统治地位的官方学说，对于中国古代史学的发展有着深远的影响，经史如何在思想与实践层面形成互动成为中国古代史学研究的重要课题。白寿彝先生早在 1985 年就强调要增强经史关系的研究，[①] 然而系统的研究成果却较为晚见。21 世纪初，吴怀祺先生将经史关系的研究纳入《中国史学思想通论》的研究计划。2011 年，汪高鑫教授撰写的《中国史学思想通论·经史关系论卷》在福建人民出版社正式出版，该书首次从史学思想角度全面梳理了经史关系中的基本论题，填补了中国经史关系研究领域的空白。同年，汪高鑫教授申请的教育部重点研究基地重大项目"经史流变探源"立项。课题成果最终结集为《中国经史关系史》，于 2017 年在黄山书社正式出版。该书与《中国史学思想通论·经史关系论卷》形成一种纵横关系，后者是对中国经史关系史的重大理论问题进行专题论述，前者则是对中国经史关系史作出贯通性的论述。此后，汪高鑫教授还于 2019 年在河南人民出版社出版了《中国历史上的经史关系》一书，对中国历史上关于经史关系一些重大问题进行了补充论述。汪高鑫教授经过十余年持续不断的探索，在中国经史关系史研究上已经有了深厚的积淀，为四卷本《中国经史关系通史》的撰述成功，奠定了坚实的基础。

四卷本《中国经史关系通史》，作为教育部人文社科重点研究基地重

---

①　白寿彝：《关于史学工作的几点意见》，《史学史研究》1985 年第 2 期。

大项目的后续成果、"十四五"时期国家重点出版物出版专项规划项目，于 2022 年 9 月由福建人民出版社正式出版，共 173 万余字。四卷本《中国经史关系通史》的出版，是汪高鑫教授率领的团队经过数年努力笔耕所取得的一项标志性的成果，在经史关系研究方面取得重要突破，将中国经史关系史的研究推向了一个崭新的高度。该书的学术价值主要表现在以下三个方面。

第一，全景式呈现了中国经史关系发展全貌。作为经学原典的"五经"，呈现亦经亦史的特点。自西汉武帝"罢黜百家，独尊儒术"并设立"五经博士"以后，经学成为统治学说；史学也随司马迁的"成一家之言"而迎来重大发展，由此开启了后世两千多年的经史互动历程。然而，深嵌于传统社会的经史之学，随时而动，其发展变化至为复杂，所以，想要把握两千年的经史关系史，研究者必须具备通贯的大历史观，纵观经、史发展历程，抓出贯通始终的脉络与主流。《中国经史关系通史》采用由变写通、变中见通的方法，出色地完成了这一任务。首先，以通史眼光确定发展分期，全景式呈现了从由史成经到夷经入史的经史关系全程。全书选取先秦两汉、魏晋南北朝隋唐、宋元明、清与民国四个既相对独立又有贯通性的阶段分卷书写。先秦两汉作为第一阶段的主要特点是亦经亦史和史附于经：有史学性质的儒家典籍在西汉被升格为经学，史学依附于经学，形成了以经解史和以史证经的经史互动模式。魏晋南北朝隋唐阶段则是史学升格和经史并立：经史之学承汉而来，在与玄学、佛学与道教的互动中吸收养分，产生多元变化，并随隋唐政权的统一重新融会综合，确立了各自在四部学中的地位。宋元明时期经史之学进入义理化阶段：经史互动频繁，随着对经史关系认识的深入，"以经为史"的观点得到不断发展，经史关系中史学地位不断攀升。清代与民国是经史关系发展的最后阶段，虽然历经变化，但随着封建体制的最终崩溃，作为统治学说的经学已无力回应时代，最终夷经入史，走向瓦解，经史关系也迎来终结。这四个阶段的划分，无一不关涉经史之学的重大变动，断则各自特色鲜明，合则可在前后变化中窥见经史关系发展大势，体现了断中有通，由变写通的史识与方法。同时，各分期内也紧紧抓住经史之学的关键流变。如汉代，抓住今、古文经学的思想主潮对史学发挥的影响；魏晋南北朝时期则将经史的玄化与佛化当作重要线索；唐代看重中晚唐新《春秋》学兴起对经史关系的影响；宋元明时期则紧紧围绕理学、心学与史学发展的相互影响；清代与民国则聚焦于清初、乾嘉与晚清这三大关节，通过对经史之学重大流变的把握，呈现经史关系的嬗变特点。这样，通过由变写通、变中见通的方法，分层次、全景式地呈现了经史关系的全貌。

第二，全面展现了经学对史学的影响，同时重视发掘史学对经学的支撑与限制。自经学成为统治学说后，其价值体系与追求就成为中国古代学术中的根本要求，史学自然也深受影响。经学对史学的影响，首先，体现在历史思维上。根植于五经中的历史思维，如天人古今思维、因革损益思维、天命王权思维等，一定程度上成为中国古代史学共享的历史观念，深深影响了后世史学发展。其次，经学思潮的变化影响史学发展。该书作者注意挖掘经学变化后，史学实践随之产生的种种变动。譬如，汉代经学兴起，史学崇经意识随之增强；魏晋南北朝经学玄化，致使史家的知识结构产生变动，不仅历史观点逐渐玄学化，历史撰述也开始格外重视家族史；宋明理学的兴起，不但促进了这一时期史学的义理化转向，而且理学所具有的贯通思维亦带动了宋代通史撰述的兴盛、编年体的振兴以及纲目体与纪事本末体的史体创新；清代考据学反对空谈义理，重视文字名物训诂的学术倾向，直接导致了史学领域重考证、轻议论的治史风格。也就是说，经学的变化，不仅会给史学带来新的历史视野，扩充书写对象，也改变着其历史书写与研究方式。作为官方意识形态的直接表达，经学对史学起着思想统摄的作用，经学规定着时代的价值取向，也间接决定了史学的知识取向，因此，史学自然对经学呈现精神依附的状态。故经学观点的变动，势必深刻影响史学发展。整体上看，该书通观经、史流变，梳理了汉代经学兴起以后，经学历经汉代经学、魏晋玄学、宋明理学、清代朴学以及民国经学瓦解等主要流变；以及史学相应产生的汉代崇经、魏晋玄化、宋明义理化、清代重考证以及民国史学发展的史学流变，从而全面展现了经学对史学的巨大影响。然而，经学虽统摄史学，史学却不只是经学亦步亦趋的婢女。汪高鑫教授指出，"一部中国经史关系史，其实就是一部以经解史与以史证经的历史"。显示经史关系中史学对经学的影响，同样是该书的重要特色。史学对经学的影响除了体现在以史事证明经学义理上外，史学本身对经学发展亦有重要作用，这在宋元明时期体现得极为明显。宋代经学义理化是以越过汉唐笺注，直接"回归原典"为旗帜的，这一追求儒家原典历史本义的姿态正与史学精神有关；同时，史学也是理学体系建构中的重要环节，史学积极服务于天理史观的阐发、验证天理，同样也是理学致用的重要途径。可见，史学虽与经学并立，但两者实际已经深深融通，成为彼此知识与价值体系中的重要构成。

第三，生动彰显了中国古代史学的民族特性与独有魅力。中国经史关系史的研究，需要立足于中国古代史学发展的民族特性；而把握中国古代史学发展的民族特性，则必须克服现代学科分类的壁垒，具备学科交叉的视野和思维。吴怀祺先生将20世纪中国传统文化经历的形态变化概括为四部学被重组为现代学科，① 这一过程中，一方面，一些传统学术资源被裁剪、拼接最终重组为现代学科；另一方面，某些从中国传统中生长出来的，特色鲜明却难归入某一学科的领域则被无情遮蔽。因此，如果单以今日历史学的学科视角去回溯中国古代史学的发展历程，就史学谈史学，则无疑偏离了中国古代四部学的实际。中国传统学术虽然长期以来以经、史、子、集四部分类，但正如吴怀祺先生所言，实际是"分而不可分，经、史、子、集四个部分不同，但却是有着内在的联系"，② 尤其经、史作为传统学术的主干，关联尤为密切。经史关系的研究正是意图克服今日学科体系带来的视域局限，以贴近中国古代史学实况，在经史互动的中间地带观察中国古代史学的发展路径，以认识中国古代史学形成与发展过程中的复杂性与独特性，这在对五经史学思想的分析中表现得格外明显。汪高鑫教授指出，《尚书》与《春秋》是严格意义上的史书，《周易》《诗经》和"三礼"是对上古三代社会历史的反映，不仅有史料价值，还有丰富的历史思维。《周易》有突出的"天人合一""万物通变"思维以及"历史忧患"意识，"三礼"蕴含丰富的历史发展观与历史变革论，《诗经》兼有浓厚的天命王权与质疑天命的思想，《尚书》《春秋》则分别流露出以史为鉴和以史为法的史学思想。"五经"之属性如此，加之其崇高的地位，自然成为史家史学思想的渊薮所在，古代史学独特的思想路径也因之而明。因此，即便后来经、史分立为不同部类，但谈论经史关系的话语却代不绝书，成为中国古代史学学术体系与话语体系中的重要一环。

汪高鑫教授及其团队完成的《中国经史关系通史》代表了目前经史关系领域最全面、最前沿的研究成果，极大地拓展了中国古代史学史的研究路径，生动展现了中国古代史学的民族特色，具有重要的学术价值。

---

① 吴怀祺主编，汪高鑫著《中国史学思想通论·经史关系论卷》，福建人民出版社，2011，第 2 页。

② 吴怀祺：《子史关系的新探索——读〈先秦诸子与史学〉》，《赣南师范学院学报》2010 年第 1 期。

"别识心裁"的中国史学
叙事理论探索[*]

——朱露川著《中国古代史书叙事的风格》平议

"别识心裁"的中国史学
叙事理论探索[*]

——朱露川著《中国古代史书叙事的风格》平议

刘开军

（四川师范大学历史文化与旅游学院　四川成都　610066）

　　史学界从不缺少反省的声音。在众多的批判与自我批判中，关于选题碎片且重复、研究缺乏时代感、识见缺少独断之学的讨论尤其引人警觉。与此相对，拥有较好口碑的著作，大多问题意识鲜明，分析问题透辟，具有很强的学术个性，并由此形成学术牵引力。这两方面的评衡，实则指向治学利钝——"别识心裁"。大凡蕴含"别识"者，则其研究于起手处已先胜一筹，再运以"心裁"，故能新意迭出，发人深思。近日，读朱露川著《中国古代史书叙事的风格——从班荀二体到范袁二家》（社会科学文献出版社，2022，下称《风格》），时时想起实斋先生的这句四字诀，心有所感，故略作平议。

一　从"叙事"进入中国史学话语

　　学界常言研究始于怀疑，此说固然有理，不过学术动机也可能源于某些关切。《风格》的撰述起点，是对史学理论与时代潮流的思考：当叙事渐成显学，西方叙事学、文学理论界热闹非凡，而中国史学却处于近乎失语的尴尬境地。这实在有悖常理：叙事本是历史学家的权杖，史籍主体无

　　* 本文系国家社科基金重点项目"中国古代史学基本概念与范畴研究"（21AZS002）阶段性成果。

不是记叙各种历史事件（包括人物的行事），何以在今日少人问津？缺少了古代史书叙事理论与实践支撑的中国叙事学，无论如何都不完整，甚至是缺乏基因传承。因为西方叙事学"终究与中国古代史书叙事的传统和理论探讨难以契合"（274 页），这里说的"契合"不是强求中与外、古与今两套叙事理论若合符契，这既不可能也无必要，而是说中国史学不能不从自身叙事传统出发，思考构建中国本土叙事学之路。本书非常明确地道出了这层意思："要在全球性的叙事研究中建立起中国叙事研究的一方阵地，很有必要到中国古代史学中寻求叙事传统、叙事批评、叙事理论等方面的学术遗产，为构建中国自身的'叙事'话语筑牢根基"（5 页）。作者留心于后现代主义和文学叙事，作为研究中的"他者"，时刻关照、充满警醒，这是本书在研究对象选取上的"别识心裁"。

由"叙事"进入中国史学话语，是《风格》的另一层"别识"。正如首章标题所言，全书研究均"从中国古代史学的话语体系出发"。时人皆知"三大体系"建设为当下学术之要务，相关呼吁和初步探讨已有不少，重要性无人质疑，建设也有若干方略，然而如何将之付诸实施却是亟须破解的难题，《风格》即在这方面进行了成功的探索。作者没有泛论话语，而是将"叙事"作为一个重要的史学概念，溯其源、究其流，结合古代史学批评的典型材料，探讨以"叙事"为中心的概念群：典、雅、婉、良史、文直、事核、实录、言语、浮词、采撰、书事、类叙法、带叙法等。由此抓住了话语研究和建设的要领。话语，乃是言说的方式与形式，离不开概念的提出与使用。当然，概念并非一成不变，两千多年间，重要概念的内涵迭次增加与变易，又牵扯出多少关联概念。当它们有机地组合，又有效地表达思想，传递知识与观念，话语及其体系也就自然形成了。

"考察中国史学在叙事上的经验和成就，不能脱离中国史学自身的话语体系"（19 页），这是本书研究的一个重要方法论。反过来看，中国史学话语体系的构建也不能脱离古代史书叙事的经验和成就。一则，叙事是史学的主干，厘清了古代史学的叙事理论，也就得观史学理论之大体。二则，明确了古代史学的叙事理论与风格，自于今人的研究和叙述有所启迪，甚至可借此实现一种有意义的回归与提高。

二　史家主体性与叙事思想性

多年前，听一位颇有成就的学者说，一流的史学家，一定是大思想家；史著的名气越大，史家的主观性、目的性越强。初听时甚为疑惑，我那时认准求真是史家第一要务。而今越发觉得此言不无道理，甚至很有些哲理。中国古代的大史学家，何曾没有自己独到且深邃的思想！孔子的《春秋》"笔法"也好，太史公的"成一家之言"也罢，最终都要落脚到叙事。进而言之，史家主体性和叙事思想性是统一的：史家若无主体性，则沦为工具；叙事若无思想性，则流为记账，史亦不成其为史了。本书作者深谙此理，表现在她的叙事研究中，是用心用情揭示古代史家的主体诉求、思想主张在叙事中或隐或显的映射，也从叙事结构与文辞表述中揣摩出史家或明或暗的精神世界。

　　班氏父子相继撰述汉史，但旨趣有异，因为"班彪对西汉皇朝的那种强烈的归属感，在班固身上是难以见到的"（36 页）。不同的身处与政治理念，注定了父子二人在叙事上采取不同的策略，如此也就不难理解《汉书》为何有意铺陈了这样一条民心向背的叙事线索：从西汉中后期的"忧汉""厌汉"到王莽"安汉""篡汉"，再到两汉之际"民皆思汉"，最后到班固的"光扬大汉"（182 页）。同理，作者指出《汉书》中的《刑法志》《五行志》《外戚传》等篇也都承担着匡正汉主的叙事功能，"无不是史家主体意识在叙述事理过程中的积极彰显"（185 页）。

　　本书对《后汉纪》叙事主体思想倾向的分析也十分精彩。袁宏较之他的前辈把"名教"抬升到叙事和评论的核心位置，又明显有别于同时代的玄学家们，他关心当朝君臣政治，却不幸地遭遇桓温篡取司马氏政权的意图。袁宏在现实世界中无力阻挡桓氏，却可以在史学中有所作为，《后汉纪》为分析史家主体意识与叙事思想提供了绝佳的文本。书中将《后汉纪》置于东晋中后期儒家忠君思想的潮流之中，突出了袁宏在这股历史潮流中的贡献："《后汉纪》不是一部东晋史，自然不会直接地涉及东晋的人物和史事。但袁宏毕竟是东晋人，他眼观现实世界中的桓氏，又怎会不联想起那百余年前的曹氏呢？因此，他与东晋那些正直、忠君的史家孙盛、习凿齿一样，都会表现出对王道的大力推尊和对逆臣的强烈批判。"（204 页）由此，人们得以进入袁宏的思想世界，从而明白"名教"不是一句空谈。

　　窃以为，对史家主体性产生重要影响的因素，包括身处时代的政治与学术文化、家族与家世、个人的遭际等，这些又必然在其历史研究和撰述中留下蛛丝马迹，有迹可循。叙事，毕竟是史家的记叙。史家是有血有肉的人，他们的笔下流淌出有情有义的过往。《风格》一书对此再三致意，并联系了"史识""心术""史德"等史学命题,让人们清楚地看到古代史家叙事的深层意蕴,进而欣赏到史家将人物、事件历史化的艺术,颇合于刘勰所说"论如析薪,贵能破理",是作者在叙事研究上一个可贵的发现。

三 "论辩多美":在历史与史学间徜徉

《汉纪》收获"论辩多美"的嘉誉,对荀悦的史学才华来说,这是一个中肯的评价。论辩之美表面关乎文辞,实则是对作者见识与学养的考验。细读《风格》一书,亦常给人以"论辩多美"之感。

首先,敢于论辩,对关键问题不作模棱两可之论。乾嘉史家牛运震指责《后汉书》选载王符《潜夫论》、仲长统《昌言》入传不合时宜,《风格》作者则站出来为范晔辩护,也为古代史书"文中见史"的载文传统鼓与呼,明确地反对针对史文多寡而作出"表面判断"(76页)。类似的情况,还有灵活运用刘知幾的史学理论,对"子孙传""类叙法""带叙法"等看似相近的方法,于貌同中发现心异,解决清人探讨史书叙事方法论时"界限模糊"的问题(134页);以及指出欧阳修提倡褒贬为先的撰述旨趣"不能成为史书叙事的一般准则"(15页)。关于今人提出"两汉纪"记叙人物过简的意见,作者立足不同史体的叙事逻辑商榷道:"这大概是忽略了编年体'两汉纪'叙事结构的内在层次而作出的判断。"(147页)针对外国学者关于中国史书"非个人的东西写得太多"的论断,书中也作出了掷地有声的回应,显示出把中国历史的解释权和话语权牢牢掌握在中国史家手里的信心与能力。(166页)与古人论辩、与今人论辩、与外国学者论辩,由古代中国史学的理论自觉而彰显当代中国史学的理论自信,凡此,皆是作者识有独断、心有所裁的表现,足谓"论辩多美"。

其次,善于论辩,每每给人以思想和文辞上的双重美感。顾炎武批评《汉纪》叙事"索然无复意味",对此,作者带领读者从"献替之志"切入荀悦的心灵窗口,强调"隐而不逸"的荀悦如何周旋于各方势力之间,又如何隐晦地揭露曹氏之于汉室的威胁,由此说明史学家荀悦深邃的政治目光,最后才很有艺术地总结道:"《汉纪》应汉献帝的现实诉求而问世,遗憾的是,它终究未能在献帝与荀悦这一双悲情君臣的有生之年帮助汉室走向'复兴'。然而,在长时段的流传过程中,《汉纪》中的'天人三势'论、'六主六臣'说,以及关于时事、游侠、教化、刑法的论述,在不同程度上对后世产生着影响。文至此处，当我们再读到称是书'叙事处索然无复意味'的评论时，或许会重新作出一番思考和评价。"（197 页）这里，作者没有强行为《汉纪》辩解，那样或许会给人以爱屋及乌之感，只是娓娓道出该书叙事中的那些闪光点——写荀悦在皇权旁落的困境下如何以史明志、守护本心，进而引导读者生出亭林"智者千虑，必有一失"的感慨。

最后，还有一点想说的话。《中国古代史书叙事的风格》是一部讨论"叙事"的书，也是一部长于叙事的书。这些年，历史著作流行讲故事的风格。举凡皇朝兴衰、宦海沉浮、人物际遇、庙堂江湖，争先以故事形态与读者见面。但史学理论与史学史的研究却天生偏于学术，耽玩思想，似无多少故事可讲。然而，朱露川却把汉唐间史学的叙事实践讲出了故事性，道出了事中之理，从历史过渡到史学，往往一气呵成，在史学史叙述中开拓了写故事的空间。

露川行文，追求简净与典雅之美，绝不堆砌史料，她善于综合，长于提炼，缀辑名论，举撮得宜。本书从中国传统史学理论汲取思想养分，回望班、荀、袁、范四家，出入汉魏南北朝波谲云诡的皇朝政治，聚焦汉唐间史书叙事的"人""事""美""意"，所叙所论，对我们进一步认识中国古代的叙事理论，具有重要的学术价值，对构建中国自身的叙事理论，亦提供了可以取法的学术资源和本土经验。

会议综述

附录一　北京师范大学史学理论
与史学史研究中心大事记
（2021年9月~2022年8月）

（北京师范大学史学理论与史学史研究中心　北京　100875）

2021年

9月

▲铸牢中华民族共同体意识研究培育基地学者与历史学院理论中心组集体学习习近平总书记在中央民族工作会议上的重要讲话精神

8月27日至28日，中央民族工作会议在北京召开，中共中央总书记、国家主席、中央军委主席习近平出席会议并发表重要讲话。

9月28日，北师大铸牢中华民族共同体意识研究培育基地学者与历史学院理论中心组集体学习习近平总书记在中央民族工作会议上的讲话，并结合具体研究实际进行了深入研讨。北京师范大学资深教授瞿林东、北京师范大学铸牢中华民族共同体意识研究培育基地主任郑师渠、首席专家晁福林、历史学院理论中心组成员及其他部分专家学者参加了会议。受耿向东同志委托，宣传委员胡小溪主持会议。

瞿林东先生认为，从党的历史来看，民族工作一直是党的中心工作之一。习近平总书记在此次会议上的讲话，是理论概括的新总结，是解决民族问题的新道路，是当代中国的重大国事。中华民族伟大复兴是建立在全国各族人民的共同体意识之上的复兴，代表的是中华民族的共同利益。史学工作者要将科学研究与社会实际相联系，更多地服务国家战略。郑师渠先生表示，习近平总书记要求必须从中华民族伟大复兴战略高度把握新时代党的民族工作的历史方位，这是从时代的视野和高度来认识与把握问题，也是马克思主义民族理论中国化的创新成果；同时，在正确的中华民族历史观培育方面，北师大通过师范教育培养德才兼备、立场坚定的师范生，将正确的中华民族历史观通过课堂进行教育与传播，责无旁贷。晁福林先生认为，铸牢中华民族共同体意识研究是北师大历史学科服务国家战略的重要工作，陈垣、张星烺、王桐龄、白寿彝等前辈学长奠定了坚实的研究基础，当今学者要从自发研究走向自觉，传承传统；同时，要注重中国古代史研究的开拓创新，结合习近平总书记的讲话精神，对一些传统的古代史问题要重新审视，对部分重视不足的问题要加强研究。杨共乐教授通过研究新中国成立以来的民族政策，表示习近平总书记的讲话是我们党民族工作理论的新发展，是新时代民族工作理论的新成就，史学工作者应牢牢把握铸牢中华民族共同体意识这一主线，把中华民族史这部大书撰写好。王东平教授认为，中华民族历史观的贯彻是一项重要的课题，亟须深入研究；同时中华民族史的研究，要注重历史上各民族之间的交往交流交融史实的梳理与研究。张皓教授认为，习近平总书记的讲话高瞻远瞩，历史工作者应认真学习习总书记的讲话精神，对中华民族的文化认同进行更为深入的研究。李帆教授表示，中华民族共同体观念的研究与历史教科书、历史教育密切相关，要结合习总书记的讲话精神，提升学术品味。刘林海教授、李渊副教授强调应从中西比较的角度研究中华民族共同体意识。陈涛、李艳、朱露川、潘若天等老师也参加了此次会议。

▲周文玖教授应山东省图书馆邀请，作题为"顾炎武的史学成就及史学思想"的学术讲座

2021 年 9 月 11 日，我中心周文玖教授应山东省图书馆之邀，做了题为"顾炎武的史学成就及史学思想"的学术讲座。此次讲座是山东省图书馆举办的有关顾炎武公开课的系列讲座之一。周教授概述顾炎武的生平，总结了顾炎武人生的特点：其一，一生不仕新朝，甘作前朝遗民；其二，奉行"博学于文，行己有耻"的准则，倡经世致用之学；其三，在经学上，以恢复孔子儒学的本来面目为鹄的，主张做有事实根据的考实之学，

开启了学术新时代。接着，周教授讲授顾炎武的代表性著述作，重点梳理了《日知录》的版本情况，并对顾炎武史学思想中关于历史发展的原因、动力及过程的认识进行了分析和评论，最后评述了顾炎武对乾嘉考据学产生的影响以及二者的异同。讲座期间，周教授还向山东省图书馆有关负责同志了解《日知录》"鲁抄本"馆藏问题。据悉，民国时期山东省立图书馆所藏雍正年间的《日知录》抄本（"鲁抄本"），现藏山东省博物馆。

10 月

▲天津师范大学教务处处长一行来北师大铸牢中华民族共同体意识研究培育基地访问交流

10 月 11 日上午，天津师范大学教务处处长易志云、副处长孙家政、马克思主义学院院长杨仁忠、历史文化学院副院长王玉亮、政治与行政学院教授张三南、马克思主义学院教师王斌等一行六人来北京师范大学铸牢中华民族共同体意识研究培育基地访问交流。北京师范大学教务部培养办公室副主任夏敏、科研院社科处副处长兼智库管理办公室主任李文、史学理论与史学史研究中心主任杨共乐、铸牢中华民族共同体意识研究培育基地主任郑师渠、首席专家晁福林、副主任罗新慧、陈涛，以及基地青年教师刘卓昱、潘若天、朱露川出席会议。会议由杨共乐教授主持。

基地主任郑师渠教授从团队构成、科研和教学三个方面详细介绍了北京师范大学铸牢中华民族共同体意识研究培育基地自成立以来的总体情况。他强调指出，要站在中华民族伟大复兴的历史方位上，理解铸牢中华民族共同体意识的重要性；要努力使基地开设的"铸牢中华民族共同体意识"全校通识课成为精品课，使学生形成"正确的中华民族历史观，增强对中华民族的认同感和自豪感"。基地首席专家晁福林指出，教学与科研并重是北京师范大学铸牢中华民族共同体意识研究培育基地坚持的方向，开设"铸牢中华民族共同体意识"本科生通识课，是要在不断深入研究的基础上，从学理上给学生解释中华民族认同的重要性。基地成员在授课时要结合自己的专长，让学生感兴趣、能信服。罗新慧、陈涛、刘卓昱、朱露川、潘若天等多位老师也结合的研究和教学实践谈了自身的教学体会。夏敏、李文等表示，将继续对铸牢中华民族共同体意识研究培育基地提供必要保障和大力支持。与会双方围绕课程定位、课程内容等进行了广泛而深入的交流。

▲北京师范大学铸牢中华民族共同体意识研究培育基地荣获"首届全国教材建设奖"多项重要奖励

10月12日，全国教材工作会议暨首届全国教材建设奖表彰会在京举行，北京师范大学铸牢中华民族共同体意识研究培育基地获得多项重要奖励。全国教材建设奖是为深入贯彻落实习近平总书记关于教材建设的重要指示批示精神，总结展示我国教材建设特别是党的十八大以来大中小学教材建设取得的重大成就而开展的重要评奖活动，每四年评选一次。首届全国教材建设奖分设全国优秀教材、全国教材建设先进集体、全国教材建设先进个人三个奖项。瞿林东任分册主编的义务教育教科书《历史》七年级至九年级（共6册）获得基础教育类优秀教材特等奖；郑师渠作为编写组首席专家编写的《中国近代史》（第二版）上册、下册（高等教育出版社、人民出版社）获得高等教育类优秀教材一等奖；杨共乐作为古代卷主编的《世界史（古代卷、近代卷、现代卷、当代卷）》(高等教育出版社，第1版）获得高等教育类优秀教材一等奖；瞿林东作为主编的《中国史学史》（高等教育出版社，第1版）获得高等教育类优秀教材二等奖；杨共乐作为副主编的《世界古代史》（高等教育出版社，第2版）获得高等教育类优秀教材二等奖。

▲北京师范大学铸牢中华民族共同体意识研究培育基地参加铸牢中华民族共同体意识研究基地中期评估

10月15日，铸牢中华民族共同体意识研究基地工作办公室下发通知开展铸牢中华民族共同体意识研究基地中期评估工作。北京师范大学铸牢中华民族共同体意识研究培育基地接到通知后高度重视，认真组织、精心准备，按时提交了基地中期评估材料。

▲北京师范大学铸牢中华民族共同体意识研究培育基地研究人员参加中国民族研究团体联合会第九届会员代表大会

10月17日，北京师范大学铸牢中华民族共同体意识研究培育基地杨共乐、李帆、罗新慧、陈涛、张双智等人参加由中国民族研究团体联合会（拟更名为中华民族共同体研究会）主办，内蒙古社会科学院协办的中国民族研究团体联合会第九届会员代表大会。会上，杨共乐当选为中国民族研究团体联合会副会长，李帆、罗新慧、陈涛、张双智当选为理事。

11 月

▲我中心成员向全国政协委员作"中国特色解决民族问题的正确道路"方面的导读

11月4~6日、11月30至12月3日，我中心杨共乐、郑大发教授，分别向全国政协委员作"中国特色解决民族问题的正确道路"方面的导读，反响热烈，得到汪洋同志的肯定。

▲北京师范大学铸牢中华民族共同体意识研究培育基地研究人员参加中国民族史学会第十届会员代表大会

11月12日，北京师范大学铸牢中华民族共同体意识研究培育基地罗新慧、陈涛等人参加由中国民族史学会主办的中国民族史学会第十届会员代表大会。会上，罗新慧、陈涛当选为中国民族史学会理事。

▲我中心朱露川老师为廊坊师范学院本科生作《为什么要重视中国史学的叙事遗产》讲座

11月13日，我中心兼职研究人员朱露川老师为廊坊师范学院本科生作《为什么要重视中国史学的叙事遗产》讲座。中国史学的叙事遗产是中国丰厚史学遗产的组成部分，包含理论和实践两个方面。发掘和研究中国史学的叙事遗产，是人们品读史学名著、了解史家思想、认识史学传统、促进中西互鉴的一条重要路径。朱老师从"叙事"作为中国古代史学术语的概念生成、运用及其理论内涵出发，讲述中国古代史书叙事传统主流的形成，揭示中国古代史学关于叙事问题的理论自觉，并从叙事角度对部分史学名著作出新的思考和评价。

12 月

▲杨共乐教授所申报课题"正确的中华民族历史观研究"获准立项

杨共乐教授所申报的课题"正确的中华民族历史观研究",经专家评审,被国家民委确立为 2021 年度国家民委民族研究基地重大项目,立项时间为 2021 年 12 月 1 日。

▲我中心召开 2021 年史学理论与史学史学术研讨会

2021 年 12 月 18~19 日,"2021 年史学理论与史学史学术研讨会"在北京师范大学召开。此次会议由北京师范大学史学理论与史学史研究中心、北京师范大学铸牢中华民族共同体意识研究培育基地主办。会议采用线上线下相结合的方式召开,来自全国 30 余所高校、科研机构和学术期刊的 70 余名学者参加会议。大会共收到论文 57 篇。本次会议包括开幕式、大会主题演讲、分组发言与讨论、大会发言、总结及闭幕式等环节。北京师范大学资深教授刘家和先生、瞿林东先生,天津师范大学历史文化学院教授庞卓恒先生和首都师范大学历史学院教授邹兆辰先生作大会主题演讲。与会学者通过网络汇聚,陈述自己的观点,参与热烈讨论。学者们的发言呈现三个特点:其一,在中外史学研究中,不少学者在文章中自觉融入中西比较的方法,强调和突显中国史学与中华文明的主体地位。其二,学者们紧跟时代步伐,注重将自身研究与社会实践相结合,发展历史理论和史学理论相关思考。其三,学者们自觉运用跨学科的方法,在材料、议题和内容等层面开拓创新,丰富和扩展了史学理论与史学史研究。在这次会议上,学者们提出了富有创见性的观点,交流了思想,拓宽了学术视界,也进一步明晰了史学理论与史学史学科的发展方向。

▲张越教授应上海师范大学邀请作题为"新中国史学的初建:中国马克思主义主导地位的确立"的学术讲座。

12 月 3 日,张越教授应上海市社会科学创新研究基地、上海师范大学光启国际学者中心邀请,在上海师范大学作题目为"新中国史学的初建:

中国马克思主义主导地位的确立"的线上讲座。张越教授清晰地阐述了中国马克思主义历史学的发展历程，指出中国马克思主义史学主导地位的确立，表现为六个方面的转向：第一，在历史观方面，从唯心史观转向唯物史观；第二，在史学研究的组织形式方面，从个人研究转向集体研究；第三，在历史学的效用方面，从名山事业转向为人民服务；第四，在研究对象方面，突显"革命史范式"，从贵古贱今转向近代史研究；第五，在民族观方面，从大民族主义转向注重少数民族史；第六，在世界历史观方面，从欧美中心主义转向对亚洲及其他地区历史的关注。他从历史学研究机构的设置、全国高校历史学专业的重新组建、专业史学杂志的创办等角度，阐述了新中国成立后马克思主义史学引领广大史学工作者所取得的重要成就。

▲《20世纪中国历史考证学》出版

陈其泰教授主编的《20世纪中国历史考证学》一书由北京师范大学出版社于2021年12月出版。本书全面分析了20世纪历史考证学形成的条件，探讨了王国维、胡适等考证名家的成就，并从方法论的角度对新历史考证学的学术内涵和时代特征进行阐述。

2022年

1月

▲瞿林东教授出席《中华民族交往交流交融史》编纂工作部署会议

1月25日，北京师范大学铸牢中华民族共同体意识研究培育基地瞿林东教授作为学术顾问代表，出席《中华民族交往交流交融史》编纂工作部署会议，并作会议发言。

▲《罗马社会经济研究》出版

杨共乐教授所著《罗马社会经济研究》一书由北京师范大学出版社于

2022 年 1 月出版。本书立足经济基础对社会的影响，用微观的研究方法探析罗马社会发展历程。其核心内容包括两大方面：其一，弄清罗马社会经济发展的规律，准确认识罗马的古代所有制和奴隶所有制社会，正确理解马克思主义的经典学说，从而进一步纠正国内外史学界一个多世纪的"古史现代化"倾向，纠正将西方古典文明视作工商业文明的错误观点。其二，考察罗马土地所有制变革的状况，揭示罗马土地所有制内部的运行规律；对古代所有制作了科学解释，对罗马社会形态的划分和广义政治经济学的发展起了重要作用。此书还研究了地中海罗马化及逆罗马化的现象。虽然时代不同，但它们的启示同样值得重视。

▲《儒家史学理论》出版

周文玖教授所著《儒家史学理论》由河南人民出版社于 2022 年 1 月出版。儒家史学理论是儒家史学思想的核心。本书分为八章，运用典型史料，提炼和归纳儒家史学理论，对经史关系论、史学旨趣论、史书义例论、名教风化论、信史求是论、史料考据论、直书史德论、史学二重性论等进行了深入探究。

2 月

▲《铸牢中华民族共同体意识》通识教育课开讲

2 月 24 日，北京师范大学《铸牢中华民族共同体意识》通识教育课开讲，并面向盐城师范学院、青海师范大学同步直播。北京师范大学选课人数 77 人、盐城师范学院选课人数 121 人、青海师范大学选课人数 77 人。《铸牢中华民族共同体意识》通识课程受到社会的广泛关注，产生了良好反响。

3 月

▲中国编辑学会副会长、秘书长乔还田一行赴北京师范大学铸牢中华民族共同体意识研究培育基地访问交流

3月10日上午，中国编辑学会副会长、秘书长乔还田到北京师范大学调研，并到北京师范大学铸牢中华民族共同体意识研究培育基地进行访问交流。基地主任郑师渠教授、史学理论与史学史研究中心主任杨共乐教授、基地副主任李帆教授、张昭军教授，学校党委统战部常务副部长廖英等参加座谈交流。基地负责人回顾了北京师范大学铸牢中华民族共同体意识研究培育基地工作开展情况，对未来进一步沟通合作交换了意见。双方一致认为，中华民族共同体意识是民族团结之本，要紧紧抓住铸牢中华民族共同体这条主线，这是国家顶层设计中至关重要的组成部分。廖英对未来进一步支持铸牢中华民族共同体意识研究培育基地建设提出了具体的意见。来宾对北京师范大学铸牢中华民族共同体意识研究培育基地的发展表示高度认可，希望今后继续保持沟通交流。

▲瞿林东教授《中国古代历史理论》（人民出版社，2022年3月）出版

本书2011年由安徽人民出版社出版，2022年3月由人民出版社再版，并由人民出版社收入"人民文库"。全书共三卷，分别论述中国古代历史理论的产生与形成、丰富与发展、繁荣与嬗变，全面展现了中国古代历史理论的基本范畴、发展趋势与主要成就。本书上起先秦，下迄明清（1840年前），以重大历史问题为论述主题，以年代为序，既从横向上反映了中国古代历史理论内涵的丰富性，又从纵向上探究了中国古代历史理论演进的连续性，进而揭示其产生、发展、繁荣的基本规律，填补了历史学在理论研究领域的一个空白。《中国古代历史理论》的问世，进一步拓展了中国史学史研究的领域，彰显了中国古代历史理论的丰富、特点和魅力，对于加强当代中国史学在唯物史观指导下的历史理论建设具有重要的参考价值，对于彰显中国史学的中国特色、中国风格、中国气派，也有重要的意义。

4月

▲《中国史学史举要》出版

瞿林东先生所作《中国史学史举要》一书由商务印书馆于2022年4月出版。本书共九章，概述了中国史学上起先秦下至清末的发展历程。作

者依据不同时期的发展特征将中国古代史学划分为九个阶段：史学的兴起（先秦时期）、"正史"的创建（秦汉时期）、史学的多途发展（魏晋南北朝时期）、史学发展的新转折（隋唐五代时期）、通史撰述和历史文献学的发展（两宋时期）、多民族史学演进的深入（辽夏金元时期）、史学走向社会深层（明时期）、史学的总结与嬗变（清前期）和史学在社会大变动中的分化（清后期）。全书结构严谨，对中国古代史学发展阶段的划分颇具新意；撰述内容重点明确，以各发展阶段重要的史家、史著、史学现象为主；理论风格突出，于横向上把握历史发展与史学发展的密切联系，于纵向上揭示中国史学的连续性特征，对全面认识中国史学发展面貌多有启迪和参考价值。

▲我中心召开张昭军教授新书《中国文化史学的历史与理论》学术研讨会

2022 年 4 月 22 日，在世界读书日到来之际，教育部重点研究基地史学理论与史学史研究中心组织召开学术讨论会，研讨张昭军教授的新著《中国文化史学的历史与理论》（人民出版社 2022 年 1 月出版），推进学科建设。会议由中心主任杨共乐教授主持，孙燕京、李志英、周文玖、林辉锋等教授及多位学者参加讨论会。张昭军教授介绍了该书的选题缘起、基本思路、写作时遵循的指导原则和主要内容。与会的专家学者认为《中国文化史学的历史与理论》一书，无论对于中国文化史学科，还是史学理论与史学史学科，都具有重要的学术价值。与会学者指出："该书既在学科史的意义上有发凡起例之功，又是进一步探索中国文化史的基础性成果，对北师大义化史学术传统的传承也有良好的推进作用。"

6 月

▲《大学开展铸牢中华民族共同体意识通识教育课调研报告》荣获国家民委社会科学研究成果奖（调研报告类）二等奖

由杨共乐、朱露川、陈涛、高若晨、胡小溪等人撰写的《大学开展铸牢中华民族共同体意识通识教育课调研报告》荣获国家民委社会科学研究成果奖（调研报告类）二等奖。

7月

▲我中心成员参加"区域国别与世界历史研究"学术研讨会

7月9日，在"区域国别学"将成为新的一级学科的背景下，由北京师范大学珠海校区人文与社会科学高等研究院史学研究中心、北京师范大学历史学院世界史党支部共同主办的"区域国别与世界历史研究"学术研讨会在珠海校区召开。会议采用线上和线下相结合的方式进行。中国历史研究院咨询委员会委员、中国社会科学院世界历史研究所于沛先生，中国历史研究院咨询委员会委员、北京大学区域与国别研究院院长钱乘旦先生，北京师范大学历史学院资深教授瞿林东先生，北京师范大学人文与社会科学高等研究院副院长李家永、历史学院分党委书记耿向东，以及历史学院、史学研究中心同仁，《光明日报》《中国社会科学报》等新闻媒体朋友30余人参会。研讨会由我中心主任杨共乐教授主持。瞿林东先生等六位学者作了主题演讲。他们或高屋建瓴、畅谈学科建设，或立足具体问题、结合历史与现实寻找研究路径。此次学术研讨会是深刻领会习近平总书记在人民大学的讲话精神，落实《国家"十四五"时期哲学社会科学发展规划》的学术活动之一。它既是北京师范大学一体两翼建设走向深入的盛会，也是老中青三代学者思想碰撞、深入交流的盛会。

▲《中国史学思想史新论》出版

汪高鑫教授著作《中国史学思想史新论》，于2022年7月由北京师范大学出版社出版。本书为汪高鑫教授近10年来关于中国史学思想史研究的"新论"，涉及相关研究的新论题、新观点、新思路和新方法。全书内容分为综合研究和专题研究两个部分，其中综合研究的内容包括历史思维、历史教育、史学功用、经史关系、社会思潮与史学思想、历史文化认同、史学近代化、史学与统一多民族国家，以及二十四史民族史撰述等重大理论问题的探讨；专题研究则主要以论述历代史家、史著的史学思想为主，也有关于具体历史时期的时代思潮与史学思想、史学正统观念、目录学的发展等一些具体问题的研究。此书对于扩大中国史学史的研究范围，推进中国史学思想史的深入研究，作出了新的尝试。

8 月

▲李帆、宁欣教授参编义务教育历史统编教材

按照新一轮义务教育教材修订工作的统一部署，教育部组织启动了义务教育道德与法制、语文、历史三科统编教材修订工作。我中心李帆教授作为历史学科教材编委会委员、宁欣教授作为历史学科教材编者参编义务教育历史统编教材。

附录二 史学理论与史学史论著要目 （2021 年 9 月~2022 年 8 月）

张帅旗

（北京师范大学历史学院，北京 100875）

一 论文

（一）史学理论与中国史学史

敖凯：《"新时代中国历史学'三大体系'建设"国际学术研讨会综述》，《史学理论研究》2021 年第 6 期。

白拉都格其：《略论周清澍教授的主要学术成就和贡献》，《内蒙古师范大学学报》（哲学社会科学版）2021 年第 5 期。

鲍有为：《经史之间：蒙文通的素王革命论》，《史学理论研究》2022 年第 3 期。

卜宪群：《郭沫若与中国马克思主义史学体系构建》，《中国史研究》2022 年第 3 期。

蔡青竹：《三个"历史决议"与中国共产党对历史经验的总结》，《史学理论研究》2022 年第 3 期。

操瑞青：《史学传统与 19 世纪新式报刊的本土认知》，《新闻与传播研究》2022 年第 7 期。

曹姗姗、李艳红：《李贽历史人物评价标准的新路径》，《广西社会科学》2021 年第 12 期。

陈峰：《挑战与新生：20 世纪 90 年代以来中国马克思主义史学的进路》，《史学月刊》2022 年第 5 期。

陈峰：《社会形态理论视阈下的中国社会经济史研究》，《历史研究》2022 年第 2 期。

陈峰：《传统史学与中国马克思主义史学范式的构建》，《天津社会科学》2022 年第 1 期。

陈怀宇：《中国史学现代脚注之确立：以〈历史研究〉与〈文史哲〉为中心》，《文史哲》2022 年第 2 期。

陈娇娇、张秋升：《古代史家责任意识探析》，《齐鲁学刊》2021 年第 6 期。

陈孔祥，姚芳芳、苏晓雪：《跋涉在史学研究路上的"行者"——杨国宜先生访谈录》，《史学史研究》2022 年第 3 期。

陈凌：《通与界的可能》，《中国史研究》2022 年第 3 期。

陈民镇：《饶宗颐的"三重证据法"及其实践——论饶宗颐古史研究的贡献》，《史学理论研究》2022 年第 3 期。

陈其泰：《史学经典与中华民族文化基因的锻造》，《东岳论丛》2022 年第 7 期。

陈其泰：《贯通古今　交光映衬——司马迁如何出色地实现"通古今之变"》，《史学理论研究》2022 年第 4 期。

陈其泰：《章学诚学术成就析论》，《学术研究》2022 年第 6 期。

陈其泰：《别识心裁　辩证分析——读〈文史通义〉札记》，《廊坊师范学院学报》（社会科学版）2022 年第 2 期。

陈其泰：《何兹全先生的治史风范》，《淮阴师范学院学报》（哲学社会科学版）2022 年第 2 期。

陈其泰：《章学诚对学术史演进的卓识——〈文史通义〉札记》，《淮阴师范学院学报》（哲学社会科学版）2022 年第 1 期。

陈其泰：《拓展历史编纂学研究之方法论思考》，《北京行政学院学报》2022 年第 1 期。

陈其泰：《史学：展现中华文化独特魅力的新视角》，《人文》2021 年第 1 期。

陈晓伟：《金末纂集〈卫王事迹〉考》，《史学史研究》2022 年第 1 期。

成思佳：《开国之君、继统帝王和北国"他者"——越南古代史家对赵佗形象的历史书写与记忆转向》，《史学史研究》2022 年第 2 期。

成一农：《跳出"唐宋变革论"——兼论当前中国古代史研究中存在的一些缺陷》，《厦门大学学报》（哲学社会科学版）2021 年第 5 期。

成运楼：《"三史"概念的产生及其内涵在唐代的重塑》，《史学理论研究》2022 年第 3 期。

程洋洋：《新旧中西之间：晚清"新学书目"中历史类书目的编纂与史学思想》，《史学理论与史学史学刊》2021年第1期。

程鹏宇：《后社会史论战时期的学术转向与中国马克思主义史学的形成——以陶希圣、郭沫若、侯外庐为例》，《近代史研究》2022年第3期。

崔存明、江建红：《侯外庐与马克思主义在中国的传播》，《史学理论与史学史学刊》2021年第2期。

崔华杰：《从历史理解中国：近代来华西人的中国历史书写及其路径演进》，《近代史研究》2022年第2期。

崔岩、朱志文：《两部同名〈民国人物碑传集〉渊源考述》，《史学史研究》2021年第3期。

崔壮：《正统观与宋以后的五代史编纂》，《史学理论研究》2022年第1期。

丁文：《刘知幾的华夷观与史学批评》，《史学理论与史学史学刊》2021年第2期。

董梦婷：《民族主义在中国马克思主义史学中的建构（1930-1949）——以范文澜、吕振羽、翦伯赞为例》，《泉州师范学院学报》2022年第1期。

董正华：《现代化研究的反思》，《史学理论研究》2021年第5期。

方美美：《论〈左传〉的以易解史》，《史学理论与史学史学刊》2022年第2期。

方天建：《从清代云南〈开化府志〉看邻国历史书写的地方表述》，《史学史研究》2022年第2期。

方啸天：《翦伯赞对〈史通〉中〈史记〉体例批判的辩证研究》，《渭南师范学院学报》2021年第9期。

冯琳：《关于构建战后台湾史话语体系的几点思考》，《台湾历史研究》2022年第3期。

冯强：《第24届全国史学理论研讨会综述》，《史学理论研究》2022年第1期。

冯时：《唯物史观与格物致知——郭沫若马克思主义与中国文化相结合的史学贡献》，《中国史研究》2022年第3期。

高希中：《历史人物评价标准之争与中国历史观重构——以1959年"曹操论战"为中心》，《中央社会主义学院学报》2021年第5期。

高钰京：《简述钱大昕对古代避讳制度的考证》，《边疆经济与文化》2022年第3期。

贡布多加：《〈红史〉新创藏史书写体例背景探析》，《青藏高原论坛》2021年第3期。

顾銮斋：《中国史学话语体系建构中的"西方中心论"问题》，《史学理论研究》2022年第2期。

郭辉：《史料、路径与领域：记忆史视域下的"口述"》，《理论月刊》2022年第4期。

郭士礼：《学术文化领域的统一战线与马克思主义史学主导地位的强化——兼论陈寅恪、郭沫若的〈再生缘〉研究》，《湖北社会科学》2021年第10期。

郭晓娜、方辉：《丁山与顾颉刚在抗战后方的学术交谊与学术理念的异同》，《安徽史学》2022年第4期。

郭震旦：《启蒙·实践·改革——刘泽华史学研究的三个关键词》，《天津社会科学》2021年第6期。

海路、杨柄：《中华民族历史观教育：内涵、价值与实践路径》，《民族研究》2022年第4期。

韩东育：《新时代"三大体系"建设与历史唯物主义新知》，《史学理论研究》2022年第2期。

韩震：《关于大历史观的哲学思考》，《马克思主义与现实》2022年第3期。

何鑫：《萧一山民族革命史观的形成及其清史叙述范式转变》，《中南大学学报》（社会科学版）2022年第1期。

贺根民：《史学莫精于宋：论蒙文通的慕宋文化观念》，《宋代文化研究》2021年第0期。

洪钰琳、何子沐：《傅衣凌先生与中国社会经济史研究》，《中国社会经济史研究》2021年第4期。

侯且岸：《侯外庐与〈中国古代社会史论〉》，《社会科学论坛》2021年第5期。

胡晨光：《志书编修与学术生态——以乾隆至道光年间济宁金石志之修撰为中心》，《史学理论与史学史学刊》2022年第2期。

胡逢祥：《平心先生笔名及其著述辨》，《历史教学问题》2022年第2期。

胡芮：《还"德"于"史"：柳诒徵与二十世纪东南学派史学伦理化转向》，《东南大学学报》（哲学社会科学版）2021年第5期。

黄爱平：《明末清初北方大儒孙奇逢史学探研》，《内蒙古师范大学学报》（哲学社会科学版）2022年第2期。

黄国辉：《"家谱刻辞"续说——兼谈作伪材料在史料辨伪中的价值》，《史学理论与史学史学刊》2021年第2期。

黄仁国：《论新时代中国史学主体性的构建》，《南京社会科学》2021年第9期。

黄鑫权、程广丽：《历史唯物主义与历史哲学关系的再思考》，《山东社会科学》2022年第8期。

黄彦伟：《现代史家张荫麟佚文七篇考论》，《现代中国文化与文学》2021年第3期。

贾泉林：《从"以经为史"到"经为史纲"——论章太炎经史观念之转变》，《史学史研究》2021年第3期。

贾亿宝：《清官修〈明史·兵志〉"边防"细目史源问题考述》，《史学理论与史学史学刊》2022年第1期。

蹇伶浇：《两种史学话语体系的交锋——以金毓黻对宋慈抱〈续史通〉的批评为中心》，《史学理论与史学史学刊》2021年第1期。

江湄：《正统、道统与华夷之辨——论南宋的"中国"认同及其历史意义》，《中国哲学史》2022年第3期。

蒋昌宏、罗米娜：《吕振羽的中华民族历史观及其现实启示》，《文化学刊》2022年第3期。

焦润明：《从阅历、时代、身份三维度看傅斯年史学思想之构建》，《史学理论与史学史学刊》2021年第2期。

金方廷：《吕思勉的历史写作实践及其嬗变——以中国婚姻史的撰著为例》，《华东师范大学学报》（哲学社会科学版）2021年第6期。

金嵌雯：《2021年史学理论与史学史学术研讨会综述》，《史学史研究》2022年第1期。

靳宝：《从灾虫到神虫：东汉"蝗不入境"的历史书写》，《深圳大学学报》（人文社会科学版）2022年第3期。

靳宝：《试析白寿彝的历史文学论》，《廊坊师范学院学报》（社会科学版）2021年第4期。

靳宝：《"建设有中国民族特点的马克思主义史学"——以白寿彝〈中国史学史〉第一册为中心的考察》，《四川师范大学学报》（社会科学版）2021年第5期。

琚小飞：《〈四库全书简明目录〉版本考》，《史学史研究》2022年第3期。

况明祺：《是"学者"，还是"士人"？——章学诚在民国时期研究中的两种形象》，《史学理论与史学史学刊》2021年第2期。

兰梁斌：《延安时期马克思主义史家的辛亥革命史书写与近代史体系构建》，《史学月刊》2022年第7期。

兰梁斌：《侯外庐的治史路径》，《史学理论研究》2021年第5期。

李阿慧：《从"经史"到"文明史"——重审20世纪初新史学转向及其文明论视角》，《东南学术》2022年第3期。

李斌：《坚持和发展立足于历史实际的阶级分析方法》，《史学理论研究》2022年第3期。

李兵、王承略：《清人两种〈补五代史艺文志〉关系考论》，《中华文史论丛》2021年第3期。

李传印、韩艳娇：《魏晋南北朝时期家传的叙事特征》，《史学史研究》2022年第1期。

李德锋、鞠星：《论明中叶唐顺之批选〈史记〉〈汉书〉》，《廊坊师范学院学报》（社会科学版）2022年第1期。

李帆：《"遗老"视角下的清代学术史——以罗振玉〈本朝学术源流概略〉为核心的论析》，《社会科学战线》2022年第1期。

李恭忠：《梁启超的"中国史"自觉及其限度》，《历史研究》2022年第2期。

李国强：《史学的思想与思想的史学》，《河北师范大学学报》（哲学社会科学版）2022年第1期。

李红岩：《历史学的原生形态及其质文递变》，《东南学术》2022年第1期。

李怀印：《追迹华夏之初——古史书写中的想象与真实》，《开放时代》2021年第5期。

李金华：《乾嘉幕府的学术成就及其局限性》，《廊坊师范学院学报》（社会科学版）2022年第1期。

李娟：《清理与重构：吕思勉的神话研究》，《史学理论研究》2022年第1期。

李里峰：《能动的唯物史观：李大钊"青春"意象与历史观念之再探》，《福建论坛》（人文社会科学版）2021年第11期。

李诗：《九一八事变后中国学者的"学术戍边"研究——以徐中舒的明清东北史研究为例》，《兰台世界》2022年第3期。

李燕：《崔述〈考信录〉及其近代学术影响》，《学术界》2022年第4期。

李勇：《"西周封建说"首创之问题探析——关涉吕振羽、范文澜和吴玉章之学术影响》，《云南大学学报》（社会科学版）2022年第1期。

李勇：《郭沫若对中国"无奴说"的回应》，《郭沫若学刊》2021年第4期。

李勇：《民国时期吕振羽批评郭沫若古史研究的原因及史料学意义》，《四川师范大学学报》（社会科学版）2021年第5期。

李勇，马艳辉、周励恒：《中国马克思主义史学的发展与反思［笔谈］》，《河南师范大学学报》（哲学社会科学版）2021年第5期。

李玉君、李阳：《冯家升先生与契丹辽史研究》，《史学史研究》2022年第2期。

李渊：《希罗多德〈历史〉记载与其求真精神》，《史学理论与史学史学刊》2021年第2期。

李长春：《章学诚历史哲学中的知识问题》，《哲学研究》2022年第7期。

李政君：《唯物史观与民国时期傅衣凌的中国社会经济史研究》，《史学理论研究》2022年第1期。

廉敏、黄畅：《"历史理论"一词源流考——对中西历史思想交流中一个关键概念的考索》，《晋阳学刊》2021年第5期。

梁苍泱：《新学、新眼与近代文人新知识统系的建构——以夏曾佑的阅读记录为中心》，《中华文史论丛》2021年第3期。

廖靖靖：《交融·认同·传承——论何兹全先生的中华民族历史观》，《史学史研究》2022年第1期。

廖久明：《郭沫若就凉山彝族奴隶制问题致刘大年函的写作年份及相关情况再考》，《郭沫若学刊》2021年第3期。

林岗：《正统论与中国的国家认同》，《中山大学学报》（社会科学版）2022年第4期。

林磊：《考据学的时代关怀及思想史转向——北平沦陷时期的陈垣及其"有意义之史学"》，《史学理论与史学史学刊》2021年第2期。

刘保刚：《钱穆对中国天下观的诠释与解析》，《史学月刊》2022年第

4 期。

刘晨：《邵循正与近代中国农民战争史研究》，《太平天国及晚清社会研究》2021 年第 1 期。

刘承：《改铸古史：上博简〈成王既邦〉古史编纂思想探研》，《安阳师范学院学报》2022 年第 1 期。

刘大胜：《陈寅恪与"敦煌学"概念》，《史学理论研究》2021 年第 5 期。

刘力耘：《宋代士大夫灾异论再认识——以苏轼为切入点》，《史学理论研究》2021 年第 6 期。

刘丰：《早期儒家的历史思想与历史哲学——以战国时期的"文质"论为中心》，《安徽师范大学学报》（人文社会科学版）2022 年第 2 期。

刘锋：《吕振羽文化思想探论》，《湘学研究》2021 年第 2 期。

刘锋杰：《章学诚的"文衷于道"论——"六经皆史"与文道论的新变》，《江淮论坛》2021 年第 6 期。

刘贵福：《审查史料的真伪——钱玄同晚年对今古文经问题的讨论》，《近代史学刊》2021 年第 2 期。

刘桂娟、吴航：《20 世纪 50 年代末到 60 年代初的史论关系争鸣及影响》，《内江师范学院学报》2021 年第 9 期。

刘海波：《纪昀〈史通削繁〉解析》，《史学史研究》2021 年第 3 期。

刘华初：《马克思世界历史思想的层次探析及其现实意义》，《广东社会科学》2022 年第 1 期。

刘劲松、张泽阳：《汉宋分野视域下傅斯年与严耕望史料观的离合》，《天府新论》2022 年第 1 期。

刘开军：《衣钵相授：刘咸炘与弟子们的学术养成》，《史学史研究》2022 年第 3 期。

刘开军：《从〈新史学〉到〈三十自述〉：1902 年梁启超的器与道》，《四川师范大学学报》（社会科学版）2022 年第 3 期。

刘泠然、杨艳秋：《李大钊史学思想中的学科关系论》，《廊坊师范学院学报》（社会科学版）2022 年第 1 期。

刘荣昆：《中国史学史课程思政建设的意义及路径》，《安顺学院学报》2022 年第 1 期。

刘逸鹏：《卢绍稷〈史学概要〉的学术价值》，《昆明学院学报》2021 年第 5 期。

刘永祥、李鑫：《〈皇朝经世文编〉与嘉道时期经世思潮的勃兴》，《淮阴师范学院学报》（哲学社会科学版）2022年第2期。

刘卓异：《试论陈垣与顾颉刚的交谊》，《中华文化论坛》2021年第6期。

刘韶军：《论范祖禹〈唐鉴〉的史学观及史学价值》，《宋代文化研究》2021年第0期。

刘卓异：《〈左传〉"经传合编"不晚于司马迁考》，《史学理论与史学史学刊》2022年第2期。

楼劲：《历史人物研究与评价必须关注的五个维度——从朱子彦〈司马懿传〉说起》，《中国史研究动态》2022年第1期。

楼培：《顾颉刚致沈文倬信札一通考论——兼及两先生以礼学为中心的学术因缘》，《文献》2021年第5期。

鲁道夫·G·瓦格纳、李秋红：《现代中国学术困境的全球背景：疑古还是信古（上）》，《国学学刊》2021年第3期。

鲁洋：《论〈赈豫纪略〉的荒政书写》，《史学史研究》2022年第3期。

陆力：《章学诚史学致用的理论化构建》，《河南理工大学学报》（社会科学版）2022年第1期。

罗志田：《能动与受动：道咸新学表现的转折与"冲击/反应"模式》，《近代史研究》2022年第1期。

罗志田：《以国家说民族：范文澜关于汉民族形成思想的特色》，《南京大学学报》（哲学·人文科学·社会科学）2021年第6期。

罗志田：《走向特殊规律：范文澜关于"汉民族形成"的思考》，《天津社会科学》2021年第5期。

罗志田：《理论的凸显：社会史论战对史学的一个影响》，《社会科学战线》2021年第9期。

骆扬：《编年与叙事——从〈春秋〉〈左传〉看中国早期史学的发展演变》，《廊坊师范学院学报》（社会科学版）2022年第1期。

马建强、公坤：《中国近现代史学中"早期启蒙"说的语义表达与思想流变》，《浙江学刊》2022年第2期。

马敏：《论章开沅史学思想的特质》，《史学理论研究》2022年第4期。

马敏：《中国近代史学术话语体系建设的若干思考——以"近代""近世"等概念为论述中心》，《近代史研究》2022年第4期。

毛瑞方：《从中西交通史到中西文化关系通史——评张国刚〈中西文化关系通史〉》，《史学理论与史学史学刊》2022 年第 2 期。

缪喜平：《史书编纂·正统诠释·人物形塑——改革开放以来宋代三国研究的三重视角》，《史学史研究》2022 年第 1 期。

聂文华：《邓广铭致傅斯年二十七札考释》，《唐宋历史评论》2021 年第 2 期。

宁腾飞：《刘泽华史学方法论的构建》，《史学理论研究》2022 年第 2 期。

宁腾飞：《诸子学研究与顾颉刚的疑古辨伪学》，《天津社会科学》2022 年第 1 期。

庞卓恒：《人类本性和人的阶级性》，《史学理论研究》2022 年第 3 期。

彭南生：《从"走进历史"到"走出历史"：章开沅的治史道路与史学思想》，《江汉论坛》2022 年第 5 期。

彭义池：《"益自身之德，以道济天下"——以〈国史要义·史术〉篇谈柳诒徵经世致用之学》，《洛阳理工学院学报》（社会科学版）2022 年第 3 期。

戚良德、秦元元：《文之将史，其流一焉——〈文心雕龙〉何以影响〈史通〉》，《济南大学学报》（社会科学版）2022 年第 1 期。

戚裴诺：《"我者"与"他者"的交织：汉唐间正史的族源叙事》，《郑州大学学报》（哲学社会科学版）2022 年第 1 期。

钱茂伟、石鹏：《学案体在当代的活用——舒大刚等主编〈儒藏学案〉评介》，《儒藏论坛》2021 年第 15 辑。

钱茂伟、王笑航：《董朴垞〈中国史学史长编〉：20 世纪 70 年代的中国史学史代表作》，《史学史研究》2021 年第 4 期。

乔治忠：《论历史认识的检验标准》，《南开学报》（哲学社会科学版）2021 年第 5 期。

邱锋：《历史与逻辑：王充史学观念探微》，《天津社会科学》2022 年第 3 期。

邱亚：《试论叶启勋的四库学研究成就》，《史学史研究》2021 年第 3 期。

邱亚：《张舜徽对人民史观的接受与运用》，《湘学研究》2021 年第 2 期。

曲柄睿：《〈三国志〉以"志"为名缘由及史学意图》，《史学理论与史学史学刊》2021年第1期。

屈宁：《再论明末清初史学思想的嬗变》，《史学理论研究》2022年第2期。

任慧峰：《柳诒徵的以礼释史及其现代意义——以〈国史要义〉为中心》，《孔子研究》2022年第2期。

施建雄、陈子沛：《论吕思勉史学史研究的思想认识及其学术意义》，《韩山师范学院学报》2022年第1期。

时培磊、纪海龙：《〈明武宗实录〉文臣传编纂探析》，《史学史研究》2022年第2期。

舒习龙：《〈湘绮楼日记〉所见王闿运史学研究》，《淮阴师范学院学报》（哲学社会科学版）2022年第4期。

孙贝贝：《历史巨变下的陈垣与胡适——兼论陈垣的马克思主义转向》，《史学理论与史学史学刊》2022年第1期。

孙冬华、彭忠信：《吕振羽的马克思主义信仰确立路径及现实启示》，《邵阳学院学报》（社会科学版）2022年第4期。

孙昉：《论晚清时代中国知识分子的波兰观》，《衡阳师范学院学报》2022年第1期。

孙广辉：《史学思想研究与构建中国特色史学——吴怀祺先生逝世周年纪念会综述》，《史学理论与史学史学刊》2021年第2期。

孙广辉：《徐干学与〈明史〉纂修》，《廊坊师范学院学报》（社会科学版）2021年第4期。

孙宏年：《民国初年的边疆治理思想与机构演变（1912—1919年）》，《史学理论研究》2021年第5期。

孙青：《近代白话通史修撰中的体裁、语言与格式问题——吕思勉〈白话本国史〉的几个探索》，《华东师范大学学报》（哲学社会科学版）2021年第6期。

孙卫国：《历史书写与现实诉求——朝鲜王朝洪启禧〈文山先生详传〉考释》，《世界历史》2022年第2期。

孙卫国：《古代朝鲜对纪传体的认知与实践》，《郑州大学学报》（哲学社会科学版）2022年第1期。

孙卫国、秦丽：《百年来中国对韩国史学史研究的回顾与展望》，《史学理论研究》2022年第1期。

孙闻博：《"二重证据法"与王国维的史学实践》，《中国史研究动态》2022 年第 2 期。

谭徐锋：《史料细化与视野转换——辛亥革命史研究的省思》，《史学理论研究》2021 年第 6 期。

汤勤福：《洪迈的史学思想——以〈容斋随笔〉魏晋南北朝史研究为中心》，《史学史研究》2021 年第 4 期。

田志光、岳童瑶：《论两宋帝王历史观的时代特征及其成因》，《史学史研究》2021 年第 3 期。

田志涛、陈勇：《论傅斯年对史学客观性的认识》，《史学史研究》2021 年第 4 期。

汪兵：《张静如心理史学研究的路径及意义》，《长春师范大学学报》2022 年第 1 期。

汪高鑫：《易学视域下的欧阳修史学思想》，《史学史研究》2022 年第 3 期。

汪高鑫：《多重视角下的中国古代史学史研究》，《史学理论研究》2022 年第 3 期。

汪高鑫：《中国传统历史编纂学的发展路径——以史书编纂体裁为中心的考察》，《河北学刊》2021 年第 5 期。

汪高鑫、王子初：《周代的史官制度与史官精神》，《史学史研究》2021 年第 3 期。

王传：《变与常：吕思勉与"汉族的由来"问题研究》，《史学理论与史学史学刊》2022 年第 1 期。

王广：《阶级分析方法仍是认识历史、把握历史的科学方法》，《史学理论研究》2022 年第 3 期。

王郝维：《20 世纪 20 年代北大史学社会科学化改革渊源与终结新探》，《淮北师范大学学报》（哲学社会科学版）2022 年第 1 期。

王嘉川、夏芷晴：《浦起龙校勘〈史通〉所用诸本考》，《史学史研究》2022 年第 2 期。

王嘉淳：《论浙江大学教授群体的抗战思想——以〈国命旬刊〉为中心》，《史学理论与史学史学刊》2022 年第 1 期。

王珏：《黄宗羲"诗史相表里"思想论析——史学本位的考察》，《史学史研究》2022 年第 1 期。

王珂：《历史：现在与过去的对话——以吕思勉先生的五代史研究为

例》，《历史教学问题》2022年第1期。

　　王亮军：《事实与事理：范晔对东汉倾危根由的历史认识》，《档案》2022年第7期。

　　王晴佳：《"你不能只是一个忧郁的过客"——谈何兆武先生的史学思想》，《读书》2021年第11期。

　　王晴佳：《史学史研究的性质、演变和未来：一个全球的视角》，《河北学刊》2021年第5期。

　　王锐：《从经史之学到马克思主义史学——吴承仕的学术旨趣及其古代社会论》，《福建论坛》（人文社会科学版）2022年第5期。

　　王锐：《论当代中国的新大众史学》，《中央社会主义学院学报》2021年第5期。

　　王瑞来：《义理史学的实践——陈桱〈通鉴续编〉得失论》，《中华文史论丛》2021年第4期。

　　王舒琳：《郭沫若"中国社会应与他国无异"探析》，《郭沫若学刊》2021年第4期。

　　王舒琳：《近代今文经学与郭沫若的史学》，《史学理论与史学史学刊》2021年第1期。

　　王晓敏、杨永康：《明代官方记录体史书初探》，《史学理论与史学史学刊》2022年第2期。

　　王学锋、谢芳：《王船山史学的实学视角考察》，《中华文化与传播研究》2021年第2期。

　　王应宪：《史海津梁：历史辞典与中国近代史学》，《人文杂志》2022年第7期。

　　王应宪：《"化经为史"：吕思勉经学观新论》，《史林》2022年第2期。

　　王云燕：《由旧入新：梁启超对赵翼史学的认知转变》，《齐鲁学刊》2022年第4期。

　　王志跃：《〈明世宗实录〉史料价值考论》，《史学史研究》2022年第3期。

　　温玉春：《论刘知几〈史通·六家〉对史体的划分》，《廊坊师范学院学报》（社会科学版）2022年第2期。

　　吴汉全：《中共民主革命时期推进史学研究的努力及其特色》，《学术界》2022年第4期。

吴鲁锋：《吴金鼎与傅斯年学术交谊述论》，《史学理论与史学史学刊》2021 年第 1 期。

吴鲁锋、马亮宽：《徐中舒与史语所关系述论》，《中华文化论坛》2021 年第 5 期。

吴琼、危文瀚：《新中国教育影像史料考古——以影像史学为中心的考察》，《史学理论与史学史学刊》2022 年第 2 期。

吴英：《唯物史观对重大历史和现实问题的科学解释》，《史学史研究》2022 年第 3 期。

吴英：《构建具有中国特色的史学理论学科体系和话语体系》，《当代中国史研究》2022 年第 2 期。

吴英：《以唯物史观为指导书写具有中国特色的文明史》，《史学理论研究》2022 年第 1 期。

吴英：《构建具有中国特色的史学理论学科体系和话语体系的思考》，《江海学刊》2022 年第 1 期。

武文君：《"我"与"他"的重构：清朝的女真源流观》，《郑州大学学报》（哲学社会科学版）2022 年第 1 期。

夏静：《阶级分析是理解 20 世纪中国革命的重要取径》，《史学理论研究》2022 年第 3 期。

肖亚楠：《司马迁与司马光史学思想比较——以李广形象塑造为例》，《文化学刊》2022 年第 8 期。

谢贵安：《清代史学的近代择受及重构论析》，《中国高校社会科学》2022 年第 4 期。

谢贵安：《新中国"南明"概念的传播与南明史学的发展》，《贵州社会科学》2022 年第 4 期。

谢贵安：《批评史学的批评——评瞿林东主编〈中国古代史学批评史〉》，《史学史研究》2022 年第 1 期。

谢辉：《蜀中二李的易学与史学》，《史学史研究》2022 年第 2 期。

谢辉元：《李大钊、郭沫若与中国马克思主义史学的形成》，《江海学刊》2022 年第 4 期。

谢辉元：《马克思主义中国通史撰述的早期探索》，《史学理论研究》2022 年第 3 期。

谢盛、谢贵安：《明清官史对西器东传的选择性记载》，《史学史研究》2021 年第 4 期。

辛松峰：《事实与解喻改作和重作——李大钊史学思想的当代价值》，《北京党史》2021年第5期。

熊江梅：《文明论视域下的中西历史演化叙事模式比较》，《东北师大学报》（哲学社会科学版）2022年第1期。

熊权：《立足本土的"突变"：郭沫若与20世纪20年代社会科学思潮》，《首都师范大学学报》（社会科学版）2022年第4期。

徐国利：《民国时期顾颉刚学术价值观的转向及与经世致用观的离合》，《史学月刊》2022年第4期。

徐国利：《顾颉刚：现代科学观和疑古史观视域下的中国传统史学论》，《武汉科技大学学报》（社会科学版）2021年第6期。

徐国利、陈晨：《20世纪前期马克思主义史家的先秦民主论——以郭沫若、吕振羽和侯外庐为中心》，《江淮论坛》2022年第2期。

徐建生、徐卫国：《吴慧先生学术生平与对中国商业史学的贡献》，《中国经济史研究》2022年第2期。

徐黎丽、黄嫚：《互鉴交融共书中华——评汪受宽教授主编〈中国少数民族史学史〉》，《史学理论与史学史学刊》2021年第2期。

徐志民：《现实之问与学术回应——步平与中日关系史研究》，《北方论丛》2022年第5期。

许洪冲：《清修"续三通"中"臣等谨按"功用刍议》，《史学史研究》2022年第3期。

许洪冲：《七卷本〈中国古代史学批评史〉的几个特点》，《史学理论与史学史学刊》2021年第2期。

许鸿梅：《纪念何兹全先生诞辰110周年暨中国传统经济及其转型学术研讨会综述》，《史学史研究》2022年第2期。

薛明骥、黄广友：《〈文史哲〉与新中国初期史学学术体系的重构》，《山东社会科学》2022年第4期。

薛艳伟：《朱希祖与傅振伦的师生交谊与学术传承》，《史学理论与史学史学刊》2021年第2期。

颜欣：《习近平的历史观及其当代价值》，《社会科学家》2021年第7期。

杨共乐：《中华文明及其对人类的重大贡献——中西文明比较的视角》，《北京师范大学学报》（社会科学版）2022年第2期。

杨光斌：《"以史为鉴"：历史政治学之功能》，《中央社会主义学院学报》2021 年第 5 期。

杨华:《二十年来新文化史在中国大陆的传播、影响及实践》,《史学月刊》2022 年第 4 期。

杨军:《从"他"到"我":"天下一家"观念的变迁——兼论中华民族共同体意识的起源》,《郑州大学学报》(哲学社会科学版)2022 年第 1 期。

杨翔宇:《郑鹤声、郑鹤春〈中国文献学概要〉的学术特色》,《史学史研究》2022 年第 3 期。

杨言、胡翠娥:《史学家、教育家何炳松的学术翻译研究》,《上海翻译》2021 年第 5 期。

杨志远:《历史的镜像:梁启超"新史学"的多元想象》,《四川师范大学学报》(社会科学版)2022 年第 3 期。

雍薤:《从〈性命古训辨证〉看傅斯年的古史观》,《湖南工程学院学报》(社会科学版)2022 年第 1 期。

尤学工:《论中国近现代历史教育研究的基本问题》,《史学史研究》2022 年第 1 期。

游自勇:《"弃常为妖":中古正史〈五行志〉的灾异书写》,《历史研究》2022 年第 2 期。

于沛:《凯歌行进的中国马克思主义史学》,《史学月刊》2022 年第 7 期。

于沛:《大历史观视域下的文明史书写》,《史学理论研究》2022 年第 1 期。

俞金尧:《大变局时代历史学重建宏大叙事的责任》,《探索与争鸣》2021 年第 10 期。

俞林波:《清代、民国〈吕氏春秋〉学史简编:范耕研〈吕氏春秋书录〉研究》,《阜阳师范大学学报》(社会科学版)2022 年第 4 期。

庾向芳:《民国时期的清史书写》,《史学史研究》2021 年第 3 期。

袁法周:《乾嘉三大史家治〈汉书〉》,《史学理论与史学史学刊》2021 年第 1 期。

袁国友:《陈寅恪与清华"新史学":教研取向与治史方法辨析》,《思想战线》2021 年第 5 期。

袁剑:《"中华民族是一个"的前史:顾颉刚西北考察的边疆思想史价值》,《中央社会主义学院学报》2021 年第 5 期。

袁昆仑:《朝鲜英祖时期〈御评两汉辞命〉的编纂》,《史学史研究》2022年第3期。

袁亚铮:《论史学对阮籍文学创作的影响》,《河北师范大学学报》(哲学社会科学版)2022年第2期。

岳岭:《中国马克思主义史学研究的百年回顾与前瞻》,《南都学坛》2022年第1期。

张峰:《出土史料与唐修〈晋书〉相关问题再考察》,《淮阴师范学院学报》(哲学社会科学版)2022年第4期。

张峰:《开出一派"新考证学"——梁启超"新史学"对民国新历史考证学派的影响》,《四川师范大学学报》(社会科学版)2022年第3期。

张峰:《唐代史家与历史编纂的创新》,《史学理论研究》2021年第5期。

张耕华:《旧史学的殿军,新史学的开山——略论吕思勉先生的史学》,《华东师范大学学报》(哲学社会科学版)2021年第6期。

张光华、王燕:《明代扬州府史学成就述论》,《扬州学研究》2021年第0期。

张家伟:《元祐中后期"调停"说辨析——兼论苏辙〈颍滨遗老传〉对史书的误导》,《史学理论与史学史学刊》2022年第1期。

张杰:《〈社会进化史〉的理论溯源及史学价值》,《史学理论与史学史学刊》2021年第1期。

张玲莉:《〈四库〉大典本〈用易详解〉二题》,《史学理论与史学史学刊》2022年第2期。

张隆溪:《丽藻彬彬:关于文学与历史哲学的思考》,《复旦学报》(社会科学版)2022年第3期。

张佩国:《"资本主义萌芽"论范式问题再反思》,《学术月刊》2021年第12期。

张双智:《唐至民国时期汉藏翻译历史辞书考述》,《史学理论与史学史学刊》2022年第2期。

张涛:《略论〈永乐大典〉本〈析津志〉及其史学价值》,《史学史研究》2021年第4期。

张婷:《马克思历史思想的四种称谓及当代启示》,《重庆社会科学》2021年第10期。

张晓校、张媛媛:《中华民族历史观的"大历史观"视角》,《黑龙江民族丛刊》2022 年第 2 期。

张笑龙：《批评与同情：钱穆对乾嘉学术的认识》，《南开学报》（哲学社会科学版）2021 年第 5 期。

张栩凤、刘毅青：《辞章学视域下的章学诚"六经皆史"说》，《粤海风》2022 年第 1 期。

张绪山：《论以史为鉴有效性的限度》，《清华大学学报》（哲学社会科学版）2022 年第 3 期。

张学智：《中国哲学与史学——兼论王夫之〈读通鉴论〉的历史哲学》，《船山学刊》2021 年第 5 期。

张升：《大典本〈九国志〉之版本、编次与整理》，《史学史研究》2021 年第 4 期。

张延华：《别具匠心的党史建构——评李颖著〈文献中的百年党史〉》，《史学理论与史学史学刊》2022 年第 1 期。

张延和：《〈宋神宗实录〉"朱墨本"发微》，《史学史研究》2022 年第 1 期。

张越：《当代中国马克思主义史学的研究特点与发展趋向》，《史学月刊》2022 年第 7 期。

张越：《民国学者眼中的清末民国时期史学流派》，《韩山师范学院学报》2022 年第 1 期。

张越：《由史学转型看新文科视野下的学科建设》，《探索与争鸣》2021 年第 10 期。

张越：《中国马克思主义史学的形成与社会史论战》，《近代史研究》2021 年第 5 期。

赵广军：《布哈林〈历史唯物主义理论〉在 20 世纪 30 年代中国的传播与理论扬弃》，《史学理论研究》2022 年第 1 期。

赵广军：《民国时期萧一山的史观构建与评析》，《史学史研究》2022 年第 2 期。

赵广军：《金陵大学"新史派"与章开沅史学接受之初步》，《华中师范大学学报》（人文社会科学版）2022 年第 3 期。

赵利栋：《国民党左派与中国"半殖民地半封建"概念的提出》，《史学理论研究》2021 年第 6 期。

赵梅春：《"原始察终"——古代史家考察历史的重要方法》，《史学理论与史学史学刊》2021 年第 2 期。

赵琪：《论断代史〈左传〉中的通史精神》，《史学理论与史学史学刊》2022年第1期。

赵庆云：《刘大年与中日史学交流》，《北方论丛》2022年第5期。

赵庆云：《阶级理论与马克思主义史学》，《史学理论研究》2022年第3期。

赵四方：《史家的求通意识与现实关怀——读〈中国历史文化散论〉（增订本）》，《史学理论与史学史学刊》2021年第1期。

赵天英：《展现中华民族共同体意识历史渊源的力作——评汪受宽主编〈中国少数民族史学史〉》，《史学史研究》2022年第1期。

赵太和：《新发现周广业〈两浙地志录〉考论》，《史学史研究》2022年第1期。

周国林：《张舜徽先生的罗振玉学术研究》，《史学史研究》2022年第1期。

周励恒：《从〈史学要论〉到〈历史哲学教程〉——论中国马克思主义史学理论的初步发展》，《四川师范大学学报》（社会科学版）2021年第5期。

周励恒：《论晚清旅日学人的革命史书写》，《理论与史学》第7辑。

周励恒：《革命性与科学性：翦伯赞的〈历史哲学教程〉的价值和地位》，《河南师范大学学报》2021年第5期。

周蓓：《"别为新编"：民国〈河南通志稿〉的编纂》，《史学史研究》2021年第3期。

周倩：《清代科举议中的史学改革方案》，《史学史研究》2022年第2期。

周文玖：《中国史学的垂范精神》，《史学理论与史学史学刊》2022年第1期。

周文玖：《白寿彝：史学史研究战线上的一面旗帜》，《中国社会科学报》2022年5月24日。

周文玖：《顾炎武的史学成就及史学思想》，《人文天下》2022年第1期。

周文玖：《吕振羽翦伯赞的学术交谊》，《史学史研究》2021年第4期。

周文玖：《略论中国马克思主义史学理论发展的阶段性》，《史学理论与史学史学刊》2021年第1期。

周新国：《21世纪中国大陆口述史规范的三种模本》，《史学理论研究》2021年第5期。

周中梁：《今本宋濂〈洪武圣政记〉辨伪》，《史学史研究》2021年第3期。

朱露川：《〈容斋随笔〉论史书叙事札记三则》，《史学理论与史学史学刊》2021年第1期。

朱文哲：《清末民初共时意识下的"近世"书写》，《中国社会科学院研究生院学报》2021年第5期。

庄亚琼：《欧美〈史记〉〈汉书〉史表研究述评》，《中国史研究动态》2022年第3期。

邹兆辰：《从建党百年历史中领悟新时代历史发展动力观》，《河北学刊》2022年第3期。

邹兆辰：《史学社会功能在历史进程中的演变与提升》，《史学理论与史学史学刊》2021年第2期。

左玉河：《中国社会史论战与马克思主义史学的崛起》，《历史研究》2022年第2期。

（二）史学理论与外国史学史

阿兰·梅吉尔、张旭鹏：《理论在历史实践中的作用》，《史学理论研究》2021年第6期。

艾仁贵：《谁有权书写创伤历史——大屠杀史学在当代以色列的兴起与论争》，《史学月刊》2022年第8期。

安凤仙：《狄奥尼修斯对早期罗马历史的构建——基于对〈罗马古事纪〉的考察》，《史学史研究》2022年第3期。

安洙英、姜伊威：《从"东洋史"到"东亚史"——韩国学界近三十年的历史叙事反思》，《史学理论研究》2021年第5期。

贝承熙：《秩序与历史：沃格林的历史多元论与秩序解读法》，《世界历史评论》2022年第2期。

蔡丽娟、王傲：《塔西佗历史书写中的"年代记"及其政治功能》，《史学理论研究》2022年第1期。

曹峰毓、后黎：《论肯尼思·翁伍卡·迪凯在非洲史研究中的贡献》，《史学理论研究》2022年第2期。

陈赟：《历史意义的焦虑："普遍历史"的回应及其病理》，《学术月刊》2022年第1期。

陈赟：《西方普遍历史叙事与多元文明的共生问题》，《福建论坛》（人文社会科学版）2021年第11期。

成一农：《后现代史学的认知方式与传统史学的"终结"》，《南京大学学报》（哲学·人文科学·社会科学）2022年第2期。

程传利：《历史认识客观性问题提出的本意及其思维模式分析》，《玉林师范学院学报》2022年第3期。

程美宝：《国别思维与区域视角》，《史学理论研究》2022年第2期。

初庆东：《莫里斯·多布与英国马克思主义历史学的奠基》，《世界历史评论》2022年第2期。

初庆东：《英国马克思主义史学家的历史书写——以〈过去与现在〉的创刊与早期发展为中心》，《英国研究》2021年第2期。

单程秀：《在共和的框架内：法国官方叙事中的巴黎公社（1871—2021）》，《江苏社会科学》2022年第2期。

邓哲远：《尼日利亚伊巴丹历史学派再思考——以阿拉伯文手稿的收集与研究为视角》，《史学理论研究》2022年第3期。

丁斯甘：《从〈通报〉看20世纪上半叶法国西域史地研究》，《国际汉学》2021年第3期。

丁雨婷：《女性解放与凯末尔改革——基于土耳其女性史研究的考察》，《史学理论研究》2022年第4期。

董立河：《思辨的历史哲学的复兴——当代西方历史理论的最新进展》，《史学理论研究》2021年第6期。

董子云：《贝尔纳·葛内与法国中世纪晚期政治史研究》，《史学理论研究》2021年第5期。

冯定雄、赵潇斐：《"非洲中心主义"与非洲历史哲学的重塑》，《西亚非洲》2022年第3期。

高嘉懿：《传承与发展：三十年来法国学界的冷战史研究状况》，《法国研究》2022年第3期。

顾晓伟：《历史理论与史学理论之关系新解》，《史学理论研究》2021年第6期。

韩炯：《文明史叙事与历史规律的探询》，《史学理论研究》2021年第6期。

贺嘉年：《海登·怀特论喻象阐释》，《文艺评论》2022年第3期。

贺嘉年：《转义理论视域下的克罗齐历史哲学》，《文化学刊》2021年第 12 期。

侯艾君：《互动与张力：中亚史学与俄罗斯史学》，《史学理论研究》2022 年第 4 期。

胡洁：《个人叙事与集体记忆：口述史的多维建构》，《学术月刊》2021 年第 11 期。

黄畅：《近二十年尼日利亚史学述评》，《史学理论研究》2022 年第 4 期。

黄璐：《20 世纪意大利马克思主义史学概述》，《史学月刊》2022 年第 7 期。

黄艳红：《试论现代"革命"概念的创生与发展》，《史学月刊》2022 年第 6 期。

姜静：《辉格式历史解释的形成、特点及困境根源》，《史学月刊》2022 年第 1 期。

姜启舟：《威廉·乔治·霍斯金斯与法国年鉴学派》，《世界近现代史研究》2022 年第十八辑。

蒋昭阳、周建漳：《历史对人类的意义与影响》，《天津社会科学》2022 年第 3 期。

焦兵：《时序年龄：历史分析的有用范畴——〈美国历史评论〉"圆桌会议"专栏组织"时序年龄"笔谈》，《国际社会科学杂志》（中文版）2021 年第 3 期。

金嵌雯：《史学研究与历史的多元化趋势——杰瑞米·D. 波普金〈从希罗多德到人文网络：史学的故事〉评介》，《四川师范大学学报》（社会科学版）2022 年第 3 期。

金嵌雯：《海登·怀特"实践的过去"：概念、内涵及观照》，《江海学刊》2022 年第 2 期。

金勇：《从〈图绘暹罗〉到"新史学"——通猜·威尼差恭对泰国传统史学叙事的消解》，《东南亚纵横》2021 年第 5 期。

李慧：《论安克斯密特的历史美学思想》，《安顺学院学报》2022 年第 2 期。

李剑鸣：《欧美史学的引入与中国史家的话语权焦虑——一个当代学术史的考察》，《清华大学学报》（哲学社会科学版）2022 年第 1 期。

李珺：《"实践的过去"：历史编纂学的文学转向》，《文学研究》2021 年第 2 期。

李里峰：《历史学的想象力：求真、求解与求通》，《南京大学学报》（哲学·人文科学·社会科学）2022年第2期。

李理：《海登·怀特："实践的过去"中的行动者》，《国际社会科学杂志》（中文版）2021年第3期。

李鹏超：《西方史学思想中的历史距离——从时间距离到"距离效应"》，《史学月刊》2021年第11期。

李腾：《"全球中世纪"概念的理论建构及其批判性反思》，《史学理论研究》2022年第2期。

李文菊、颜景高：《"普遍历史"的建构：从维柯到马克思》，《云梦学刊》2022年第4期。

李友东：《法国历史书写中nation观念之变迁及其规律性探讨》，《河北学刊》2022年第3期。

李渊：《色诺芬〈长征记〉中的泛希腊主义书写》，《史学史研究》2022年第1期。

李自强：《陈翰笙与国际左派学术界》，《史学理论研究》2021年第6期。

梁晨：《技术方法的引入与时代新史学的形成》，《南京大学学报》（哲学·人文科学·社会科学）2022年第2期。

梁民愫：《20世纪马克思主义史学的英国范式及学术路向》，《史学月刊》2022年第7期。

梁秋、胡万庆：《别尔嘉耶夫形而上学的历史观》，《哈尔滨学院学报》2022年第8期。

林鹄：《史学如何可能？——关于后现代的反思》，《清华社会科学》2021年第2期。

林中泽：《开明的心智，不凡的史书——评苏克拉提及其〈教会史〉》，《学术研究》2022年第6期。

刘春晓：《圣西门的社会历史观及其思想史贡献》，《广西大学学报》（哲学社会科学版）2021年第5期。

刘凤娟：《康德的历史终结论》，《湖北大学学报》（哲学社会科学版）2022年第2期。

刘海涛：《何为"事件"：萨林斯"结构史观"的拓展与挑战》，《中央民族大学学报》（哲学社会科学版）2022年第4期。

刘家和：《"编年史"在中西史学传统中含义的异同》，《史学月刊》

2022 年第 3 期。

刘山明：《德国纳粹时期〈历史杂志〉的纳粹化》，《史学月刊》2022 年第 6 期。

刘爽：《苏联及当代俄罗斯马克思主义史学》，《史学月刊》2022 年第 7 期。

刘文明：《中国全球史研究的回顾与思考》，《史学理论研究》2021 年第 6 期。

刘文楠：《历史学研究如何把握"实在"》，《南京大学学报》（哲学·人文科学·社会科学）2022 年第 2 期。

刘小枫：《黑格尔的世界历史哲学与法权哲学的内在融贯》，《哲学研究》2022 年第 8 期。

刘星星：《论苏维托尼乌斯的求真思想》，《史学史研究》2021 年第 4 期。

刘亚秋：《口述史作为社区研究的方法》，《学术月刊》2021 年第 11 期。

刘颖洁：《个体记忆史料价值的批判及其局限——以纳粹大屠杀史学家希尔伯格为中心》，《史学理论研究》2022 年第 3 期。

陆启宏：《新视野新领域新路径——张广智教授主编〈近代以来中外史学交流史〉读后》，《史学理论与史学史学刊》2021 年第 1 期。

路新生：《历史学即人学论》，《河北学刊》2022 年第 4 期。

吕厚量：《埃利乌斯·阿里斯泰德与 2 世纪希腊知识精英的历史观》，《历史研究》2021 年第 5 期。

马智博：《中国埃及学的扛鼎之作——夏鼐〈埃及古珠考〉述评》，《史学理论与史学史学刊》2022 年第 2 期。

孟钟捷：《当代科学视域中的史学叙事"非虚构性"问题：争议、新解与实践》，《探索与争鸣》2022 年第 3 期。

莫凡：《奥罗修斯在〈反异教徒历史七书〉中的纪年方法及其意蕴》，《史学史研究》2021 年第 4 期。

倪凯：《戈登·柴尔德的进步史观研究》，《史学史研究》2021 年第 3 期。

庞国庆：《希腊民族历史书写视域下的拜占庭研究（1821—1930 年）》，《史学理论研究》2021 年第 5 期。

祁泽宇：《史者文心：史景迁的后现代历史书写》，《西南交通大学学报》（社会科学版）2022 年第 1 期。

钱力成：《记忆研究：超越民族国家和世界主义框架》，《学术月刊》2021 年第 11 期。

钱茂伟：《口述史再思考》，《史学理论研究》2021 年第 5 期。

钱茂伟、桂尚书：《口述史是当代公众史记录的基本路径》，《史学月刊》2021 年第 9 期。

屈直：《转换和超越：卢卡奇从历史本体论走向社会存在本体论》，《国外社会科学前沿》2022 年第 5 期。

瞿骏：《"求真而经常不得"的史学研究辩证法》，《南京大学学报》（哲学·人文科学·社会科学）2022 年第 2 期。

全根先：《公众影像史学的学科发展与思想渊源》，《图书馆研究与工作》2022 年第 5 期。

尚继凯：《在现代与后现代史学之间：奥克肖特史学思想略论》，《史学月刊》2021 年第 9 期。

斯蒂芬·布尔特，张骏、张涛：《论历史编纂的可能性》，《天津社会科学》2021 年第 6 期。

宋平明：《唐纳德·里奇的口述历史研究和实践》，《史学理论研究》2022 年第 4 期。

苏萌：《当代西方史学中的"叙事复兴"与"叙事转向"》，《史学史研究》2022 年第 2 期。

孙竞昊：《"虚构"与"非虚构"：叙事史学的张力与纠结》，《探索与争鸣》2022 年第 3 期。

屠含章：《历史记忆、历史-记忆或历史与记忆？——记忆史研究中的概念使用问题》，《史学理论研究》2022 年第 1 期。

王记录、高聪慧：《融媒体与公众史学》，《河南师范大学学报》（哲学社会科学版）2021 年第 5 期。

王娟：《美国史学界关于卡尔·贝克尔史学的研究》，《世界历史评论》2022 年第 2 期。

王立新：《现代印度史学的谱系和趋向》，《史学理论研究》2022 年第 4 期。

王强：《从"叙事转向"到"历史表现"：论历史叙事的美学化》，《淮北师范大学学报》（哲学社会科学版）2022 年第 1 期。

王晴佳：《性别史和情感史的交融：情感有否性别差异的历史分析》，

《史学集刊》2022年第3期。

王晴佳：《历史哲学和历史中的哲学——简论昆廷·斯金纳对史学理论的贡献》,《华东师范大学学报》(哲学社会科学版)2021年第5期。

王庆明：《口述史研究的方法论悖论及其反思：以单位人讲述为例》,《江海学刊》2022年第2期。

王文东：《历史的出场与差异——〈历史与构境〉评介》,《长江大学学报》(社会科学版)2022年第4期。

王晓德：《欧洲中心论与罗伯逊的美洲观》,《华中师范大学学报》(人文社会科学版)2022年第1期。

王羽飞：《罗马精神还是罗马实践?——论波利比乌斯历史理性的觉醒》,《史学史研究》2022年第3期。

尉佩云：《当代德国史学理论中的历史意义：渊源、生成与经验》,《世界历史评论》2022年第2期。

魏涛：《二战以来欧美学界大西洋史的研究路径和发展趋势》,《世界历史》2022年第3期。

魏孝稷：《菲利普·柯丁的比较世界史研究》,《史学理论研究》2021年第6期。

吴琼：《从史学理论研究到影像史学实验——北京师范大学历史学新文科建设的理论与实践(2011-2021)》,《史学史研究》2021年第3期。

吴小安：《试论中国的区域国别研究：路径选择与专业书写》,《史学理论研究》2022年第2期。

夏玉丽：《库卡宁的"后叙事主义"探求》,《史学理论研究》2021年第5期。

夏玉丽：《理论与实践中的去殖民化史学》,《国际社会科学杂志》(中文版)2021年第3期。

谢治菊、范飞：《新技术对口述史研究的影响》,《当代中国史研究》2021年第5期。

熊婷婷：《何谓"历史事实"?——历史相对主义的思与辨》,《太原理工大学学报》(社会科学版)2021年第6期。

熊威：《中国口述史研究的现状与走向》,《殷都学刊》2021年第3期。

徐良：《美国马克思主义史学的百年流变及其影响》,《史学月刊》2022年第7期。

徐良、丛玮：《早期美国国家史的历史书写》，《江西师范大学学报》（哲学社会科学版）2021年第5期。

许苏民：《中西历史理性异同辨——兼论历史理性中真善美之矛盾及其统一》，《天津社会科学》2022年第2期。

颜海英：《经典的传承与再造——〈吉尔伽美什史诗〉最新中文版》，《史学理论与史学史学刊》2021年第1期。

杨芳：《社会、经济与激情——重思亚当·斯密的历史观》，《历史教学问题》2021年第6期。

杨共乐：《西方古代史学源流辨析》，《史学史研究》2021年第3期。

杨力：《日本二战史研究的性别转向：口述证言、记忆研究与历史学的革新》，《史学集刊》2022年第3期。

杨柠聪：《五波浪潮及话语演变：美国共产主义史学史刍议》，《当代世界与社会主义》2022年第1期。

杨韶杰、菲利帕·霍斯金：《20世纪以来英国中世纪教会史研究的延续与嬗变——以史料、方法及学人为中心的考察》，《史学史研究》2021年第4期。

杨崧愉：《加里·纳什与美国激进主义史学》，《史学理论研究》2022年第3期。

杨祥银：《当代西方口述史学的六大理论转向》，《史学理论研究》2021年第5期。

杨璇：《新兰克学派论历史中的个体和普遍》，《学术研究》2022年第2期。

姚大力：《非虚构纪事中的虚构：历史学角度的思考》，《探索与争鸣》2022年第3期。

叶建：《试论伍德布里奇〈历史的目的〉在近代中国的传播及其影响》，《廊坊师范学院学报》（社会科学版）2021年第4期。

于沛：《历史大变局中的人类文明新形态》，《历史研究》2021年第6期。

袁鸿钧：《布罗代尔的通史意识：对"长时段"的再思考》，《外国问题研究》2021年第4期。

张弛：《法国心态史的研究传统与理论转型》，《社会科学战线》2021年第11期。

张弛：《心态、社会结构与社会变迁——乔治·勒费弗尔的心态史》，

《史学史研究》2021 年第 3 期。

张小忠:《叙事与记忆:独特事件的历史哲学思考》,《世界历史评论》2022 年第 2 期。

张旭鹏:《"庶民研究"在拉美:对一种印度史学理念的跨文化考察》,《史学理论研究》2022 年第 4 期。

张旭鹏:《"革命"的内涵与变形:一项全球思想史的考察》,《华东师范大学学报》(哲学社会科学版) 2022 年第 4 期。

张旭鹏:《观念与空间:跨国视域下观念的流动与变迁》,《中国社会科学院研究生院学报》2021 年第 5 期。

张绪强:《从荷马到梭伦:"口头传统"理论在早期希腊历史研究中的运用》,《史学理论与史学史学刊》2022 年第 2 期。

张杨:《我们需要什么样的区域国别研究——基于美国实践的省思》,《史学理论研究》2022 年第 2 期。

张一博:《近代德国史学的"南北之分":以兰克和施洛塞尔的世界史书写为例》,《史学理论研究》2022 年第 2 期。

张一博:《"萨尔普遍史"的中国历史建构与欧洲近代学术转型》,《江海学刊》2022 年第 2 期。

张寅:《基于奇异性的历史叙述》,《当代国外马克思主义评论》2022 年第 2 期。

张正萍:《苏格兰启蒙时期的"推测史"及其影响》,《史学史研究》2022 年第 1 期。

张作成:《当代西方史学理论中历史表现论题的阐释》,《史学史研究》2022 年第 1 期。

郑执浩:《"欧洲观念":统一性与民族性——读〈20 世纪的欧洲·附:"欧洲观念"的历史哲学〉》,《学术评论》2022 年第 1 期。

周海燕:《个体经验如何进入"大写的历史":口述史研究的效度及其分析框架》,《中央民族大学学报》(哲学社会科学版) 2021 年第 6 期。

周立红:《从境地研究到气候史:勒华拉杜里的总体史探索》,《社会科学战线》2021 年第 11 期。

周雨霏:《马克思主义史学与二战前及战时日本的亚洲观——以"亚细亚的"一词的流行与语义变迁为中心》,《史学月刊》2021 年第 11 期。

庄泽珑:《论安克斯密特对"表现危机"的克服及其问题》,《世界历史评论》2022 年第 2 期。

邹兆辰：《史学史学科体系的重大突破——评张广智主编〈近代以来中外史学交流史〉》，《史学理论研究》2021年第5期。

左玉河：《固化、中介与建构：口述历史视域中的记忆问题》，《史学理论研究》2021年第5期。

佐尔坦·西蒙、张旭鹏：《前所未有之变革时代的历史理论》，《史学理论研究》2021年第6期。

二　著作

〔德〕阿莱达·阿斯曼：《记忆中的历史：从个人经历到公共演示》，袁斯乔译，南京大学出版社，2022。

〔澳〕安德鲁·里奇：《什么是建筑史》，王磊译，北京大学出版社，2021。

〔美〕查尔斯·巴姆巴赫：《海德格尔、狄尔泰与历史主义的危机》，李果译，江苏人民出版社，2021。

晁天义：《先秦历史与文化的多维度思考》，中国社会科学出版社，2021。

陈其泰主编《20世纪中国历史考证学》（增订版），北京师范大学出版社，2021。

陈垣著、柴念东编《中国史学名著评论》，上海人民出版社，2022。

成一农：《我们需要什么样的历史学?》，中西书局，2021。

初庆东：《英国马克思主义历史学的起源》，中国社会科学出版社，2022。

〔日〕川胜义雄：《中国人的历史意识》，李天蛟译，四川人民出版社，2021。

〔日〕大木康：《〈史记〉与〈汉书〉：中国文化的晴雨表》，田访译，生活·读书·新知三联书店，2021。

戴逸：《治史入门》，中国人民大学出版社，2021。

邓京力：《史学理论核心观念研究》，中国社会科学出版社，2022。

范宇焜：《宋元汉书学研究》，陕西人民出版社，2022。

葛兆光：《到后台看历史卸妆》，四川人民出版社，2021。

桂始馨：《宋代方志考证与研究》，上海人民出版社，2021。

郭台辉、李钧鹏编《历史社会学的技艺》（增订本），商务印书馆，2022。

何兆武：《历史理性批判论集》（再版），清华大学出版社，2022。

〔美〕侯格睿：《青铜与竹简的世界：司马迁对历史的征服》，商务印书馆 2022。

焦佩锋：《历史主义五论》，商务印书馆，2022。

〔美〕杰瑞米·波普金：《从希罗多德到人文网络：史学的故事》，金嵌雯译，上海三联书店，2022。

金利杰：《格尔达·勒纳与美国女性史学转型研究》，科学出版社，2021。

李德锋：《明中叶唐顺之的史学世界》，中华书局，2021。

李南晖：《唐修国史研究》，中山大学出版社，2022。

梁道远编：《古代阿拉伯史学家及其著作目录》，社会科学文献出版社，2021。

刘力耘：《政治与思想语境中的宋代〈尚书〉学》，中国社会科学出版社，2022。

刘同舫：《历史哲思与未来想象》，社会科学文献出版社，2022。

刘卓异：《治史与取径：陈垣顾颉刚学术散论》，社会科学文献出版社，2022。

路新生：《历史美学：理论与实践》，上海人民出版社，2021。

〔法〕吕西安·费弗尔：《为历史而战》，高煜译，译林出版社，2022。

孟庆延：《源流：历史社会学的思想谱系》，商务印书馆，2022。

戚学民：《清史档案中的清代文史书写》，清华大学出版社，2022。

漆永祥：《乾嘉考据学新论》，北京联合出版公司，2022。

〔德〕齐格弗里德·克拉考尔：《历史：终结之前的最终事》，杜玉生、卢华国译，上海人民出版社，2022。

瞿林东主编《中国古代历史理论》（人民文库），人民出版社，2022。

瞿林东：《中国史学史举要》，商务印书馆，2022。

瞿林东：《稽古与随时》，商务印书馆，2022。

任军锋：《修昔底德的路标：在历史与政治之间》，生活·读书·新知三联书店，2022。

〔美〕塞缪尔·莫恩、〔美〕安德鲁·萨托利：《全球知识史：知识的产生和传播》，焦玉奎译，大象出版社，2021。

邵华：《徐复观史学思想研究》，四川民族出版社，2022。

石明庆：《史意文心：章学诚与史家文论研究》，上海古籍出版社，2022。

石硕、曾现江等：《共同书写的历史：藏文史籍的中原历史记叙研究》，四川人民出版社，2022。

汤勤福：《朱熹的史学思想》（修订本），中国社会科学出版社，2022。

汪高鑫：《中国史学思想史新论》，北京师范大学出版社，2022。

汪高鑫主编《中国经史关系通史》，福建人民出版社，2022。

王葆玹：《西汉经学源流》，四川人民出版社，2021。

王锦贵：《中国纪传体文献通论》，中华书局，2022。

王毅力：《历史学观念变迁探析》，西南交通大学出版社，2022。

王勇：《宋刻〈汉书〉庆元本研究》，中华书局，2022。

吴晓群、陆启宏主编《西方史学史研究（第1辑）：作为思想史的史学史》，商务印书馆，2022。

吴忠良：《南高学派研究》，南京大学出版社，2022。

谢保成：《郭沫若学术述论》，社会科学文献出版社，2022。

邢战国：《周谷城史学思想研究》，中国社会科学出版社，2022。

虞云国：《学史三昧》，复旦大学出版社，2022。

张广智：《望道路上》，浙江古籍出版社，2021。

张广智：《曦园拾零：在史学与文学之间》，上海人民出版社，2022。

张昭军：《中国文化史的历史与理论》，人民出版社，2022。

赵少峰：《媒介的力量　近代出版机构与西方史学传播》，中国社会科学出版社，2022。

中国社会科学院《中国史研究动态》编辑部编《中国史研究历程》，商务印书馆，2022。

周书灿：《徐中舒史学研究》，科学出版社，2022。

周文玖：《儒家史学理论》，河南人民出版社，2022。

朱露川：《中国古代史书叙事的风格——从班荀二体到范袁二家》，社会科学文献出版社，2022。

左玉河：《中国口述史理论》，人民出版社，2022。

《史学理论与史学史学刊》稿约

　　《史学理论与史学史学刊》为教育部普通高等学校人文社会科学重点研究基地北京师范大学史学理论与史学史研究中心主办的研究论集，是国内外史学理论与史学史工作者发表研究成果的阵地，欢迎中外专家、学者惠赐稿件。

　　1. 本刊设有历史理论与史学理论、中国古代史学、中国近现代史学、外国史学、中外史学比较、史学批评、图书评论等栏目。

　　2. 来稿一般应在 1.5 万字以内，重大选题可适当放宽至 2 万字。稿件使用 A4 型纸张打印，并请将稿件的电子版通过电子邮件发给我们。限于经费原因，恕不退稿，作者如果在 3 个月内未接到刊用通知，可自行处理稿件。

　　3. 本刊实行匿名评审，请作者不要在来稿上署名，另纸附上作者姓名、性别、出生年月、职称、工作单位、通信地址、邮政编码、联系电话、电子信箱等相关信息。来稿避免使用有可能透露作者个人信息的表述，诸如参见拙文、拙作等。

　　4. 来稿应遵守学术规范，尊重前人研究成果。禁止剽窃、抄袭与一稿两投行为，凡发现有此类行为者，5 年内不受理该作者的任何稿件。

5. 来稿请寄：北京市新街口外大街 19 号北京师范大学史学理论与史学史研究中心《史学理论与史学史学刊》编辑部。

邮编：100875

电子信箱：history1101@163.com

《史学理论与史学史学刊》编辑部

《史学理论与史学史学刊》匿名审稿实施办法

为保证本论集用稿的学术质量，进一步提高刊物的学术层次，给广大读者奉献高水平的研究成果，我们实行稿件匿名评审制度。具体实施办法如下。

1. 来稿请勿在稿件中出现署名和与作者有关的背景材料，作者简介请另附在一张纸上，内容包括姓名、性别、出生年月、工作单位、职称、通信地址、邮政编码、联系电话、电子信箱等。来稿避免使用有可能透露作者个人信息的表述，诸如参见拙文、拙作等。

2. 来稿请直接寄往或送达编辑部，勿寄个人或托人转交，以免造成延误。

3. 本编辑部收到稿件后，由编辑人员登记，然后将原稿匿名送交有关专家审阅，就稿件的写作质量和学术水平做出评定，提出初审意见。

4. 编委会根据专家初审意见，对来稿学术质量进行进一步讨论，就稿件是否具有新观点和学术价值诸问题形成一致意见。

5. 责任编辑根据上述意见初步提出是否采用的建议，初步决定采用的稿件送交主编，最后由主编终审，决定是否刊登。

《史学理论与史学史学刊》编辑部

图书在版编目（CIP）数据

史学理论与史学史学刊. 2022 年. 下卷：总第 27 卷 /
杨共乐主编. -- 北京：社会科学文献出版社，2023.1
ISBN 978-7-5228-1108-6

Ⅰ.①史… Ⅱ.①杨… Ⅲ.①史学理论-文集②史学
史-文集 Ⅳ.①K0-53

中国版本图书馆 CIP 数据核字（2022）第 215586 号

史学理论与史学史学刊 2022 年下卷（总第 27 卷）

主　　编 / 杨共乐

出 版 人 / 王利民
责任编辑 / 袁卫华　罗卫平
责任印制 / 王京美

出　　版 / 社会科学文献出版社·人文分社（010）59367215
　　　　　　地址：北京市北三环中路甲 29 号院华龙大厦　邮编：100029
　　　　　　网址：www.ssap.com.cn
发　　行 / 社会科学文献出版社（010）59367028
印　　装 / 三河市东方印刷有限公司

规　　格 / 开本：787mm×1092mm　1/16
　　　　　　印张：25.5　字数：426 千字
版　　次 / 2023 年 1 月第 1 版　2023 年 1 月第 1 次印刷
书　　号 / ISBN 978-7-5228-1108-6
定　　价 / 128.00 元

读者服务电话：4008918866